Verlag für Systemische Forschung
im Carl-Auer Verlag

Thomas Bachmann

Formen des Kontakts

Theorie und Empirie zum Kontaktverhalten auf Basis systemischer und gestalttherapeutischer Ansätze

2019

Der Verlag für Systemische Forschung im Internet:
www.systemische-forschung.de

Carl-Auer im Internet: www.carl-auer.de
Bitte fordern Sie unser Gesamtverzeichnis an:

Carl-Auer Verlag
Vangerowstr. 14
69115 Heidelberg

Über alle Rechte der deutschen Ausgabe verfügt
der Verlag für Systemische Forschung
im Carl-Auer-Systeme Verlag, Heidelberg
Fotomechanische Wiedergabe nur mit Genehmigung des Verlages
Reihengestaltung nach Entwürfen von Uwe Göbel
Printed in Germany 2019

Erste Auflage, 2019
ISBN 978-3-8497-9023-3
© 2019 Carl-Auer-Systeme, Heidelberg

Bibliografische Information der Deutschen Nationalbibliothek:
Die Deutsche Nationalbibliothek verzeichnet diese Publikation
in der Deutschen Nationalbibliografie; detaillierte bibliografische
Daten sind im Internet über http://dnb.ddb.de abrufbar.

Diese Publikation basiert auf der Habilitationsschrift „Die Form des Kontakts –Theoretische Überlegungen und empirische Untersuchungen zum Kontaktverhalten auf Basis von systemischen und gestalttherapeutischen Ansätzen" an der Lebenswissenschaftlichen Fakultät, Institut für Psychologie, der Humboldt-Universität zu Berlin, 2019.

Die Verantwortung für Inhalt und Orthografie liegt beim Autor.
Alle Rechte, insbesondere das Recht zur Vervielfältigung und Verbreitung sowie der Übersetzung vorbehalten. Kein Teil des Werkes darf in irgendeiner Form (durch Fotokopie, Mikrofilme oder ein anderes Verfahren) ohne schriftliche Genehmigung des Verlags reproduziert oder unter Verwendung elektronischer Systeme verarbeitet werden.

Meinen Lehrern,
Friedhart Klix und Wolfgang Looss,
gewidmet.

Inhalt

1 **Einleitung** 11
2 **Autopoietische Systeme** 19
   2.1 Ordnung und Entropie 19
   2.2 Systemgrenze und Systemfunktionen 21
   2.3 Autopoiesis und Drift 26
   2.4 Information und Beobachtung 30
   2.5 Ko-Evolution, Musterbildung und Systemtypen 34
3 **Wahrnehmung, Kognition und Kommunikation** 41
   3.1 Unterscheiden und Verknüpfen 41
   3.2 Wahrnehmung und Zirkularität 44
   3.3 Kognitive Strukturen 50
   3.4 Kommunikationssysteme 53
4 **Feld und Kontakt** 63
   4.1 Kontaktzyklus 65
   4.2 Das Kontaktkonzept in der Gestalttherapie 67
   4.3 Kontaktgrenze 68
   4.4 Kontaktunterbrechungen 70
5 **Kontakt und Systemfunktionen** 77
   5.1 Kontakt, Grenze und Aufmerksamkeit 80
   5.2 Bedürfnisse 89
   5.3 Generalisierung der Systemfunktionen 92
   5.4 Formen des Kontakts 106
   5.5 Gestaltung von Kontakt 120
   5.6 Kontaktformen und Kontext 124
6 **Kontakt und Systeminteraktion** 129
   6.1 Symmetrische Kommunikationssysteme 134
      6.1.1 Das konfluent agierende System 135
      6.1.2 Das intentional agierende System 137
      6.1.3 Das retroflexiv agierende System 139

	6.1.4 Das normativ agierende System	140
6.2	Komplementäre Kommunikationssysteme	143
	6.2.1 Fallbeispiel: konfluent vs. intentional	145
	6.2.2 Fallbeispiel: intentional vs. retroflexiv	148
	6.2.3 Fallbeispiel: retroflexiv vs. normativ	149
	6.2.4 Fallbeispiel: konfluent vs. retroflexiv	151
	6.2.5 Fallbeispiel: intentional vs. normativ	153
	6.2.6 Fallbeispiel: konfluent vs. normativ	154
7	**Forschungszugang zu den Kontaktformen**	**157**
8	**Explorative Fallstudien**	**161**
	8.1 Die konfluente Form	161
	8.2 Die intentionale Form	163
	8.3 Die retroflexive Form	165
	8.4 Die normative Form	167
9	**Zusammenfassung der theoretischen Überlegungen und Modellierung**	**169**
10	**Operationalisierung der Kontaktformen und Itemkonstruktion**	**173**
11	**Studie 1: Standardisierte Erhebung der Kontaktformen**	**177**
	11.1 Forschungsfrage und Hypothesen	179
	11.2 Untersuchungsdesign und Fragebogen	179
	11.3 Stichprobe	181
	11.4 Itemanalyse	182
	11.5 Ergebnisse	183
	11.6 Interpretation der Ergebnisse	186
12	**Studie 2: Kontaktformen in sozialen Systemen**	**189**
	12.1 Forschungsfrage und Hypothesen	191
	12.2 Untersuchungsdesign	192
	12.3 Itemanalyse, Skalenbildung und deskriptive Statistik	196
	12.4 Ergebnisse	196
	12.4.1 Situationswahrnehmung	196
	12.4.2 Gruppendynamischer Raum	197

12.4.3 Kontaktformen ... 199
12.4.4 Soziogramm ... 203
12.4.5 B5PS Kurzform ... 205
12.5 Spezifische Analysen zu den Kontaktformen ... 205
    12.5.1 Die konfluente Form ... 206
    12.5.2 Die intentionale Form ... 207
    12.5.3 Die retroflexive Form ... 207
    12.5.4 Die normative Form ... 209
    12.5.5 Die mittlere Form ... 210
12.6 Mehrebenenanalysen ... 210
12.7 Zusammenfassung und Interpretation der Ergebnisse ... 215
    12.7.1 Allgemeine Ergebnisse zu den Kontaktformen ... 216
    12.7.2 Spezifische Ergebnisse zu den Kontaktformen ... 218
    12.7.3 Ergebnisse zur Interaktion mit dem sozialen System Gruppe ... 223

13 Studie 3: Kontaktformen in kurzzeitigen Interaktionssystemen ... 225
13.1 Forschungsfrage und Hypothesen ... 226
13.2 Untersuchungsdesign und Beobachtungsinstrument ... 226
13.3 Stichprobe ... 227
13.4 Beobachterübereinstimmung ... 227
13.5 Ergebnisse ... 228
    13.5.1 Auswertung des semantischen Differentials ... 228
    13.5.2 Skalenbildung ... 232
    13.5.3 Interaktionen zwischen den Kontaktformen ... 234
    13.5.4 Interpretation der Ergebnisse ... 236

14 Studie 4: Einflussfaktoren auf die Kontaktformen ... 239
14.1 Forschungsfrage und Hypothesen ... 239
14.2 Untersuchungsdesign und Befragungsinstrument ... 240
14.3 Stichprobe ... 242
14.4 Skalenbildung ... 242
14.5 Ergebnisse ... 245

14.5.1 Unterschiede zwischen den Kontexten 245
14.5.2 Zusammenhangsanalysen zur Prädiktion der
Kontaktformen 248
14.5.3 Die konfluente Form 248
14.5.4 Die intentionale Form 249
14.5.5 Die retroflexive Form 250
14.5.6 Die normative Form 250
14.5.7 Die mittlere Form 251
14.6 Interpretation der Ergebnisse 252

15 Zusammenfassung der empirischen Ergebnisse und Diskussion 255

16 Kritik und Ausblick 265

Literatur 267

Anhang 279

1 Einleitung

„Als hätte dieser große Zorn mich von allem Übel gereinigt und mir alle Hoffnung genommen, wurde ich angesichts dieser Nacht voller Zeichen und Sterne zum ersten Mal empfänglich für die zärtliche Gleichgültigkeit der Welt."

Albert Camus

Stellen Sie sich vor, Sie haben sich eine Zugfahrkarte für die 1. Klasse gebucht. Sie freuen sich schon lange auf diese Fahrt und wollen in der Ruhezone im ICE den Krimi lesen, den Sie gerade zum Geburtstag geschenkt bekommen haben. Doch leider kommt es nicht dazu, denn Ihr Nachbar telefoniert laut und ausgiebig und stört damit Ihre Ruhe. Was tun Sie, wie reagieren Sie auf diese Störung? Eigentlich wäre es ganz einfach zu sagen: „Entschuldigung, Ihr Telefongespräch stört mich. Ich habe extra einen Platz in der Ruhezone gebucht, um in Ruhe mein Buch zu lesen. Würden Sie bitte zum Telefonieren auf den Gang gehen?" Doch Ihr Sitznachbar wirkt nicht ansprechbar. Außerdem ist er in sein Telefonat vertieft, welches sehr wichtig zu sein scheint. Also sagen Sie erst einmal nichts und fressen Ihren Ärger in sich hinein. Jemand anderes ist vielleicht kühner und spricht den Störenfried an: „Können Sie nicht lesen? Wir sind hier in der Ruhezone, hier ist Telefonieren verboten!". Ein Dritter würde vielleicht kein Blatt vor den Mund nehmen und sagen: „Wir sind hier nicht in der Frankfurter Börse, sondern im ICE. So wichtig können Ihre Geschäfte doch nicht sein, dass Sie nicht warten können, bis wir angekommen sind." Und wieder eine andere Person würde denken oder sagen: „Das ist ja wirklich eine sehr wichtige Angelegenheit. Telefonieren Sie ruhig zu Ende, es stört mich wirklich nicht." Fünf mögliche Verhaltensweisen bzw. fünf verschiedene Arten mit der Situation umzugehen. Jede dieser Reaktionen auf das Verhalten des anderen steht für eine typische Form in Kontakt mit einem anderen Menschen zu treten.

Die Kernthese dieser Arbeit ist, dass die Form des Kontakts, die wir wählen, je nach Situation und Kontext variiert, durch das Verhalten unserer Interaktionspartner getriggert und durch unsere aktuelle Bedürfnislage und die Aussicht auf deren Befriedigung sowie durch unsere Lerngeschichte gesteuert wird.

In der folgenden Arbeit soll auf Basis dieser These untersucht werden, wie wir Menschen als psychische Systeme, aber auch die Systeme, die wir hervorbringen, nämlich die sozialen Systeme (Luhmann, 2012), miteinander in Kontakt treten. Es geht also um den Intersystemkontakt, wie es Luhmann

(2012) nennt, und dessen universelle Beschreibung und Erklärung für autopoietische, d. h. sich selbst erschaffende Systeme. Dabei soll das Entstehen, Gestalten und Vollführen von Kontakt zunächst für alle Formen von autopoietischen Systemen auf Basis eines universellen theoretischen Gerüsts beschrieben werden, das auf biologische, psychische und soziale Systeme anwendbar ist. So wird in der folgenden Arbeit, beginnend mit den biologischen Ursprüngen des Lebens, über Streifzüge durch die Biologie, die Physik, die Kybernetik und Systemtheorie, die Psychologie und die Soziologie nach Beschreibungen und Erklärungen für das Phänomen Kontakt gesucht und eine Theorie des Kontakts entworfen. Durch diese soll beschrieben werden, was Kontakt ist, wie das Kontaktverhalten von autopoietischen Systemen charakterisiert werden kann und welche Determinanten darauf einwirken. Anschließend werden empirische Arbeiten vorgestellt, welche die Operationalisierung und Quantifizierung von Kontakt und dessen Determinanten auf der Personenebene untersuchen.

Kontakt ist das zentrale Konzept der Gestalttherapie (Perls et al., 1962). Kontakt bedeutet dabei nicht einfach nur sich zu berühren, sich zu begegnen oder im Gespräch zu sein, sondern beschreibt einen Prozess, den autopoietische Systeme initiieren sowie gestalten können und müssen. Kontakt ist der grundlegende Prozess des Lebens. Durch Kontakt wird Wachstum und Entwicklung erst möglich. Ohne Kontakt können Systeme, seien es biologische, psychische oder soziale, nicht existieren. Im Ergebnis von Kontakt kann Neues, sei es Energie, z. B. in Form von Nahrung oder Information, bewusst assimiliert werden. Das Neue verändert dabei das Vorhandene und wird Teil davon. Kontakt nährt die Autopoiesis von Systemen und versorgt diese mit ihrem systemtypischen Treibstoff beispielsweise mit Energie. Autopoiesis bedeutet dabei, sich selbst zu erschaffen. Wenn sich biologische, psychische oder soziale Systeme entwickeln, verändern oder anpassen, wenn sie wachsen und reifen, ist das der Ausdruck von autopoietischen Prozessen in ihrem Inneren (Maturana & Varela, 1987).

Kontakt geschieht in vielfältigsten Formen und in zahlreichen Momenten des täglichen Lebens: Nahrung aufzunehmen, sich bewusst auszuruhen, sich in ein Buch zu vertiefen, ein intensives Gespräch mit einem Freund oder einer Freundin zu führen, mit einem anderen Menschen zu interagieren, die eigenen Bedürfnisse zu erfüllen, erfolgreich und kooperativ im Team zu agieren, als Firma den Markt zu erobern und zu gestalten und dabei selbst zu lernen und zu wachsen, ein Beratungsgespräch zu gestalten, miteinander zu musizieren oder zu kochen.

Eine erste Definition in Anlehnung an Perls et al. (1962) soll Kontakt als eine aktive und intendierte Handlung eines biologischen, psychischen oder sozialen Systems zur Assimilation von etwas Neuem aus der Umwelt beschreiben, welches durch den Kontaktprozess Teil des kontaktnehmenden Systems wird.

Wie entsteht Kontakt? Welche grundlegenden Qualitäten gibt es? Wie kann Kontakt gelingen und woran kann er scheitern? Was ist guter Kontakt? Wie wird Kontakt möglicherweise gestaltet, verändert, abgeschwächt oder vermieden? Wie können sich Systeme durch Kontakt verändern und wie können sie durch Kontaktgestaltung ihre Umwelt und andere Systeme beeinflussen? Wie kann Kontakt bewusst hergestellt werden? Kann Kontaktfähigkeit gelernt werden? Wie kann Kontakt intensiviert oder gesteuert werden?

Diese und viele andere Fragen werden Gegenstand der Betrachtungen sein. Dabei werden Erkenntnisse, Theorien und Modelle aus Bereichen der Natur-, der Geistes- und Sozialwissenschaften an Erfahrungen und Fallbeispielen aus Beratung, Training und Coaching reflektiert. Es wird versucht, alles Wichtige auch aus angrenzenden Feldern von Theorie und Praxis zu berücksichtigen. Trotzdem wird vieles fehlen oder nur flüchtig Erwähnung finden können. Es ist nahezu unmöglich, das Phänomen Kontakt, vor allem in seinen emotionalen, intuitiven und spirituellen Qualitäten, in seiner Breite und Tiefe zu erfassen. Das soll daher auch nicht Gegenstand dieser Arbeit sein und wird anderen überlassen, die sich in diesen Gebieten besser auskennen. Die wichtigste theoretische Quelle wird die Psychologie sein. Hier wird vor allem auf Theorien und Untersuchungen aus der Sozialpsychologie, der Persönlichkeitspsychologie, der Psychotherapie, der kognitiven Psychologie und der Evolutionspsychologie referiert.

Die tragenden theoretischen Quellen zum Phänomen des Kontakts werden im Folgenden die Konstrukte der modernen Systemtheorie und des radikalen Konstruktivismus auf Basis der Gestalttherapie sein. Die etwas technisch anmutende Sprache der Systemtheorie soll dabei nicht reduktionistisch wirken. Sie erlaubt es, komplexe Phänomene mit spezifischen Unterschiedsbildungen auf hohem Abstraktionsniveau zu dekonstruieren und anschließend neu zusammenzusetzen und erkenntnisreich auf das Konkrete anzuwenden. Das Klare und Abstrakte der Systemtheorie und ihr beschreibender Grundtenor stehen in starkem Kontrast zur eher vagen, metaphorischen und emotionalen Sprache der Gestalttherapie. Ihr Ansatz ist weiterhin als normativ zu betrachten, denn in der Gestalttherapie geht es im Kern darum, das „Projekt eines guten Lebens" zu bearbeiten (Dreitzel, 2015). Diese Gegensätze werden dem aufmerksamen Leser nicht entgehen, wenn sich zwischen einzelnen Kapiteln oder Abschnitten der sprachliche Stil und das Vokabular entsprechend ändern. Um diesen beiden großen theoretischen Quellbereichen gerecht zu werden, werden die damit verbundenen sprachlichen und perspektivischen Wechsel absichtlich vollzogen.

Im ersten Teil der Arbeit werden die für das Thema wichtigsten Konzepte der System- und Evolutionstheorie vorgestellt und in Zusammenhang gebracht. Damit soll die theoretische Grundlage für die darauf folgenden Kapitel gelegt werden. Als zentrales Konzept wird die System-Umwelt-Grenze, die Organismen im konkreten und autopoietische Systeme im Allgemeinen in der Lage sind zu bilden, beschrieben und in ihrer Bedeutung für das Herstellen von Kontakt betrachtet.

Über autopoietische Systeme und Systemtheorie ist schon viel geschrieben worden. Es ist daher einerseits unmöglich, allen Autoren und Denkern dieses komplexen Themas gerecht zu werden und somit auch alle Erkenntnisse und Gedanken ausführlich aufzuschreiben und herzuleiten und andererseits kaum sinnvoll, nur den Extrakt dieses Theoriesystems dazustellen, da wesentliche Konzepte der Systemtheorie in die Theorie des Kontakts einfließen werden und daher erläutert werden müssen. Es muss also das Kunststück des guten Mittelwegs vollbracht werden, alles Nötige, jedoch nicht alles Mögliche darzustellen, mit den Konsequenzen, dass sich die einen bei der Rezeption des folgenden Textes möglicherweise unterfordert fühlen, weil für sie nichts Neues dabei ist, und die anderen sich beklagen könnten, dass viele Grundlagen fehlen und alles sehr dicht und viel zu kurz dargestellt ist.

Die Systemtheorie ist eine vernetzte Theorie, die sich nicht stringent entwickelt hat und die nicht hierarchisch-linear aufgebaut ist (Willke, 2008). Ihre Konzepte stammen aus unterschiedlichen Feldern der Wissenschaft, nehmen aufeinander Bezug bzw. gehen auseinander hervor, so dass es eine Herausforderung ist, alles in die lineare Struktur eines Textes zu bringen. Die zentralen systemischen Konzepte für eine Theorie des Kontakts sind die System-Umwelt-Grenze, Entropie, dissipative Strukturen, Systemfunktionen, Autopoiesis, doppelte Kontingenz, Ko-Evolution und strukturelle Kopplung, Evolution und Drift, Selektion von Systemoperationen durch Sinn, Selbstreferenz und operationale Geschlossenheit sowie Typen autopoietischer Systeme.

Im zweiten Teil werden die Grundzüge der systemisch-konstruktivistischen Ansätze zu Wahrnehmung, Kognition und Kommunikation beschrieben. Dazu wird auf sehr grundlegende Konzepte referiert, welche Voraussetzungen für eine Theorie des Kontakts von Systemen sind. Auch hier gilt es wiederum, den Spagat zwischen ausführlicher Herleitung und knapper Erwähnung zu meistern. Daher werden vor allem die Theorien und Modelle ausführlicher dargestellt, die später in der Theorie des Kontakts von Bedeutung sein werden. Dazu gehören die Differenztheorie, die phylogenetische Entwicklung von Wahrnehmung und Kognition sowie deren strukturelle Kopplung, die Gestalttheorie, die systemische Kommunikationstheorie sowie einige kognitions- und sozialpsychologische Ansätze.

Gegenstand des dritten Teils wird die Feldtheorie von Kurt Lewin und die wichtigsten Konzepte der Gestalttherapie nach Frederick Perls und Paul Goodman sein. In diesen Ansätzen steckt das theoretische Rüstzeug zur Beschreibung von Kontaktprozessen, d. h., wie Kontakt zustande kommt, welche Phasen man unterscheiden kann sowie welche Kontaktunterbrechungen möglich sind. Bei der Darstellung dieser Konzepte wird versucht, eine enge Verzahnung zur Systemtheorie herzustellen. Dabei wird der Beschreibung und Differenzierung des Konstrukts der Kontaktgrenze besondere Aufmerksamkeit geschenkt, da es sich hierbei, abgesehen von biologischen Systemen, um eine Abstraktion handelt, denn die Kontaktgrenze von psychischen und sozialen Systeme ist nicht direkt beobachtbar.

Im vierten Teil werden die Konstrukte der Gestalttherapie und der Systemtheorie auf Basis des Grenzkonzepts miteinander verbunden und schließlich die Theorie des Kontakts entworfen. Dazu werden die Konstrukte der Systembedürfnisse, der Grenzgestaltung, der Aufmerksamkeitssteuerung sowie der Fremd- und Selbstreferenz als Parameter zueinander in Beziehung gesetzt, welche die jeweiligen Formen des Kontakts kennzeichnen bzw. hervorbringen. Weiterhin wird die Gestaltung von Kontakt sowie die Kontextabhängigkeit von Kontakt thematisiert.

Der fünfte Teil befasst sich mit Formen und Prozessen des Intersystemkontakts. Es stehen hier also die sozialen Systeme im Vordergrund. Dazu werden symmetrische und komplementäre Interaktionssysteme hinsichtlich der sie kennzeichnenden Kontaktprozesse betrachtet. Weiterhin geht es in diesem Kapitel darum, die ausgearbeiteten Konstrukte auf soziale Systeme anzuwenden. Dies geschieht anhand von zahlreichen Fallbeispielen aus der Beratungspraxis des Autors, welche die Kontaktformen und deren Interaktion illustrieren.

Anschließend werden mehrere Studien auf Basis quantitativer, empirischer Untersuchungen vorgestellt, die der Autor im Rahmen verschiedener Forschungsprojekte in den Jahren 2014 bis 2017 durchgeführt hat. Gegenstand der Untersuchungen ist die Beschreibung und Messung situations- und kontextabhängigen Kontaktverhaltens von psychischen Systemen und deren Interaktion.

Abschließend werden die Ergebnisse der empirischen Untersuchungen und der theoretischen Reflexionen im siebten Teil integriert und diskutiert. Es werden Ideen für Interventionsmöglichkeiten für die Gestaltung von Kontakt vorgestellt.

An dieser Stelle möchte ich allen Menschen danken, die mich bei der Entwicklung meiner Gedanken und dem Schreiben dieser Arbeit unterstützt haben. An erster Stelle sei meiner Frau Katrin Bachmann für ihr Durchhaltevermögen gedankt. Sie musste meine zahlreichen und ausufernden systemtheoretischen Einsichten und Einfälle auf Spaziergängen und Wanderungen ertragen. Ich habe ihr und unserer Familie das Leben mit meinem Schaffensdrang in den letzten Jahren nicht immer leicht gemacht.

Mein großer Dank gilt meinem Supervisor, Lehrer und Beraterkollegen, Dr. Wolfgang Looss, der mich durch sein anerkennendes und motivierendes Interesse, sein Ermutigen und sein Staunen sowie durch seine fundierte Kritik dazu gebracht hat, meine Ideen zu Papier zu bringen.

Ich möchte an dieser Stelle ebenfalls meinen bereits 2004 verstorbenen Mentor und Doktorvater Prof. Dr. Dr. hc. mult. Friedhart Klix noch einmal in tiefer Dankbarkeit erwähnen. Er gab mir den Anstoß, mich der Forschung zuzuwenden und sah in mir wissenschaftliche Potenziale, die ich damals, vor gut 20 Jahren, als ich meine Dissertation unter seiner Betreuung verfasste, noch nicht erahnen konnte oder wollte.

Des Weiteren möchte ich all meinen befreundeten bzw. kollegialen Sparringspartnern danken, die mich in vielen kleinen oder großen Gesprächen und Diskussionen herausforderten, unterstützten, auf Ideen brachten oder mir wichtiges Feedback gaben. Dazu gehören Dr. Steffen Oelsner, Frank Schmelzer und Carsten Tesch.

Prof. Dr. Arist von Schlippe möchte ich für seine Ermutigungen zum Weitermachen und seine mahnenden Worte danken, die mich im Prozess des Erstellens dieser Arbeit immer daran erinnerten, den Boden systemischen Denkens und Verstehens nicht zu verlassen, wenn ich mich anschickte, ungenau zu werden und die Kontaktformen als Persönlichkeitstypologie zu versprachlichen und ihren Prozesscharakter zu vergessen. Ihm habe ich die Formulierung „Die Form des Kontakts" zu verdanken.

Ganz herzlich bedanke ich mich für die Zusammenarbeit mit Prof. Dr. Matthias Ziegler und seine Unterstützung und Bereitschaft das Habilitationsverfahren mit mir durchzuführen. Sein fundierter, empirischer, theoretischer und zugleich praxistauglicher Zugang innerhalb der akademischen Psychologie verbunden mit seinem großen Interesse an neuen Ideen und Zugängen haben mich ermutigt, mich der wissenschaftlichen Welt wieder voll zuzuwenden.

Ich bedanke mich weiterhin bei allen Untersuchungsteilnehmerinnen und -teilnehmern, die sich bereit erklärten, Fragebögen auszufüllen bzw. an Forschungsprojekten teilzunehmen. Dabei gilt mein besonderer Dank allen Teilnehmerinnen und -teilnehmern der artop-Ausbildungen, die sich mit meinen theoretischen Ausführungen auseinandersetzten bzw. an der einen oder anderen Studie teilnahmen. Ebenso möchte ich mich bei meinen Kooperationspartnern in den Forschungsprojekten bedanken. Dazu gehören wiederum Prof. Dr. Matthias Ziegler und Pit Witzlack sowie Sandrina Lellinger.

Kai Horstmann vom Lehrstuhl von Prof. Ziegler danke ich für die Unterstützung bei den Mehrebenenanalysen.

Mein ganz besonderer Dank gilt Katrin Bachmann, Dr. Herbert A. Meyer, Sandrina Lellinger und Dr. Wolfgang Looss für die Durchsicht des Textes und die dabei entstandenen zahlreichen Korrekturvorschläge.

2 Autopoietische Systeme

>„25.4.2010 8.52
>Zwei Tage lang wenig geschafft,
>dem Hirn beim Regenerieren zugeschaut."
>Wolfgang Herrndorf

Was ist das Leben? Wie entsteht es? Wie kann es existieren und sich entwickeln? Diese sehr grundlegenden Fragen interessieren nicht nur Biologen oder andere Lebenswissenschaftler, sondern sind seit Menschengedenken auch Gegenstand der Reflexion in Religion und Philosophie. Die Antwort der Biologie auf diese Frage ist ein Katalog verschiedener Merkmale, welche die „lebendige" von der „toten" Materie unterscheiden. Was lebt, betreibt einen stofflichen und damit energetischen Austausch mit der Umwelt (Stoffwechsel), hält seine inneren Vorgänge im Gleichgewicht (Homöostase), kann Umweltreize wahrnehmen und verarbeiten (Reizverarbeitung) und sich reproduzieren (Fortpflanzung). Konrad Lorenz beschreibt das Leben als das Sammeln von Energie (Lorenz, 1977). Das Leben frisst „negative Entropie" und schafft damit Strukturen der Ordnung im nach Dissipation, d. h. nach Unordnung, strebenden Universum. „Alle lebenden Systeme sind so beschaffen, dass sie Energie an sich zu reißen und zu speichern vermögen." (Lorenz, 1977, S. 35). Durch positive Rückkoppelung können lebende Systeme immer mehr Energie an sich binden, ähnlich wie ein den Berg hinab rollender Schneeball, der immer größer wird, d. h. aufgrund zirkulärer, selbstreferenzieller Prozesse aus sich selbst heraus wächst und seine Entwicklung vollzieht. Diese Eigenschaft und zugleich Fähigkeit lebender Systeme wird von Humberto Maturana und Francisco Varela „Autopoiesis" genannt (Maturana & Varela, 1987). Bevor die Eigenschaften autopoietischer Systeme näher beschrieben werden, wird der Begriff „System" bzw. „lebende Systeme" hier vorläufig in allgemeiner Form verwendet.

2.1 ORDNUNG UND ENTROPIE

Ordnung in der Welt entsteht nicht von selbst. Sie ist vielmehr ein „unnatürlicher" Zustand. Natürlich für die unbelebte Natur ist die Entropie. Die Entropie ist in der Physik eine Zustandsgröße eines Systems, welche die Anzahl der Mikrozustände beschreibt, durch die ein Makrozustand realisiert wird. Man kann sich das an einem mit Wasser gefüllten Glas einer bestimmten Temperatur vorstellen, bei dem der Makrozustand Temperatur durch die Mikrozustände der Teilchenbewegungen des Wassers charakterisiert wird.

Wenn man jetzt einen Eiswürfel hinzugibt und dieser schmilzt, nimmt die Entropie im System zu, weil immer mehr Wassermoleküle vom geordneten Zustand des Eiskristalls in den regellosen Zustand der Molekülbewegung im Wasserglas übergehen. Die Entropie ist also, verkürzt formuliert, die Anzahl an regellosen Mikrozuständen in einem System.

Dieser Zusammenhang wird in der Physik durch den zweiten Hauptsatz der Thermodynamik beschrieben. Jede künstlich (durch einen Künstler resp. das Leben) geschaffene Ordnung strebt nach Entropie, nach dem energetisch günstigeren Zustand. Sei es ein Temperatur- oder Konzentrationsgefälle von Ionen in einer Lösung, das durch eine Membran aufrecht erhalten wird, das innere Milieu in einer Zelle, ein komplexer Organismus, ein von anderen Organismen erschaffener Gegenstand (z. B. ein Nest, ein Ameisenhaufen, ein Fahrrad etc.) oder ein soziales System (z. B. eine Familie oder eine Organisation): Alles, was das Leben hervorbringt, vor allem das Leben selbst, muss in der Lage sein, seine innere Ordnung aufrecht zu erhalten, um zu existieren, denn das Streben aller Materie nach Entropie kämpft beständig gegen diesen Ordnungs-Unordnungs-Unterschied an. Dies bedeutet für lebende Systeme, dass sie permanent Entropie, also zufallsartige Mikrozustände, nach außen befördern müssen, um die Entropie im Inneren zu verringern. Oder umgekehrt mit Heinz von Förster gedacht, dass aus den Störungen von außen durch Selbstorganisation innen Ordnungen geschaffen werden, also „Order from Noise" entsteht (von Förster, 1960, 1985). Mit dem Erzeugen von Ordnung in einer „unordentlichen" Umwelt entsteht ein Unterschied, der das Unwahrscheinliche wahrscheinlich macht und eine Grenze zwischen Innenwelt und Außenwelt erzeugt. Innen Ordnung, gebündelte Energie und Struktur, außen Unordnung, dissipative Energie und Entropie. Es ist also der Unterschied durch Grenzbildung, der ein lebendes System entstehen lässt und am Leben erhält. Grenzen haben „... die Doppelfunktion der Trennung und Verbindung von System und Umwelt." (Luhmann, 2012, S. 52).

Phänomene der Struktur- und Ordnungsbildung sind auch in der unbelebten Natur zu finden. Nicht-lineare thermodynamische Systeme können jenseits des thermodynamischen Gleichgewichts lokal Entropie verringern und durch einen Austausch von Energie oder Materie oder beidem diesen Entropieunterschied aufrechterhalten. Solche Phänomene werden als dissipative Strukturen (Prigogine, 1967) beschrieben. Dazu gehören beispielsweise die Wabenstruktur bei bestimmten von unten erhitzten und von oben gekühlten Flüssigkeiten (Bénard-Instabilität), spontane Ordnungsbildungen von Molekülen bei Energiezufuhr, Kerzenflammen, Wolken, Flüsse, Hurrikane usw. Allen diesen Strukturen ist gemeinsam, dass sie aufhören zu existieren, wenn die Zufuhr von Energie aus der Umwelt endet. Die zugeführte Energie wird unumkehrbar umgesetzt und wieder in der Umwelt verteilt bzw. verstreut. Dissipative Strukturen existieren damit auf der Grenze zwischen nichtbelebter und lebender Materie. Auch lebende Systeme werden als dissipative Strukturen bezeichnet, da sie sich ebenfalls durch den Austausch von Stoffen, Energie und noch zusätzlich von Umweltreizen aufrechterhalten und entwickeln. Sie haben im Unterschied zu den unbelebten dissipativen Strukturen eine Systemgrenze und sind damit energetisch nicht mehr offen und sie können ihre Struktur von selbst aufrechterhalten (vgl. dazu ausführlicher Simon, 2006). Eine bekannte Geschichte von Fritz Simon (Simon, 1991) illustriert den Unterschied zwischen dissipativen Strukturen nicht-belebter und belebter Natur: Wenn das Auto durch einen Zusammenstoß eine Beule bekommt und man mit dem Auto drei Wochen später einen Freund besucht und dieser die Beule sieht, könnte der Freund bemerken: „Du hattest wohl noch keine Zeit, das reparieren zu lassen.". Trägt man selbst bei dem Zusammenstoß eine Beule davon, die nach drei Wochen noch genauso frisch aussieht wie am ersten Tag, wird der Freund fragen: „Was tust Du, dass Du immer noch die Beule hast?". Das Gleichnis illustriert, dass nicht-belebte Systeme und Strukturen die Zufuhr von Energie brauchen, um sich zu erhalten und der Entropie zu trotzen. Jeder kennt den Kampf gegen die Entropie aus dem Alltag (landläufig bekannt als der „Zahn der Zeit"): Auto reparieren, Knopf annähen, den Zaun streichen usw. Überall nagt die Entropie an den durch Energieeinsatz entstandenen Ordnungsstrukturen und macht uns Menschen, die wir immerzu damit beschäftigt sind, Ordnung zu erhalten, der Sagengestalt des Sisyphos gleich. Lebende Systeme hingegen reparieren sich selbst oder hören auf zu existieren, wenn sie ihre Strukturen nicht mehr aufrechterhalten können.

2.2 Systemgrenze und Systemfunktionen

Lebende Systeme entstehen und erhalten ihre Existenz durch das Erzeugen und Herstellen ihrer inneren Ordnung in Abgrenzung zur Systemumwelt. Die Bildung einer Organismus-Umwelt-Grenze ist eine der frühesten und genialsten Leistungen der Evolution des Lebens. Die ersten Proteine, die möglicherweise in der Umgebung der sogenannten „schwarzen Raucher", einer Form der hydrothermalen Quellen der Tiefsee, vor Milliarden Jahren als frühe Lebensformen entstanden, hatten noch keine Hülle, keine Grenze, die sie vor den Einwirkungen der Umwelt schützten. Möglicherweise geht die Entstehung des Lebens auf dissipative Strukturbildungen in diesem energetisch aufgeladenen Milieu aus Hitze, Gasen aus dem Erdinnern und Meerwasser zurück. Schließlich sprudelten die ersten Lebensformen in Form von Molekülketten umher. Viel Chaos und wenig Ordnung. Erst Millionen Jahre später mit den ersten Einzellern, wohl in Gestalt von Bakterien, Archaeen (noch ohne Zellkern) und den Eukaryoten (mit Zellkern), entstanden Lebewesen, deren innere Ordnung und Struktur durch eine Zellwand geschützt war und durch innere Prozesse der Reproduktion aufrechterhalten und weiterentwickelt wurde. Humberto Maturana und Francisco Varela bezeichnen diese Systeme als autopoietische Systeme (Maturana & Varela, 1987). Systeme, die sich selbst „bauen" oder „herstellen", so die wörtliche Übersetzung aus dem Altgriechischen. Helmut Willke schreibt dazu unter Bezugnahme auf Luhmann: „Es ist die Differenz von System und Umwelt, welche noch der Autopoiesis eines Systems als notwendige Bedingung vorausgeht." (Willke, 2008, S. 9). Diese Zellwand grenzte nicht nur die Innen- und die Außenwelt ab und gab damit Schutz und Stabilität, sie wurde mit ihrem Entstehen gleichzeitig das Fenster zur Welt für die lebenden Systeme und damit auch Determinante des Stoff-, Energie- und Reizaustauschs mit der Außenwelt. Luhmann (2012) schreibt dazu:

> „Mit Hilfe von Grenzen können Systeme sich zugleich schließen und öffnen, indem sie interne Interdependenzen von System/ Umwelt-Interdependenzen trennen und beide aufeinander beziehen. Grenzen sind insofern eine evolutionäre Errungenschaft par excellence; alle höhere Systementwicklung und vor allem die Entwicklung von Systemen mit intern-geschlossener Selbstreferenz setzt Grenzen voraus." (S. 52)

Mit der Entstehung der Systemgrenze entstanden im Inneren der Organismen spezifische und in ihrer Komplexität zwangsläufig reduzierte Prozesse der Verarbeitung von Umweltreizen. Die Innenwelt eines Organismus wurde weniger komplex als die Außenwelt es war, da ein „über Grenzen vermittelter Kontakt keinem System die volle Komplexität des anderen vermitteln kann" (Luhmann, 2012, S. 53). Dieser Gedanke wird später weitergeführt, wenn die Eigenschaften von autopoietischen Systemen beschrieben werden. Vorerst soll die Überlegung genügen, dass das Leben selbst (wenn man so will) die Grenze erfunden hat, an der die Interaktion mit der Umwelt geschieht, die ein Innen und ein Außen definiert, Ordnung und Chaos, Information und Entropie, Figur und Hintergrund, Unterschied und Rauschen, System und Umwelt.

Wie es weiterging, ist bekannt: Aus den Einzellern wurden mehrzellige Organismen, die Grenze zur Außenwelt wurde verstärkt. Hüllen, Schalen, Panzer entwickelten sich, die im Inneren irgendwann durch Strukturen wie Gräten oder Knochen etc. gestützt wurden. Immer ausgeklügeltere Prozesse zur Regulierung des Stoffwechsels und der Verarbeitung von Umweltreizen an „Kontaktstellen" dieser „self-generated boundaries" (Luhmann, 2012, S. 53) entstanden, die schließlich ermöglichten, als Organismus zielorientiert zu agieren, z. B. zielgerichtete Bewegungen auszuführen, anstatt nur planlos

herumzupaddeln. Der Informationsaustausch ermöglichte Anpassungsleistungen, mit denen auf Umwelteinwirkungen reagiert werden konnte.
Im Prozess der Evolution optimierten die lebenden Systeme ihre Funktionen in immer komplexerer Form und eroberten dadurch die Lebensräume unseres Planeten. Dabei müssen sich laut Parsons (1951, 1961) in jedem System Komponenten bzw. Teilsysteme herausbilden, die vier grundlegende Systemfunktionen erfüllen, damit ein System lebensfähig ist und es selbst und seine Elemente und Subsysteme einen Handlungsrahmen bekommen. Diese werden durch das bekannte AGIL-Schema beschrieben. Die Systemfunktionen sind dabei als Antworten des Systems auf Umweltanforderungen zu verstehen, die für sein Fortbestehen erfüllt werden müssen. Parsons, der zunächst Biologie studierte und sich später der Soziologie zuwandte, unterscheidet zwischen externalen und internalen sowie zwischen instrumentellen und konsumatorischen Erhaltungsfunktionen, welche er dementsprechend in ein Vier-Felder-Schema einordnete. Zu den externalen Funktionen gehören *Adaptation* und *Goal Attainment* und zu den internalen Funktionen *Latent Pattern Maintenance* bzw. *Latency* und *Integration*.

	instrumentell	konsumatorisch
external	Adaptation	Goal Attainment
internal	Latency	Integration

Abb. 1: Das AGIL-Schema nach Parsons (1951)

Adaptation (Anpassung) beschreibt die Fähigkeit eines Systems, sich an veränderte Bedingungen anzupassen, *goal attainment* (Zielverfolgung) die Fähigkeit, Ziele zu bilden und zu verfolgen, *latency* (Strukturerhaltung) die Fähigkeit, grundlegende Struktur- und Wertmuster aufrecht zu erhalten und *integration* (Integration), die Fähigkeit, den Einschluss und Zusammenhalt herzustellen.

Anpassung und *Zielverfolgung* beschreiben als externale Funktionen das Agieren von Systemen, also die Handlungskomponente. External meint dabei das Herstellen und Verändern von Außenbeziehungen des Systems, um intern befriedigende Zustände bzw. Werte zu verwirklichen. *Strukturerhaltung* und *Integration* als internale Funktionen ermöglichen einerseits das Aktualisieren und Verfügbarhalten von internen Strukturen und andererseits den Einschluss aller Systemelemente, indem diesen befriedigende Existenzbedingungen verschafft werden. Die Unterscheidung in internale und externale Funktionen beschreibt das Agieren in Bezug auf die System-Umwelt-Grenze, wo hingegen die Unterscheidung in instrumentell und konsumatorisch einerseits die Zweckorientierung von *Anpassung* und *Strukturerhaltung* zur Zukunftssicherung und andererseits die assimilierenden und vereinnahmenden Aktivitäten von Systemen beschreibt, die mit Zunahme und Wachstum in der Gegenwart in Beziehung stehen (vgl. hierzu Willke, 2006; Luhmann, 2006).

Alle Systemerhaltungsfunktionen sind Funktionen, die über die Veränderung oder Gestaltung der System-Umwelt-Grenze realisiert werden. Veränderung und Gestaltung meint damit einerseits die aktive Selektion, Aufnahme und Verarbeitung von Umweltreizen, wobei die Aufzählung hier keine zeitliche Reihenfolge darstellen soll. Diese Prozesse laufen vielmehr parallel und simultan ab. Andererseits ist der stoffliche Austausch gemeint, den das lebende System an der System-Umwelt-Grenze vollzieht.

Die Ausführung der Funktion der *Anpassung* bedeutet eine Ausrichtung der Wahrnehmung und des Verhaltens eines Systems in Korrespondenz mit relevanten Veränderungen seiner Umwelt, um die „strukturelle Koppelung" (ein Begriff von Maturana) mit seinen relevanten Umwelten, befriedigend aufrecht zu erhalten. Dies kann nur durch Interaktion an und mit der Systemgrenze geschehen, in dem das System seine Außenbeziehungen instrumentalisiert (Luhmann, 2006).

Die Fähigkeit *Ziele* zu definieren und zu verfolgen, bedeutet die Wahrnehmung des eigenen inneren Zustands eines Systems und die Ableitung eines Zielzustands. Daraus ergeben sich spezifische Reizselektionen nach innen und an der Systemgrenze nach außen sowie Aktionen (Verhalten), die der Zielerreichung dienen. Dabei soll ein konsumatorischer Zustand zur systemeigenen Werteverwirklichung erreicht werden.

Die Fähigkeit der *Strukturerhaltung* im Inneren bedeutet grundsätzlich immer auch die Aufrechterhaltung der Systemgrenze zur Abgrenzung nach außen sowie die dadurch ermöglichte Erhaltung und Reproduktion von inneren Strukturen. Dabei kommt es darauf an, dass die inneren Strukturen dauerhaft verfügbar sind. Für ein System bedeutet dies, auch im Falle der momentanen Nicht-Nutzung, Strukturen verfügbar zu halten und permanent zu aktualisieren.

Die Fähigkeit der *Integration* bedeutet, alle Systemelemente zusammenzuhalten und zu binden und mit der Zielerreichung auch den Eintritt des Neuen in das System zu ermöglichen und somit Wachstum und Veränderung. Ein System integriert also Handeln und Handelnde zur Erreichung eines befriedigenden internen Zustands, indem es ausreichende Möglichkeiten bzw. Bedingungen für seine handelnden Elemente zur Verfügung stellt.

Es wird deutlich, dass die Systemfunktionen ohne die System-Umwelt-Grenze nicht möglich und auch nicht sinnvoll wären. Die System-Umwelt-Grenze wird aktiv aufrechterhalten und ist zugleich Ursache und Ergebnis der Funktionen lebender Systeme. Parsons hat das AGIL-Schema für soziale Systeme konzipiert und die einzelnen Erhaltungsfunktionen wiederum als (Teil-)Systeme beschrieben, die ihrerseits wiederum Systemfunktionen ausbilden usw. Für Gesellschaften zum Beispiel hat das Wirtschaftssystem die Funktion der *Adaptation*, das politische System ist für *Goal Attainment* verantwortlich, das kulturelle System steht für *Latency of Structures* und das Sozialsystem übernimmt die Funktion der *Integration*. Ähnliche Überlegungen zu den Systemfunktionen wurden auch für kleinere soziale Systeme wie etwa Gruppen oder Organisationen formuliert (siehe Willke, 2006). Willke spitzt die Systemfunktionen noch einmal prägnant zu, indem er für die allgemeinen Bezeichnungen der vier Felder des AGIL-Schemas die Ressourcen dem Feld A, Ziele dem Feld G, Normen dem Feld I und Werte dem Feld L zuordnet. Die Systemfunktionen sind somit als sehr allgemeine und übergreifende Konstrukte zur Beschreibung von Systemen unterschiedlichster Qualitäten geeignet und in ihrem Zusammenspiel wohl das, was das Phänomen der Systemautopoiesis erzeugt.

Parsons' strukturfunktionalistisches Modell von Gesellschaft und ihren Teilsystemen hat vor allem Luhmann stark beeinflusst. Die Soziologen der damaligen Zeit, z. B. auch Emile Durkheim, auf den sich wiederum Parsons bezog, gingen u. a. der Frage nach, wie Gesellschaften und andere menschliche Gemeinschaften ihren Zusammenhalt erzeugen und gemeinsam handeln können. Wie ist es möglich, dass das Handeln des Einzelnen im hinreichenden Einklang mit dem Handeln der Gesellschaft steht? Was hält die Gesellschaft zusammen? Was ermöglicht Koordination? Wie werden die Außenbeziehungen gestaltet? Die Idee von Parsons, Gesellschaften als in zahlreiche Subsysteme differenzierte Systeme zu verstehen, die für ihr Fortbestehen bestimmte Funktionen, Fähigkeiten und Strukturen ausprägen müssen, ermöglichte damals, im Jahr 1951, einen neuen Blick auf die menschliche Existenz. Gemeinschaften und Gesellschaften waren nun nicht mehr nur eine Ansammlung von durch Regeln und Zugehörigkeit miteinander verbandelter oder durch Autorität oder gemeinsame Werte gesteuerter Menschen, sondern wurden als dynamische Systeme mit Funktionen, Subsystemen, Strukturen, Grenzen, Umwelten usw. gedacht.

Parsons Ideen werden in den späteren Kapiteln dieser Arbeit noch einmal intensiv aufgegriffen und bilden eines der Fundamente einer Theorie des Kontakts. Auf den folgenden Seiten wird jedoch zunächst die Theorie autopoietischer Systeme und deren Anwendung auf soziale Systeme durch Luhmann Gegenstand der Betrachtungen sein.

2.3 AUTOPOIESIS UND DRIFT

Mit dem Konzept autopoietischer Systeme revolutionierten Maturana und Varela die Systemtheorie (Maturana & Varela, 1987; Maturana & Pörksen, 2008). Um die Grundlagen für das Verständnis dieses Konzepts zu schaffen, muss zunächst der Systembegriff geschärft werden. Was ist eigentlich ein System (altgriechisch sistema, das Gebilde, Zusammengestellte, Verbundene)? Ludwig von Bertalanffy definierte einen allgemeinen Systembegriff, indem er Systeme als Interaktionszusammenhänge, die sich von der Umwelt abgrenzen beschrieb (Bertalanffy, 1969). Die Umwelt wiederum besteht aus unendlich vielen Interaktionen, sogenannten Mikrozuständen. Systeme produzieren darin ihr Weiterfunktionieren selbst und halten damit ihre Differenzierung von der Umwelt aufrecht. Diese Definition trifft auch auf technische Systeme, wie etwa Maschinen, Computer zu, die ebenfalls in der Lage sind, bestimmte innere Zustände aufrecht zu erhalten. Technische Systeme dieser Art funktionieren nach dem Prinzip des Regelkreises. Sie sind so „konstruiert", dass immer eine Regelgröße konstant gehalten wird. Regelgrößen können z. B. Temperatur oder der Füllstand eines Gefäßes sein. Das System errechnet beim Eintreffen einer Störgröße anhand einer Führungsgröße die Abweichungen von der Regelgröße und korrigiert über einen Regler mit Hilfe einer Stellgröße den Systemzustand so, dass er wieder dem Sollzustand der Regelgröße entspricht. Einfache Beispiele sind das Thermostat an der Heizung oder ein Spülkasten. Regelkreise sind auch in der Natur zu finden. Im menschlichen Körper beispielsweise existieren Regelkreise für die Körpertemperatur, den Blutdruck, die Sauerstoffsättigung des Blutes etc. Regelkreise erhalten die Homöostase eines Systems, also den Gleichstand. Das System wird in Bezug auf die Regelgröße im Gleichgewicht gehalten. In komplexen Systemen haben Regelkreise, als Teilsysteme, die Funktion der Aufrechterhaltung der inneren Strukturen und der Adaptation. Dabei ist die Adaptationsfähigkeit durch die Systemeigenschaften des Regelkreises limitiert. Das bedeutet, dass die Störgrößen, d. h. die Impulse aus der Umwelt, eine bestimmte Intensität nicht über- bzw. unterschreiten dürfen. Auch in sozialen Systemen findet man Muster im Verhalten der Mitglieder, die wie Regelkreise konfiguriert sind, wenn z. B. die subjektiv empfundene Arbeitsmenge eines Teams (Regelgröße) durch bestimmte „defensive Routinen" (vgl. Agyris, 1996) der Teammitglieder (Stellgröße) konstant gehalten wird. An dieser Stelle beeindruckt der vom Autor erlebte Fall eines Pflegeteams bei einem sozialen Träger, dessen Homöostase darin bestand, dass sich immer nur so viele Teammitglieder krank meldeten, dass die verbliebenen die anfallende Arbeit gerade noch schaffen konnten. Die verzweifelte Führungskraft schilderte in der Beratung, dass sie ihre Mitarbeiter durch die Einstellung von zusätzlichem Personal entlasten wollte, was jedoch zur Folge hatte, dass sich mehr Mitarbeiter krank meldeten und somit die Anzahl der arbeitenden Teammitglieder trotz Neueinstellungen konstant blieb.

Regelkreise werden als Systeme der Kybernetik 1. Ordnung bezeichnet. Heinz von Förster prägte dazu passend den Begriff „triviale Maschinen" (von Förster & Pörksen, 2011). Bei trivialen Maschinen können Input und Output in eine lineare und kausale Ordnung gebracht werden. Der Reiz-Reaktions-Zusammenhang ist determinierbar, ihr Verhalten ist berechenbar. Lebende Systeme, also nicht-triviale Maschinen, funktionieren grundsätzlich anders. Sie sind in ihrem Verhalten von ihren inneren Zuständen bestimmt und produzieren sich selbst. Daraus und aus ihrer internen Komplexität ergibt sich die Tatsache, dass autopoietische Systeme nicht vollständig determinierbar sind. Sie entziehen sich der Erklärbarkeit.

Im Folgenden werden lebende Systeme oder Systeme, die von mehreren lebenden Systemen hervorgebracht werden, als autopoietische Systeme bezeichnet. Dazu gehören dementsprechend Organismen, psychische Systeme sowie alle Kommunikationssysteme, d. h. alle sozialen Systeme, die durch Kommunikation von mehreren Individuen erschaffen werden, wie die Zweierbeziehung, Triaden, Gruppen, Teams, Organisationen und Gesellschaften (vgl. Luhmann, 2002; Willke, 2006).

Wie können nun autopoietische Systeme genauer beschrieben werden? Eine sehr treffende Definition stammt von Helmut Willke: „Ein autopoietisches System produziert die Elemente, aus denen es besteht, mit Hilfe der Elemente, aus denen es besteht." (Willke, 2006, S. 62). Mit dieser Definition sind zwei wichtige Merkmale autopoietischer Systeme beschrieben. Zum einen, ihre Fähigkeit, sich selbst durch innere Prozesse zu erschaffen, zu erhalten und zu verändern und zum anderen die Tatsache, dass diese Prozesse durch systemeigene Elemente realisiert werden und sich damit immer wieder auf sich selbst beziehen. Autopoietische Systeme sind demnach selbstreferenziell und operational geschlossen (vgl. Maturana & Varela, 1987). Sie agieren immerfort mit ihren eigenen Zuständen, die sich in zirkulären Bezugnahmen erschaffen: Biochemische Prozesse steuern biochemische Prozesse, Gedanken produzieren Gedanken, Kommunikation erzeugt Kommunikation. Das Wesenselement autopoietischer Systeme ist also die Zirkularität ihrer inneren Operationen (vgl. von Foerster, 2011). Die Selbstbezüglichkeit der internen Operationen bedeutet, dass bei der Erzeugung der inneren Strukturen das Neue aus Vergangenem entsteht und damit immer auf Vergangenem aufbauen muss, solange das System besteht. Autopoietische Systeme müssen daher als historisch betrachtet werden. Dieser Umstand hat Einfluss auf die Anpassungsfähigkeit autopoietischer Systeme: Einmal erzeugte Strukturen und Muster und damit eine bestimmte Entwicklungsrichtung radikal zu verlassen, wird mit dem Fortschreiten der Entwicklung immer unwahrscheinlicher. Das Grundmuster der Evolution, Neues immer auf Vergangenem aufzubauen, resultiert aus der Selbstreferenz und erzeugt Pfadabhängigkeit. Das Neue, die Veränderung, der Entwicklungssprung ist zwangsläufig immer auf dem Alten aufgebaut und alle Kompromisse und Unzulänglichkeiten des Alten sind damit auch im Neuen enthalten (vgl. Riedel, 1976). Durch diesen selbstreferenziellen Entwicklungsmodus wird die Richtung der Entwicklung zwar nicht vorgegeben, aber ein bestimmter Korridor abgesteckt, innerhalb dessen der Weg beschritten werden kann.

Maturana und Varela (1987) ersetzten den Begriff der natürlichen Auslese aus der Evolutionstheorie Darwins durch das Konzept des Driftens. Evolution bedeutet nicht, Lebewesen hervorzubringen, die besser oder schlechter angepasst sind, da dies eine Wertung aus der Sicht eines Beobachters darstellt. Autopoietische Systeme sind entweder angepasst, d. h. ihre strukturelle Koppelung mit der Umwelt funktioniert oder sie sind es nicht, d. h. ihre strukturelle Koppelung funktioniert nicht im Sinne des Fortbestehens des Systems. Im Ergebnis der Phylogenese und Ontogenese entstehen Abweichungen und Varianten. Maturana und Varela (1987) beschreiben diesen Prozess mit Hilfe der Wassertropfenanalogie (siehe Abbildung 2).

Auf einen spitzen Berggipfel fallen Wassertropfen und fließen die Hänge herunter. Jeder dieser Tropfen trifft, bedingt durch Umwelteinflüsse wie z. B. den Wind, ein kleines bisschen abweichend von den anderen Tropfen auf die Bergspitze und hat damit seine individuelle Richtung. Währenddessen haben die bereits heruntergeflossenen Tropfen die Berghänge schon ein wenig verändert. Es bilden sich Bäche heraus, die sich verzweigen. Schließlich haben die Tropfen ein umgekehrt baumförmiges Muster gebildet, welches in Analogie das Driften lebender Systeme im Verlauf der Evolutionsgeschichte abbildet. Evolution heißt danach vor allem Zunahme an Differenzierung und Vielfalt.

Abb. 2: Die Wassertropfenanalogie der evolutionären Drift nach Maturana und Varela (1987)

Für diese Entwicklungsprozesse gibt es aus den jeweiligen Ausgangsbedingungen heraus demnach eine grobe Richtung, aber kein Ziel und keinen Zweck. Es passiert einfach. Beispiele für diese Eigenart der Evolution, das Neue immer auf das bereits Vorhandene aufzubauen, finden sich zahlreich in der Biologie, z. B. durchläuft der menschliche Embryo in seiner Entwicklung im Mutterleib alle Phasen der Evolutionsgeschichte. Eindrucksvoll ist dabei die Tatsache, dass sich aus den sechs Kiemenbögen Teile des Gesichts, des Oberkiefers, des Zungenbeins und der Kehlkopf entwickeln, hingegen bei Fischembryos aus den Kiemenbögen tatsächlich Kiemen werden. Auch die sogenannten Atavismen weisen darauf hin, dass in unserem Genom die gesamte Stammesgeschichte noch enthalten ist. Typische Atavismen sind z. B. Milchleisten, Kiemensporen beim Menschen oder der manchmal vorkommende mehrhufige Lauf beim Pferd (Riedel, 1976). Atavismen sind auch bei Produkten der technischen bzw. kulturellen Evolution anzutreffen. Jeder Softwareentwickler weiß davon zu berichten, wie herausfordernd es ist, auf Basis eines alten Systems etwas Neues zu schaffen. Typischerweise tauchen dann in Fehlersituationen an der neuen Softwareoberfläche plötzlich alte Systemmeldungen auf. Auch bei der Veränderung von Organisationsstrukturen und -prozessen kann man beobachten, wie schnell die alten Strukturen, Abläufe, Denk- und Handlungsmuster der beteiligten Individuen wieder zum Vorschein kommen und wie schwer ein organisationaler Wandel,

z. B. eine neue Führungskultur zu etablieren, zu bewerkstelligen ist. Organisationsentwicklung bedeutet daher genau genommen *nicht* etwas zu verändern, sondern etwas Neues auf das Alte aufzusetzen. Und damit wird es immer komplizierter als vorher. Systemevolution bedeutet immer auch eine Zunahme an Komplexität (siehe Ortmann, 2011).

2.4 INFORMATION UND BEOBACHTUNG

Im Verlaufe der Evolution haben Lebewesen Nervensysteme herausgebildet. Auch Lebewesen ohne Nervensystem konnten und können Umweltreize verarbeiten, wie man an bestimmten Bakterien sehen kann, die z. B. auf eine Konzentrationserhöhung von Zucker in ihrem Milieu zupaddeln können (Chemotaxis). Dass es zur Entwicklung von Reizverarbeitung durch Neuronen kam, hat nach Maturana und Varela (1987) damit zu tun, dass zum einen durch Nervenleitungen Reize innerhalb größerer Distanzen im Organismus verarbeitet werden können. Damit war es möglich, dass größere Lebewesen entstehen konnten, die zu schnellen Reaktionen in der Lage waren. Zum anderen entstanden Nervenknoten, die in der Lage waren, mehr Daten zu verarbeiten und vielfältigere Reaktionen zu ermöglichen. Das Nervensystem wurde demnach – evolutionär gesprochen – im Laufe der Jahrmillionen zwischen Rezeptoren und Effektoren platziert und somit eine organismisch umfassende und komplexe Informationsverarbeitung möglich.

Der Begriff der Information wurde bisher unscharf benutzt. Es ist jedoch wichtig zwischen Signalen (Umweltreizen) und Informationen zu unterscheiden. Um für die weiteren Beschreibungen exakt zu bleiben, ist ein kleiner Ausflug in die Informationstheorie nötig: Der Informationsgehalt eines Zeichens, d. h. eines Signals oder Ereignisses verhält sich logarithmisch umgekehrt proportional zu seiner Auftretenswahrscheinlichkeit (Shannon, 1951). Signale, die mit hoher Wahrscheinlichkeit auftreten, enthalten wenig Information, seltene Signale enthalten viel Information. Shannon nutzte diese Erkenntnis später zum Beispiel zur Entwicklung von Verfahren zur Datenkompression. Hierbei machte er sich diese Erkenntnisse insofern zu Nutze, dass er zur Datenkompression die Entropie der Signalquelle als Referenzgröße bestimmte, um die Auftretenswahrscheinlichkeit der einzelnen Zeichen zu bestimmen. Bei Zeichenketten spielen darüber hinaus noch die Verbundwahrscheinlichkeiten eine Rolle, d. h. mit welcher Wahrscheinlichkeit ein Zeichen auf ein anderes folgt. Zeichen, die häufig an bestimmten Stellen auftreten, die also nur einen geringen Informationsgehalt haben, z. B. der Buchstabe „c" in dem Wort „Schiff", können mit weniger Bits kodiert werden, als seltener vorkommende Zeichen. Die Informationstheorie beschreibt also den Informationsgehalt von Ereignissen in Abhängigkeit von der Wahrscheinlichkeit ihres Auftretens. Streng genommen müsste man die

Informationstheorie als Signaltheorie bezeichnen, denn Signale werden erst in reizverarbeitenden Systemen (z. B. in einem Gehirn) zu Informationen. Erst hier erhalten Signale eine für den Organismus oder das System relevante Bedeutung. Im Folgenden wird von Informationen gesprochen, wenn Umweltreize bereits durch ein autopoietisches Systems verarbeitet worden sind, wenn man sozusagen aus der Sicht des Systems spricht. In den anderen Fällen wird von Impulsen oder Umweltreizen gesprochen, durch die autopoietische Systeme beeinflusst werden. Maturana und Varela (1987) haben dafür den Begriff der Pertubationen eingeführt und rücken damit den biologischen Kontext von Systemen in einer Umwelt mit Störeinflüssen in den Vordergrund. Wörtliche Übersetzungen des Begriffs sind „durcheinanderwirbeln", „beunruhigen" oder „verwirren". Auf solche Verstörungen können autopoietische Systeme mit Reaktionen oder Ignoranzen „antworten". Sie ignorieren Pertubationen, wenn sie als nicht relevant, als nicht unterscheidbar vom Rauschen wahrgenommen werden bzw. wenn sie für die jeweilige Reizqualität keine Rezeptoren ausgebildet haben. Ob und wie ein autopoietisches System auf Pertubationen reagiert, hängt demnach von dessen Wahrnehmungsspektrum, dem *Informationsgehalt,* also der statistischen Auftretenswahrscheinlichkeit ab und von der *Bedeutung*, die das System in Abhängigkeit von seinem inneren Zustand einem Umweltreiz zuweist.

Da die inneren Prozesse autopoietischer Systeme prinzipiell nicht zugänglich bzw. von hoher Komplexität sind, können autopoietische Systeme durch Beobachter zwar von außen in ihrem Verhalten beschrieben, jedoch nicht erklärt werden. Niemand hat bis heute einen Gedanken oder eine Kommunikation gesehen. Was beobachtbar ist, sind Phänomene oder Indikatoren, die darauf schließen lassen, dass Gedanken oder Kommunikationen geschehen. Diese prinzipielle Unzugänglichkeit kommt daher, dass autopoietische Systeme „operational geschlossen" sind. Natürlich können physikalische bzw. chemische Impulse in Form von Schallwellen, visuellen Reizen, Gerüchen etc. vom System aufgenommen werden. Diese werden jedoch an der System-Umwelt-Grenze in systemeigene Elemente also z. B. an den Rezeptoren der Retina in Aktionspotenziale transformiert. Das was außerhalb des Systems passiert und was das System innen daraus konstruiert, korrespondiert in irgendeiner Form, es ist jedoch nicht dasselbe und damit kein Abbild der Umwelt. Autopoietische Systeme konstruieren sich ihre Realität selbstreferenziell, indem sie die interne Repräsentation ihrer System-Umwelt-Differenz, d. h. ihrer Grenze beobachten (Luhmann, 2012) und navigieren auf Basis dieser Repräsentation wie ein Pilot beim Instrumentenflug, der sich durch das Ablesen der Daten über Flughöhe, Geschwindigkeit, Kurs, Luftdruck, Flugkarte usw. ein Bild seines Fluges in einem bestimmten Gebiet konstruiert (Maturana & Varela, 1987). Diese operationale Geschlossenheit bedeutet, dass autopoietische Systeme von außen in ihrer Organisation nicht verändert werden können. Man kann sie nur mit Impulsen versorgen und hoffen, dass diese vom System aufgenommen und zu systemeigenen Operationen werden. So kann man beispielsweise im Gespräch mit einer anderen Person davon ausgehen, dass gesprochene Wörter in Form von Schallwellen, die man als Signale an deren Trommelfell sendet, so verarbeitet werden, dass sie „innen" als Gedanken in die Autopoiesis des psychischen Systems einfließen und wiederum Gedanken produzieren, die die Person als Verhalten z. B. in Form einer Antwort wieder nach außen bringt. Durch die Verarbeitung der Impulse können autopoietische Systeme also Zustandsveränderungen erfahren, ohne dass dabei ihre Identität, also die Einmaligkeit ihrer Organisation zerstört wird. Führen die Umwelteinwirkungen jedoch zu Strukturveränderungen, die mit einem Verlust der Identität des Systems einhergehen, hat dies das Ende seiner spezifischen Autopoiesis zur Folge.

Die Unzugänglichkeit der inneren Verfasstheit autopoietischer Systeme hat weiterhin zur Folge, dass ihr Verhalten prinzipiell nicht vorhersagbar ist. Sie sind „strukturdeterminiert" (von Förster & Pörksen, 2011), d. h. ihr Verhalten wird durch den Zustand ihrer nicht direkt beobachtbaren inneren Strukturen bestimmt. Maturana und Varela (1987, S. 105) beschreiben die Entwicklung von autopoietischen Systemen im Verlauf der Evolution als „inhärente Verbindung zwischen Unterschieden und Ähnlichkeiten auf jeder Entwicklungsstufe, in der Erhaltung der Organisation und der Veränderung der Struktur." Und „jede Ontogenese als individuelle Geschichte strukturellen Wandels ist ein Driften von Strukturveränderung unter Konstanthaltung der Organisation und daher unter Einhaltung der Anpassung" (ebenda, S. 113). Dabei meint die Organisation die funktionalen und räumlichen Bezüge zwischen den Elementen eines autopoietischen Systems. Die Struktur wiederum sind diese Elemente und deren jeweilige Ausprägung. Diese inneren Zustände entziehen sich jedoch der Beobachtung von außen. Welche Reaktion auf welchen Impuls folgt, bleibt aus Sicht eines Beobachters jedes Mal erneut spannend. Was einmal gewirkt hat, kann beim nächsten Mal gar nicht oder ganz anders wirken. Autopoietische Systeme handeln „autonom". Ihr Verhalten ist ausschließlich durch die innere Struktur und Organisation determiniert. Sie entziehen sich damit der Instruierbarkeit von außen. Sie entscheiden selbst, was sie mit den Impulsen machen, die von außen kommen. Das liegt unter anderem daran, dass autopoietische Systeme mit den Impulsen, die sie erhalten, jedes Mal anders umgehen können und zwischendurch lernen.

Autopoietische Systeme können Reize der Umwelt verarbeiten und ihr Verhalten entsprechend anpassen, indem sie aus ihren Verhaltensmöglichkeiten Aktionen oder Reaktionen auswählen. Die Anzahl möglicher Verhaltensweisen (Kommunikationen bzw. Handlungen) ist dabei schier unendlich groß. Zur Beschreibung dieser Tatsache benutzt Luhmann (2002) den Begriff *Kontingenz*. Dieser Begriff wurde zunächst von B. F. Skinner geprägt und beschreibt die Abfolge von Handlungen beim operanten Konditionieren (Schönpflug & Schönpflug, 1983). Luhmann benutzt den Begriff für das Verhalten von Systemen und meint damit, dass von einem System dieses oder jenes Verhalten gezeigt werden kann, es aber auch ganz anders kommen könnte. Kontingenz bedeutet Unbestimmtheit.

Die Umwelt und die darin stattfindenden zahlreichen Ereignisse ist für ein System ebenfalls kontingent, denn hier gibt es buchstäblich einen Kosmos von möglichen Ereignissen. Luhmann spricht daher von doppelter Kontingenz. Die Umwelt und das System sind füreinander kontingent. Die innere Wirklichkeitskonstruktion autopoietischer Systeme ist bedingt durch die Eigenschaften der System-Umwelt-Grenze und die innere kognitive Struktur zwangsläufig weniger komplex als die Reizkonfiguration und die Interaktionszusammenhänge der Umwelt. Bei der von Uexküllschen Zecke z. B., auf die später noch näher eingegangen wird, ist die innere Struktur extrem unterkomplex, bei uns Menschen sicher um ein vielfaches komplexer, aber immer noch weniger komplex, als es unsere Umwelt ist. Wie können komplexe Systeme nun aus der Vielfalt ihrer Möglichkeiten die „richtigen" Operationen auswählen und produzieren, welche sich dann entsprechend in „sinnvollem" Verhalten zeigen können? Wie kann die innere Kontingenz, also die Möglichkeit, dass das System sich so, aber auch ganz anders verhalten kann, reduziert werden? Um die Bewältigung der inneren Kontingenz autopoietischer Systeme zu erklären, hilft es, sie als sinnproduzierende und sinnverarbeitende Systeme zu begreifen. Sinn ist danach „die innere Seite des Operierens" (Willke, 2006, S. 53) autopoietischer Systeme. Sinn erlaubt aus einer Vielzahl von möglichen Operationen auszuwählen und sinnvoll und zielgerichtet zu handeln. Gleichzeitig ermöglicht gemeinsam produzierter Sinn als sogenanntes Protomedium die Koppelung von unterschiedlichen Systemen wie es z. B. bei der Koppelung von Psyche und Sprache der Fall ist. Zwei unterschiedliche Systeme, die in Ko-Evolution miteinander entstanden sind, greifen auf Sinn als Protomedium zurück, erzeugen dadurch wiederum erst Sinn (vgl. Willke, 2006). Dieser Gedanke der gemeinsamen Sinnproduktion oder Sinnzuweisung wurde auch von Karl Weick in seiner Organisationstheorie anschaulich für den „Prozess des Organisierens" dargestellt. Die kollektive Sinnproduktion erlaubt das organisierte und koordinierte Handeln und gibt Organisationen Zusammenhalt, Richtung und Identität (Weick, 1995). Auch der populäre Historiker Yuval Noah Harari greift in seinen Werken die menschliche Fähigkeit der kollektiven Sinnproduktion durch Sprache als treibendes Element der Menschheitsgeschichte auf (Harari, 2015).

2.5 Ko-Evolution, Musterbildung und Systemtypen

Autopoietische Systeme können mit anderen autopoietischen Systemen in Ko-Evolution driften, indem sie mit diesen Sinnsysteme (z. B. Kommunikationssysteme mit Sinn) erzeugen, die selbst wiederum autopoietische Systeme sind (Luhmann, 2002). Das gemeinsam erzeugte Sinnsystem schränkt die Bandbreite möglicher Verhaltensweisen, der am Sinnsystem beteiligten Systeme ein und macht Anschlusskommunikation wahrscheinlicher. Maturana und Varela (1987) verwenden für dieses Phänomen den Begriff der konsensuellen Bereiche. Luhmann (2012) beschreibt die doppelte Kontingenz als Ursache und Voraussetzung für die Entstehung von Kommunikationssystemen. Wären Systeme füreinander nicht kontingent, sondern wechselseitig determiniert, bräuchten zum Zweck der Kommunikation keine Selektionen durchgeführt werden, in deren Ergebnis Muster aus Kommunikation und Anschlusskommunikation, also Sinn entsteht, welcher den Zweck hat, Kontingenz zu reduzieren.

Der Begriff der Ko-Evolution stammt aus der Biologie und beschreibt die gemeinsame und wechselseitige Anpassung zweier Arten im Verlauf der Evolution. Beispiele für Ko-Evolution sind verschiedene Symbiosen, wie die Beziehung zwischen Bedecktsamern und bestäubenden Insekten oder Jäger-Beute-Beziehungen. In der Organisationswelt können die gemeinsame Entwicklung zwischen Hardware- und Softwareherstellern oder zwischen Automobilherstellern und Zulieferindustrie als Beispiele für Ko-Evolution genannt werden. Nach Willke (2006) ist auch die gemeinsame Entwicklung von Psyche und Sprache ein Beispiel für Ko-Evolution. Ein anderes Beispiel wäre die Beziehung zwischen einer Führungskraft und dem Team von Mitarbeitern, die gemeinsame Arbeit von Berater und Klient oder eine Paarbeziehung. Ko-Evolution bedeutet also, dass sich die beteiligten autopoietischen Systeme in ihrer Entwicklung auf ein gemeinsames System (z. B. ein Sinnsystem) beziehen, welches sie gemeinsam hervorgebracht haben.

Hier wird der Begriff der Interpenetration von Systemen wichtig. Diese bedeutet, dass sich wechselseitige Durchdringen von Systemen, bei der teilweise Operationen des jeweils anderen Systems übernommen werden. Luhmann beschreibt das anhand von sozialen Systemen, welche durch Kommunikationen von Menschen oder genauer von psychischen Systemen entstehen. Die Tatsache, dass die Muster und Regeln des sozialen Systems auch in jedem der beteiligten psychischen Systeme repräsentiert sind und dessen Verhalten beeinflusst sowie umgekehrt auch im sozialen System Informationen über die Zustände der beteiligten psychischen Systeme vorliegen und dieses beeinflussen, bedeutet, dass die Systemgrenzen und die Operationsbereiche dieser Systeme einander durchdringen. Die Interpenetration von Systemen bedeutet darüber hinaus, dass kein System ohne das andere existieren kann. Das psychische System kann nicht ohne einen Organismus, ein soziales System nicht ohne psychische Systeme existieren und vice versa. Ein Beispiel ist hier die individuelle Übernahme gesellschaftlicher Normen und Werte als Teil der Persönlichkeit und andersherum die Konstitution gesellschaftlicher Normen und Werte durch die handelnden Subjekte als Form der Musterbildung eines sozialen Systems. Die interpenetrierenden Systeme stellen einander wechselseitig ihre Komplexität zur Verfügung und konstituieren damit einander (Luhmann, 2006).

In der Systemtheorie nach Luhmann (2012) werden nicht nur biologische Systeme als autopoietisch angesehen, sondern auch psychische und soziale Systeme. Maturana hatte die Idee der Autopoiesis ursprünglich nur auf lebende Organismen bezogen und sich immer dagegen ausgesprochen, das Konzept auch auf andere Systeme anzuwenden. Er wollte als Biologe vor allem einen Beitrag zum Verständnis lebender Systeme und evolutionärer Prozesse liefern. Interessanterweise wurde das Konzept der Autopoiesis in der Biologie kaum aufgegriffen, wohingegen es in der Soziologie theoretische Umwälzungen ermöglichte. Das Konzept ermöglicht, das Verhalten und die Dynamik von psychischen und sozialen Systemen als Form der Musterbildung zu beschreiben, ohne sich dabei in Analysen und Zuschreibungen auf der Personenebene zu verlieren.

Zunächst einmal werden alle Organismen als autopoietische Systeme bezeichnet. Dabei ist egal, ob es sich um Einzeller oder Metazeller handelt. Organismen sind in der Lage eine System-Umwelt-Grenze aufrecht zu erhalten, Energie und Informationen aus der Umwelt aufzunehmen und durch selbstbezügliche rekursive biochemische Prozesse für ihr Fortbestehen und ihre Entwicklung zu sorgen, ohne dabei einen Zweck zu verfolgen.

Hoch entwickelte Organismen, allen voran der Mensch, haben ein Nervensystem entwickelt, welches im Verlauf der Evolution wiederum ein autopoietisches System hervorgebracht hat, nämlich das psychische System, welches uns Menschen durch den Prozess und Zustand, den wir Bewusstsein nennen, partiell und temporär in unterschiedlichen Modi zugänglich ist (vgl. Klix, 1992). Psychische Systeme nehmen aus ihrer Umwelt Informationen auf und produzieren sich selbst auf der Basis von selbstbezüglichen rekursiven kognitiven Prozessen. Dabei werden aus Gedanken und Gefühlen neue Gedanken und Gefühle, und es entsteht über die Zeit die ganze Komplexität eines psychischen Systems. Die formale Unterscheidung zwischen Gedanken und Gefühlen (bzw. Kognition und Emotion) ist spätestens seit Osgood, Suci und Tannenbaum (1957) durch das semantische Differential oder seit

Ciompi (1999) durch die Affektlogik nicht mehr wirklich plausibel. Beide Qualitäten sind vielmehr untrennbar miteinander verwoben. Jeder logische Schluss oder jede deklarative Wissenseinheit enthält immer auch emotionale Konnotationen, die im psychischen System als Gefühle Bewusstheit und damit auch Bezeichnung und Bewertung erlangen können.

Das psychische System hat sich in Ko-Evolution mit dem biologischen System entwickelt. Das Nervensystem ist seine Voraussetzung und gleichzeitig seine Umwelt, wenngleich auch eine sehr relevante. Das psychische System ist auch nicht mit den Aktionspotenzialen der Nervenzellen gleichzusetzen, sondern es ist das, was als Bewusstsein der Selbstreflexion zugänglich ist, unabhängig von den Prozessen, die es hervorbringen (hier erhält die Leib-Seele-Trennung von Descartes noch einmal eine ganz neue Bedeutung). Dass Bewusstsein und Nervensystem zwei verschiedene Systeme sind, lässt sich gut an neurologischen Erkrankungen oder Verletzungen zeigen (siehe z. B. Sacks, 2009). Bei Teilausfällen z. B. sprachproduzierender Areale im Gehirn nach einem Schlaganfall ist die Sprache nicht einfach weg. Das psychische System ist vielmehr in der Lage zu reflektieren, dass da etwas fehlt und versucht danach zu suchen. Das System „weiß" demnach, woraus es besteht und was dazugehört. Wäre es mit dem Nervensystem gleichzusetzen, wäre dies nicht möglich. Es würde einfach etwas fehlen, das Fehlen aber würde nicht bemerkt werden. Ähnlich verhält es sich in einem Team einer Autowerkstatt, in dem alle wissen, dass sie elektronische Einspritzanlagen optimieren können. Nur heute geht das leider nicht, weil der Kollege Meier, der das immer macht, im Urlaub ist. Dieses Phänomen ist in der Sozialpsychologie als *transactive memory* bekannt (siehe Wegner, 1986). Es beschreibt das Bewusstsein in der Gruppe darüber, was die Gruppe kann und welches Gruppenmitglied die jeweiligen Fähigkeiten oder das jeweilige Wissen hat. Damit wurden schon Phänomene auf Ebene der dritten Systemqualität beschrieben, dem Kommunikationssystem.

Kommunikationssysteme entstehen zwischen zwei oder mehreren Personen. Wenn mehrere Personen beteiligt sind, also bei Gruppen, Familien, Teams oder Organisationen, spricht man von sozialen Systemen. In diesen autopoietischen Systemen werden Kommunikationen verarbeitet. Träger und relevante Umwelten von sozialen Systemen sind Menschen, die die Kommunikationen produzieren und in Form von Mitteilungen in das System einbringen. Wenn eine eingebrachte Mitteilung eine Anschlusskommunikation erzeugt, wurde sie vom System aufgenommen und zum Bestandteil des autopoietischen Prozesses eines sozialen Systems.

Soziale Systeme zeichnen sich dadurch aus, dass sie relativ stabile und redundante Kommunikationsmuster produzieren und aufrechterhalten. Aus der Vielzahl von möglichen Kommunikationen (Variation), wenn sich beispielsweise eine neue Gruppe bildet, werden im Verlauf der Entstehung der Gruppe durch die Mitglieder bestimmte Kommunikationen beantwortet und andere nicht (Selektion). Dieser Selektionsprozess führt dazu, dass Kommunikationen und Anschlusskommunikationen typische Muster erzeugen, die sich nach einiger Zeit des Bestehens der Gruppe stabilisieren (Retention). Soziale Systeme funktionieren dabei nach den gleichen übergreifenden Prinzipien autopoietischer Systeme wie biologische oder psychische Systeme: Das Muster oder die innere Struktur entscheidet, was vom System als anschlussfähig aufgenommen und in die zirkulären Prozesse der eigenen Autopoiesis eingespeist wird, die sich dadurch stabil halten. Es besteht eine klare System-Umwelt-Grenze, denn außerhalb eines sozialen Systems sind andere Kommunikationsmuster und andere Sinnfixierungen zu finden (Luhmann, 2012).

Gleichzeitig wird über die Reproduktion der systeminternen Muster durch die relevanten Systemumwelten, also beispielsweise die Gruppen- bzw. Organisationsmitglieder, auch die Mitgliedschaft gesteuert. Kann ein Individuum die Muster des Systems reproduzieren und anschlussfähige Kommunikation erzeugen, dann wird es als Mitglied wahrgenommen und bestätigt. Im umgekehrten Fall reagiert das System verstört und produziert keine Anschlusskommunikation, was den kommunikativen Ausschluss des betreffenden Individuums zu Folge haben kann. Dieser Mechanismus garantiert, dass die relevanten internen Muster von allen beteiligten Individuen immer wieder reproduziert werden, welche damit gleichzeitig ihre Mitgliedschaft aufrechterhalten. Jeder hat dieses Phänomen schon erlebt. Wenn man beispielsweise einer schon länger bestehenden Gruppe beitritt, die Arbeitsstelle wechselt oder in einer anderen Kultur arbeitet: In jedem Fall ist es nötig, die vorhandenen Muster zu erkennen und mit zu reproduzieren, bevor man eigene Impulse in das System hineingibt. Anfangs werden „Fehler" noch verziehen, später jedoch können sie zum Ausschluss führen und man „übersteht die Probezeit" nicht. Ein anderes typisches Beispiel für diesen Mechanismus ist die Funktionsweise sozialer Netzwerke wie etwa Facebook, die nach dem Prinzip von Kommunikation (einen Beitrag einstellen) und Anschlusskommunikation (einen Beitrag „liken" oder teilen) Muster und damit spezifische Wirklichkeitskonstruktionen innerhalb einer „Community erzeugen, die sich dadurch stabilisieren, dass immer nur ins Muster passende Beiträge Anschlusskommunikation bekommen und andere Impulse zu Rauschen werden. Hier lässt sich anschaulich und erschreckend zugleich beobachten, wie durch selbstreferentielle Selektionen „Wirklichkeiten" entstehen.

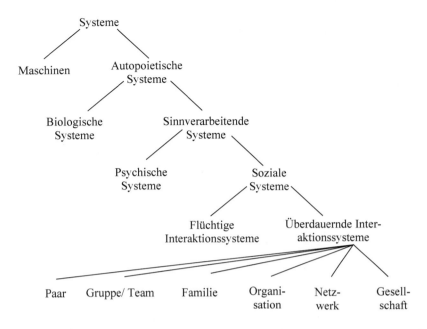

Abb. 3: Typen von Systemen (eigene Darstellung in Anlehnung an von Schlippe und Schweitzer, 2012 und Luhmann, 2006)

Luhmann geht noch weiter und beschreibt auch Gesellschaften oder gesellschaftliche Teilsysteme, wie das Rechtssystem, das politische System oder das Finanzsystem als autopoietische Systeme. Alltagsbeobachtung legen diese Sichtweise auch nahe, wenn man beobachtet, wie diese Systeme sich immer mehr verselbständigen, eigene Codes und eigene Muster entwickeln und stetig an Komplexität zunehmen. Die Dynamik autopoietischer Systeme wird bei den großen gesellschaftlichen Teilsystemen besonders deutlich, wenn man versucht, sie zu verändern. Reformen sind faktisch nicht möglich, da die Systemerhaltungsfunktionen so stark ausgeprägt sind und übermächtig wirken. Veränderungen können nur nach dem Muster der Evolution geschehen, indem an das Vorhandene noch etwas angebaut wird, was schließlich dazu führt, dass die Systeme immer komplexer werden. Keiner der am System beteiligten Akteure ist mehr in der Lage, das Ganze zu verstehen. Jeder nimmt nur noch einen Teilausschnitt wahr. Die Möglichkeiten der linear-kausalen Steuerung nehmen immer mehr ab. Beispiele finden sich in allen Bereichen des gesellschaftlichen Lebens, vor allem jedoch in den Feldern der Politik: Gesundheitssystem, Bildungssystem, Sozialsystem, Steuersystem, Wirtschaftssystem, Rechtssystem usw. Reformen sind nur noch mit extremen Machteingriffen möglich, welche jedoch durch das Kräftegleichgewicht von Interessensvertretungen und Lobbyisten verhindert werden. Die extreme Differenziertheit und Komplexität „verhindern" die Möglichkeiten „einfacher" Lösungen. Ein Beispiel dafür ist das berühmt gewordene Versprechen eines Politikers, eine Steuerreform einzuleiten, so dass die Steuererklärung eines jeden Bürgers auf einen Bierdeckel passt. Daraus und aus vielen anderen solcher Vorhaben wurde natürlich nichts, im Gegenteil, es wurde komplizierter, neue Steuern und Regelungen wurden eingeführt. Am Beispiel des Steuersystems lässt sich außerdem noch das Phänomen der Interpenetration von Systemen aufzeigen. Das Steuersystem ist vor allem mit dem Rechtssystem, dem Wirtschaftssystem, dem politischen System und dem Finanzsystem auf das Engste verwoben, so dass Änderungen im Steuersystem sich immer auch auf die anderen genannten Systeme auswirken.

3 Wahrnehmung, Kognition und Kommunikation

Wahrnehmung ist das Treffen von Unterscheidungen (Spencer Brown, 2004). Indem reizverarbeitende Systeme aus der Dichte und der Vielzahl von Reizen, die ihre Umwelt hervorbringt, im Prozess des Wahrnehmens eine Auswahl treffen, wenden sie eine Unterscheidung an. Solche Unterscheidung können z. B. Merkmale wie Formen, Farben, Töne etc. oder Begriffe von Objekten oder Ereignissen sein. Eine begriffliche Unterscheidung kann beispielsweise heißen: Beutetier vs. kein Beutetier. Die Fähigkeit, solche Unterscheidungen zu treffen, sind entweder stammesgeschichtlich erworben und somit beim Individuum schon neuronal vorverschaltet, in der Individualgenese erlernt worden oder sie sind das Ergebnis bewusster Prozesse der Aufmerksamkeit und der Selektion von Wahrnehmungsinhalten. Nach Spencer-Brown ist es immer das Individuum, welches die Unterscheidungen trifft und eine Seite der Unterscheidung markiert. Damit werden auf der nicht-markierten Seite alle Alternativen ausgeschlossen und nicht weiter betrachtet, sie werden nicht unterschieden. Diese fundamentale Funktionsweise der Wahrnehmung und damit aller Erkenntnis wird durch Spencer Brown in der Schrift „Laws of Form" untersucht. Unterscheiden bedeutet, den durch die Unterscheidung umschlossenen „Gegenstand" zu beobachten: „Draw a distinction!" Die Unterscheidung selbst und der Bereich außerhalb der Unterscheidung bleiben unbenannt (Spencer Brown, 2004; Lau, 2012).

3.1 Unterscheiden und Verknüpfen
Unterscheiden ist eine aktive Leistung des wahrnehmenden Systems. Das Unterscheiden passiert nicht einfach so. Die Wahrnehmung von Umweltreizen hat die gleiche Prozesscharakteristik wie das Sammeln von Energie durch lebende Systeme. Durch das aktive Unterscheiden entsteht Ordnung im kognitiven System, Reize werden selegiert und klassifiziert. Dies bedeutet zwangsläufig, dass das, was innen ist, weniger komplex ist, als das was draußen bleibt: Negative Entropie wird „gefressen".

Abb. 4: Wesen von Wahrnehmung und Beobachtung nach Spencer Brown (2004)

Das Wesen und die Merkmale des Wahrnehmens, wobei das Wahrnehmen als ein ungerichteter und das Beobachten als gerichteter Prozess zu verstehen ist, lässt sich gut an einem relativ einfachen System verdeutlichen, nämlich an der – schon erwähnten – berühmten Zecke von Jakob von Uexküll (von Uexküll, 1923). Die Zecke hat im Wesentlichen Rezeptoren für drei Qualitäten von Reizen resp. für drei Unterschiedsbildungen: 1. Oben – Unten, 2. Warm – Kalt und 3. Buttersäure – keine Buttersäure. Wenn sie also im hohen Gras sitzt und ihre Rezeptoren Wärme und den Geruch von Buttersäure registrieren, lässt sie sich von vorbeigehenden Säugetieren abstreifen und trifft damit eine lebenswichtige Unterscheidung. Denn mit etwas Glück landet sie im Fell eines Säugetiers und kann dessen Blut saugen. Die Zecke kann mühelos viele Jahre warten, bis diese relevante Wahrnehmung für sie Eintritt. Sie muss also nicht einmal gerichtet wahrnehmen, also beobachten, die Wahrnehmung fokussieren bzw. sich konzentrieren. Sie bringt sich in geeigneter Höhe in Stellung und wartet, bis die passenden Reize ihre Sinnesrezeptoren erregen. Mit dieser Unterschiedsbildung bleibt die Vielfalt und Komplexität der Welt für die Zecke verschlossen. Ihre Welt besteht nur aus wenigen Reizqualitäten.

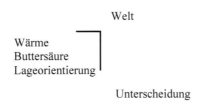

Abb. 5: Wahrnehmung und Unterscheidung am Beispiel der Zecke von v. Uexküll (1923)

Die spezifische Art der Umweltwahrnehmung der Zecke ist durch ihre innere Struktur bestimmt. Oder wie die Systemiker sagen würden, durch ihre innere Landkarte (aber „The map is not the territory", Korzybski, 1994). Mit dieser Landkarte werden die „ankommenden" Reize verglichen, mit internen Mustern verknüpft und gegebenenfalls als handlungsrelevant bewertet. Gleichzeitig werden aber auch die inneren Landkarten des Systems auf ihre Tauglichkeit hin betrachtet und im Falle von Nicht-Übereinstimmung bzw. wenn Neues oder Unbekanntes wahrgenommen wird, neu verknüpft, verändert bzw. erweitert. Dies geschieht bei der Zecke wahrscheinlich nicht sehr schnell und ist für uns Menschen als Lernen im herkömmlichen Sinn kaum beobachtbar. Die Zecke hat ihre zeckentypische Landkarte im Verlauf der

Evolution herausgebildet und perfektioniert und damit einen phylogenetischen Lernprozess absolviert. Die Landkarte der Zecke unterscheidet sich dabei extrem von der Landkarte einer Katze oder der eines Menschen. Für alle Landkarten jedoch trifft zu, dass sie eben nicht die Landschaft sind, sondern nur deren mögliche Akzentuierungen. Für die zur Entstehung von Landkarten verantwortlichen Lernprozesse, egal ob individuell, kollektiv oder evolutionär, sind die Prozesse des Unterscheidens, Verknüpfens und Bewertens jedoch universell.

Was unsere Zecke wahrscheinlich nicht hat, ist die Fähigkeit zum Re-Entry, d. h. als System die Unterscheidung in Form von Sprache in sich selbst wieder einzuführen und damit der Beobachtung und Verarbeitung zugänglich zu machen. Der Zecke fehlt hierzu die Fähigkeit, ihre Unterscheidungen aus dem Phänomenbereich (Temperatur, Geruch) zu benennen, also auf der Ebene der Zeichen oder der Sprache erneut zu unterscheiden. Sie kann daher auch nicht mit anderen Zecken über ihre Unterscheidungen diskutieren. Das Konzept des Re-Entry von Spencer Brown (vgl. hierzu Simon, 2006; Lau, 2012) beschreibt das Wiedereinführen der zweiten Unterscheidung (die Ebene der Bezeichnung) in die Innenseite der ersten Unterscheidung (die Ebene des Phänomens). Vereinfacht gesagt, können Systeme, indem sie Unterscheidungen auf der Ebene von Sprache (Zeichen bzw. Symbole) bilden, mit diesen operieren und experimentieren, ohne dabei die Unterscheidungen auf der Phänomenebene antasten zu müssen. Und sie können die Unterscheidung von sich selbst und der Umwelt sprachlich wiedereinführen und damit operieren. Luhmann nennt diesen Prozess Reflexion und beschreibt sie als die Fähigkeit von Systemen, sich selbst *und* die Auswirkungen des eigenen Handelns in Bezug auf die Umwelt und andere Systeme wahrzunehmen (vgl. dazu Willke, 2006). Reflexion als Prozess des Re-Entry setzt also voraus, eine brauchbare System-Umwelt-Unterscheidung von sich selbst zu treffen, d. h., die eigene Systemgrenze in der Interaktion mit der Umwelt wahrzunehmen und an und mit ihr zu interagieren. Bei psychischen Systemen spricht man in diesem Fall von „Bewusstheit" (Fuchs, 1999). Dies ist ein wichtiger Punkt, der uns später noch intensiv beschäftigen wird.

Maturana benutzt das Konzept der „strukturellen Koppelung", um zu beschreiben, wie autopoietische Systeme als Voraussetzung für ihr Driften untereinander bzw. an ihre Umwelt gekoppelt sind. Mit dem Herstellen von innerer Ordnung durch das Aufnehmen von Energie und das Abgeben von negativer Entropie sammeln alle Systeme zugleich auch Wissen (Lorenz, 1977) bzw. sind sie kognitive Systeme, wie Maturana und Varela (1987) es nennen. Wissen bedeutet in diesem Zusammenhang die Abbildung von strukturellen Gegebenheiten der Systemumwelt in der Konfiguration der inneren Strukturen eines Systems, welche u. a. der Reizverarbeitung, Energiegewinnung, Handlungssteuerung und Umweltanpassung des Systems dienen. Lorenz beschreibt dies durch sein Konzept der Prägung. Lebende Systeme sind danach in ihrer Struktur und Funktionsweise strukturelle Abbilder ihrer Umwelt, welche sie durch „In-Formationen" im Wortsinne „geprägt" hat. Landläufig nennt man diese Prägung auch einfach Anpassung an die Umwelt. Ein eindrucksvolles Beispiel für die Prägung des Nervensystems ist zum Beispiel die Licht-von-oben-Hypothese nach Vilayanur Ramachandran. Sie besagt, dass Formen als konkav bzw. konvex wahrgenommen werden, je nachdem, ob ihre Schattierung eine Helligkeitsverteilung von oben nach unten oder umgekehrt hat. Im Laufe der Evolutionsgeschichte hat die „Information", dass die Sonne von oben scheint, die räumliche Wahrnehmung von Strukturen dahingehend geprägt, dass man (wie in Abbildung 6) je nach Lichteinfall, die Kreisflächen als nach innen oder nach außen gewölbt sieht (Ramachandran, 1988).

Abb. 6:   Licht-von-oben-Hypothese nach Ramachandran (1988)

Prägungen können also als Formen struktureller Koppelungen beschrieben werden, welche lebende Systeme in Bezug auf die Umwelt, in der sie leben, in ihren Strukturen und Prozessen, also ihrer Organisiertheit bzw. Organisation, entwickeln.

3.2 Wahrnehmung und Zirkularität

Die Untersuchung und Beschreibung von Wahrnehmungsprozessen haben eine lange Tradition vor allem in der Philosophie, der Physiologie und der Psychologie. Wie werden aus Umweltreizen Sinneseindrücke und aus Sinneseindrücken wiederum kognitive und emotionale Einheiten unterschiedlicher Qualitäten? Wie werden diese verarbeitet und im Nervensystem zu komplexen Begriffen und semantischen Strukturen zusammengefügt? Es würde zu weit führen, all diese Prozesse und Phänomene hier erschöpfend zu beschreiben bzw. alle philosophischen und wissenschaftlichen Strömungen aufzuzählen, die sich über diese Fragen Gedanken gemacht haben. Inzwischen sind sich alle ernstzunehmenden Theorie- und Forschungsströmungen jedoch einig, dass Wahrnehmung kein objektiver und technisch anmutender Vorgang ist, bei dem das, was außen ist, innen abgebildet wird. Wahrnehmung ist vielmehr ein komplexer Prozess, der von den Erwartungen des reizverarbeitenden Systems einerseits und den Umweltreizen andererseits gespeist wird. Die Erwartungen liegen dabei in Form von inneren Strukturen als Voreinstellungen sowie aktuellen Bedürfnissen und Motiven vor. Anhand dieser Erwartungen werden Reize aus der Umwelt strukturiert, selegiert, ignoriert, verglichen, verknüpft, erklärt und bewertet. Es gibt also keinen Anfang und kein Ende, sondern es handelt sich um einen zirkulären Prozess, der sich im Verlaufe von Jahrmillionen entwickelt und verfeinert hat und bei jedem wahrnehmenden System permanent als Lernprozess abläuft. Die innere Struktur eines wahrnehmenden Systems ist also zugleich Voraussetzung und Ergebnis seiner Wahrnehmungsprozesse. Im Zusammenhang mit den bekannten Priming-Experimenten, bei denen Versuchspersonen Objekte oder Begriffe schneller erkennen, wenn diese vorher durch ähnliche bzw. verwandte Objekte oder Begriffe „assoziativ gebahnt" werden, schreibt Schacter (1986, zitiert nach Norretranders, 2000, S. 253): „Eine Person, die ein bekanntes Objekt wahrnimmt, ist sich nicht darüber im Klaren, dass das Wahrgenommene gleichermaßen ein Ausdruck der Erinnerung wie der Wahrnehmung ist." Beispiele für die zirkuläre Organisation der Wahrnehmung kann man in vielen Alltagssituationen finden, z. B. beim Zoobesuch oder beim Pilze sammeln: Im Amphibienhaus steht man vor einem Glaskasten, in dem sich Laubfrösche befinden sollen. Anfangs sieht man nur ein Blättergewirr und sucht mit dem schemenhaften Raster eines Laubfroschs im Kopf das Terrarium ab. Plötzlich hat man den ersten entdeckt. „Guck mal, da ist einer!". „Wo?". „Na, da oben links unter dem hängenden Blatt!". „Ach da, ja!" usw. Plötzlich sieht man einen Frosch nach dem anderen. Das wahrnehmende System hat sich kalibriert. Die interne Landkarte von einem Laubfrosch wurde adaptiert und verfeinert. Ähnlich ist es beim Pilze sammeln: Anfangs findet man kaum etwas. Doch nach und nach schärft sich die Wahrnehmung, und man findet immer mehr.

Es waren vor allem die Arbeiten der Berliner und Frankfurter Gestaltpsychologen, die Anfang des letzten Jahrhunderts bahnbrechend für die Beschreibung organismischer Wahrnehmungsprozesse waren. Hier sind vor allem Adhemar Gelb, Kurt Goldstein, Max Wertheimer, Wolfgang Köhler, Kurt Koffka und Kurt Lewin neben vielen anderen zu nennen. Die Gestaltpsychologie der Berliner Schule untersuchte natürliche Ordnungen im psychischen Geschehen von Wahrnehmung, Denken, Fühlen und Verhalten und verstand Menschen als offene Systeme, die ihre Wahrnehmung nach bestimmten Mustern organisieren. Vor allem für Wertheimer und Köhler war die Gestaltpsychologie in erster Linie eine Erkenntnistheorie (Portele, 1999). Die Parallelen der Gestaltpsychologie zur modernen Systemtheorie und zum Konstruktivismus sind derart zwingend, dass man die Gestaltpsychologie eindeutig als Vorläufer und Quelle dieser Theorien sehen muss. Sehr treffend ist in diesem Zusammenhang die folgende Aussage Wertheimers (1925) über die Teil-Ganzes-Beziehung:

> „Es gibt Zusammenhänge, bei denen nicht, was im Ganzen geschieht, sich daraus herleitet, wie die einzelnen Stücke sind und sich zusammensetzen, sondern umgekehrt, wo – im prägnanten Fall – sich das, was an einem Teil dieses Ganzen geschieht, bestimmt von inneren Strukturgesetzen dieses seines Ganzen." (S. 3)

Damit beschreibt Wertheimer nicht nur die Teil-Ganzes-Beziehung und die Tatsache, dass das Ganze mehr als die Summe seiner Teile ist, sondern auch den umgekehrten Schluss, nämlich die Strukturdeterminiertheit der Teile im Ganzen. Es geht also auch schon in der Gestaltpsychologie um Zirkularität und damit um das Aufheben von traditionell etablierter linearer Kausalität.

Die bekanntesten Ergebnisse der gestaltpsychologischen Untersuchungen sind die Gestaltgesetze, die Prinzipien beschreiben, wie das wahrnehmende System den Prozess der Wahrnehmung in Abhängigkeit von seinen Voreinstellungen und seiner Lerngeschichte aktiv steuert (vgl. Prinz, 1990). Das allgemeine Prägnanzprinzip beispielsweise beschreibt, dass aus einer Anzahl von Elementen dasjenige zuerst wahrgenommen wird, das sich in einer Vielzahl von Merkmalen von den anderen unterscheidet (Abbildung 7).

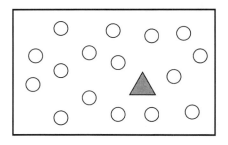

Abb. 7: Das allgemeine Prägnanzprinzip (Figur und Hintergrund)

Das Gesetz der Prägnanz beschreibt damit die Bildung eines Unterschieds im Prozess der Wahrnehmung. Eine Figur, in diesem Fall das graue Dreieck, wird aus dem Hintergrund herausgelöst. Die Wahrnehmung unterscheidet zwischen Dreieck und Nicht-Dreieck und die spezifische Merkmalskombination des Dreiecks gegenüber den Kreisen (Größe, gerade Linien, Ecken, graue Füllung) haben die Unterschiedsbildung bewirkt. Mit dem Bilden der Figur wird alles, was nicht Figur ist, zum Hintergrund. Es beginnt sich der Beobachtung zu entziehen und bleibt „Rauschen". Um die Figur erkennen zu können, sind wiederum spezifische Voreinstellungen notwendig, die uns erlauben, Linien, Ecke, Kreise usw. zu erkennen. Solche Strukturen können für andere Lebewesen völlig bedeutungslos und damit unsichtbar sein, wie z. B. für die Fliege, die gerade in dem Moment, in dem diese Zeilen entstehen, über den Bildschirm krabbelt. Die Bildung eines Unterschieds bzw. das Entstehen einer Figur ist ein Prozess, in dem sich voreingestellte Erwartungsmuster (z. B. Begriffe) und Reizkonfigurationen aus der Umwelt in einem sich wechselseitig hervorbringenden und determinierenden Prozess ergänzen.

Andere Gestaltgesetze, etwa das „Prinzip der Geschlossenheit" oder das „Prinzip des durchgehenden Kurvenverlaufs", beschreiben, wie das wahrnehmende System die Binnengliederung von komplexen Reizmustern realisiert. Fehlendes ergänzt und Figuren vervollständigt. Ein klassisches Beispiel ist in Abbildung 8 zu sehen. Streng genommen besteht das Bild nur aus drei Winkeln und drei Kreissegmenten. Das wahrnehmende System vervollständigt die aus seiner Sicht fehlenden Elemente und generiert dadurch eine neue Form, ein Dreieck oder sogar einen Stern. Sieht man genauer hin, wirkt sogar das Papier innerhalb des Dreiecks heller als außerhalb.

Abb. 8:   Das Prinzip der Geschlossenheit (Kanisza-Dreieck)

Wahrnehmung kann demnach als ein simultaner bidirektionaler Prozess begriffen werden, in dessen Verlauf ein permanenter Abgleich zwischen den Sinneseindrücken (etwa den Lichtstrahlen auf der Retina bei der Betrachtung eines Objekts) und den kognitiven Strukturen, die sich auf Basis historischer Daten und der mit ihnen verknüpften Relevanzen sowie der aktuellen Motivlage des Systems ergibt.

Abbildung 9 veranschaulicht den Prozess der Wahrnehmung aus systemisch-konstruktivistischer Sicht (vgl. Simon, 2006). Beim Wahrnehmen entstehen Unterscheidungen, die mit inneren Landkarten verknüpft werden. Die Landkarten verändern sich dabei und beeinflussen das Treffen neuer Unterscheidungen. Folgt man diesem Gedanken weiter und betrachtet Wahrnehmen somit als aktiven Prozess, bei dem die Wahrnehmungsinhalte durch neuronale Vorverschaltungen, Erfahrungen, Heuristiken etc. hervorgebracht werden, kommt man zwangsläufig zu dem Schluss, dass die klassische Trennung zwischen Wahrnehmung und Verhalten nicht aufrechterhalten werden kann. Wahrnehmung ist Verhalten, d. h., Wahrnehmen und Verhalten können nicht als getrennte Prozesse aufgefasst werden. Indem man wahrnimmt, verhält man sich schon. Sei es auf einer sehr frühen Ebene des Prozesses bedingt durch Vorverschaltungen beispielsweise in der Retina (u. a. Maturana & Varela, 1987) oder vorbewusst bzw. bewusst gesteuert, indem man selektiv wahrnimmt oder seine Wahrnehmung fokussiert, hinsieht, hinhört, wegsieht usw.

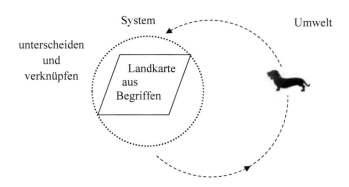

Abb. 9: Wahrnehmung als zirkulärer Prozess

Interessanterweise waren es Untersuchungen mit Potenzialableitungen an der Retina von Tauben, die Maturana den initialen Anstoß zu seiner Biologie der Kognition und schließlich zum Konzept der Autopoiesis brachte. Bei den

Untersuchungen wurde versucht, eine Korrelation zwischen der Wellenlänge des dargebotenen Stimulus in Form von Lichtreizen und den Aktionspotenzialen der Netzhautzellen zu finden. Diese stellte sich erst ein, nachdem man die Wellenlänge des Lichts nicht kontinuierlich variierte, sondern entsprechend den menschlichen Farbbezeichnungen wählte (Maturana & Varela, 1987). Ähnliche Untersuchungen der visuellen Wahrnehmung bei Fröschen förderten in früheren Experimenten ähnliche Ergebnisse zutage, nämlich dass Frösche ausschließlich klare Linien, plötzliche Helligkeitsunterschiede, bewegte Umrisse und Kurvenbewegungen von kleinen dunklen Objekten wahrnehmen können (Lettvin, Maturana, McCulloch & Pitts, 1959). „A frog does not ‚see' its mother's face" schreiben dazu treffender Weise Zander und Zander (2002, S. 10). Diese und weitere Forschungsergebnisse brachten Maturana dazu, sein Verständnis von Wahrnehmung und Kognition radikal zu überdenken. Mit dem Konzept der operationalen Schließung ließen sich die Ergebnisse konsistent beschreiben: Das Nervensystem als geschlossenes System produziert seine eigene Wirklichkeit aus den Daten der Umwelt. Der Forscher, ebenfalls ein autopoietisches, operational geschlossenes System, produziert Beobachtungen darüber und fasst sie in Sprache, welche wiederum ein System ist. „Alles, was gesagt wird, wird von einem Beobachter gesagt" (Maturana, 1982, S. 33). Maturana stellt den Anspruch auf, dass alles, was zur Erklärung von Kognitionen biologischer Systeme gesagt wird, auch eine Erklärung über den Beobachter und seine Rolle beinhalten muss. Damit setzte Maturana eindeutige Grenzen, was die „Erkennbarkeit der Realität" betrifft und stellte die geltende Annahme in Frage, dass das Nervensystem lebender Systeme Informationen aus der Umwelt aufnimmt und so etwas wie eine objektive Abbildung der Wirklichkeit leistet. Und er hebt die Rolle des Beobachters hervor, indem er postuliert, dass auch die vermeintlich objektiven Erkenntnisse der Wissenschaft ihrerseits nur Wirklichkeitskonstruktionen sein können (vgl. hierzu Krohn & Cruse, 2005). Es liegt hier nahe, die Forschungsergebnisse zur Farbwahrnehmung von Maturana als strukturelle Koppelungen von Systemen mit der Umwelt zu interpretieren. Die Bündelung der Wellenlängen zu prototypischen Farben, wie sie in der Umwelt von Tauben von Bedeutung sind, ist eine Vorstufe zur Begriffsbildung des kognitiven Systems. Farben können somit unabhängig von Helligkeit, Reflexionen usw. stabiler wahrgenommen werden. Ähnliche Clusterungsphänomene findet man auch im auditiven Cortex z. B. bei Fledermäusen. Und was noch wichtiger in diesem Zusammenhang ist, die Clusterungen also die Repräsentation, verändern sich durch die Reizhäufigkeit und Intensität. Hierzu gibt es viele Forschungsarbeiten unter dem Stichwort der „neuronalen Plastizität" (u. a. Eccles, 1990; Kohonen, 1982), vor allem für die motorischen und sensorischen Areale des Gehirns, deren Impulse auf allen

Ebenen der Reizverarbeitung zunehmend verdichtet und strukturiert werden, wobei die Art und Weise der Verdichtung und Strukturierung in Korrespondenz mit der Reizstruktur der Systemumwelt erfolgt.

3.3 KOGNITIVE STRUKTUREN

Das Ergebnis solcherart komplexer Vorgänge des Wahrnehmens und Verknüpfens ist die Begriffsbildung. Umweltreize werden nicht mehr „einfach so" aufgenommen, sondern bereits in frühen Stadien der Verarbeitung zu Einheiten verdichtet und schließlich zu Begriffen geformt. Ein Begriff für ein Objekt, z. B. für einen Hund, besteht aus bestimmten Merkmalen, die auf eine typische Art und Weise miteinander organisiert sind (die Ohren am Kopf und nicht am Bauch) und aus assoziativen Verbindungen zu anderen Begriffen z. B. der Hundehütte. Die Begriffsbildung erfolgt zunächst über die zunehmende Ausdifferenzierung eines Prototyps, also eines generalisierten Begriffs (Rosch, 1971). Dieser Prozess kann beobachtet werden, wenn kleine Kinder zunächst alles, was vier Beine hat als „Wau-Wau" bezeichnen. Später differenzieren sich diese Prototypen in Ober- und Unterbegriffsstrukturen (Hund – Jagdhund – Dackel). Nicht nur für Objekte, sondern auch für Ereignisse werden Begriffe gebildet (Klix, 1992). Solche Ereignisbegriffe bestehen aus mehreren Objektbegriffen (z. B. Dackel, Jäger, Fuchsbau, Fuchs, Gewehr) die zusammen um einen semantischen Kern (eine Tätigkeit) herum ein Ereignis konstituieren. Es gibt hier ebenfalls prototypische Ereignisse (z. B. Jagen oder Füttern), die je nach Situation konkretisiert werden. Ereignisbegriffe konstituieren sich wiederum zu komplexeren Ereignisfolgen, die aus mehreren Ereignisbegriffen bestehen und konditionale oder zeitliche Verknüpfungen enthalten (z. B. Restaurantbesuch: Bestellen – Essen – Bezahlen). Das Besondere an Begriffsstrukturen ist, dass hier nicht nur Merkmale, Objekte oder Vorgänge, verdichtet durch eine sprachliche Referenz, d. h. eine Wortmarke, aufgerufen werden können, sondern Begriffe sowohl emotionale Bewertungen als auch Handlungskonsequenzen enthalten bzw. mit diesen assoziiert sind. Ein Objekt (Hund) kann somit als „gefährlich" oder „niedlich" wahrgenommen werden, mit den Konsequenzen „weglaufen" oder „streicheln".

Begriffe sind kognitive Strukturen, in denen Prozesse der Wahrnehmung, der Verknüpfung, der Bezeichnung, der Bewertung und der Handlungssteuerung zusammenfließen (vgl. hierzu ausführlich bei Klix, 1992). In der Alltagssprache werden Begriffe oft mit Wörtern verwechselt. Die Wörter oder besser Wortmarken sind jedoch lediglich die lexikalischen Bezeichnungen und können zumindest theoretisch wahllos zugeordnet werden. Es ist nur wichtig, dass man sich innerhalb eines Symbolsystems auf die gleichen Zuordnungen zwischen Begriff und Wortmarke verständigt hat. Begriffe bilden sich bei allen lernenden, lebenden Systemen mit den ersten Wahrnehmungen aus bzw. sind phylogenetisch voreingestellt. So sind bestimmte Gerüche, welche schon bei Neugeborenen Ekel auslösen oder die Wahrnehmung von Gesichtern bei wenige Tage alten Säuglingen als Primärbegriffe anzusehen. Wahrgenommenes wird unterschieden, mit vorverschalteten Bedeutungsmustern verglichen und löst schließlich im Prozess der Bewertung Reaktionen in Form von Emotionen aus. Diese Primärbegriffe differenzieren sich im Verlauf der individuellen Entwicklung immer mehr, bis schließlich beim erwachsenen Individuum komplexe und vernetzte Begriffsstrukturen vorliegen, mit welchen Objekte und Ereignisse wahrgenommen, zueinander in Beziehung gesetzt und verhaltensrelevant bewertet werden können (Bachmann, 1998; Klix, 1992; Klix & Bachmann, 1998). Aus Sicht der Evolutionsbiologie und -psychologie entstehen Begriffe, indem vom lebenden System Invarianzeigenschaften aus den vielfältigen Reizen der Umwelt „herausgefiltert" werden. Dies geschieht schon auf der frühesten Reizverarbeitungsstufe, wie z. B. bei visuellen Reizen in der Retina des Auges. Interessant ist in diesem Zusammenhang auch das Forschungsfeld der experimentellen Semiotik, in dem untersucht wird, wie z. B. aus abstrakten Zeichen und Symbolen Ordnungen und Bedeutungen und schließlich Kommunikation entsteht (Ganlantucci & Garrod, 2011).

Die Bildung solcher Begriffsstrukturen ist ein Ergebnis der Autopoiesis des psychischen Systems. Wahrnehmungen werden mit bereits vorhandenen Begriffen verglichen, die sich daraufhin weiter differenzieren, also mit Merkmalen angereichert und mit anderen Begriffen verknüpft werden. Das Ergebnis wird schließlich wieder mit Wahrnehmungen verglichen und entsprechend adaptiert. So entstehen aus Wahrnehmungen Begriffe und Begriffe steuern die Wahrnehmung und so weiter. Wieder sind es zirkuläre Prozesse, die sich irgendwann bei ihrem „Eigenwert" (von Förster & Pörksen, 2011) einschwingen. Eine andere Zirkularität besteht darin, Begriffe mit Begriffen zu vergleichen und dabei entsprechend zu differenzieren. Dabei wird neues Wissen erschlossen, indem das psychische System es mit Bekanntem vergleicht. Aus Wissen wird neues Wissen. Die Zusammenhänge einer Wissensdomäne werden auf die Zusammenhänge einer anderen, neuen Wissensdomäne abgebildet. Eine unbekannte Konfiguration von Objekten wird strukturell mit einer ähnlichen bekannten Konfiguration von Objekten verglichen und beide werden aufeinander abgebildet. Im Ergebnis entsteht Wissen. Viele Erkenntnisse der Wissenschaft, Rutherfords Atommodell, der Benzolring von August Kekulé, die Maxwellschen Gleichungen oder die Feldtheorie von Kurt Lewin sind auf diesem Weg entstanden. Diesen Prozess nennt man Structure Mapping (Gentner, 1983) oder Analogiebildung (Bachmann, 1998). Wissen wird mit Wahrnehmungen verknüpft, Strukturen werden aufeinander abgebildet und daraus wird wiederum Wissen generiert: Die Autopoiesis des psychischen Systems.

Durch die selbstreferentiell konstruierten Begriffsstrukturen des psychischen Systems können drei grundlegende Verarbeitungsprozesse von Wahrnehmungen unterschieden werden (vgl. Simon, 2006): Durch die Prozesse des Unterscheidens entstehen *Beschreibungen* von Wahrnehmungsphänomenen (etwas ist so und nicht so, es unterscheidet sich von, im Vergleich zu ist es größer oder lauter). Merkmale werden verglichen und Dinge werden schließlich benannt („Ein Hund und zwar ein Dackel und er bellt"). Durch die Prozesse des Verknüpfens, nämlich durch die Abbildung von Begriffsstrukturen aufeinander und die Füllung von Leerstellen entstehen *Erklärungen*. Wahrnehmungsinhalte werden in Relationen zueinander gestellt („Für einen Dackel ist er aber ganz schön groß. Warum bellt er nur? Hat er etwas entdeckt?"). Räumliche, zeitliche, ursächliche, bedingungsmäßige, verändernde, bewegungsbezogene oder nachfolgende Objekt- bzw. Ereignisrelationen (Bachmann, 1994; Klix & Bachmann, 1998) werden gebildet. Und schließlich wird all dem fortwährend Bedeutung zugewiesen. Emotionale Färbungen entstehen. Die daraus resultierende *Bewertung* entscheidet schließlich, welche Handlungsrelevanz ein Wahrnehmungsinhalt aus Beschreibungen und Erklärungen besitzt („Er bellt nicht nur und ist doch größer als ich dachte, sondern hat sogar die Ohren angelegt, also werde ich mich mal nicht nähern"). Zur Veranschaulichung siehe Abbildung 10.

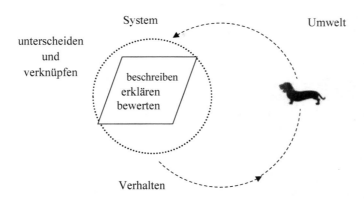

Abb. 10: Beschreiben, erklären und bewerten

Die Qualität emotionaler Färbungen bzw. Konnotationen, welche den Prozess der Bewertung von Wahrnehmungsinhalten charakterisieren, wurden von Osgood, Suci und Tannenbaum (1957) und in zahlreichen nachfolgenden Arbeiten beschrieben. Dazu wurden Versuchspersonen gebeten, Wörter nach deren emotionaler Färbung zu bewerten. Im Ergebnis dieser kulturübergreifenden Studien entsteht ein dreidimensionaler Raum, innerhalb dessen Wahrnehmungsinhalte grundlegend mit Hilfe eines „semantischen Differentials" bewertet werden. Die Dimensionen werden dabei durch Paare von Eigenschaftswörtern repräsentiert und formieren die typische *EPA-Struktur*: *Evaluation* (gut vs. böse, angenehm vs. unangenehm, freundlich vs. unfreundlich), *Potency* (stark vs. schwach, übergeordnet vs. untergeordnet, erfahren vs. unerfahren) *und Activity* (aktiv vs. passiv, laut vs. leise, schnell vs. langsam).

Gefühle sind damit, genauso wie „rationale Gedanken", Ergebnisse von Beschreibungen, Erklärungen und Bewertungen und damit Kognitionen. Sie erlauben es, sehr schnell und kulturübergreifend den inneren Zustand des Gegenübers zu entschlüsseln bzw. Informationen über das eigene Befinden mitzuteilen. Simon (2012) bezeichnet Gefühle daher als symbolisch generalisierte Kommunikationsmedien, die auf das Erleben verweisen und eine konkrete Handlungsbereitschaft sowie ein komplementäres Beziehungsangebot an das Gegenüber enthalten. Die Generalisierung der Gefühle hat dabei im Gegensatz zur Kommunikation über Sprache den Effekt, dass jeder sofort Bescheid weiß und binnen von Sekundenbruchteilen ein Kommunikationssystem auf der Sozialdimension entsteht, ohne dass erst eine gemeinsame Wirklichkeitskonstruktion auf der Sachdimension erfolgen muss. Diese Annahmen werden in der Emotionsforschung mit dem Begriff des *Emotional Mimicry* (Hess & Fischer, 2013) beschrieben. In der Interaktion wird dabei der emotionale Ausdruck des Gegenübers unwillkürlich nachgeahmt. Dies trifft vor allem auf die Grundemotionen *Freude* und *Ärger* zu. Emotionales Mimikry fungiert bei den positiven Emotionen, welche als Ausgangsbasis für beginnende Interaktionen postuliert werden, als „sozialer Klebstoff" (vgl. Hess & Fischer, 2013). Die Autoren zeigen darüber hinaus jedoch, dass das emotionale Mimikry noch andere Funktionen hat und kontextabhängig ist.

3.4 KOMMUNIKATIONSSYSTEME

Autopoietische Systeme können Kommunikationssysteme bilden. Dies geschieht, indem in der Anwesenheit anderer autopoietischer Systeme das Verhalten eines Systems als Mitteilung an ein anderes System gewertet, d. h. eine Mitteilung selegiert wird. Wird die Mitteilung „verstanden", d. h. vom anderen System wahrgenommen, durch weitere Selektionen verarbeitet und schließlich von diesem System wiederum Verhalten produziert, welches das mitteilende System seinerseits als Mitteilung auf seine Mitteilung wertet, hat sich ein Kommunikationssystem gebildet. Ein Kommunikationssystem besteht dann, wenn zwei oder mehrere Systeme ihre Prozesse des Wahrnehmens, Mitteilens und Verstehens aufeinander beziehen und dadurch anschlussfähige Kommunikationen produzieren. Auf eine Kommunikation folgt dann eine weitere usw. (Luhmann, 1984; Simon, 2006). Durch die schon beschriebenen evolutionären Prozesse der Variation, Selektion und Retention beginnt sich im Kommunikationssystem ein Muster herauszubilden, aus dem die am Kommunikationssystem beteiligten Systeme zirkulär Sinn generieren und gleichzeitig zuweisen. Der kollektiv produzierte Sinn wiederum steuert die Auswahl an Mitteilungen, die in das System eingebracht werden können und vermindert wechselseitig die doppelte Kontingenz.

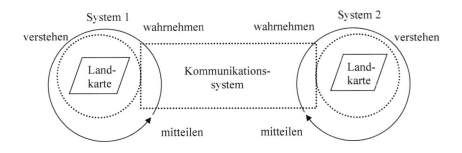

Abb. 11: Zwei psychische Systeme bilden ein Kommunikationssystem (in Anlehnung an Seliger, 2010)

Mit diesen Prozessen des Wahrnehmens, Mitteilens und Verstehens zwischen Systemen sind alle Bestandteile vorhanden, die ein neues autopoietisches System, ein soziales System, ausmachen: Es ist ein spezifischer Interaktionszusammenhang nach von Bertalanffy (1969) entstanden, der sich von den Interaktionen der Umwelt unterscheidet und damit eine System-Umwelt-Grenze aufzeigt. Das System ist selbstreferentiell und operational geschlossen, denn hier beziehen sich Kommunikationen immer wieder auf Kommunikationen und bringen neue Kommunikationen hervor, und es kann nur durch Kommunikationen in seiner Autopoiesis beeinflusst werden. Zwar können die beteiligten Systeme „weggehen" oder die Kommunikation einfach einstellen und damit das System verschwinden lassen, eine Beeinflussung der Muster des Systems (ohne es zu zerstören) ist jedoch nur durch Kommunikationen möglich, die in das System „eingeschleust" werden. Mit seinem Entstehen und den ersten Selektionen bildet sich ein Muster heraus, welches das System charakterisiert und von der Umwelt unterscheidet. Dieses Muster wird im weiteren Verlauf dafür „sorgen", welche Mitteilungen vom System als anschlussfähig aufgenommen und welche durch Ignoranzen beantwortet werden. Neue, relevante Mitteilungen (Pertubationen) können bewirken, dass das System seine „Entwicklungsrichtung" ändert, also seine Drift beeinflussen. Bedingt durch die Anfangsselektionen und die Ausprägung des ersten Musters, ist das System jedoch als historisch anzusehen und kann nicht einfach ein neues Muster generieren oder von außen übernehmen. Neues kann nur auf bereits Vorhandenem aufgebaut werden. Pertubationen können Richtungsänderungen bzw. Musterveränderungen bewirken, jedoch das System nicht grundlegend verändern. Das heißt, seine strukturelle Organisation (Maturana & Varela, 1987), die Relationen, in denen die Strukturelemente zueinander stehen, bleiben erhalten und somit auch die Einzigartigkeit des Systems.

Die systemische Kommunikationstheorie nach Luhmann (1984) beschreibt aus der Perspektive eines Beobachters, was passieren muss, damit Kommunikation stattfindet. Systeme betreiben wechselseitig aufeinander bezogen Selektionen aus Wahrnehmungen, leiten interne Prozesse des Verstehens durch Selektionen mithilfe der systemeigenen internen Landkarten ein und selegieren daraufhin Mitteilungen, die von einem an der Kommunikation beteiligten System wiederum als Anschlusskommunikation gewertet werden. Es bleibt die Beschreibung eines Beobachters, was Kommunikation ist, und ob sie überhaupt stattgefunden hat. Ein Kommunikationssystem kann jedoch nur bestehen, wenn sich durch die beteiligten Systeme Sinn zuschreiben lässt. Das heißt, das System wird aktiv aufrechterhalten und kann über die Zeit seines Bestehens hinweg driften. Die an ihm beteiligten Systeme beginnen sich strukturell zu koppeln und treten in eine Ko-Evolutionsbeziehung ein. Dies bedeutet, dass durch die wechselseitigen Prozesse des Verstehens, Veränderungen in den internen Strukturen passieren, insofern, dass die an einem Kommunikationssystem beteiligten Systeme lernen, d. h. sich durch die Kommunikation verändern bzw. anpassen oder etwas Neues in ihr Verhalten aufnehmen. Damit der Prozess der Ko-Evolution aufrechterhalten werden kann, ist es wichtig, dass die daran beteiligten Systeme durch ihre Selektionen einander anzeigen, dass Lernen und Veränderung bei ihnen intern stattgefunden hat. Dies geschieht dadurch, dass auf den Dimensionen des gemeinsamen Sinns die gleichen oder zumindest ähnliche Unterscheidungen getroffen und in die Kommunikation eingebracht werden. Auf der Sachdimension werden die Themen sinnhafter Kommunikation dazu durch eine „Verweisungsstruktur" in „Dies" und „Das" zerlegt. Man einigt sich auf die markierte Seite der Unterscheidung (das Wetter, Fußball etc.) und lässt die unmarkierte außen vor. Gleichzeitig nehmen die beteiligten Systeme einander auf der Sozialdimension als ihresgleichen, als „Alter Ego", an und artikulieren die Relevanz dieser Annahme („Schön, Dir geht es auch so wie mir!"). Beides ermöglicht „Sinnfixierung" und die getrennte Beobachtung von Sach- und Sozialdimension und somit die Unterscheidung, was andere Systeme tun und was sie erleben und eine Bezugnahme darauf. Schließlich erlaubt die Konstitution der Zeitdimension eine Kommunikation über ein „Vorher" und ein „Nachher" und schafft damit einen gemeinsamen Maßstab. Durch die Lösung aus dem „Hier und Jetzt" („der graue Alltag") in das „Dann und Dort" („die gemeinsame Urlaubsplanung") können noch nicht unmittelbar erfahrbare Themen in die Kommunikation genommen werden bzw. gemeinsam rückwärtig betrachtet werden (Luhmann, 1984; Simon, 2006). Die Ko-Evolution der Beteiligten eines Kommunikationssystems wird somit durch drei Sinn-Unterscheidungen getragen: Durch „Dies" und „Das", durch „Alter" und „Ego" sowie durch „Dann" und „Dort".

Vor allem die Sozialdimension hat erhebliche Bedeutung für die Bildung von Kommunikationssystemen und ein entsprechendes neurobiologisches Korrelat. Bauer (2008) schreibt dazu: „Alles, was Menschen in Beziehungen erleben, wird vom Gehirn in biologische Signale verwandelt, wirkt sich auf die Biologie und Leistungsfähigkeit unseres Körpers aus und beeinflusst unser Verhalten, was dann wiederum Rückwirkungen auf unser Verhalten hat" (S. 17). Damit referiert er auf das System der Spiegelneurone, das *Mirror Neuron System* (Ferrari, Gallese, Rizzolatti & Fogassi, 2003), ein autonomes neurobiologisches System im menschlichen Gehirn, dessen „Zweck darin besteht, beobachtetes Verhalten von anderen Menschen im Gehirn des Beobachters zu simulieren, also auf eine stumme Art ‚nachzuspielen' " (Bauer, 2008, S. 26). Das System der Spiegelneurone ist damit die neurobiologische Grundlage für Empathiefähigkeit und ermöglicht Handlungen, Stimmungen, Gefühle anderer nachzuerleben und nachzufühlen.

Da die Bildung eines Kommunikationssystems beim Menschen hauptsächlich über das Medium der Sprache erfolgt, liegt hier noch eine Besonderheit vor. Die Sprache, die sich in Ko-Evolution mit dem psychischen System entwickelt hat, kann selbst wiederum als ein System angesehen werden. Sie verbindet die Menschen, die ihrer mächtig sind und erlaubt, sowohl das eigene psychische System zu reflektieren als auch das Ergebnis der Reflexion anderen zur Verfügung zu stellen und dadurch bis zu einem gewissen

Grad Zugang zu den psychischen Prozessen anderer Menschen zu bekommen (Simon, 2006). Für die Bildung von Kommunikationssystemen bedeutet die Tatsache, dass ihre Existenz an die Sprache gebunden ist, dass die Wahrnehmungen, die ein Beobachter macht und versprachlicht in die Kommunikation einbringt, keine neutrale Aufzählung von Beobachtungsdaten mehr sein können, sondern bereits durch Erklärungen und Bewertungen, implizit oder explizit, angereichert sind und damit ein Teil und das Ergebnis von Wirklichkeitskonstruktionen sind. Wahrnehmungen werden von psychischen Systemen erklärt und bewertet und erhalten dadurch Handlungsrelevanz (Simon, 2006). Von der Art der jeweiligen Erklärung für ein Phänomen hängt ab, welche Handlungen daraus resultieren. Wird ein Gewitter mit Blitz und Donner als Zorn der Götter erklärt, wird man sich eher still verhalten und beten. Erklärt man es sich als Wetterereignis, bei dem eine elektrostatische Aufladung an der Grenze zwischen warmen und kalten Luftmassen passiert, wird man schauen, ob der Blitzableiter in Ordnung ist und sich bei einer Tasse Tee gemütlich ins Wohnzimmer setzen.

Die sprachliche Verdichtung von Wahrnehmungen führt in der Kommunikation dazu, dass kaum mit Beschreibungen operiert, sondern mit Erklärungen und Erklärungen von Erklärungen und den zugehörigen Bewertungen sofortige Handlungsrelevanz erzeugt wird. Das System der Sprache verweist in struktureller Koppelung auf ein System von Begriffen, mit denen das psychische System operiert. Die Begriffe wiederum (also was genau ein Gewitter ist) sind zwar zu einem großen Teil kollektiv geteilt, trotzdem aber individuell verschieden. So hat ein Gewitter in Deutschland meist ganz andere Qualitäten als ein *thunderstorm* im mittleren Westen der USA und ist somit auch mit anderen Bewertungen und Handlungen assoziiert.

Diese Art von Verdichtung von Wahrnehmungen durch Begriffe ist sehr effizient, denn ein Kommunikationspartner muss sich aus den mitgeteilten Informationen nicht erst mühselig die daraus resultierenden Konsequenzen zusammenbasteln, er bekommt sie gleich mitgeliefert (Simon, 2006). Und wir Menschen gehen aufgrund unserer gemeinsamen Phylogenese und unserer Zugehörigkeit zu einem Kulturkreis bzw. einer Sprache davon aus, dass die Erklärungen und Bewertungen, die wir produzieren, auch für andere Menschen Gültigkeit haben. Für die Bildung von Kommunikationssystemen bedeutet dies, dass die beteiligten Systeme mit ihren Mitteilungen jeweils ihre subjektiven Wirklichkeitskonstruktionen einbringen, die bereits Handlungen implizieren, und es nur gelingt, ein Kommunikationssystem herzustellen, wenn es den Beteiligten bezogen auf ihr Thema und ihre soziale und zeitliche Dimension gelingt, eine gemeinsame Wirklichkeitskonstruktion herzustellen, sozusagen ein kommunikatives Ganzes, ein Wir, das mehr ist, als die Summe der einzelnen Mitteilungen.

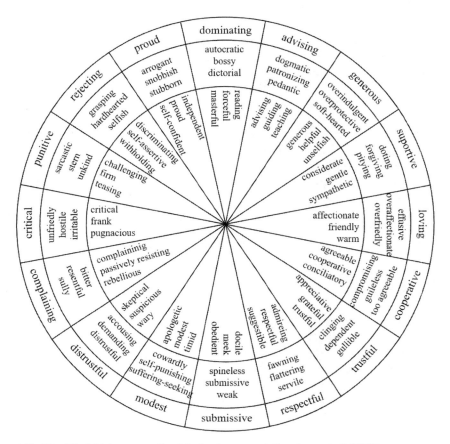

Abb. 12: Die 16 interpersonellen Mechanismen nach Freedman et al. (1951)

Für die Bewertungsfunktion von Wahrnehmungsqualitäten hat sich (wahrscheinlich nicht nur beim Menschen) im Verlauf der Evolution ein sehr effizientes und grundlegendes Schema herausgebildet, welches universelle Qualitäten der Interaktion, z. B. zwischen Personen beschreibt. Scholl (2013) nennt dieses Schema daher das *Sozio-emotionale Apriori*. Er bezieht sich dabei auf zahlreiche Arbeiten aus der klinischen Psychologie und der Sozialpsychologie, in denen bei der Wahrnehmung von Personen die drei Dimensionen des semantischen Differenzials nach Osgood et al. (1957) *Evaluation, Potency* und *Activity* in unterschiedlichen Facetten immer wieder auftauchen. Dabei verfolgt er einen evolutionstheoretischen Ansatz: Die grundlegende Kategorisierung anderer in der sozialen Wahrnehmung hat den Vorteil einer schnellen Ableitung von Handlungsrelevanz. Wahrscheinlich ist es möglich, diesen Ansatz auf andere Systemqualitäten wie Gruppen, Familien oder Organisationen zu erweitern, denn auch diese werden von anderen Systemen als gut oder böse, stark oder schwach bzw. aktiv oder passiv in ihrem Verhalten wahrgenommen.

Diese grundlegenden Arbeiten wurden vor allem in der Sozialpsychologie und der klinischen Psychologie für die Beschreibung von menschlichem Verhalten in sozialen Interaktionen verwendet und in den sogenannten zahlreichen Circumplex-Modellen weiterentwickelt. Stellvertretend soll hier das Modell von Freedman, Leary, Ossorio und Coffey (1951) vorgestellt werden (Abbildung 12). Der Circumplex wird gebildet durch die beiden Hauptachsen *dominating* vs. *submissive* und *loving* vs. *critical*. In den Kreissegmenten sind jeweils die Übergänge zwischen den Extrempolen als Abschwächungen bzw. Mischformen zu finden. Es werden sowohl die „normalen" als auch die „klinisch-relevanten" Verhaltensausprägungen aufgeführt. Für unsere weiteren Betrachtungen von Systeminteraktionen bietet sich eine Verallgemeinerung dieser verschiedenen Benennungen der beiden Dimensionen an. Die Qualitäten sympathisch, freundlich, liebenswürdig, zugeneigt vs. unsympathisch, kritisch, distanziert etc. sollen durch die Dimension *Nähe vs. Distanz* und die Qualitäten dominant, stark, potent vs. submissiv, schwach etc. durch die Dimension *Dominanz vs. Submission* beschrieben werden.

Ein weiteres grundlegendes Modell zur Charakterisierung von Interaktionsbeziehungen stammt von Gregory Bateson (Bateson, 1985). Beziehungen zwischen Interaktionspartnern können entweder symmetrisch oder komplementär sein. Bateson untersuchte, was passiert, wenn unterschiedliche Kulturen bzw. verschiedene Gruppen innerhalb einer Gesellschaft miteinander agieren. So entstehen symmetrische Beziehungen bei der Teilung von sozialen Systemen z. B. in Clans, Dörfer und Nationen, hingegen komplementäre Beziehungen kennzeichnend für die Interaktion zwischen Schichten, Klassen, Kasten, Geschlechtern oder Altersstufen sind (vgl. Bateson, 1985). Typisch für die jeweiligen Interaktionen sind die Muster, mit denen innerhalb bzw. nach außen kommuniziert wird. Räumlich gesehen handelt es sich dabei also einmal um vertikale und zum anderen um horizontale Teilungen innerhalb eines sozialen Systems mit den jeweils dazugehörigen Interaktionsmustern.

Symmetrische Differenzierung meint, dass die Interaktionspartner einander jeweils mit der gleichen Form der Kommunikation antworten, intern dabei jeweils die gleichen Bedürfnisse und Ziele haben. Dabei befinden sich die an der Interaktion Beteiligten auf einer Ebene miteinander. Es gibt keine Über- oder Unterordnung. Bateson, der seine Modelle überwiegend auf der Basis ethnologischer Studien in Südostasien entwickelte, beschreibt als Beispiel für symmetrische Kommunikation das Imponiergehabe zwischen heranwachsenden Männern des Stammes der Iatmul. Auf das Prahlen und Imponieren des einen (Muster X, Y, Z) antwortet der andere mit noch mehr Prahlen und Imponieren (Muster (X, Y, Z) usw., d. h., auf den Versuch, den anderen Kommunikationspartner zu dominieren (beide haben das interne Muster A, B, C, also dieselben Bedürfnisse und Ziele in dieser Interaktion) und damit in eine komplementäre Beziehung zu bringen, antwortet dieser im gleichen Muster und stellt damit die Symmetrie wieder her. Dies passiert so lange, bis die Interaktion abbricht und es zum Schisma kommt. Batesons Konzept der Schismogenese beschreibt die Entstehung des Schismas in menschlichen Interaktionen und wurde von ihm auf Gruppen und Gesellschaften übertragen. Ihn beschäftigte die Frage, welche Interaktionsformen die Spaltung verhindern können bzw. die Gesellschaft zusammenhalten.

Die zweite Form von Beziehung ist die der komplementären Kommunikation, bei der die Beteiligten die jeweils entgegengesetzten Verhaltensweisen auf der gleichen Dimension zeigen. Dominanz (O, P, Q) wird also mit Unterordnung (U, V, W) beantwortet oder Nähesuchen mit Distanz usw. Dabei liegen bei beiden interagierenden Systemen intern unterschiedliche Bedürfnisse und Ziele vor: Die eine Gruppe prozessiert intern L, M, N und die andere R, S, T. Auch komplementäre Beziehung betrachtete Bateson als schismogen, weil sie sich die Muster in ihrer Dynamik wechselseitig verstärken, also der sich unterwerfende immer unterwürfiger wird, bis es schließlich zu einer Verzerrung der Persönlichkeiten der Gruppenmitglieder und damit zum Zusammenbruch des Interaktionssystems kommt. Für Bateson lag der Zusammenhalt von Beziehungen in der Beimischung von jeweils komplementären Verhaltensweisen in die symmetrische Beziehung bzw. umgekehrt, was er als Reziprozität bezeichnete. Bateson verfolgte diese Gedanken jedoch nicht weiter. Auch wurde nicht weiter verfolgt, inwieweit sich die kooperative, komplementäre Beziehung als tragfähig erweist (vgl. Lutterer, 2009).

Abb. 13: Symmetrische und komplementäre Kommunikation

Die Interaktionsmuster haben in allen Fällen einerseits die Funktionen, das Interaktionssystem nach außen abzugrenzen, also durch das etablierte Muster, davon unabhängig, ob nach „intern" oder nach „extern" kommuniziert wird, die Systemgrenze zu bilden und andererseits, die Interaktion mit anderen Systemen zu gestalten. Durch die nach extern prozessierten Muster erfolgt also die Beziehungsdefinition und wenn diese entsprechend vom anderen System beantwortet werden, die kommunikative Bestätigung der Beziehung. Bleibt die Bestätigung aus, d. h. das Muster wird nicht passend beantwortet, kommt es zum Beziehungsabbruch oder zum Konflikt. Dann muss die Beziehung, falls sie nicht abgebrochen wurde, neu ausgehandelt werden. So konnte beispielsweise bei der Entstehung von gleichgeschlechtlichen Freundschaften von Fehr (2004) gezeigt werden, dass vor allem im Entstehungsprozess die Selbstoffenbarung erwidert werden muss, damit Vertrauen als Basis für eine Freundschaftsbeziehung entstehen kann.

Ob die Beziehungen zwischen Interaktionspartnern oder Kommunikationssystemen symmetrisch oder komplementär sind, ist kulturell durch die Definition von spezifischen Kontexten geregelt, in denen die Rollen verteilt sind und damit die Interaktionen bestimmten Konventionen unterliegen. Das trifft z. B. auf alle professionellen Beziehungen zu, also etwa zwischen Arzt und Patientin, Frisör und Kunde, Führungskraft und Mitarbeiterin oder Lehrerin und Schüler. Wird in diesen Beziehungen das erwartete komplementäre Verhalten nicht gezeigt, sondern durch ein symmetrisches Verhalten ersetzt, kommt es zum Konflikt und die Beziehung muss neu verhandelt werden. Das ist etwa dann der Fall, wenn ein Schüler der Lehrerin etwas erklärt, eine Mitarbeiterin selbst entscheidet und nicht die Führungskraft entscheiden lässt oder ein Patient den Arzt fragt, wie es ihm heute denn so gehe.

Beziehungen sind jedoch nicht einfach nur symmetrisch oder komplementär, sondern schließen in sich mehrere Interaktionsbereiche ein. Dies lässt sich gut an einer Paarbeziehung zeigen: Die meisten Bereiche einer funktionierenden Paarbeziehung sind komplementär, d. h., es besteht Einigkeit, wer welche Rolle bei der Kindererziehung, im Liebesleben, bei der Urlaubsplanung usw. hat. Kommt es z. B. bei der gemeinsamen Haushaltsführung immer wieder zu Konflikten, z. B. darüber, wer den Geschirrspüler ausräumt oder das Bad putzen soll, liegen hier symmetrische Interaktionen vor, die der Klärung bedürfen. Denkt man diese Theorie weiter, so liegt das Geheimnis einer funktionierenden Paarbeziehung in einem breiten Spektrum komplementärer Interaktionen, welches von beiden Partnern anerkannt und immer wieder kommunikativ bestätigt wird und bei dem jeder der beiden Partner in einigen Interaktionsbereichen dominant ist und in anderen nicht. Dies würde dem Typus der reziproken Interaktion nach Bateson entsprechen.

Die Unterscheidung in symmetrische und komplementäre Beziehungen spielt auch in der Theorie des Konflikts eine wichtige Rolle. Nach Simon (2012) ist es Grundmuster jeder Konfliktbeziehung, dass eine der Konfliktparteien eine komplementäre Beziehung herstellen will, bei der sich die andere entsprechend unterordnet (sachlich, sozial oder zeitlich). Würde diese die komplementäre Beziehung akzeptieren, gäbe es keinen Konflikt. Erst mit der re-symmetrisierenden Antwort und der damit verbundenen Wiederherstellung einer symmetrischen Beziehung eskaliert der Konflikt weiter, weil die andere Konfliktpartei mit der entsprechenden Antwort wiederum eine komplementäre Beziehung herstellt und so weiter.

4 Feld und Kontakt

Im Jahr 1917 betrat Kurt Lewin mit seiner Feldtheorie psychologisches Neuland, indem er, für die damalige Zeit revolutionär, das Verhalten einer Person als Funktion ihrer inneren Eigenschaften (Personenvariablen) und der Qualitäten der jeweiligen Situation (Situationsvariablen) beschrieb. Mit dieser Denkfigur wurde die Psychologie erstmals „systemisch". Erklärungen für Verhalten wurden nicht mehr ausschließlich in der Psyche und damit in der Geschichte des jeweiligen Individuums in Form von Temperamenten, Charaktereigenschaften, Neurosen, Prägungen, Assoziationen oder Konditionierungen gesucht, vielmehr wurde nun auch die Situation, in der sich ein Individuum befindet und somit das entstandene Feld, also die situationsspezifische Interaktionsdynamik zwischen Organismus und Umwelt, betrachtet. Weiterhin wurde durch die Feldtheorie die Subjektivität des Wahrnehmens und Erkennens postuliert und so etwas wie eine „objektive Realität" nicht mehr unterstellt. Lewin nutzte das Magnetfeld aus der Physik als Analogie für den situativen Kontext. Das Feld an sich ist unsichtbar, aber seine Wirkung ist durch Anziehung und Abstoßung spürbar. Es entsteht erst in der Interaktion, durch Kontakt wie wir später sagen werden, und ist nur durch Beobachtung oder Interventionen erkennbar. Attraktoren und Distraktoren lösen Appetenz oder Aversion aus: Dinge, die anziehend sind und Dinge, die man vermeiden will. Objekte im Feld haben je nach Situation und Person unterschiedliche Valenzen. Jeder lebt in seinem eigenen Feld, seinem Lebensraum. Aus der Tatsache, inwieweit eine Person der Anziehung bzw. Abstoßung der Objekte im Feld nachkommen kann, ergeben sich psychische Spannungszustände, welche Motivation entstehen lassen können und diese über einen längeren Zeitraum aufrecht erhalten.

Lewin beschrieb im Jahre 1917 die Grundzüge seiner Feldtheorie anhand eigener Erfahrungen am Beispiel der Situation eines Soldaten im ersten Weltkrieg in seinem ersten veröffentlichten psychologischen Aufsatz „Kriegslandschaften". Lewin (1982a) schreibt darin:

> „… so erscheint die Landschaft nicht so, wie wenn man von einem beliebigen Punkt in ihr um sich blickt; sondern wie ein Städter aus einem vielstöckigen Hause an der Grenze einer Großstadt von der „Stadt" hinaussieht ins „Land", sieht der Soldat von der „Stellung" aus ins anliegende, aber nur bis zur Stellungsgrenze sich erstreckende Land: Zwei verschiedene Landschaftsteile stoßen aneinander. Alles, was sich zwischen der Grenze zwischen Land und Stellung und dem ersten Graben befindet, hat Stellungscha-

rakter. Die ganze Zone setzt sich zusammen aus guten und schlechten, ausgebauten oder natürlichen Artillerie- und Infanteriestellungen, aus Bodenwellen im militärischen Sinne der Deckung, aus guten und schlechten Anmarschwegen für Infanteriereserve und Munitionsersatz. Auch die relativ großen, nicht durch Gräben zerstückelten Flächen, die man an und für sich sehr wohl als Feld oder Wald bezeichnen könnte, sind nicht Felder und Wälder im Sinne der gewöhnlichen Friedenslandschaft; ebensowenig behalten die Dörfer den ihnen sonst zukommenden Charakter. Sondern all diese Dinge sind Gefechtsdinge geworden..." (S. 319–320)

Die Wahrnehmung der Umweltmerkmale geschieht demnach in Abhängigkeit von der inneren Bedürfnislage (hier bei Lewin durch den Zustand des Krieges eindrucksvoll illustriert) selektiv und fokussiert und führt zu einer spezifischen Feldorganisation, also einer Wahrnehmungs- und damit auch Handlungskonfiguration von situationsabhängigen Attraktoren und Distraktoren. Schon in diesem kleinen, noch rein phänomenologisch gehaltenen Aufsatz sind die zentralen Konzepte der Feldtheorie zu erkennen: Begriffe wie die „Grenze", das „Feld" oder der „gute" bzw. der „schlechte Charakter" der Dinge deuten auf später ausgebaute Konzepte hin.

Kurz zusammengefasst sagt die Feldtheorie Lewins, dass die Qualität des Feldes ein bestimmtes Verhalten bei einem Individuum ermöglicht oder forciert bzw. verhindert oder unterdrückt und sich somit das Verhalten eines Individuums für einen Beobachter zu einem wesentlichen Teil aus der Qualität des Feldes erklären lässt. Dies kann man mit einer bekannten Analogie illustrieren: Man stelle sich das Verhalten eines Schiedsrichters beim Fußballspiel vor, welches wir beobachten würden, wenn wir bei einer Fernsehübertragung alle Spieler und den Ball ausblenden könnten. Sofort würde sich Mitleid mit dem agitiert umherrennenden Mann in schwarzer Sportkleidung einstellen und die Idee, ihm ein Beruhigungsmittel zu verabreichen. Blenden wir das Feld, die Spieler und den Ball wieder ein, bekommt das Verhalten für uns Beobachter einen Sinn. Es ist also immer beides, die Person und die Situation, das System und die Umwelt, die Verhalten entstehen lassen und für seine Beschreibungen und Erklärungen hinzugezogen werden müssen.

Die Feldtheorie beschreibt die Fähigkeit von Organismen, ihre Wahrnehmung und das aus ihr resultierende Verhalten so zu organisieren, dass die Bedürfnisse des Organismus' zielgerichtet befriedigt werden können. So selbstverständlich dies für uns im Alltag zu sein scheint, um diese Leistung letztendlich zu vollbringen, sind komplexe Fähigkeiten nötig. Zunächst einmal muss das System (der Organismus, die Person, die Gruppe, die Organisation) intern wahrnehmen können, welche Bedürfnisse es gibt und welche davon aktuell bzw. zukünftig nach Befriedigung verlangen. Dazu muss das

System zwischen innen und außen unterscheiden können, damit es nicht eigene interne Impulse mit externen Impulsen verwechselt. Es müssen relevante Unterscheidungen an der System-Umwelt-Grenze getroffen werden. Das bewusste Agieren an der Grenze ist nötig. Eine möglicherweise unspezifische Erregung oder Unruhe muss im System die Wahrnehmungsschwelle in das „Systembewusstsein" überschreiten und dort als eigenes, zu befriedigendes Bedürfnis bzw. verletztes Bedürfnis registriert werden. Anschließend muss das System in der Lage sein, den damit entstandenen inneren Erregungszustand durch eine Intensivierung der Wahrnehmung von der eigenen Grenze nach außen zu leiten. Gerichtete Aufmerksamkeit entsteht und vollzieht damit die Feldorganisation des Systems an seiner Grenze zur Umwelt. Valenzen entstehen und lassen Objekte in den Vordergrund rücken und andere in den Hintergrund. Schließlich kommt es zur Aktion, Handlungen werden vollzogen, um die inneren Spannungen zu reduzieren. *„Action is system"* ist das Grundthema von Parsons (Luhmann, 2002). Mit der gerichteten und bewussten Bewegung auf ein Objekt zu und dessen „Vereinnahmung" wird schließlich der Kontakt vollzogen. Das Objekt wird in das System aufgenommen, assimiliert, zu etwas eigenem gemacht bzw. bewusst integriert. Die inneren Spannungszustände werden damit abgebaut, die Erregung des Systems reduziert sich wieder. Das System hat einen Kontaktzyklus (Nevis, 1998; Perls et al., 1962) vollzogen und damit einen Schritt für seine Erhaltung oder sein Wachstum getan. Es hat Energie oder Information aus der Umwelt zielgerichtet aufgenommen und aktiv zu etwas Eigenem gemacht. Dazu hat es an der Kontaktgrenze zur Umwelt agiert, diese wahrgenommen, sich von der Umwelt unterschieden und somit die systemeigene Grenzfläche gestaltet. Durch das Aufnehmen des Objekts hat sich das System schließlich selbst verändert. Denn das assimilierte Neue muss in die vorhandenen inneren Strukturen integriert werden und dabei verändert sich das Vorhandene mehr oder weniger.

4.1 Kontaktzyklus

Der Prozess des Kontakts kann veranschaulicht werden, wenn man den von Ed Nevis am Gestalt Institute Cleveland entwickelten Kontaktzyklus der Interaktionen betrachtet (Nevis, 1989). Das Ursprungsmodell bei Perls et al. (1962) besteht aus vier Phasen: *Fore-contact, contacting, final-contact* und *post-contact*. Das Modell von Nevis stellt eine Erweiterung dieses ursprünglichen Kontaktmodells dar. Es unterscheidet die verschiedenen Phasen der Kontaktnahme sowie die damit einhergehende Mobilisierung von psychischer Energie, die beim Abbau innerer Spannung in Form von Aufmerksamkeit, Aktion und Integration des Neuen entsteht. Der Kontaktzyklus nach

Nevis (1989) besteht aus folgenden Phasen (siehe Abbildung 14): Empfindung, Bewusstheit, Aktivierung, Handlung, Kontakt, Lösung und Rückzug. In seinem Verlauf nimmt die aktivierte Energie im Organismus immer mehr zu und strebt schließlich nach Handlung.

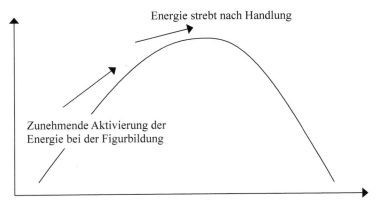

Abb. 14: Kontaktzyklus der Interaktionen nach Nevis (1998)

Das Referenzbeispiel für Kontakt auf der Systemebene des Organismus in der Gestalttherapie ist die Nahrungsaufnahme (Perls, 1992). Mit dem Entstehen einer Empfindung, noch unspezifisch, aber schon wahrnehmbar, beginnt die Aktivierung von psychischer Energie: „Irgendwas stimmt nicht, was brauche ich? Was ist los?" Schließlich entsteht Bewusstheit über das Bedürfnis: „Aha, lange nichts gegessen. Wieder den ganzen Tag gearbeitet und nicht auf mich geachtet. Ich habe einen Mordshunger." Die Figurbildung hat nun stattgefunden. Aus dem Rauschen von Reizen hat sich ein Bild vom Hintergrund abgehoben und ist dem Bewusstsein zugänglich. Es erfolgt eine Aktivierung der Wahrnehmung und möglicher Handlungen zur Befriedigung des Bedürfnisses. Gleichzeitig steigt das Energieniveau an. Motivation entsteht, die Energie strebt nach Handlung. In unserem Beispiel hält der Protagonist vielleicht an einer Raststätte an und kauft sich ein belegtes Brötchen. Dieses wird schließlich im eigentlichen Kontaktprozess verspeist, also bewusst assimiliert, d. h. durch Zerkauen und Verdauen zu etwas Eigenem gemacht. Schließlich ist das Bedürfnis befriedigt, man kann sich von der Situation lösen und sich wieder anderen Dingen zuwenden. Die Energie ist „verbraucht", die psychische Spannung hat sich gelöst, es erfolgt der Rückzug.

Den Kontaktzyklus gibt es in den Veröffentlichungen zur Gestalttherapie inzwischen in zahlreichen Varianten, die sich jedoch nur in Details bzw. in der Wortwahl voneinander unterscheiden.

4.2 Das Kontaktkonzept in der Gestalttherapie

Der beschriebene Zyklus von Wahrnehmung, Handlung und Integration, der die Aufnahme von Energie und Informationen aus der Umwelt in einen Organismus oder ein anderes System ermöglicht, ist der Vorgang, in dem Kontakt entstehen kann. Kontakt ist ein komplexes Konstrukt, welches auf universelle Art und Weise grundlegende Prozesse der Systemerhaltung, des Wachstums und der Entwicklung beschreibt. Kontakt bezieht sich dabei sowohl auf physiologische als auch auf psychische und soziale Bedürfnisse. Das Konstrukt beschreibt sehr grundlegend, wie ein System etwas „Neues" wahrnimmt, sich darauf zu bewegt, aufnimmt und es integriert. Perls et al. (1962, S. 230) beschreiben Kontakt als „the awareness of, and behavior toward, the assimilable novelty; and the rejection of the unassimilable novelty".

Kontakt ist der Prozess, der die Systemautopoiesis mit assimilierbarem Neuem versorgt und damit das thermodynamische Ungleichgewicht aus Ordnung im System und Entropie außerhalb des Systems aufrechterhält, ohne das es kein Leben gäbe. Dies trifft auf alle Formen autopoietischer Systeme zu, denn um existieren zu können, müssen sie sich mit Energie, Informationen bzw. Kommunikationen versorgen. Der Kontaktprozess ist darauf gerichtet, die Autopoiesis in Gang zu halten, d. h. Erhaltung, Wachstum, Fortpflanzung, Entwicklung zu ermöglichen. Dabei muss im Einklang mit den Bedürfnissen des Systems das assimilierbare Neue „aggressiv" aufgenommen und das nicht-assimilierbare zurückgewiesen werden können. Aggression (lat. aggressio, Deponens aggredi, „heranschreiten", „sich nähern", „angreifen") wird in diesem Zusammenhang von Fritz Perls in seinen frühen Schriften von 1947 benutzt (vgl. Perls, 1992). Er veranschaulicht mit der Verwendung dieses Begriffs, die dem Menschen durch kulturelle, zivilisatorische und staatliche Einflüsse abhanden gekommene Fähigkeit zur „gesunden" Aggression, um für die Erfüllung seiner Bedürfnisse zu sorgen.

Blankertz und Doubrawa (2005, S. 178) schreiben: „Kontakt ist in der Gestalttherapie die Bezeichnung für einen Prozess des Austauschs, z. B. zwischen Organismus und Umwelt". ‚Kontaktfähigkeit' bezeichnet die Fähigkeit, den ‚Kontakt' herzustellen, und ‚Kontaktgrenze' die entsprechende Fähigkeit, sich gegenüber der Umwelt als selbständiger Organismus zu behaupten und die eigenen Bedürfnisse zur Geltung zu bringen".

Für Nevis (1989) ist Kontakt „ein voll entwickeltes Erleben", mit der eine Person die Umwelt wahrnimmt und ihre Aufmerksamkeit steuert, aktiv handelt und eigene Bedürfnisse befriedigt. „Wir sprechen davon, dass der Organismus Kontakt mit der Umwelt aufnimmt, aber es ist der Kontakt selbst, der die einfachste und erste Realität bildet..." schreibt Wheeler (1993, S. 69). Der Kontaktprozess bestimmt demnach, welche Wirklichkeitskonstruktion, welche Landkarten, im Verlauf der Existenz eines Organismus (oder eines anderen Systems) entstehen und diese wiederum bestimmen, wie Kontakt gestaltet wird. Dabei ist Kontakt ohne das Feld oder das Feld ohne Kontakt nicht denkbar. Das Feld an sich ist unsichtbar und zeigt sich erst durch Kontaktprozesse, die dann in Form von Interaktionen eines Systems durch einen Beobachter wahrgenommen und beschrieben werden können. Andersherum ist Kontakt nur möglich, indem sich eine Kontaktgrenze ausbildet, an der sich das Feld organisiert.

4.3 Kontaktgrenze

Die Kontaktgrenze ist der Schlüsselbegriff in der Gestalttherapie. An der Kontaktgrenze finden die Interaktionen eines Systems mit der Umwelt statt. Die Kontaktgrenze wird durch das System gestaltet und ist damit wesentlich für das „Sein" eines Systems in seiner Umwelt. Die Vorstellung einer Kontaktgrenze bei einem einfachen Organismus wie einem Einzeller ist noch recht einfach. Die Zellwand stellt die Grenzfläche nach außen dar, hier erfolgt der Austausch mit der Umwelt. Um jedoch Handlungen von komplexeren Systemen zu beschreiben, die über das Befriedigen von physiologischen Bedürfnissen hinaus gehen, kann die Kontaktgrenze nicht mit der physischen Systemgrenze etwa der Haut oder der Zellwand, dem Verdauungsapparat, den Lungenbläschen oder den Sinnesrezeptoren eines Organismus gleichgesetzt werden. Die Kontaktgrenze, die beim Wahrnehmen, Kommunizieren bzw. Interagieren entsteht, muss daher ein Konstrukt bzw. eine Vorstellung sein. Niemand hat je eine Kommunikation gesehen und auch die Wahrnehmungsprozesse eines Organismus sind nur Beschreibungen eines Beobachters. Die Kontaktgrenze ist somit ein theoretisches Konstrukt, welches die Art und Weise der Wahrnehmung und Aufmerksamkeit sowie der Kommunikation und Interaktion eines Systems mit der Umwelt beschreibt. Sie resultiert daraus, wie wir als Beobachter Wahrnehmung und Verhalten beschreiben und was wir als Kontakt bezeichnen.

An der Kontaktgrenze erfolgt die Unterscheidung von Selbstreferenz und Fremdreferenz, dem Selbst und der Umwelt oder von Ego und Alter. Die Kontaktgrenze des psychischen Systems ist der „Organismus-Haut noch vorgelagert" schreiben Blankertz und Doubrawa (2005, S. 196). Deren prozesshafter Charakter ist gekennzeichnet durch die Integration von Neuem aus der

Umwelt durch eine *immaterielle Schicht* aus Sozialkontakten und Erinnerungen sowie durch die Fähigkeit, sich selbst als Organismus in der Umwelt wahrzunehmen (Blankertz & Doubrawa, 2005). Letztere Fähigkeit wurde von Spencer Brown *Re-Entry* genannt, also die Einführung der Unterscheidung in das System (welches ja selbst eine Unterscheidung ist).

In der Logik der Systemtheorie gedacht, ist die Kontaktgrenze des Organismus' die Haut und die Sinnesrezeptoren (innen vs. außen) und die des psychischen Systems folglich die Grenze des Bewusstseins (wahrnehmbar bzw. vorstellbar vs. nicht wahrnehmbar oder vorstellbar). Perls et al. (1962) differenzieren das psychische System in *Id* (Es-Funktion), welches die Bedürfnisse des Organismus verkörpert, *Personality* (die Persönlichkeitsfunktion), die Summe der Erfahrungen und *Ego* (die Ich-Funktion), die aktive Instanz, welche das *Self* (das handelnde Selbst) im Kontakt hervorbringt.

Die Kontaktgrenze sozialer Systeme wird durch die Grenze des jeweiligen Kommunikationssystems gebildet (systemeigene vs. systemfremde Kommunikation). Im Verlauf der Existenz eines sozialen Systems entstehen im Ergebnis von Selektionsprozessen aus Kommunikationen und Anschlusskommunikationen systemspezifische Muster, die das System gegenüber anderer Kommunikation aus der Umwelt abgrenzen. Gleichzeitig wird mithilfe dieser Muster erkannt, welche Personen, d. h. wessen Kommunikationen dazu gehören und wessen nicht. Die Muster ermöglichen die Fixierung von Sinn im sozialen System und sind damit für seine Einzigartigkeit resp. seine Identität verantwortlich (von Schlippe & Schweitzer, 2012). Luhmann (2006) unterscheidet zwischen Systemgrenze und Operationsbereich eines Systems im Zusammenhang mit der Interpenetration von System, wie sie im Falle der Ko-Evolution vorliegt. Die Systemgrenzen haben sich dabei wechselseitig in die Operationsbereiche der Systeme verschoben und beeinflussen dort die prozessierten Operationen mit.

In den vorangegangenen Kapiteln wurde schon ausführlich erläutert, welche Bedeutung die System-Umwelt-Grenze für die Entstehung und Aufrechterhaltung des Lebens hat. Die Kontaktgrenze erweitert diese Bedeutung dahingehend, als dass sie - bildlich gesprochen - den Wirkungsbereich der interaktionalen Muster eines Systems beschreibt. Zum anschaulichen Verständnis ist sie am ehesten noch mit der Systemgrenze von Bertalanffy (1969) gleichzusetzen, der ein System als einen spezifischen Interaktionszusammenhang innerhalb der unendlichen Möglichkeiten an Interaktionen der Welt bezeichnet. Die Kontaktgrenze beschreibt für ein System damit die Grenze bzw. den Bereich seiner (Handlungs-)möglichkeiten. Dies ist umgangssprachlich durch Äußerungen wie: „die Grenzen erweitern", „die Grenze austesten", „Lernen passiert an der Grenze" etc. markiert.

Medien	Nervensystem		Sprache	
	/	\ /		\
System-Typen	Biologische Systeme	Psychische Systeme		Soziale Systeme
Kontaktgrenze	Sinnesrezeptoren, Haut etc.	Bewusstsein, Vorstellung		Muster, Sinn
Operationen	Biochemische Prozesse	Kognitive Prozesse		Kommunikationsprozesse

Tab. 1: Systeme und Kontaktgrenzen

Die Kontaktgrenze ist also nicht einfach da, sondern wird in den Prozessen des Wahrnehmens, Kommunizierens und Interagierens immer wieder aktiv gebildet. Dies bedeutet, dass der Verlauf und die Beschaffenheit der Kontaktgrenze nicht statisch sind, sondern durch das System und die Umwelt bestimmt bzw. gestaltet werden. Damit sind Systeme in der Lage, die Art und Weise zu regulieren, wie sie mit ihrer Umwelt in Beziehung treten. Die Kontaktgrenze ist nicht sichtbar oder sonst wahrnehmbar. Sie ist nur in der Interaktion erfahrbar bzw. durch Beobachterbeschreibungen oder Selbstreflexion erfassbar und sie stellt die fundamentale Fähigkeit dar, „sich gegenüber der Umwelt als eigenständiger Organismus zu behaupten und die eigene Bedürfnisse zur Geltung zu bringen" (Blankertz & Doubrawa, 2005, S. 178).

In den vorangegangen Kapiteln wurden schon einige mögliche Beschreibungen für die Gestaltung der Kontaktgrenze erwähnt. Ein grundlegendes Konzept ist z. B. das *Sozio-emotionale Apriori* nach Scholl (2013). Es beschreibt auf den Dimensionen Evaluation, Potenz und Aktivität Gestaltungsvarianten der Kontaktgrenze. Eine andere Beschreibungsmöglichkeit erfolgt durch Luhmann (2012) durch die Sinn-Unterscheidungen von Sach-, Sozial- und Zeitdimension, die ebenfalls die Bildung der Kontaktgrenze beeinflussen. Im Folgenden werden weitere umfangreiche und detaillierte Beschreibungen von Gestaltungsformen der Kontaktgrenze dargestellt und miteinander in Verbindung gebracht.

4.4 KONTAKTUNTERBRECHUNGEN

Nicht immer ist Kontakt erwünscht. Manchmal wird Kontakt zum Schutz des Systems unterbrochen bzw. vermieden oder gelingt nicht. Es ist die besondere Leistung der Psychoanalyse und zum Teil darauf aufbauend vor allem der Gestalttherapie, die Phänomene untersucht und beschrieben zu haben, die Kontakt verhindern, verändern oder einen Kontaktzyklus unterbrechen oder verkürzen. Anna Freud (2006) beschreibt im Jahr 1936 die sogenannten Abwehrmechanismen, welche das „Ich", zur Abwehr unerwünschter Impulse des „Es" entwickeln kann. Sie dienen der Vermeidung oder Bewältigung intrapsychischer Konflikte und werden unbewusst ausgebildet. Bekannte Abwehrmechanismen sind z. B. Verdrängung, Reaktionsbildung, Projektion, Regression, Verschiebung oder Introjektion.

In der Gestalttherapie ergeben sich die Kontaktunterbrechungen aus den Phasen des Kontaktzyklus. Allerdings werden hier je nach Autor unterschiedliche Formen beschrieben. Auch der Kontaktzyklus als grundlegendes Modell der organismischen Assimilation wurde weiterentwickelt. In seiner erstmaligen Formulierung durch Perls und Goodman von 1951 bestand er aus den Phasen Vorkontakt, Kontaktnehmen, Kontaktnahme und Nachkontakt (Perls et al., 1962). Im gleichen Werk werden die Kontaktunterbrechungen Konfluenz, Introjektion, Projektion, Retroflektion und Egotismus genannt. Schließlich wurde noch die Deflektion von Erving und Miriam Polster (Gremmler-Fuhr, 1999) hinzugefügt. Die Kontaktunterbrechungen werden auch als Kontaktfunktionen bezeichnet. Diese Bezeichnung ist eher neutral und betont ihren funktionalen Charakter bei der Systemerhaltung und Entwicklung. Sie haben nicht nur die Funktion, das Selbst zu entwickeln und mit Neuem anzureichern, sondern auch, es zu schützen, in dem durch sie Kontakt reguliert, intensiviert oder unterbrochen werden kann (vgl. Wheeler, 1993).

Introjektion (lat. „hineinwerfen") wird von Perls (1962) als die ursprünglichste aller Kontaktstörungen beschrieben, aus der alle anderen Verzerrungen und Unterbrechungen hervorgehen. „Jeder Kontaktstörung liegt ein Introjekt zu Grunde" (Blankertz & Doubrawa, 2005, S. 165). Introjekte sind in das System von außen eingebrachte („introjizierte") Strukturelemente, welche die systemeigenen Muster beeinflussen und prägen. Sie sind als Fremdkörper anzusehen, da sie nicht vom System durch Kontakt bewusst assimiliert wurden. Introjekte psychischer Systeme können Glaubenssätze, elterliche Antreiber wie sie Kahler (1977) für die Transaktionsanalyse beschreibt (Schmidt, 2004), externe Normen und Werte sein, die das Kontaktverhalten eines Systems wesentlich prägen bzw. Kontakt erschweren. Mit Luhmann gesprochen wären sie mit von außen zugeführtem, jedoch nicht selbst erschaffenem Sinn vergleichbar, der die innere Kontingenz reduziert und die Art und Weise der Grenz- und damit der Kontaktgestaltung prägt. Im sozialen und gesellschaftlichen Kontext sind Introjekte wichtig und notwendig, um Regeln, Normen und Werte einer Gemeinschaft etablieren zu können, sie haben damit eine wichtige Funktion. Das Introjekt par excellence ist somit das „Über-Ich". Alle Introjekte zielen darauf ab, die Anpassungsfähigkeit des Systems an seine Umwelt bzw. an andere Systeme zu gewährleisten und sind in ihrer übermäßigen Ausprägung gleichzeitig Quelle der Kontaktstörungen. Introjekte können in allen Phasen der Kontaktnahme wirken, wenn sie einmal Teil des Systems geworden sind. Sie steuern die Kontaktnahme und damit die Wirkung der Kontaktfunktionen. Introjekte werden hier daher nicht als eigenständige Kontaktfunktionen betrachtet, sondern als deren Quelle (Abbildung 15).

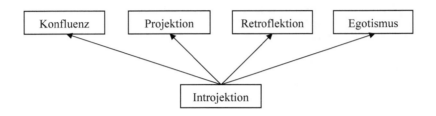

Abb. 15: Introjektion als Quelle der vier grundlegenden Kontaktstörungen (eigene Darstellung)

Eine weitere deutliche Parallele zwischen Theorien der Psychologie und den Kontaktstörungen bzw. Kontaktfunktionen besteht in Korrespondenzen zu Persönlichkeitsmerkmalen. In der Psychologie besteht eine lange Tradition in der Beschreibung von typischen Verhaltensmerkmalen von Personen. Es würde zu weit führen, hier alle Ansätze und Theorien, beginnend mit der Lehre von den Temperamenten von Hippokrates, über die Typenlehre von Kretschmar und die zahlreichen Typologien und Beschreibungsdimensionen der modernen Psychologie, darzustellen. Im Laufe der Jahrzehnte hat sich schließlich basierend auf zahlreichen Arbeiten das *Five Factor Model* entwickelt (vgl. Costa & McCrae, 1985; McCrae & Costa, 1997), welches heute allgemein als Grundlage für alle späteren weiter differenzierten dimensionalen Modelle der Persönlichkeit angesehen wird und in der Variante von Goldberg (1990) als *Big Five* am bekanntesten ist. Die *Big Five* beschreiben stabile, grundlegende, voneinander unabhängige Dimensionen der Persönlichkeit:

1. *Neuroticism*: Emotionale Stabilität bzw. Ich-Stärke
2. *Extraversion*: Aktivität, Gesprächigkeit und Geselligkeit
3. *Openness*: Offenheit für Erfahrungen

4. *Agreeableness*: Verträglichkeit im sozialen Kontext
5. *Conscientiousness*: Selbstkontrolle und Zielstrebigkeit

Deutliche Korrespondenzen sind hierbei zwischen Konfluenz und Verträglichkeit, Retroflektion und Extraversion, Egotismus und Offenheit erkennbar, wobei die beiden letzteren jeweils „umgepolt" werden müssen. Die Projektion teilt sich in zwei Aspekte auf, die man mit einer sehr intensiven und spezifischen Ich-Stärke und Zielstrebigkeit beschreiben könnte, denn Ziele zu bilden und zu verfolgen bedeutet, das Wahrnehmen und Handeln auf Basis einer Projektion des künftigen Zielzustandes auszurichten.

Die Gestalttherapie beschreibt sich selbst als basierend auf einer „Psychologie ohne Psyche" (Gremmler-Fuhr, 1999, S. 384) und macht damit den Unterschied zur Persönlichkeitspsychologie deutlich, indem sie das „Prozesshafte" (*States*), der jeweils aktuellen Kontaktgestaltung mit der Umwelt beschreibt und keine überdauernden Personenmerkmale (*Traits*). Die Phasen des Kontaktzyklus sind bestimmten Funktionen des Selbst zugeordnet. Die Es-Funktion vermittelt Systeminformationen über dessen Bedürfnislage, aus denen heraus die Ich-Funktion in Abstimmung mit der Persönlichkeitsfunktion aktiv wird und die Kontaktgrenze in Form des Selbst bildet, das Neue assimiliert und integriert und damit die Persönlichkeitsfunktion aktualisiert. Persönlichkeit oder das Typische oder Unverwechselbare einer Person im gestalttherapeutischen Sinn ist also ein Zustand, der erst im Kontakt durch die Ich-Funktion wahrnehmbar wird und als die Summe aller Erfahrungen im Ergebnis von Kontaktprozessen seinen Niederschlag findet. Es wird kein statisches *So-Sein* postuliert, sondern ein dynamisches, bewusst handelndes Selbst, welches durch das Ich hervorgebracht wird. In der Philosophie ist es das *Dialogische Prinzip* Martin Bubers und sein berühmter Satz „Der Mensch wird am Du zum Ich" (Buber, 1995, S. 28), welcher die Kontaktnahme in der Interaktion mit anderen beschreibt, an der wir als Menschen für andere sichtbar und fühlbar werden und in der Begegnung entsteht.

Interessant sind in diesem Zusammenhang aktuelle Forschungstrends in der Persönlichkeitspsychologie, welche sich traditionell mit der Polarität von *states* und *traits* bzw. *Struktur* und *Prozess* beschäftigt und dabei der Frage nachgeht, inwieweit Persönlichkeitseigenschaften und Verhalten in Zusammenhang stehen und auch die Situationsvariablen miteinbezieht (u. a. Fleeson, 2001, 2007; Rauthmann, 2012, 2013; Ziegler, 2014a; Ziegler et al., 2014). Im Kern finden wir hier die Feldtheorie von Lewin (z. B. Lewin, 1961) wieder, die das Verhalten einer Person als Funktion von Personenmerkmalen und Umweltqualitäten mit der Formel $V = f(P, U)$ beschreibt. Fleeson (2001) schafft eine Synthese zwischen der Strukturdeterminiertheit und der Prozesshaftigkeit von Persönlichkeit und Verhalten indem er in mehreren Studien zeigt, dass der strukturelle Zugang die Zusammenhänge auf Basis stabiler Mittelwerte und der prozessorientierte die Variationen von diesem Mittelwert erklärt. Verhalten kann damit am besten mit der Dichte einer Verteilung von Eigenschaften, die sich situationsspezifisch in Verhalten realisieren, beschrieben werden.

Rauthmann et al. (2014) stellen in ihrer Arbeit überblickhaft die verschieden Zugänge zur Klassifikation von menschlicher Situationswahrnehmung dar und stellen faktorenanalytisch gewonnene Dimensionen von umfassenden Studien in mehreren Ländern vor. Dabei kommen sie zum „Situational Eight DIAMONDS"- Modell. Die Dimensionen sind *Duty* (etwas muss getan werden), *Intellect* (die Situation verlangt intellektuelle Fähigkeiten), *Adversity* (man wird getadelt oder beschuldigt), *Mating* (potentielle romantische Partner sind anwesend), *Positivity* (die Situation ist potentiell erfreulich), *Negativity*, (die Situation ist potentiell angsteinflößend), *Deception* (es ist möglich, dass jemand getäuscht oder betrogen wird) und *Sociality* (soziale Interaktion ist möglich). Rauthmann et al. (2014) konnten systematische Zusammenhänge der Situationswahrnehmung zu typischen Themen, Schlüsselreizen, Anforderungen, Verhaltensweisen und Persönlichkeitseigenschaften finden sowie eine gute Übereinstimmung zwischen Selbst- und stellvertretenem Erleben von Situationen.

Ziegler (2014a) und Ziegler et al. (2014) kombinieren die Big Five, deren prognostische Validität z. B. bei der Personalauswahl im Organisationskontext sehr gering sind, mit einem eigenen Inventar zur Erfassung von Situationsqualitäten. Dabei werden die Situationsqualitäten hinsichtlich *Monotonie, Ergebniserwartung, Belebtheit, kognitiver Beanspruchung* und *psychischer* und *physischer* Beanspruchung mit den Domänen der Big Five, die jeweils durch sieben bis neun Facetten erfasst werden, kombiniert. Im Ergebnis entsteht ein Testergebnis mit einer deutlich besseren Aussagekraft über das individuelle Verhalten.

Die Forschungsansätze zur Interaktion von Persönlichkeit und Situation lassen sich mit den Grundannahmen der Gestalttherapie verbinden, wie sie Ende der 1940er Jahre entwickelt wurden. Im ursprünglichen Ansatz von Perls et al. (1962, S. 403 ff und S. 451) sind die Kontaktstörungen bzw. -unterbrechungen den Phasen des Kontaktprozesses zugeordnet. Dieses Ursprungsmodell basiert auf der Figur-Hintergrund-Unterscheidung, welche von den frühen Gestaltpsychologen u. a. als grundlegender Prozess der Wahrnehmungsorganisation beschrieben und in den Gestaltgesetzen festgehalten wurde:

(1) Vorkontakt (*Fore-Contact*): der Organismus ist der Hintergrund, das Bedürfnis oder das Objekt sind die Figur
   - Kontaktgrenze ist noch unbestimmt
   - mögliche Kontaktunterbrechung: Konfluenz
   - Funktion des Selbst: Es-Funktion (organismische Erregung, Gefühle, Bedürfnisse)
   - Erregung: gering
(2) Kontakt (*Contacting*)
   a) die Erregung wird Hintergrund und das Objekt oder bestimmte Möglichkeiten der Handlung werden Figur (Figurbildung), Emotionen entstehen (mögliche Kontaktunterbrechung: Introjektion)
   b) Handlungsmöglichkeiten werden bewertet, Bewegung, Annäherung und Überwindung von Hindernissen, bewusste Orientierung, Identifikation bzw. Distanzierung (mögliche Kontaktunterbrechung: Projektion)
   - Kontaktgrenze wird gebildet
   - Funktion des Selbst: Ich-Funktion (Bewusstheit der Bedürfnisse, Interessen und deren Umsetzung)
   - Erregung: ansteigend
(3) Kontaktnahme (*Final-Contact*): Kontakt mit dem Objekt, keine Zurückhaltung mehr, Aktion in Form von Wahrnehmung, Bewegung und Emotion, Zustand höchster Aufmerksamkeit, die Figur des „Du" entsteht
   - mögliche Kontaktunterbrechung: Retroflektion
   - Erregung: hoch
(4) Nachkontakt (*Post-Contac*t): eine fließende Organismus-Umwelt-Interaktion entsteht, es gibt keine Figur-Grund-Unterscheidung mehr, das Selbst verschwindet
   - mögliche Kontaktunterbrechung: Egotismus
   - Funktion des Selbst: Persönlichkeitsfunktion (System der Einstellungen in zwischenmenschlichen Beziehungen, wie man sich verhalten soll oder kann)
   - Erregung: klingt ab

Diese sehr grundlegenden und universellen Konzepte und Prozessvorstellungen der Gestalttherapie laden dazu ein, sie auch auf andere, als den therapeutischen Kontext anzuwenden. Im Folgenden wird auf der Basis von moderner Systemtheorie und Gestalttherapie eine Theorie des Kontakts entwickelt. Dabei soll gezeigt werden, welche Kontaktfunktionen sich aus den systemtheoretischen Modellen schlüssig ergeben und wie diese erweitert und differenziert werden können. Dies soll anhand des Kontaktzyklus geschehen, der als grundlegendes Ordnungsmodell für die Beschreibung von Kontaktprozessen dient, um die Kontaktfunktionen im Prozess zu lokalisieren und die Aufmerksamkeitssteuerung zu beschreiben. Dazu werden die Grenzbildung und das Agieren an der Kontaktgrenze als zentrale Prozesse der Kontaktnahme untersucht und dargelegt. Auf Basis dieser Überlegungen wird schließlich eine systemische Kontakttheorie entworfen. Diese soll in der Lage sein, grundlegend und praxisrelevant Systeminteraktionen zu beschreiben und zu erklären sowie Möglichkeiten zur Kontaktgestaltung abzuleiten. Gegenstand der Betrachtung werden dabei sinnverarbeitende, autopoietische Systeme sein, d. h. die Theorie des Kontakts soll ermöglichen, die Interaktion von Systemen auf allen Ebenen (biologisch, psychisch und sozial) zu beschreiben.

5 Kontakt und Systemfunktionen

Kontakt ermöglicht Lernen und Entwicklung und ist die Grundlage unseres sozialen Miteinanders, ob in der Paarbeziehung, der Familie oder dem Beruf. Kontakt ermöglicht größeren Systemen wie etwa Gruppen, Teams oder Organisationen den Zusammenhalt nach innen und das In-Beziehung-Treten nach außen mit der Umwelt. So sind beispielsweise individuelle Prozesse wie Lernen, Wachstum und Entwicklung, soziale Prozesse des Kommunizierens, des Verstehens, Koordinierens und Kooperierens, Interaktionsprozesse der Einflussnahme wie Führen, Beraten, Moderieren, Coachen, Therapieren oder Lehren oder auch kollektive Prozesse von Sinnstiftung, Zielbildung, Kultur, Identifikation bzw. Identitätsbildung ohne Kontakt bzw. Kontaktfähigkeit nicht denkbar. Die Fähigkeit, bewusst Kontakt herzustellen und die Art unseres In-Kontakt-Tretens zu reflektieren und zu beeinflussen, unterscheidet uns Menschen und die von uns erschaffenen sozialen Systeme von allen anderen bekannten Lebens- und Organisationsformen. Kontakt ist die einzigartige Fähigkeit oder auch Möglichkeit von sinnverarbeitenden Systemen, bewusst miteinander in Beziehung zu treten, einander zu beeinflussen oder sich miteinander zu entwickeln. Stellvertretend für viele mögliche Prozesse von Kontakt in der menschlichen Interaktion, soll hier noch einmal Joachim Bauer zu Wort kommen. Bauer (2008) beschreibt die Herstellung von Kontakt in Bezug auf das Verhalten von Lehrern gegenüber Schülern:

> „Erste Voraussetzung für einen solchen Prozess ist natürlich zunächst einmal, dass erwachsene Bezugspersonen für einen jungen Menschen überhaupt da sind. Sie müssen sich dann aber darüber hinaus auch zeigen, das heißt als „Menschen mit Eigenschaften" erkennbar werden. Ausstrahlung entwickeln und eine Vorbildfunktion erfüllen, kann als Erwachsener aber nur, wer als Person vital auftritt, das Leben liebt, wer weiß, wie man Probleme löst, sich für Ziele begeistern kann und für Lebensstile und Werte eintritt, die er oder sie für richtig hält. Dabei muss er oder sie zugleich menschlich bleiben, darf also keine Gewalt ausüben, andere nicht demütigen und eigene Schwächen nicht verleugnen. Eltern und Pädagogen mit solchen Eigenschaften dürfen eine Menge menschlicher „Fehler" haben, denn viel wichtiger als Perfektion ist, – dass von ihnen etwas Einzigartiges ausgeht: Sie erzeugen über das System der Spiegelzellen – im Kind bzw. im Jugendlichen Resonanz, sie können eine Flamme entfachen und Begeisterung entzünden." (S. 29)

Systemisch gesprochen stellt sich hier die Frage, wie diese Art von struktureller Koppelung zwischen autopoietischen Systemen geschehen kann, sodass es zum gemeinsamen Driften bzw. zu einem Prozess der Ko-Evolution kommen kann. Wie beeinflussen sich Systeme wechselseitig, wie werden Impulse von anderen Systemen verarbeitet und wie müssen diese Impulse beschaffen sein, um wahrgenommen und handlungsrelevant zu werden? Welche Qualität muss der berühmte „Unterschied" haben, um wirksam zu sein, sodass sich innere Strukturen von beteiligten Systemen verändern? Was ist Information, was ist Rauschen, was wird integriert, was wird abgestoßen, was wird geschluckt und verschwindet oder wird ignoriert, was berührt und löst Aktion aus?

Wenn man das Phänomen Kontakt bildhaft beschreiben will, bietet sich als kontaktreiches Feld die Welt der Musik an. Für einen *Kontaktprozess* beim gemeinsamen Musizieren speziell beim Improvisieren braucht man mehr als nur eine gemeinsame Sprache, wie es etwa ein (Sinn-)System von musikalischen Stilrichtungen, Tonarten, Noten, Rhythmen und Taktarten ermöglicht, um die Unendlichkeit der tonalen Möglichkeiten, d. h. die innere Kontingenz des musizierenden Systems, zu reduzieren. Jeder Musiker muss dazu, um beispielsweise an der gemeinsamen Improvisation teilnehmen zu können, die Fähigkeit entwickelt haben, innerhalb der Regeln dieses Systems, eigene Töne oder Klänge einzubringen und dabei die Töne oder Klänge der anderen Musikerinnen wahrzunehmen und aufzunehmen, darauf zu antworten, in Sequenzen mitzugehen, einmal zu treiben oder zu dominieren, sich ein anderes Mal einzuordnen oder mitziehen zu lassen und somit ein Teil eines dynamischen Ganzen zu werden, welches sich in der Zeit entwickelt und entfaltet. Dabei bilden sich Muster und Figuren, welche flüchtig in der Zeit existieren und nur durch den gemeinsamen Kontaktprozess emergent werden. Beobachtet man Musiker im Zusammenspiel, so kann man eine balancierte Bewusstheit und Präsenz, bezogen auf das Selbst jedes Beteiligten, die Gruppe, den Raum-Zeit-Prozess und das Publikum erkennen, welche dann einen intensiven Kontaktprozess, d. h., ein Kunsterlebnis ermöglichen. Jeder, egal ob als Künstler oder als Zuschauer, hat solche Momente von Kontakt schon einmal erlebt. Sie bleiben uns in Erinnerung, weil sie bei allen Beteiligten, den Musikern, Dirigenten oder Chorleiterinnen und dem Publikum, Spuren in der Person, im Selbst, hinterlassen. Durch den Kontaktprozess verändert sich das Selbst. Etwas Neues wird hinzugenommen, eine Veränderung oder ein Entwicklungsschritt passiert. Oft unmerklich oder unbewusst, manchmal fundamental und richtungsweisend (Dell, 2002; Gagel, 2010).

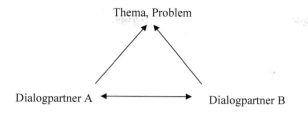

Abb. 16: Struktur des sokratischen Dialogs nach Schmidt-Lellek (2006)

Der sokratische Dialog ist ebenfalls ein anschauliches Beispiel für *Kontakt*. Seine Prämissen ermöglichen die Kontaktnahme von zwei Menschen mit einem Kommunikationssystem. Die ermöglichenden Prämissen sind das bewusste Nicht-Wissen und das gemeinsame Fragen von gleichberechtigten Dialogpartnern. Damit ändert sich, wie bei Problemlösungen oder Erörterungen sonst üblich, die Expertinnen-Laien- bzw. die Lehrer-Schüler-Beziehung in eine Beziehung von Gesprächsteilnehmerinnen, deren Art der Kommunikation das Gespräch ist. Der Dialog wird zu einem Raum der Erfahrung (vgl. hierzu Schmidt-Lellek, 2006). Interessanterweise wählt Schmidt-Lellek für die Darstellung des Dialoggeschehens eine Modellform, die der systemischen Theorie des Entstehens eines Kommunikationssystems sehr ähnlich ist (Abbildung 16). In Anlehnung an Schmidt-Lellek wird im sokratischen Dialog eine Aussage als ein Beitrag aufgefasst und damit nur zu einem Moment eines Kommunikationsprozesses. Vorläufigkeit, keine abschließenden Erkenntnisse oder Ergebnisse stehen im Mittelpunkt. Reflexion statt Projektion. Dadurch wird Begegnung ermöglicht und Selbsterkenntnis kann entstehen. Die Gesprächspartner nehmen einander in ihrer Autonomie und ihrer Andersartigkeit wahr und erkennen einander an. Missionarischer Eifer und Wahrheit oder das „richtige" Verständnis einer Sache kommen darin nicht vor (Schmidt-Lellek, 2006).

Weitere bekannte Beispiele für Kontaktprozesse auf der individuellen Ebene sind die Polarisation der Aufmerksamkeit bei im Spiel versunkenen Kindern wie sie von Maria Montessori 1909 beschrieben wurde (Montessori, 2012) oder der Zustand des Flow nach Csikszentmihalyi (2010). Auch die neuere *Theory U* nach Scharmer (2009) hat als zentrales Konstrukt den Kontakt, benutzt dafür allerdings den Kunstbegriff *Presencing*.

Im kommunikativen Alltagsleben haben wir *Kontakt* in guten Gesprächen, in der Intimität einer Paarbeziehung, in der Zusammenarbeit mit Kollegen, beim Kunstgenuss und in vielen anderen Situationen, in denen wir präsent sind, uns einlassen und so etwas Wertvolles daraus mitnehmen. Kontakt erkennen wir als die Momente, in denen wir bewusst wahrnehmen, agieren und entscheiden und dabei in Verbindung mit uns und unserer Umwelt stehen und spüren, dass wir etwas fühlen und lernen, etwas erkannt oder verstanden haben und selbst dabei wachsen.

5.1 KONTAKT, GRENZE UND AUFMERKSAMKEIT

Im Folgenden werden die wichtigen Merkmale und Zusammenhänge zur Beschreibung des Kontaktkonstrukts mit eigenen Worten dargestellt:

- Kontakt ist sowohl ein Zustand als auch ein Prozess und setzt bestimmte Fähigkeiten bei den kontaktnehmenden Systemen voraus.
- Um Kontakt aufnehmen zu können, muss ein System die Fähigkeit haben oder entwickeln, eine Kontaktgrenze herzustellen und durch diese mit der Umwelt zu interagieren.
- Der Prozess des Kontakts ermöglicht den Austausch von Organismus resp. von System und Umwelt an der Kontaktgrenze und ermöglicht damit die systemeigene Autopoiesis.
- Kontakt entsteht in einem bewussten Prozess der Bedürfnisbefriedigung durch eine aktive Bewegung auf das „Neue" zu und dessen bewusste Assimilation und Integration. Am Anfang jedes Kontaktprozesses steht das bewusste Identifizieren des inneren Bedürfnisses und am Ende dessen Befriedigung. Dieser Prozess wird durch die Ich-Funktion eines Systems initiiert und gesteuert.
- Kontakt ist ein bewusster Prozess und kann nur entstehen, wenn durch die Ich-Funktion eine fokussierte Steuerung der Aufmerksamkeit des Systems und eine wahrnehmende Präsenz ermöglicht werden. Aufmerksamkeit und Präsenz sind somit Voraussetzung für Kontakt. Sie erlauben das bewusste Herstellen und Gestalten der Kontaktgrenze, an der der Austausch mit der Umwelt erfolgt.
- Der Zustand des Kontakts ist durch Aufmerksamkeit und Präsenz des kontaktnehmenden Systems gekennzeichnet und kann aus der Beobachterperspektive als intensives Wahrnehmen und Fokussiertheit beschrieben werden.
- Kontakt kann sowohl durch einen Organismus hergestellt werden und bezieht sich dann auf ein assimilierbares „Objekt" also etwa Nahrung, Wasser, Luft oder von anderen autopoietischen Systemen und bezieht sich dann auf Reizkonfigurationen resp. Informationen aus der Umwelt. Der Kontaktprozess zwischen Systemen bezieht sich auf die In-

formationen aus dem von den Systemen hergestellten Kommunikationssystem bzw. auf auszutauschende Objekte oder physikalische Energie.
- Die Art und Weise der Kontaktnahme wird dabei durch die systemeigene Bedürfnislage in Abhängigkeit von den Optionen der Umwelt mithilfe der Kontaktfunktionen gestaltet, daher bedeutet Kontakt auch die bewusste Zurückweisung von nicht-assimilierbaren Kontaktangeboten in Form von Objekten oder Informationen.
- Im Ergebnis eines vollständigen Kontaktprozesses wird das Objekt oder die Information bewusst integriert und führt damit zu einer Veränderung des Selbst. Jeder Kontaktprozess ist somit auch ein Veränderungsprozess.
- Kontaktprozesse können kurz oder andauernd bzw. moderat oder intensiv ablaufen. Es können mehrere Kontaktprozesse gleichzeitig aktiv sein. Da alle Kontaktprozesse psychische Energie aktivieren und binden, können nicht abgeschlossene Kontaktprozesse die Kontaktfähigkeit für neue Kontaktnahmen beeinträchtigen.

Charakteristisch für Kontaktprozesse sind vor allem die beiden Qualitäten psychische Energie und Steuerung der Aufmerksamkeit. Dass der Begriff „psychische Energie" nicht nur eine Metapher ist, belegen vor allem Ergebnisse neuerer Forschungen. Jeder weiß aus Alltagserfahrungen, wie anstrengend intensive Kontaktprozesse wie etwa ein langes Gespräch, das Zuhören und Mitdenken bei einem Vortrag oder etwa die Lösung eines kniffligen Problems sein können. Diese Anstrengung, also die Aktivität der Nervenzellen und der damit verbundene Energieumsatz, können zum Beispiel durch bildgebende Verfahren in der neurowissenschaftlichen Forschung sichtbar gemacht werden bzw. durch die Messung des Glukoseverbrauchs bei mentalen Aktivitäten (vgl. Gailliot & Baumeister, 2007).

Ähnlich verhält es sich mit der Aufmerksamkeitssteuerung, auf deren Eigenschaften und Funktion später noch ausführlicher eingegangen wird. Kahneman (2011) unterscheidet System 1 und System 2 als Subsysteme des psychischen Systems. System 1 umfasst die assoziativen bzw. intuitiven automatischen Prozesse, die uns erlauben routinemäßig auf Basis von Lernerfahrungen und Emotionen in unserer Umwelt zu navigieren und zu verhalten. System 2 hingegen wird dann aktiv, wenn wir uns bewusst und willentlich Aufgaben zuwenden, und hört sofort auf zu arbeiten, wenn die Aufmerksamkeit nachlässt. Bezogen auf den Kontaktprozess könnten die Phasen des Vorkontakts und der Aktivierung System 1 und die Phasen des Kontakts und Nachkontakts System 2 zugeordnet werden.

Im Folgenden werden nun weitere Annahmen betrachtet, welche beschreiben, was an der Kontaktgrenze passiert, wenn ein System Kontakt vollzieht. Damit die bewusste Assimilation von etwas Neuem auf Basis der Systembedürfnisse gelingen kann, muss das System aktiv mit und an der System-Umwelt-Grenze agieren. In den einzelnen Phasen des Kontaktzyklus nach Nevis (1998) sind hier unterschiedliche Aufgaben zu bewältigen und zwar vor allem über die systemeigene Aufmerksamkeitssteuerung. Dazu gehören: Die Wahrnehmung, das Bilden von Zielen, das Ausführen von Handlungen und die Integration von etwas Neuem (Abbildung 17).

In der ersten Phase nimmt das System eine Empfindung (1) wahr. Wenn die Aufmerksamkeit gerade durch die Erfüllung anderer Aufgaben gebunden ist, muss die Reizintensität erst sehr hoch werden, um ein Bedürfnis oder die Negation eines Bedürfnisses wahrzunehmen und dieses schließlich ins Bewusstsein (2) zu heben. Die zentrale Aufgabe des Systems ist es, in dieser Phase zwischen Selbstreferenz und Fremdreferenz (vgl. Luhmann, 1984) zu unterscheiden. Wo gehört das Bedürfnis hin? Ist es intern oder extern lokalisiert? Bei physiologischen Bedürfnissen ist das meist noch relativ einfach. Schwieriger wird es schon in alltäglichen Situationen, z. B. bei der Arbeit: Nicht jeder kann in diesem Kontext immer sicher für sich selbst herausfinden, ob er z. B. die Zusatzaufgabe, die gerade an ihn herangetragen wurde, gerne machen möchte oder ob deren Erledigung ein Bedürfnis anderer ist und das eigene Bedürfnis eher eines nach Anerkennung und Zugehörigkeit ist. Jeder kennt solche Situationen und weiß, wie schwer es ist, „Nein" zu sagen und „Grenzen" zu setzen. Die Kontaktgrenze spielt also insofern hier schon zu Beginn des Prozesses eine entscheidende Rolle, weil durch ihr Entstehen und die nach innen gerichtete Aufmerksamkeit zwischen „innen" und „außen" vom System unterschieden werden kann. Sie ermöglicht dem System, Kontakt zu den eigenen inneren Zuständen, also die markierte Seite der Unterscheidung innerhalb des Systems zu haben und die Umweltreize unmarkiert zu lassen (Figur-Grund-Unterscheidung). Auf Basis dieser Unterscheidung kann das System dann weitere Entscheidungen treffen, z. B. ob es die eigenen Bedürfnisse nicht (an)erkennt und die Zusatzaufgabe übernimmt oder die eigenen Bedürfnisse erkennt, priorisiert und bewertet und z. B. „Nein" sagt. Ohne eine bewusste Innen-Außen-Unterscheidung an der Kontaktgrenze ist es jedoch nicht möglich, eine Entscheidung zu treffen, da keine Prämissen vorliegen (Konfluenz). Man tut nur das, was man immer tut in solchen Situationen: Man lässt sich aus Angst vor emotionalen oder sozialen Sanktionen auf die angetragenen Anforderungen ein.

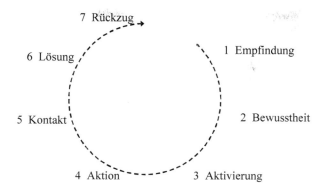

Abb. 17: Der Kontaktzyklus der Interaktionen (nach Nevis, 1998) als kreisförmiger Prozess

Wenn durch die Grenzbildung und die Aufmerksamkeit nach innen Bewusstsein für die systemeigenen Bedürfnisse vorhanden ist, muss sich im nächsten Schritt die Aufmerksamkeit nach außen richten. In der Phase der Aktivierung (3) wird dann ausgehend von der Kontaktgrenze die Umwelt wahrgenommen. Durch dieses bedürfnisgerichtete Wahrnehmen entsteht ein Feld wie Lewin es beschrieben hat. Objekte darin werden mit Valenzen aufgeladen. Diesen Prozess nennt man Feldorganisation, und er kann nur passieren, wenn die Kontaktgrenze gebildet wird und somit die Energie in Form von gerichteter Aufmerksamkeit entstehen kann. Das Feld wird an der Grenze wahrgenommen (Beschreibung), strukturiert und vernetzt sich (Erklärung) und Objekte werden mit Bedeutungen versehen (Bewertung). Wie diese Prozesse ablaufen und welche Bewertungen dabei entstehen, hängt nicht nur von der aktuellen Bedürfnislage des Systems ab, sondern auch von der individuellen Lerngeschichte.

Die Feldorganisation ist, wie schon beschrieben, der Teil des Kontaktprozesses, in dem psychische Energie aktiviert wird. Dabei kommt es bildlich gesprochen zu einer Verschiebung der Kontaktgrenze nach außen in das Feld hinein. Geprägt durch systemeigene Muster als Ergebnisse von systemeigenen Lernprozessen und Erfahrungen, reichen die Vorstellungen über die Zielerreichung, die möglichen Handlungen, die zur Bedürfnisbefriedigung führen oder die Ideen eines Lösungsweges weit in das Feld hinein. Projektionen sind entstanden. Das Feld, das Neue, wird dadurch mit den systemeigenen Mustern überdeckt und somit für das System zum Teil „unsichtbar", d. h. an sich nicht erfahrbar. Es sieht in der Umwelt seine eigenen Muster in Form von Zielvorstellungen und Zuschreibungen, die sich durch die schon beschriebene Zirkularität von Wahrnehmung und Verhalten unter Umständen stark als Kontakt „verzerrende" bzw. „unterbrechende" Projektionen verfestigen können. Auf der anderen Seite sind Projektionen jedoch nötig, um überhaupt Ziele bilden zu können. Vorstellungen vom Neuen, vom zu Erreichenden werden durch sie konkretisiert und steuern die Wahrnehmung. Psychische Energie wird mobilisiert, um Handlungen in Richtung der Zielerreichung ausführen zu können. Die Projektion ist damit ein wichtiger Bestandteil des Kontaktprozesses, weil sie Motivation und Gerichtetheit ermöglicht. Gleichzeitig kann sie Blindheit für andere Elemente und Qualitäten des Feldes hinter der Kontaktgrenze verursachen und damit andere Kontaktmöglichkeiten verhindern. Es ist also eine Frage der Balance von Intensität und Starrheit von Projektionen auf der einen und der phänomenologischen Wahrnehmung des Feldes auf der anderen Seite. Der Kontaktprozess muss in dieser Phase also ein nötiges Maß an Offenheit, Neugier, Unvoreingenommenheit, Präsenz bzw. Aufmerksamkeit aufweisen, um vielfältige, detaillierte und umfangreiche Sinneseindrücke und damit Möglichkeiten der Bedürfnisbefriedigung in Betracht ziehen zu können. Schließlich unterscheiden sich mögliche Figuren vom Hintergrund und können als Objekte mit ihren spezifischen Valenzen Ziel von gerichteten Handlungen werden. Das Wesen der Projektion als Voraussetzung und Teilprozess des Wahrnehmens ist seit langem Gegenstand von Philosophie und Psychologie und wird beispielsweise in der Phänomenologie Husserls als Intentionalität des Bewusstseins bezeichnet (Wiesing, 2002).

Das System kann nun Bewegungen oder Aktivitäten (4) unternehmen, um das Neue, z. B. eine Information, bewusst in sich aufzunehmen und damit zu einem Teil seines Selbst werden zu lassen. Dazu muss die Aktion das System buchstäblich in Kontakt mit dem Objekt gebracht haben. Wird der Kontakt an der Grenze schließlich realisiert, wird das Objekt assimiliert. Bleiben die Handlungen jedoch aus und die entstandene psychische Energie wird zurückgehalten, verbleibt diese im System und muss dort auf irgendeine Art und Weise gebunden werden. Der Ärger, die Sehnsucht, die Lust oder die Wut werden buchstäblich in sich, in das System, hineingefressen und richten sich dort auf schon vorhandenes Material (Retroflektion). Es werden dabei im System interne „Energiespeicher" angelegt, die möglicherweise irgendwann überlaufen und zu einer heftigen Reaktionsbildung führen können (man platzt förmlich vor Ärger).

Findet die Assimilation durch Kontaktnahme (5) statt, verändern sich durch diesen Prozess, der wiederum die Fokussierung der Aufmerksamkeit nach innen verlangt, die internen Strukturen des Systems, wenn es dabei zur

Integration kommt. Um diese bewusste Integration des Neuen zu vollziehen, ist wiederum die Innen-Außen-Unterscheidung nötig, damit sich die selbstreferenziellen Prozesse der Autopoiesis in Gang setzen können. Nach dem Kontakt kann ein System nicht mehr dasselbe sein wie vorher. Die inneren Strukturen, die Landkarten, das Selbst hat sich verändert. Ein Entwicklungsschritt wurde vollzogen, Lernen hat stattgefunden. Schließlich ist die psychische Energie abgebaut, der Kontakt vollzogen und das System kann sich lösen (6) und sich ggf. anderen Kontaktmöglichkeiten zuwenden. Es erfolgt der Rückzug (7). Wird der Prozess der Integration des Neuen nicht vollzogen, sondern das Neue nur partiell, stark verändert oder in geringer Dosierung integriert, der Kontaktzyklus also nach der Phase der Aktion abgebrochen oder mit zurückgezogener Kontaktgrenze noch zu Ende geführt, kann kaum Veränderung des Selbst stattfinden (Egotismus).

Die Kontaktfunktionen können in unserem Modell exakt bestimmten Phasen im Kontaktzyklus zugeordnet werden. Das bedeutet, dass die Wirkung der jeweiligen Kontaktfunktionen zu einem bestimmten Zeitpunkt des Kontaktnehmens den weiteren Kontaktverlauf bestimmt. Dabei kann sowohl die Intensität des Kontaktnehmens beeinflusst werden, als auch die Art und Weise, also die Quantität und die Qualität. Die Funktionen Konfluenz und Retroflektion steuern, mit welcher Intensität Kontakt geschieht, also die Quantität. Eine hohe Ausprägung dieser beiden Kontaktfunktionen schwächt Kontakt ab. Bei der Konfluenz insofern, dass durch die Grenzauflösung systemeigene Bedürfnisse nur wenig in den Kontakt gebracht werden können (Abschwächung der Erregung) und bei der Retroflektion die kontaktnehmende Aktion zurückgehalten oder nur schwach (Hemmung der Erregung) hervorgebracht wird. Projektion und Egotismus verändern die Art und Weise der Kontaktnahme, also die Qualität, dahingehend, dass bei der Projektion durch die Überblendung des Neuen dieses individuell verändert wahrgenommen wird. Das muss zwangsläufig Auswirkungen auf die Art der darauf folgenden Aktion haben. Der Egotismus hingegen beeinflusst den Integrationsprozess. Zum Schutz des Selbst und seiner Grenze wird das Neue stark verändert, umstrukturiert oder zerteilt, so dass es besser in die bereits vorhandenen Muster passt und das Selbst dadurch nur kontrolliert verändert wird.

Wird der Kontaktzyklus an einer Stelle unterbrochen, bleibt die aktivierte psychische Energie erhalten und drängt das System danach, den Kontakt zu vollziehen. Ist das nicht möglich, muss die entstandene Energie vom System irgendwie intern gebunden oder abgeführt werden. Mit ihren bekannten Experimenten konnte die russische Psychologin Bluma Zeigarnik, eine Schülerin von Lewin, zeigen, dass Problemlöseaufgaben, bei deren Bearbeitung Versuchspersonen unterbrochen wurden, danach besser erinnert werden, als bereits abgeschlossene Aufgaben (Zeigarnik-Effekt). Wenige Minuten nach dem Experiment werden von den Versuchspersonen etwa doppelt so viele unerledigte wie erledigte Aufgaben erinnert. Nach 24 Stunden betrug der Faktor immerhin noch 1,2. (Zeigarnik, 1927; Lewin, 1982b).

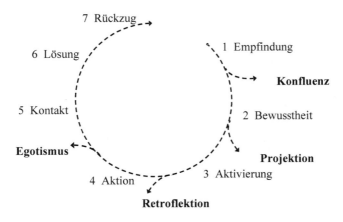

Abb. 18: Der Kontaktzyklus mit den Kontaktfunktionen und möglichen Unterbrechungspunkten (eigene Darstellung)

Solche „offenen Handlungen" oder „unerledigten Geschäfte" können demnach als offen gebliebene Kontaktzyklen angesehen werden, die weiterhin im System präsent bleiben und nach Abschluss streben. Schon an dieser Stelle kann man sehen, dass befriedigende und vollständige Kontakte überlebenswichtig für autopoietische Systeme sind. Durch Kontakt werden dem System Energie und Informationen zugeführt, die Grundbausteine der Autopoiesis. Kommt kein Kontakt zustande, fehlt nicht nur die Zuführung von etwas Neuem von außen, sondern es wird intern auch noch Energie in den offen gebliebenen Kontaktzyklen gebunden, die dann bei der Herstellung von Aufmerksamkeit für zukünftige Kontaktsituationen fehlt. Dies ist der grundlegende Ansatz der Gestalttherapie: Offene Gestalten in Form von nicht abgeschlossenen Kontaktzyklen zu schließen und gleichzeitig die Kontaktfähigkeit des Individuums zu stärken.

Auch im Tierreich kann man Prozesse beobachten, die den Kontaktprozessen des psychischen Systems des Menschen ähneln, wenn man beispielsweise angeborene Verhaltensprogramme betrachtet. Diese werden von Lorenz (1977) sehr ausführlich beschrieben. Zur Auslösung eines Programms wird ein angeborener Auslösemechanismus (AAM) durch einen Schlüsselreiz betätigt. Das Verhaltensprogramm läuft ab und findet seinen Abschluss in der Endhandlung. Beispiele für solche Programme sind die Balz, Reviermarkierung etc. Kann das Tier die Endhandlung nicht vollziehen, bleibt das Programm und die damit aufgebaute Erregung des Organismus so lange aktiv (diese wird zum Teil mit Übersprungshandlungen reguliert), bis ein adäquater Abschluss möglich wird.

In der Arbeitspsychologie, sozusagen am anderen Ende eines Kontinuums zwischen instinktgesteuertem Verhalten im Tierreich und komplexen Prozessen des menschlichen Lebens, gibt es das Konzept der vollständigen Aufgabe (Uhlig, 1998), welches dem Kontaktzyklus in seinem grundlegenden Aufbau sehr nahe kommt. Eine vollständige Aufgabe ist dann gegeben, wenn sie auf folgenden Teilschritten besteht:

1. Das selbstständige Setzen von Zielen
2. Die selbständige Handlungsvorbereitung im Sinne von Planung
3. Auswahl der Mittel
4. Ausführungsfunktion mit Ablauffeedback
5. Kontrolle mit Resultatfeedback

Arbeitsprozesse, welche die Erfüllung von vollständigen Aufgaben ermöglichen, wirken sich positiv auf die Arbeitszufriedenheit und die Arbeitsmotivation aus, da sie Kontakt ermöglichen. Kontakt aktiviert psychische Energie und Kontaktnahme schafft einen befriedigenden Zustand, hingegen das Erledigen von fragmentierten Teilaufgaben, z. B. in der Fließbandproduktion oder das permanente Umschalten zwischen verschiedenen Aufgaben, das sogenannte *Multi-Tasking*, kaum Kontakt mit dem Arbeitsgegenstand ermöglicht. Das Prinzip von Handlung mit Beginn und Abschluss, aktiviert und getragen durch psychische Energie, hat offensichtlich universellen Charakter.

Die Abbildung 19 stellt den Kontaktzyklus unter Hinzunahme der Aufmerksamkeitssteuerung dar. In den einzelnen Phasen verändert sich die Aufmerksamkeit des Systems dahingehend, dass sie von einem unspezifischen, ungerichteten Modus in einen gerichteten und fokussierten Modus wechselt, der sich zu Beginn und zum Abschluss des Kontaktzyklus nach innen richtet, in den Phasen der Aktivierung und Aktion hingegen nach außen gerichtet ist. Dieser Prozess wird durch eine Innen-Außen-Unterscheidung des Systems an der Kontaktgrenze ermöglicht und ist Ergebnis desselben.

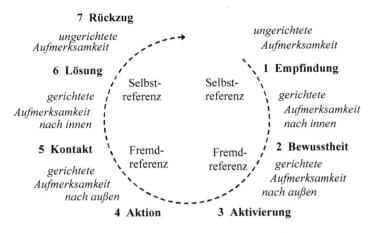

Abb. 19: Kontaktzyklus und Aufmerksamkeitssteuerung (eigene Darstellung)

Diese Form der Aufmerksamkeitssteuerung verläuft in den meisten Fällen routiniert und muss vom System nicht aktiv hergestellt werden. Allein die verschiedenen Phasen des Kontaktzyklus mit den zu bewältigenden Teilaufgaben an der Kontaktgrenze richten die Aufmerksamkeit ganz wie von selbst in die eine oder andere Richtung. Die Kontaktgrenze ist dabei nicht als feste Entität zu denken, sondern entsteht erst durch die zielgerichtete Aufmerksamkeit und zunehmende Aktivierung als Ausdruck der Ich-Funktion eines Systems.

Abb. 20: Kontaktzyklus und Interaktion an der Grenze (eigene Darstellung)

Ein anderer Fall liegt vor, wenn wir die komplexen Anforderungen von Lernen und Entwicklung an Systeme in sozialen und gesellschaftlichen Zusammenhängen betrachten. Dann wird die Frage interessant, inwieweit durch eine bewusste und intensivere Aufmerksamkeitssteuerung z. B. in Organisationen durch das Management, das Herstellen von Kontakt ermöglicht werden kann. Im Folgenden wird das Agieren an der Kontaktgrenze durch ein System beim Durchlaufen eines Kontaktzyklus betrachtet. In den einzelnen Phasen spielt die gelungene Interaktion an der Grenze eine wesentliche Rolle.

Im Ergebnis eines Kontaktprozesses verändert sich mit dem Selbst, also der inneren Struktur eines Systems, zwangsläufig auch die Art und Möglichkeiten, seine Kontaktgrenze zu bilden. Das System hat mehr Verhaltensmöglichkeiten, mehr Ressourcen oder andere Unterscheidungen für die Wahrnehmung zur Verfügung als vor dem Kontakt. Die Grenze ist also Voraussetzung und gleichzeitig Ergebnis von Kontakt durch ein System. Ihre Wahrnehmung ermöglicht die Innen-Außen-Unterscheidung, durch sie erfolgt die Kontaktaufnahme mit dem Feld und die Gestaltung des Feldes durch Handlungen und sie wird schließlich durch die Integration des Neuen in ihrer Beschaffenheit und Ausdehnung verändert.

5.2 Bedürfnisse

Als ein Bedürfnis wird ein organismisches, psychisches oder soziales Verlangen bzw. ein Wunsch bezeichnet, dessen Erfüllung für ein lebendes System von Bedeutung ist. Nach Maslow (1981) besteht die Bedeutung der physiologischen Bedürfnisse vor allem in der Sicherung des Überlebens des Organismus (*Deficiency Motivation*). Bei den psychischen oder sozialen Bedürfnissen steht das unmittelbare Überleben zunächst nicht im Vordergrund, ihre Erfüllung dient der Zufriedenheit, Reifung bzw. Entwicklung, d. h. der Selbstverwirklichung (*Growth Motivation*). Jedoch kann die dauerhafte Verletzung von psychischen Bedürfnissen, z. B. dem Sicherheitsbedürfnis oder wichtigen sozialen Bedürfnissen (z. B. der Zugehörigkeit zu einer Gemeinschaft) das Überleben beeinträchtigen bzw. eine Ursache von Krankheiten sein. Von den zahlreichen Klassifikationen und Bedürfnistheorien, die es in der Psychologie gibt (vgl. z. B. Maslow, 1981; Reiss, 2004; Young et al., 2008) sei an dieser Stelle die Theorie des deutschstämmigen Chilenen Manfred Max-Neef vorgestellt. Max-Neef (1989), interessanterweise ein Wirtschaftswissenschaftler, verfolgt einen integrativen und evolutionären Ansatz, in dem er verschiedene Bedürfnistheorien vereint und zu einem Modell sozialer menschlicher Existenz ausformt. Aus seiner Sicht haben sich die neun universellen Grundbedürfnisse der menschlichen Existenz, die in seinem Modell abgebildet sind, im Laufe der Evolution herausgebildet. Er unterscheidet *Subsistenz, Sicherheit, Emotionalität, Verstehen, Teilhabe, Müßiggang, Kreativität, Identität* und *Freiheit.*

Fundamental Human Needs	Being (qualities)	Having (things)	Doing (actions)	Interacting (settings)
Subsistence	physical and mental health	food, shelter, work	feed, clothe, rest, work	living environment, social setting
Protection	care, adaptability, autonomy	social security, health systems, work	co-operate, plan, take care of, help	social environment, dwelling
Affection	respect, sense of humor, generosity, sensuality	friendships, family, relationships with nature	share, take care of, make love, express emotions	privacy, intimate spaces of togetherness
Understanding	critical, capacity, curiosity, intuition	literature, teachers, educational policies	analyze, study, meditate, investigate	schools, families, universities, communities
Participation	receptiveness, dedication, sense of humor	responsibilities, duties, work, rights	cooperate, dissent, express opinions	associations, parties, churches, neighborhoods
Leisure	imagination, tranquility, spontaneity	games, parties, peace of mind	day-dream, remember, relax, have fun	landscapes, intimate spaces, places to be alone
Creation	imagination, boldness, inventiveness, curiosity	abilities, skills, work, techniques	invent, build, design, work, compose, interpret	spaces for expression, workshops, audiences
Identity	sense of belonging, self-esteem, consistency	language, religions, work, customs, values, norms	get to know oneself, grow, commit oneself	places one belongs to, everyday settings
Freedom	autonomy, passion, self-esteem, open-mindedness	equal rights	dissent, choose, run risks, develop awareness	anywhere

Tab. 2: Das System menschlicher Bedürfnisse und mögliche „Satisfier" nach Max-Neef (1989)

Max-Neef postuliert im Gegensatz zu anderen Bedürfnistheorien keine Hierarchie, in der die Erfüllung eines Bedürfnisses die Erfüllung eines anderen voraussetzt. Die Bedürfnisse existieren vielmehr gleichzeitig und können sich gegenseitig kompensieren oder auch gegensätzlich zueinander sein. Max-Neef spricht von einem System von Bedürfnissen, die zueinander in Relation stehen und miteinander interagieren (Grieger, 2013). Die Annahme ist, dass dieses Bedürfnissystem universell für die Menschheit ist und sich im Verlauf der Evolution handlungsleitend für alle Menschen herausgebildet hat. Das bedeutet, dass das Bedürfnissystem im Verlauf der Menschheitsentwicklung immer das gleiche geblieben ist und sich nur die Art der Bedürfnisbefriedigung über die verschiedenen Epochen der Zivilisation hinweg verändert hat. Die Bedürfnisbefriedigung erfolgt nach Max-Neef durch die elementaren Daseinsformen „Sein", „Tun", „Haben" und „Interaktion". Damit meint er, dass die Befriedigung von menschlichen Bedürfnissen durch die Qualitäten, die unsere Existenz aufweist, die Handlungen, die wir vollziehen, die Dinge, die wir haben und unser Eingebundensein in der menschlichen Gemeinschaft, erfolgt.

Das Bedürfnissystem ist in Tabelle 2 dargestellt. Zu jedem Bedürfnis sind entsprechend der möglichen Daseinsformen potenzielle *Satisfier* zugeordnet. Diese haben bestimmte Charakteristika insofern, als dass die Befriedigung eines Bedürfnisses, die Befriedigung eines anderen Bedürfnisses verhindern bzw. beeinträchtigen, aber auch verstärken kann. Dabei unterscheidet Max-Neef Satisfier, die zerstörend oder verletzend wirken können, Pseudo-Satisfier, hemmende Satisfier, singuläre Satisfier oder synergetische Satisfier. Die Erfüllung eines Bedürfnisses kann die Erfüllung anderer Bedürfnisse erschweren oder unmöglich machen: So kann beispielsweise die Erfüllung des Sicherheitsbedürfnisses durch ein Leben in einem gut gesicherten und bewachten Wohngebiet die Erfüllung des Freiheitsbedürfnisses erschweren. Die Erfüllung des Bedürfnisses nach Müßiggang durch Fernsehen beeinträchtigt wiederum soziale Bedürfnisse usw.

Das Bedürfnissystem von Max-Neef berücksichtigt Bedürfnisse für alle bisher diskutierten Systemtypen: körperliche bzw. organismische Bedürfnisse (z. B. *Subsistence, Protection, Leisure*) psychische Bedürfnisse (z. B. *Affection, Creation, Understanding*) und soziale Bedürfnisse (z. B. *Partizipation, Identity, Freedom*). Wie ersichtlich wird, sind die Bedürfnisse nicht exklusiv den Systemtypen zuzuordnen, sondern können gleichzeitig für mehrere von Bedeutung sein. Das stellt aber kein Problem dar, sondern zeigt, wie eng in unserer menschlichen Existenz verschiedene Systeme miteinander verwoben sind, bzw. wie eng unsere Existenz an die Zugehörigkeit zu verschiedenen Systemen gekoppelt ist. Für die Kontaktgestaltung des Selbst bedeutet dies, einen Aufmerksamkeitssinn für die Bedürfnisbefriedigung auf drei Systemebenen (Organismus, Bewusstsein und Gemeinschaft) zu entwickeln und dabei entsprechend die Kontaktgrenzen in drei fundamentalen Kontaktbereichen zu gestalten (vgl. auch Schönpflug & Schönpflug, 1983):

1. Kontaktbereiche des Organismus: z. B. Atmung, Nahrungsaufnahme, Flüssigkeitszufuhr, Temperaturregulation, Sinnesreize, Emotionen, Bewegung.
2. Kontaktbereiche des Bewusstseins: z. B. Wahrnehmungen, Aufmerksamkeit, Gefühle, Erfahrungen, Wissen, Sprache, Musik, Imagination, Spiritualität.
3. Soziale Kontaktbereiche: z. B. Kommunikation und Interaktion in Beziehungen, Familien und Gruppen, Liebe, Anerkennung, Zugehörigkeit.

Entsprechend dieser Kontaktbereiche gestaltet sich Kontakt sehr unterschiedlich mit einer Spannbreite von der Erfüllung einfacher physiologischer Bedürfnisse bis hin zur Teilhabe an komplexen Systemen wie etwa der Sprache. Insofern kann das, was durch den Kontakt assimiliert wird, ein physisches Objekt, ein abstrakter Lerninhalt oder auch eine durch unsere Fähigkeit zur Empathie und sozialen Reflexivität im Bewusstsein entstandene Erfahrung in der Interaktion mit anderen Menschen sein.

5.3 GENERALISIERUNG DER SYSTEMFUNKTIONEN

Mit der Postulierung der Systemfunktionen durch Parsons (1951) hat dieser ein grundlegendes Strukturmodell formuliert, welches es ermöglicht, die Steuerung der Bedürfnisbefriedigung innerhalb eines Systems und hinsichtlich seiner Außenbeziehungen zu beschreiben. Parsons entwickelte seine Theorie als Handlungsmodell: Jede Handlung ist ein System und wird durch die Systemfunktionen gesteuert. Hier stellt sich eine inhaltliche Nähe zum Kontaktzyklus her, der ebenfalls das Entstehen einer Handlung zur Kontaktnahme eines Systems modelliert, allerdings ausgehend von der Bedürfnislage des Systems. Mit einiger Phantasie können die universellen Grundbedürfnisse der menschlichen Existenz nach Max-Neef auch den Systemfunktionen nach Parsons in seinem allgemeinen Handlungsmodell zugeordnet werden, wobei sich auch hier wieder Mehrfachzuordnungen der Bedürfnisse zu den vier Systemfunktionen *Adaptation, Goal Attainment, Integration* und *Latent Pattern Maintenance* ergeben können (Abbildung 21).

Die etwas gewöhnungsbedürftige, aber interessante Sichtweise von Parsons auf menschliche Handlung verlangt den üblichen Modellvorstellungen einiges ab. Parsons beschreibt auf dieser allgemeinen Ebene: „Was garantiert die Möglichkeit von Handlung als solcher?" (Luhmann, 2006, S. 28). Für die

Adaptationsfunktion setzt Parsons hier den Teil des Organismus, mit dem nach außen gerichtetes Verhalten zur Anpassung an die Umwelt erfolgt. Entsprechend lassen sich die organismischen Grundbedürfnisse zuordnen. Für die Zielerreichung setzt Parson die Persönlichkeit, wir würden sagen, das psychische System. Hier erfolgt die Zielbildung und -verfolgung sowie die Kontrolle darüber, ob die internen Bedingungen damit zufriedenstellend erfüllt werden. In dieses Feld können die psychischen Bedürfnisse eingeordnet werden. Die Integrationsfunktion erfolgt über das soziale System, welches die Akteure bzw. Systemelemente und deren Handlungen einbindet und koordiniert. Hier verorten sich passenderweise die sozialen Bedürfnisse, aber auch das Bedürfnis nach Sicherheit, was laut Max-Neef durch entsprechende soziale Absicherungen erfüllt wird. Die Strukturerhaltung, das Wertesystem wird durch die Kultur repräsentiert, welche wiederum auf andere soziale Bedürfnisse referiert, nämlich Freiheit und Identität. Diese Zuordnung der Grundbedürfnisse zu Parsons Handlungsmodell bleibt zwar etwas sperrig und unbefriedigend, liefert jedoch einen ersten Zugang zur psychologischen Differenzierung der Systemfunktionen von Parsons.

	instrumentell	konsumatorisch
external	A Behavioral System - Subsistence - Leisure	G Personality System - Creation - Affection - Understanding
internal	L Cultural System - Identity - Freedom	I Social System - Protection - Participation

Abb. 21: Die universellen Grundbedürfnisse nach Max-Neef (1989) im allgemeinen Handlungssystem nach Parsons

Parsons geht davon aus, dass sein Modell die Systemfunktionen erschöpfend beschreibt, d. h. es genau diese vier gibt und keine mehr oder weniger. In seinem Spätwerk spitzt er dies soweit zu, das er die „menschliche Situierung in der Welt überhaupt" (Luhmann, 2006, S. 25), die *Human Condition*, damit charakterisieren könne. Im Folgenden soll versucht werden, Parsons Ansatz auf verschiedene Systemtypen zu übertragen. In ihrer frühen Form bezog sich die Theorie zunächst auf die menschliche Gesellschaft und ihre Teilsysteme. So sind für ihn das ökonomische System für die Anpassung, das politische System für die Zielbildung und -verfolgung, das kulturelle System für die Strukturerhaltung und das soziale System für die Integrationsfunktion verantwortlich (Abbildung 22).

	instrumentell	konsumatorisch
external	Adaptation Wirtschafts- system	Goal Attainment Politisches System
internal	Latent Pattern Maintenance Kulturelles System	Integration Sozial- system

Abb. 22: Gesellschaftliche Subsysteme im AGIL-Schema nach Parsons

Die Teilsysteme wiederum bilden ebenfalls die für ihr Fortbestehen nötigen Subsysteme aus und so weiter. So muss sich z. B. das Wirtschaftssystem an die Anforderungen in der Gesellschaft anpassen, selbst wiederum Ziele bilden und verfolgen, Strukturen erhalten und seine Akteure integrieren. Parsons setzt hier das Prinzip der Selbstähnlichkeit als Konstruktionsmuster um. Dieses Prinzip ist aus der Biologie bekannt und kann bei z. B. Farnen, der Verzweigung von Blutgefäßen oder dem Romanesco, einer Kreuzung aus wildem Blumenkohl und Broccoli, beobachtet werden. Strukturen mit einer bestimmten Gestalt bestehen aus Strukturen ebendieser Gestalt, die wiederum aus Strukturen ebendieser Gestalt bestehen usw. In der Mathematik bzw. in der fraktalen Geometrie wird dieses Prinzip durch rekursive Gleichungen, bei denen der Output einer Operation der Input für die nächste Operation ist, genutzt, um fraktale Strukturen zu erzeugen und zu untersuchen. Am bekanntesten sind dabei die sogenannten Apfelmännchen oder Mandelbrotmengen bzw. verschiedene Algorithmen aus der fraktalen Geometrie wie zum Beispiel das Sierpinski-Dreieck. Diese Struktur entsteht Schritt für Schritt, indem ein gleichseitiges Dreieck in vier weitere gleichseitige Dreiecke zerlegt wird, deren Eckpunkte sich auf dem Seitenmittelpunkt des Ausgangsdreiecks befinden. So entstehen in den äußeren Dreiecken kleinere Kopien des gesamten Fraktals. Bei der Konstruktion aller fraktaler Strukturen wird ein grundlegendes Prinzip der Autopoiesis umgesetzt, nämlich die operationale Geschlossenheit. Diese bedeutet, dass die Elemente eines Systems mithilfe der Elemente des Systems hervorgebracht werden.

Abb. 23: Sierpinski-Dreieck nach sieben Rekursionen

Die Systemerhaltungsfunktionen nach Parsons müssten seiner Theorie nach für jedes lebende bzw. autopoietische System beschreibbar sein, d. h. sein Prinzip der Selbstähnlichkeit müsste eine Anwendung des AGIL-Schemas für alle Systemtypen, nämlich für Organismen, das psychische System und die verschiedenen sozialen Systeme erlauben.

Beginnend mit den biologischen Systemen können hier zunächst verschiedene Subsysteme eines Organismus beschrieben werden, deren Zweck primär die Zukunftssicherung des Systems ist. Dazu gehören die *Anpassungs-* und die *Strukturerhaltungsfunktion*. Beide stehen auch im Widerspruch zueinander, nämlich zwischen externen Anforderungen und interner Stabilität, denn es ist eine Herausforderung für ein jedes System, sich einerseits anzupassen und andererseits die internen Strukturen aufrecht zu erhalten. Subsysteme, welche die *Anpassung* ermöglichen, sind bei Organismen Prozesse und Strukturen, welche den Stoffwechsel regulieren, also Verdauung und Atmung, zahlreiche interne Regelkreise, welche z. B. für Körpertemperatur, Blutdruck, Blutzucker, Sauerstoffsättigung usw. zuständig sind, bis hin zu Genen, die in Abhängigkeit von Umweltbedingungen ein- oder ausgeschaltet werden und somit die Autopoiesis des Organismus steuern. Auch einfache Formen des Lernens wie etwa das motorische Lernen oder die bedingte Konditionierung können als Anpassungsfunktionen verstanden werden, die dazu dienen, die Beziehungen nach außen so zu gestalten, dass intern befriedigende Bedingungen herrschen.

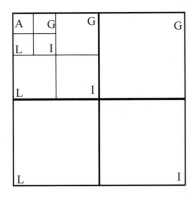

Abb. 24: AGIL-Schema nach Parsons als selbstähnliches Prinzip

	instrumentell	konsumatorisch
external	Adaptation z. B. Verdau- ungssystem	Goal Attainment z. B. endokrines System
internal	Latent Pattern Maintenance z. B. Immun- system	Integration z. B. Nerven- system

Abb. 25: Organismische Subsysteme im AGIL-Schema nach Parsons

Subsysteme der *Strukturerhaltung* findet man in den organismischen Abwehr- und Reparaturmechanismen in Form des Immunsystems, der Reproduktion von Zellen und Gewebestrukturen bzw. Prozessen der Heilung und Reparatur von Verletzungen oder Schädigungen des Organismus. Besonders deutlich wird die Wirkung dieser Systemfunktion an der Grenze zur Umwelt, also dort, wo die Kontaktstellen nach außen in Form der Haut oder der Schleimhäute sind. *Anpassung* und *Strukturerhaltung* werden von Parsons als instrumentelle Systemfunktionen beschrieben, welche auch als Voraussetzungen verstanden werden können, um die konsumatorischen Systemfunktionen zu realisieren. *Anpassung* als aktiver, extern gerichteter Prozess ermöglicht dem Organismus, Umweltveränderungen so zu kompensieren, dass die Organisation des Organismus bestehen bleibt. Organisation bedeutet bei Maturana und Varela (1987), dass die funktionalen und räumlichen Relationen der Elemente, aus denen ein Organismus besteht, erhalten bleiben. *Strukturerhaltung* ist damit ein eher passiver Prozess, der dafür verantwortlich ist, das Bestehende aus Elementen und Relationen zu bewahren, damit der Organismus als Ganzheit weiterbestehen kann.

Integration und *Zielverfolgung* als konsumatorische Systemfunktionen sind verantwortlich für Wachstum und Entwicklung. Die Bildung und Verfolgung von Zielen, z. B. die Jagd nach einem Beutetier oder die Suche nach einem Sexualpartner, sind bei biologischen Systemen weitestgehend durch Triebe, Instinkte oder Verhaltensprogramme gesteuert. Die dafür verantwortlichen Subsysteme haben die Aufgabe die Zielverfolgung auszulösen und aufrecht zu erhalten. Dies wird z. B. durch das endokrine System und Teile des Nervensystems gesteuert. Als Gegensatz zum aktiven Prozess der Zielverfolgung steht der nach außen eher passive Prozess der *Integration*, also das Zusammenhalten der Systemkomponenten bzw. die Herstellung von Inklusion durch die Aufnahme von neuen Elementen. Verantwortliche Subsysteme im Organismus sind dafür Versorgungsstrukturen wie der Blutkreislauf, der alle Subsysteme versorgt, das Nervensystem, das alle Subsysteme miteinander verschaltet und Rückmeldungen aus allen Subsystemen ermöglicht und zentral zusammenfasst. Wie leicht zu erkennen ist, sind bei höheren Organismen zahlreiche Subsysteme vorhanden, welche auch jeweils mehrere Erhaltungsfunktionen gleichzeitig übernehmen. Alle Subsysteme sind miteinander verwoben und aufeinander abgestimmt, sodass sich die Systemfunktionen kaum exklusiv einem organismischen Subsystem zuordnen lassen. Unbestritten ist jedoch, dass das Zusammenwirken aller im Ergebnis die vier Systemfunktionen realisiert.

Eine ähnlich hohe Komplexität ist anzutreffen, wenn man sich dem psychischen System zuwendet. Die Systemtheorie nach Luhmann (2012) begreift die Psyche als eigenständiges System, welches mit dem jeweiligen Organismus strukturell gekoppelt ist und in Ko-Evolution mit ihm driftet. Der Psychologie und vor allem der Psychoanalyse sind verschiedene Persönlichkeitsmodelle zu verdanken. Sie beschreiben Teilsysteme der Psyche. Es ist der Ansatz der Gestalttherapie, welcher interessanterweise mit den Systemerhaltungsfunktionen von Parsons korrespondiert. Die Begründer der Gestalttherapie lösten sich schon früh von einem Instanzenmodell, wie es zunächst von Freud für die Psychoanalyse entwickelt wurde. Die darin postulierte Dynamik besteht in einem permanenten „Kampf", den das „Ich" zwischen den beiden gegensätzlichen Polen, dem „Es" (den Bedürfnissen und Trieben) und „Über-Ich" (den externalen Normen und Werten) führen muss.

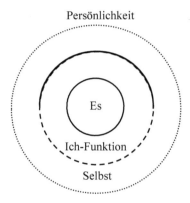

Abb. 26: Das Modell des Selbst in der Gestalttherapie nach Blankertz und Doubrawa (2005) basierend auf Perls et al. (1962). Das *Es* repräsentiert Bedürfnisse, Emotionen und Wünsche, die *Persönlichkeit* sorgt für Stetigkeit, das *Ich* erzeugt die Absichtlichkeit und das *Selbst* umschließt die anderen drei und bildet die prozesshafte Kontaktgrenze des Bewusstseins.

Das Modell der Gestalttherapie begreift die verschiedenen Instanzen dagegen als Funktionen, welche das psychische System herausbildet. Die Korrespondenz mit Parsons Systemerhaltungsfunktionen ist offensichtlich: Bedürfnisse und Triebe dienen vor allem der *Anpassung* an Umweltbedingungen, die Persönlichkeitsfunktion der *Strukturerhaltung* und die Ich-Funktion der *Zielbildung und -verfolgung*. Interessanterweise führten die Theoretiker der Gestalttherapie noch das Konzept des Selbst ein, welches in den gängigen

Darstellungen die anderen drei Funktionen umschließt (Abbildung 26). Damit erfüllt es die *Integrationsfunktion*. Das Selbst vereint im Kontakt Es-, Persönlichkeits- und Ich-Funktion und sorgt für Zusammenhalt und ermöglicht die Integration von Neuem durch Entwicklungs- und Lernprozesse. Das Selbst wird in der Gestalttherapie als Prozess verstanden: Es erschafft sich im Kontakt mit der Umwelt durch Abgrenzung permanent selbst (Gremmler-Fuhr, 1999). Es entsteht immer wieder neu im Kontakt. Dabei manifestiert es gewissermaßen die Es-, Persönlichkeits- und Ich-Funktion und ist gleichzeitig deren Produkt und der „fundamentale Akt der Integration" (Perls & Sreckovic zitiert nach Gremmler-Fuhr, 1999, S. 385) dieser Funktionen.

Auch der Evolutionspsychologe Friedhart Klix (1992) unterscheidet zwischen „Ich" und „Selbst". Interessanterweise sind es hier vor allem sprachliche Markierungen, in denen der Unterschied zwischen beiden Funktionen deutlich wird. Man sagt: „Ich", wenn auf die eigene Person im Zusammenhang mit Identität, Zielen, Motiven oder Wünschen verwiesen werden soll (Ich bin ... ich habe ... ich will ... ich werde ... ich wünsche ...etc.). In solchen Äußerungen ist die Ich-Funktion, welche die Bedürfnisse und die erworbenen Werte und Normen als Ziel oder Wollen integriert, im Vordergrund. Im Zusammenhang mit Handlungen, welche das Ergebnis von Kontaktprozessen sind (Das habe ich selbst gemacht!) bzw. Kontakt benötigen, wird vom Selbst gesprochen (Selbstaufopferung, Selbstaufgabe, Selbstausbeutung). So spricht man niemals von Ich-Aufgabe oder Ich-Ausbeutung und eine Versicherung hat immer eine Selbstbeteiligung und keine Ich-Beteiligung. Das Selbst ist also das integrierte Ganze, die Repräsentation des Bewusstseins bzw. sein Konzept, welches Kontakt mit der Umwelt nimmt.

	instrumentell	konsumatorisch
external	Adaptation Es-Funktion	Goal Attainment Ich-Funktion
internal	Latent Pattern Maintenance Persönlichkeitsfunktion	Integration Selbst

Abb. 27: Teilsysteme des psychischen Systems im AGIL-Schema

Eine verfeinerte und unter Berücksichtigung zahlreicher neuropsychologischer Erkenntnisse entwickelte Auffassung des Selbst liefert Norretranders (2000). Er setzt das Bewusstsein mit der Ich-Funktion gleich und weist nach, dass diese Instanz zu einem Zeitpunkt nur einen kleinen Ausschnitt der gesamten Informationsverarbeitung des psychischen Systems überblicken und kontrollieren bzw. steuern kann. Bewusstseinsinhalte entstehen durch gesteuerte Aufmerksamkeit. Entsprechend der Scheinwerferanalogie wird jeweils ein kleiner Teil des psychischen Systems ausgeleuchtet und somit der bewussten Wahrnehmung zugänglich. Der viel größere „Rest" bleibt im „Dunkeln", das heißt im Bereich des Unbewussten, des Unterbewussten oder des Vorbewussten, also in den Gefilden der automatisierten bzw. subliminalen Prozesse, die ohne bewusste Kontrolle permanent geschehen. Diese Prozesse können dem Bewusstsein zugänglich werden, entweder dadurch, dass die Aufmerksamkeit sich auf diese richtet oder durch spezielle Techniken, Therapiemethoden oder chemische Substanzen wie etwa LSD. Norretranders (2000) argumentiert, dass es das Selbst ist, welches unabhängig von der Kontroll- und Zielbildungsinstanz des Ich existiert und das integrierte, ganzheitliche und tiefe Erleben und Sich-Ausdrücken z. B. in Kunst, Musik, Theater oder Tanz, beim Spiel, beim Sport oder beim unbeschwerten Miteinander ermöglicht, ohne die bewusste Steuerung des Ich. Auch in Situationen von Druck und Stress, in denen es auf schnelle Entscheidungen ankommt, z. B. bei einem sich anbahnenden Autounfall, handelt das Selbst auf Basis automatisierter Reflexe und Routinen und das Ich schaut dabei zu. Das Selbst ist danach die Gesamtheit aller ablaufenden psychischen Prozesse des Wahrnehmens, Verarbeitens und Verhaltens im Kontakt mit der Umwelt, die dem Ich zugänglich werden können, aber nicht immer zugänglich sind und die durch das Ich gesteuert und gestaltet werden können. Das Ich kann also die Kontrolle an das Selbst abgeben bzw. ist auf das Selbst angewiesen, wenn es schnell gehen muss. Norretranders (2000) bezieht sich hier vor allem auf Experimente von Benjamin Libet, der nachweisen konnte, dass das Bewusstsein mit einer Zeitverzögerung von etwa 550 Millisekunden arbeitet und bei der Interpretation von Bewusstseinsinhalten diese Zeitverzögerung wieder korrigiert, damit es zu einem kontinuierlichen Erleben kommt (Libet, 1985). Wenn es schnell gehen muss, wenn wir unter Druck stehen, handelt nicht das Ich, sondern das Selbst und zwar so, wie es von uns und von der Umwelt in seiner individuellen Lerngeschichte geprägt wurde und ist damit vergleichbar mit Kahnemans System 1 (Kahneman, 2012). System 2 dagegen muss erst bewusst aktiviert werden, weshalb wir in solchen Situationen oft spontan „ja" sagen und später lieber „nein" gesagt hätten oder „aus der Haut fahren", obwohl wir uns besser beherrschen hätten sollen. Unser individuelles Kontaktverhalten ist demnach stark durch die Lerngeschichte des Selbst geprägt.

Durch den bewussten Zugang zu unserem Selbst vermittels der Ich-Funktion sind wir in der Lage, Kontakt bewusst herzustellen und zu gestalten und damit unser Selbst zu verändern.

Auch für soziale Systeme wie Familien, Gruppen oder Teams können die Systemerhaltungsfunktionen beschrieben werden, da diese als Systeme für ihr Fortbestehen ebenfalls Umweltanforderungen erfüllen müssen. Wenn wir soziale Systeme als Kommunikationssysteme verstehen, muss es bei der Musterbildung, also den sinngetriebenen Selektionen von Kommunikationen und Anschlusskommunikationen sowie deren Retention, ebenfalls zur Ausprägung von Mustern zur Systemerhaltung kommen.

Für die *Anpassungsfunktion* eines Kommunikationssystems bedeutet das, die Außenbeziehungen so zu gestalten, dass dem System zur Aufrechterhaltung seiner Autopoiesis immer wieder neue Kommunikationen zugeführt werden, die sich dann intern zu befriedigenden Mustern formen und diese reproduzieren. Dies kann dadurch geschehen, dass sich das System anschlussfähig und attraktiv für seine relevanten Umwelten hält, d. h., genug Bindungskraft für die es betreibenden Personen entwickelt. Dies bedeutet, dass die Sinndimensionen, nämlich die Sozial-, die Sach- und die Zeitdimension nach Luhmann (2002), mit den Bedürfnissen und Möglichkeiten der beteiligten Personen korrespondieren. Anpassung bedeutet aber auch, eine Auswahl aus den zugeführten Kommunikationen zu treffen, die der Bedürfnislage des Systems entsprechen. So sind zu einem bestimmten Zeitpunkt der Systementwicklung vielleicht mehr verbindende Kommunikationen nötig, um den Zusammenhalt des Systems zu stärken, zu anderen Zeitpunkten kann wiederum mehr Unterschiedlichkeit nötig sein, damit sich die Variation im System erhöht und mehr Möglichkeiten des Handelns entstehen.

Dieses Wechselspiel aus Zusammenschluss und Diversifizierung, aus Nähe und Distanz bzw. Integration und Differenzierung charakterisiert typischerweise Gruppenentwicklungsprozesse (vgl. Amann, 2009). Demzufolge haben auch Gruppen bzw. soziale Systeme allgemein zu verschiedenen Zeitpunkten unterschiedliche Bedürfnisse, um ihre Entwicklung bzw. Drift zu ermöglichen, welche u. a. über die Fähigkeit der Anpassung mit den externen Umweltanforderungen in Einklang gebracht werden.

Die kollektive Generierung von Sinn erlaubt die Bildung von Zielen und die Kommunikation von Entscheidungen zu deren Erreichung. Das Kommunikationssystem muss also weiterhin dazu in der Lage sein, Umweltbedingungen zu antizipieren und Selektionen zu generieren, welche die *Zielverfolgung* ermöglichen. Dies ist nur dann möglich, wenn sich intern eine Hierarchie innerhalb der gebildeten Muster entwickelt und sich dominante von weniger dominanten Mustern unterscheiden. Die geschieht, indem sich die

Beteiligten auf ein Thema einigen und sich somit für eine gemeinsame Sinnkonstruktion entscheiden und diese weitestgehend teilen. In der Gruppendynamik wird dieser Prozess, bei dem sich eine Hierarchie bildet, als eine der wesentlichen Dimensionen des *Gruppendynamischen Raums* (Amann, 2009) beschrieben. Bestimmte Personen und damit eben auch bestimmte Kommunikationen dominieren die Gruppe und damit das Kommunikationssystem. Dies wird von den Beteiligten so lange anerkannt und unterstützt, wie es im (vermuteten) Sinn der Gruppe ist bzw. mitgetragen, wenn das Eigeninteresse gering ist oder Machtbeziehungen vorliegen. Wer geht in Führung und wer folgt? Welche Initiativen und Impulse werden aufgegriffen und setzen sich durch? Welche gemeinsame Wirklichkeitskonstruktion entsteht in der Gruppe? Mithilfe solcher hierarchiebildenden Selektionen ist das System nun in der Lage, Ziele zu verfolgen und Einzelakteure zu einem handelnden Ganzen zusammenzufügen.

	instrumentell	konsumatorisch
external	Adaptation Sinn	Goal Attainment Hierarchie
internal	Latent Pattern Maintenance Intimität	Integration Zugehörigkeit

Abb. 28: Systemfunktionen in Gruppen auf Basis des AGIL-Schemas

Die nächste Dimension des *Gruppendynamischen Raums* ist die Intimität. Hier spiegelt sich von allem die Sozialdimension wieder, nämlich darin, inwieweit sich alle Beteiligten in den Gruppenprozess einbringen, d. h. anschlussfähige personenbezogene Kommunikationen einspeisen und es dabei zu keinem erheblichen Ungleichgewicht bezüglich der Beiträge der einzelnen Personen kommt. Wer bringt sich in die Gruppe ein? Welche Erklärungen und Bewertungen bringen die Personen bezogen auf die kollektive Sinnkonstruktion in die Gruppe ein? Wer öffnet sich mehr und wer weniger?

Übertragen auf die Systemerhaltungsfunktion der *Strukturerhaltung* bedeutet dies, dass alle Beteiligten der Gruppe verlässlich zur Verfügung stehen, sich mit einem für die Gruppe nötigen Maß einbringen und damit wiederum für Stabilität der Muster und damit der daraus resultierenden Rollen und Beziehungen sorgen.

Die Integrationsfunktion wird durch die Fähigkeit realisiert, neue Kommunikation in das System aufzunehmen und in die vorhandenen Muster zu integrieren. Dies bedeutet im Gruppen- oder Familienkontext, dass neue Unterscheidungen in das System eingeführt werden können, neue Themen besprechbar werden, sich das Verhältnis von Besprechbarem und Nicht-Besprechbarem verändert. In der Gruppendynamik werden die damit verbundenen beobachtbaren Phänomene auf der dritten Dimension, der Zugehörigkeit verortet. Wer gehört dazu und wer nicht? Welche Kommunikation wird als zum Muster zugehörig erlebt und mit Anschlusskommunikationen beantwortet und was wird als Rauschen ignoriert bzw. als fremdartig abgestoßen? Welche Strukturveränderungen sind durch die Integration von etwas Neuem zulässig und welche nicht?

Richter (1993) formuliert eine Liste von Fragen, welche sich Gruppenmitglieder insbesondere bei der Entstehung einer Gruppe typischerweise stellen. Gerade im Prozess des Entstehens einer Gruppe sind sowohl das System intern, als auch die externen Umwelten, also die zusammengekommenen Personen, für einander maximal kontingent. Luhmann spricht hier von doppelter Kontingenz, welche die Beteiligten durch das Generieren von Erwartungs-Erwartungen zu verringern suchen (von Schlippe & Schweitzer, 2012). Die Gruppe besteht noch nicht, (fast) alles ist möglich und es herrscht große Unsicherheit darüber, wer die Personen sind und wie sie sich in den Gruppenprozess einbringen werden. Damit der gemeinsame Prozess gelingt, sind von jedem Gruppenmitglied mehr oder weniger intensive Selbstreflexionen nötig, um die Wirkung des eigenen Handelns in Bezug auf die anderen Beteiligten abzuschätzen. In Tabelle 3 sind die Fragen von Richter den Dimensionen des Gruppendynamischen Raums zugeordnet. Möglicherweise kann die eine oder andere Frage auch einer anderen Dimension zugeordnet werden. Deutlich wird aber, dass alle Fragen mehr oder weniger auf die Dimensionen des Gruppendynamischen Raums referieren und somit Reflexionen darstellen, die sich wiederum auf die Systemerhaltungsfunktionen einer Gruppe beziehen.

Interessant bei den Fragen von Richter (1993) ist, dass sie einmal bezogen auf die Impulsverstärkung („Wie wichtig darf ich mich machen …?") und einmal bezogen auf die Impulshemmung („Wie unwichtig muss ich mich machen, damit …") formuliert sind. Damit illustrieren sie, wie in Kontaktprozessen im sozialen Kontext einer Gruppe jedes Mitglied sein Verhalten in Bezug auf die anderen Gruppenmitglieder kalibrieren muss. Dabei muss jede Person auf jeder Dimension den Punkt zwischen „sich trauen" und „sich zurücknehmen" individuell ausloten, damit ein soziales System von einiger Dauer entstehen kann. Es wird deutlich, dass gerade im Kontext eines sozialen Systems alle Kontaktfunktionen von Bedeutung sind und in ihrer funktionalen Ausrichtung zwischen den Systemebenen korrespondieren. Das meint, dass z. B. Konfluenz auf Personenebene gleichzeitig Konfluenz des jeweiligen sozialen Systems ermöglicht usw.

Hierarchie
- Wie wichtig darf ich mich machen, damit man mich wahrnimmt?
- Wie unwichtig muss ich mich machen, um nicht als anspruchsvoll zu gelten?
- Wie offen darf ich widersprechen, um mich zu behaupten?
- Wie viel muss ich widerspruchslos hinnehmen, um nicht aggressiv zu wirken?

Intimität
- Wie dicht darf ich an die anderen herangehen, um meine Kontaktwünsche zu befriedigen?
- Wie fern muss ich mich halten, um nicht bedrängend zu wirken?
- Wie viel darf ich von meinen Problemen zeigen, um Hilfe zu bekommen?
- Wie viel muss ich von meinen Problemen verschweigen, um die anderen nicht zu sehr zu belasten?
- Wie viel darf ich von meinen persönlichen Schwächen zeigen, um die Last des Versteckspiels loszuwerden?
- Wie viel muss ich von meinen persönlichen Schwächen verdecken, um mir eine Blamage zu ersparen?

Zugehörigkeit
- Wie dumm darf ich sein, um dringend erwünschte Informationen zu bekommen?
- Wie klug muss ich sein, um nicht den Anschluss an das intellektuelle Niveau der Gruppe zu verlieren?
- Wie locker und spontan darf ich sein, um mich von innerer Spannung zu befreien?
- Wie kontrolliert muss ich sein, um nicht zu impulsiv und triebhaft zu wirken?
- Wie viel darf ich von meinen Einstellungen verraten, damit die anderen mich richtig kennen lernen?
- Wie viel muss ich von meinen Einstellungen zurückhalten, um nicht zu provozierend auf andere mit abweichenden Einstellungen zu wirken?

Tab. 3:   Fragen in Anfangssituationen nach Richter (1993)

Auf Organisationen übertragen können die Systemerhaltungsfunktionen in verschiedenen Subsystemen von Organisationen identifiziert werden. Die *Anpassungsfunktion* wird z. B. durch Subsysteme für Einkauf, Entwicklung, Produktion, Vertrieb und Finanzen umgesetzt, die *Zielverfolgung* durch das Management in Form von Visionsentwicklung, Missionserarbeitung, Strategieentwicklung und die Formulierung von Zielen, die *Integrationsfunktion* z. B. durch die Personalabteilung aber auch an anderen Stellen der Organisation z. B. durch Rollen- bzw. Stellenbeschreibungen und die *Strukturerhaltung* durch die Ausarbeitung von Organigrammen, Struktur- und Prozessdokumentationen sowie vor allem durch die Organisationskultur in Form von impliziten und expliziten Werten und Normen (Schein, 2010).

	instrumentell	konsumatorisch
external	Adaptation z. B. Marketing, Vertrieb	Goal Attainment z. B. Management, Stäbe
Internal	Latent Pattern Maintenance z. B. Strukturen, Prozesse, Regeln	Integration z. B. Personalbereich, Betriebsrat

Abb. 29: Systemfunktionen und Subsysteme von Organisationen im AGIL-Schema

Looss (1999) beschreibt das Selbst von Organisationen bezogen auf seine Funktionen auf Basis der Konstrukte der Gestalttherapie. Dabei betont er ebenfalls die Prozesshaftigkeit des Selbst, welches in der Kontaktnahme der Organisation in ihrem Feld entsteht und durch die Aufgabe als konstituierende Größe determiniert wird. Jede Organisation verfolgt eine oder mehrere Aufgaben, die ihren Daseinsgrund bilden und deren Erfüllung die Aufrechterhaltung der Systemautopoiesis ermöglichen. Ohne Aufgabe gibt es kein Selbst, beide sind als zwei Seiten des gleichen Phänomens zu betrachten (Looss, 1999). Im Verlaufe der Geschichte einer Organisation entsteht das Selbst der Organisation durch die Kommunikations- und Interaktionsmuster der handelnden Menschen, welche die Organisation betreiben. Das Selbst einer Organisation wird sichtbar, wenn sie in Situationen außerhalb des „mittleren Modus" neue Muster entwickelt und erprobt bzw. mithilfe vorhandener Muster versucht, Belastungen und Bedrohungen zu bewältigen. In diesen Momenten können die Es-, Ich- und Persönlichkeitsfunktion von Organisationen beobachtet und beschrieben werden. Die Es-Funktion äußert sich in organismischer Erregung und tritt in Organisationen dann in das Bewusstsein, wenn in Veränderungsprozessen grundlegende Muster, Annahmen, Werte und Ideale zum Zwecke der Anpassung reflektiert und thematisiert werden. Die Ich-Funktion von Organisationen zeigt sich analog zum Individuum in den Fähigkeiten zur Wahrnehmung, Aggression und Motorik. In Organisationen wird dies durch Gestaltung der Systemgrenze im Sinne einer „Benutzeroberfläche" für Kunden (Looss, 1999) und andere relevante Umwelten durch die Bildung von Zielen und Plänen zu deren Erreichung sowie die interne Koordination im Sinne von Verteilung und Verbindung bewerkstelligt. Die Persönlichkeitsfunktion schließlich ist das, was die Organisation im Laufe ihrer Geschichte an Routinen, Verfahrensweisen, Regeln und Rationalitäten entwickelt hat, mit der sie überdauernd beschrieben werden kann.

Quinn (1988), Hooijberg (1996) und Denison, Hooijberg und Quinn (1995) bauen ihr mehrdimensionales Führungsmodell ebenfalls in Anlehnung an die Systemfunktionen des AGIL-Schemas auf. Sie beschreiben eine *Adaptive Leadership Function*, eine *Task Leadership Function*, eine *Stability Leadership Function* und eine *People Leadership Function* auf den Dimensionen *internal* und *external* sowie *Flexibilität* und *Kontrolle*.

5.4 FORMEN DES KONTAKTS

Die Grundannahme für den folgenden theoriebildenden Teil dieser Arbeit ist, dass autopoietische Systeme ihre Autopoiesis durch Kontaktprozesse ermöglichen und steuern. Durch die aktive bzw. bewusste Befriedigung von systemeigenen Bedürfnissen wird sowohl für die Systemerhaltung als auch für Wachstum und Entwicklung gesorgt. Dazu muss die Kontaktnahme in den meisten Fällen gesteuert werden und kann nicht spontan erfolgen. Der Organismus bzw. das System muss dazu auswählen, welches Bedürfnis und seine Erfüllung gerade im Vordergrund steht bzw. welches Bedürfnis gerade verletzt wird. Darüber hinaus kann bei psychischen und sozialen Systemen über das Bilden und Verfolgen von Zielen eine langfristige Gestaltung des Kontaktverhaltens erfolgen, um z. B. Probleme zu lösen, Träume zu verwirklichen oder Unternehmensziele zu erreichen.

Weiterhin wird das Kontaktverhalten durch die Geschichte eines jeden Systems geprägt. Was sich in der Vergangenheit als erfolgreich erwiesen hat, sollte auch in der Zukunft funktionieren. Das Kontaktverhalten ergibt sich also auch aus der Lerngeschichte eines Systems, in der sich Erfahrungen in Form von Erfolgen und Misserfolgen, Wachstum und Entwicklung, aber auch Verletzungen und Traumatisierungen manifestieren. Hüther (2014) z. B. spricht in Zusammenhang mit Ängsten von frühzeitig angelegten „gebahnten Wegen" in den neuronalen Netzwerken des Gehirns, die im Ergebnis von fehlender Bindungsmöglichkeit in der frühen Kindheit, Stress oder Angst spezifische, nicht-reflektierte, archaische Reaktionsweisen erzeugen und gleichzeitig stabilisieren. Diese ermöglichen dem Individuum Anpassung, Abwehr, Rückzug oder Schutz, schränken aber gleichzeitig Explorationsverhalten und Kontaktfähigkeit ein. Das Kontaktverhalten ist damit zugleich auch Spiegel des Selbst und lässt Rückschlüsse über die Lerngeschichte eines Systems zu sowie über seine aktuellen Bedürfnisse, die für die Systemerhaltung gerade im Vordergrund stehen.

	instrumentell	konsumatorisch
external	Adaptation Konfluenz	Goal Attainment Projektion
internal	Latent Pattern Maintenance Egotismus	Integration Retroflektion

Abb. 30: Kontaktfunktionen und Systemfunktionen

Wenn man annimmt, dass die Autopoiesis durch Kontaktnahme ermöglicht wird und weiterhin, dass jedes System, um zu leben, seine Systemfunktionen realisieren muss, dann ergibt sich hier zwingend, dass die Prozesse der Kontaktnahme durch die Systemfunktionen gesteuert werden oder vice versa, dass die Systemerhaltungsfunktionen spezielle Parameter der Kontaktgestaltung sind. Dies entspräche Parsons Ansatz, der sagt, dass Handlung resp. Kontaktnahme ein Handlungssystem mit Systemfunktionen resp. Kontaktfunktionen bildet. Kontaktgestaltung bedeutet demnach, Bedürfnisse auf verschiedenen Systemebenen (organismische, psychische und soziale Bedürfnisse) mit den Systemerhaltungsfunktionen in Einklang zu bringen, Bedürfnisse also wahrzunehmen, Energie zu mobilisieren, Kontakt zu nehmen, zu assimilieren und zu integrieren (Abbildung 30).

Bei der Zuordnung der Kontaktfunktionen aus der Gestalttherapie zu den Systemfunktionen von Parsons, die hier erstmals vorgenommen wird, ist zu beachten, dass die Kontaktfunktionen gewissermaßen Übertreibungen der Systemfunktionen darstellen. In ihrer ursprünglichen Formulierung von Perls et al. (1962) wurden sie als Kontaktunterbrechungen bezeichnet. Spätestens seit Wheeler (1993) werden sie in der Gestalttherapie jedoch als Kontaktfunktionen verstanden, welche die Kontaktprozesse regulieren. Die Zuordnung zu Parsons Modell ist daher einfach und plausibel: Konfluenz sorgt für die Anpassung des Systems bezüglich der Außenbeziehungen, Projektion ermöglicht die Zielbildung und Verfolgung, um schließlich Neues assimilieren zu können. Die anderen beiden Kontaktfunktionen müssen entgegengesetzt interpretiert werden: Die Retroflektion, als Übertreibung der Integrationsfunktion gibt der Integration des Vorhandenen Vorrang gegenüber der Assimilation von etwas Neuem und verhindert damit die Aktion. Ebenso entgegengesetzt wirkt der Egotismus, der die internen Strukturen erhalten will und damit die Veränderung des Selbst kontrolliert. Diese Umpolung ergibt sich aus der Wirkrichtung der Systemfunktionen. Anpassung und Zielverfolgung und damit Konfluenz und Projektion sind extern gerichtet, Integration und Strukturerhaltung und damit Retroflektion und Egotismus sind intern orientiert.

Wie wirkt sich dieses Zusammenspiel nun auf die Gestaltung der Kontaktgrenze aus? Es wird hier davon ausgegangen, dass, je nachdem welche Systemerhaltungsfunktion gerade im Vordergrund steht bzw. erfüllt werden soll, die Kontaktgrenze eines Systems von diesem jeweils unterschiedlich geformt bzw. gestaltet wird. Steht beispielsweise die Anpassungsfunktion im Vordergrund, ist es wohl kaum nützlich, die Systemgrenze zu festigen oder undurchlässiger zu machen. Vielmehr ist sinnvoll, die Grenze durchlässiger zu machen oder sogar aufzulösen, d. h., interne Bedürfnisse zurückzustellen und den Bedürfnissen oder Anforderungen der Umwelt nachzukommen. Dabei muss natürlich das Risiko eingegangen werden, dass sich das Selbst, also die internen Strukturen, entsprechend verändern bzw. aufgrund der Zurückstellung der eigenen Bedürfnisse möglicherweise anderweitig Schaden nehmen. Steht andererseits die Strukturerhaltung im Vordergrund, ist es sinnvoll, sich hinter die Grenze zurückzuziehen, um den Einfluss neuer Elemente auf die vorhandenen Strukturen kontrollieren zu können. Im entgegengesetzten Fall, wenn beispielsweise aktiv Neues aufgenommen werden soll, ist es sinnvoll, über die Kontaktgrenze hinauszugehen und damit in unbekanntes

Gelände vorzudringen. Geht es jedoch eher darum, alles innerhalb der Grenze zusammenzuhalten und für Integration zu sorgen, ist es sinnvoll, die Grenze zu festigen, alle Elemente zusammenzuhalten und Neues erst einmal nicht zu assimilieren.

Ein System kann seine Kontaktgrenze also entweder ausdehnen bzw. zurückziehen oder es kann die Grenze auflösen bzw. festigen. Entsprechend dieser vier Arten der Grenzgestaltung ergeben sich schlüssig die möglichen Kontaktfunktionen, die von hier an als *Formen des Kontakts* oder *Kontaktformen* bezeichnet werden sollen. Luhmann (2012) beschreibt diese Möglichkeiten der Grenzgestaltung von Systemen und die Kontaktnahme mit dem „Neuen", das er hier ironischerweise als „Unzumutbarkeit" bezeichnet wie folgt:

> „Die abgearbeitete doppelte Kontingenz wirkt dann als Kommunikationserleichterung und als Kommunikationsbarriere zugleich; und die Festigkeit solcher Grenzen erklärt sich daraus, dass das Wiederzulassen völlig unbestimmter Kontingenzen zu den Unzumutbarkeiten gehört. Man kann Grenzen immer noch verschieben, den Zumutbarkeitsbereich ausweiten oder einschränken; aber dies, nachdem das System einmal Geschichte hat, nur noch punktuell, nur noch für bestimmte Themen, nur noch ausnahmsweise."
> (S. 179)

Die Bezeichnung *Kontaktformen* wird auch gewählt, um sich begrifflich aus dem Kontext der Gestalttherapie zu lösen. Vor allem soll dadurch ausgedrückt werden, dass alle Formen des Kontakts als Ausdruck von Systemfunktionen zu verstehen sind und weder positive noch negative Phänomene, sondern nur gerade im Moment nützliche Formen der Kontaktsteuerung für ein System in seiner Umwelt sind. Berücksichtigt man die Konsequenzen, die sich z. B. aus der Charakterisierung der Anpassungsfunktion ergeben, wird deutlich, wie wichtig es für Systeme ist, ihre Schnittstellen der strukturellen Kopplung in den jeweiligen Kontaktbereichen immer wieder anzupassen und damit zu festigen. Dabei müssen eigene Bedürfnisse zunächst zurückgestellt werden können. Die Anpassungsfunktion - wie auch alle weiteren Systemerhaltungsfunktionen - sind daher nicht als Prozesse der Kontaktnahme zu verstehen, sondern als Prozesse der Steuerung von Kontakt durch das Selbst. Ihre Wirkung ermöglicht die Vermeidung, Abschwächung, Intensivierung oder Modifizierung von Kontakt in Abhängigkeit davon, welche Systemfunktion gerade im Vordergrund steht. Parsons geht davon aus, dass die Systemfunktionen permanent und simultan aktiv sind und somit die Existenz und die Entwicklungsdynamik eines jeden (lebenden) Systems kennzeichnen, welche nur in der Zeit existieren können. Anpassung, Zielverfolgung, Integration und Strukturerhaltung sind demnach als latente Daueraktivitäten von Systemen anzusehen, welche manifest werden können, wenn bestimmte Systemfunktionen besonders dringlich in den Vordergrund treten. Dementsprechend versucht jedes System Bedrohungen, Ressourcenknappheit oder Interventionen von außen mit den korrespondierenden Kontaktformen zu kompensieren, um seine Systemfunktionen zu erfüllen und damit seine Existenz zu sichern. Beispiele für diese Funktionsdynamik gibt es zahlreich und für alle Systemtypen. Zur Illustration seien hier zunächst einige aus dem Kontext von Organisationen genannt: Da ist die Firma, die versucht, die schlechte Auftragslage durch Anpassung der Preise und zusätzliche Leistungen zu verbessern (Konfluenz), das Vertriebsunternehmen, welches die interne „Ellenbogenmentalität" zwischen den Mitarbeitern damit erklärt, dass „da draußen auch mit harten Bandagen gekämpft wird" (Projektion), die Behörde, deren interne Abstimmungs- und Verwaltungsprozesse so komplex sind und magerer Output nur nach langen und schmerzhaften Geburtswehen zustande kommt (Retroflektion) oder die politische Partei, die jederzeit und überall kompetent scheinen muss und nicht von Neuem überrascht werden darf (Egotismus). Die Liste von Beispielen könnte hier noch fortgesetzt werden, da jedwede Interaktion eines Systems mit seiner Umwelt der Systemerhaltung bzw. seiner Entwicklung dient. Daher werden die Formen des Kontakts vor allem in Situationen interessant, in denen ein System seinen „mittleren Modus" verlässt, also jenseits der Routine agieren muss.

Der Begriff des *Mittleren Modus* stammt ebenfalls aus der Gestalttherapie und beschreibt, den Zustand des „Normalbetriebs" eines Systems, der durch eine spezifische Art des Gewahrseins, nämlich der Bewusstheit (*Awareness*), gekennzeichnet ist. Diese ist „eher schweifend entspannt als angespannt konzentriert" und ermöglicht eine „frei bewegliche, flexible Wahrnehmung, die dem aktuellen Gestaltbildungsprozess (…) folgt und die sich nicht aktiv willentlich auf etwas ausrichtet" (Frambach, 1999, S. 617). Befindet sich ein System außerhalb dieser Mitte muss viel Aufmerksamkeit (i. e. System 2) aufgewendet werden, entweder weil etwas Neues eingeübt wird oder weil die derzeitig etablierten Routinen (i. e. System 1) überfordert sind. Das Konzept des mittleren Modus hat seinen Ursprung in der fernöstlichen Philosophie und meint die Mitte zwischen Aktivität und Passivität oder anders ausgedrückt, zwischen „Tun" und „Erleiden". In der Gestalttherapie wird damit die spezifische Art und Weise beschrieben, „in der das Selbst gestaltend wirklich wird" (Frambach, 1999, S. 619).

In der experimentellen Psychologie wird der mittlere Modus unter dem Begriff *Cognitive Ease* untersucht. Kognitive Entspannung liegt vor, wenn bekannte, klare Reizkonfigurationen resp. Aufgaben vorliegen, man in guter Stimmung ist und sich die Situation vertraut anfühlt. Dann fühlen wir uns sicher und unangestrengt und vertrauen unserer Intuition (Topolinski & Strack, 2009).

Das Kontaktverhalten eines Systems wird also dann gut sichtbar, wenn das System mit etwas Neuem konfrontiert bzw. wenn es überfordert wird. In diesen Momenten verändern Systeme auf spezifische Art und Weise ihre Kontaktgrenze und damit auch ihren Aufmerksamkeitsfokus, da die „routinierte leichte Figurbildung gestört [wird]" (Looss, 1999, S. 1081). Das Selbst wird in solchen Momenten „figural" und es „zeigt sich, ob die beständig gewordenen Muster der Figurbildung, die die Organisation [resp. das System, Anmerkung des Autors] entwickelt hat, auch für die aktuelle Situation noch hinreichend sind oder nicht." (Looss, 1999, S. 1081).

Die vier hier noch weiter zu definierenden *Kontaktformen* sind begrifflich zunächst weitestgehend identisch mit den Kontaktfunktionen der Gestalttherapie. Durch die Verbindung mit der allgemeinen Handlungstheorie (Parsons), der Theorie autopoietischer Systeme (Maturana) und der Theorie sozialer Systeme (Luhmann) wird der ursprüngliche therapeutische Kontext verlassen und damit das Anwendungsfeld auf das Kontaktverhalten autopoietischer Systeme überhaupt verallgemeinert und eine Beschreibung für die innere Funktionslogik der Kontaktformen entwickelt. Schaut man auf die Wortmarken der Kontaktfunktionen, hat vor allem der „Egotismus" stark negative Konnotationen und wird oft mit dem „Egoismus" verwechselt. Die ursprüngliche Bedeutung von „Egotismus" ist dagegen kaum bekannt: Der Begriff geht danach auf den Schriftsteller Stendhal zurück, der die Verwendung der Ich-Form in der Literatur so benannte, um das eigene Wirken und die Wichtigkeit der eigenen Botschaft zu unterstreichen (Wikipedia, 2016). In seiner negativen Auslegung ist der Egotismus eng mit dem Narzissmus verwandt. Ebenso verhält es sich mit dem Begriff „Projektion". Diese ist ebenfalls negativ konnotiert, als etwas, das andere fälschlicherweise bzw. zu Unrecht machen. Aus diesen Überlegungen heraus wird im Folgenden der Entschluss gefasst, die negativ konnotierten Bezeichnungen aus der Gestalttherapie durch neutrale, mehr beschreibende denn wertende Wortmarken bzw. Codes zu ersetzen. Dabei sollen sich sowohl die jeweilige Systemfunktion, die Aufmerksamkeitssteuerung bzw. Grenzveränderung in den Benennungen widerspiegeln.

Das Schema in Abbildung 31 zeigt, wie in den folgenden Darstellungen konsistent bezogen auf das AGIL-Schema, die verschiedenen Möglichkeiten der Gestaltung der Kontaktgrenze durch ein System und die sich daraus ergebenden Formen des Kontakts abgeleitet werden können. Die Formen des Kontakts werden durch ein System ausgeprägt oder bevorzugt, wenn die jeweilige korrespondierende Systemerhaltungsfunktion damit erfüllt werden soll. Die Kontaktformen können auch als extreme Ausprägungen oder Überkompensation der Systemerhaltungsfunktionen verstanden werden. Wenn dies der Fall ist, verhindern sie Kontakt oder verändern diesen qualitativ oder quantitativ.

Bei der Realisierung der Anpassungsfunktion eines Systems wird die Grenze durchlässiger oder sogar zeitweilig aufgelöst, bei der Zielverfolgung ausgedehnt und damit ein Zielzustand in die Umwelt projiziert. Für die Integration hingegen wird die Grenze gefestigt und bei der Strukturerhaltung zurückgezogen und dient damit dem Schutz des Selbst, welches aus der Distanz agiert. Diese verschiedenen Modi der Grenzgestaltung haben Auswirkungen auf Verarbeitung von systemeigenen Elementen im Sinne der internen Landkarten eines Systems sowie auf die Verarbeitung der externen Reize.

Wie zuvor beschrieben, ist das Wahrnehmen ein zirkulärer Prozess des Unterscheidens und des Verknüpfens von Reizen mit internen Landkarten, die sich daraufhin verändern und wiederum das Unterscheiden von Umweltreizen verändern und so weiter. Daher ist es für ein System von wesentlicher Bedeutung zwischen Selbstreferenz und Fremdreferenz zu unterscheiden. Was ist intern schon vorhanden und was kommt „neu" von „außen" hinein? Beide Referenzen werden von Systemen im Wesentlichen gleichzeitig prozessiert (Luhmann, 2006). Das System kann beim Prozessieren in jedem Moment von der einen auf die andere Seite übergehen. Dies ist möglich durch die interne Repräsentation der System-Umwelt-Unterscheidung. Diese (sprachliche oder gedankliche) Wiedereinführung der Unterscheidung wurde in den vorangegangenen Kapiteln als *Re-Entry* beschrieben. Das System agiert gleichzeitig als Beobachter seiner selbst und des Geschehens an der (Kontakt-)grenze.

Diese Unterscheidung von Selbst und Fremdreferenz ist besonders eindrucksvoll bei Phänomenen der eigenen Körperwahrnehmung zu beobachten und weist darauf hin, dass zumindest biologische Systeme offensichtlich darauf ausgelegt sind, vor allem sensibel für Fremdreferenz zu sein. Dies zeigt sich z. B. darin, dass man seinen eigenen Körpergeruch nicht wahrnimmt, Fehlhaltungen des Kopfes z. B. bei neurologischen Ausfällen nicht bewusst werden (Sacks, 2009) und am deutlichsten darin, dass man sich selbst nicht kitzeln kann. Dieses Phänomen wurde von Bays et al. (2005) untersucht. Das Gehirn berechnet den Zeitpunkt des Kontakts der eigenen Hand mit der Körperoberfläche im Voraus und dämpft die Wahrnehmungsintensität der Rezeptoren in der entsprechenden Region. Dies kann als eine direkte Veränderung der Kontaktgrenze des Organismus interpretiert werden: Die Grenze wird in diesem Moment weniger durchlässig.

Was passiert nun mit der Unterscheidung von Selbst- und Fremdreferenz, wenn sich die System-Umwelt-Grenze verändert, indem das System als Beobachter beginnt andere Unterscheidungen zu treffen? Abbildung 32 veranschaulicht die dabei ablaufenden Prozesse.

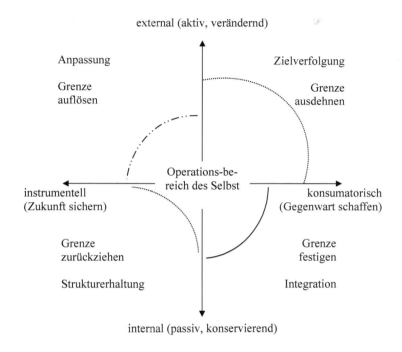

Abb. 31: Kontaktformen und Veränderungen der Kontaktgrenze des Selbst. Die dimensionale Darstellung wurde gewählt, um zu verdeutlichen, dass die Ausprägung der Kontaktformen jeweils unterschiedlich intensiv sein kann (eigene Darstellung)

Bei der Adaptation löst sich die Grenze auf und das System übernimmt die Muster der Umwelt, damit kann in diesem Zustand kaum mehr Selbstreferenz hergestellt werden und eigene interne Zustände oder Bedürfnisse können nicht in die Beobachtung gelangen. Im Gegensatz dazu werden im Fall der Zielverfolgung die systemeigenen Muster durch das Ausdehnen der Kontaktgrenze in die Umwelt transportiert. Das System möchte Fremdreferenz wahrnehmen, sieht jedoch nur eigenes Material, ohne dass dies ins Bewusstsein gelangt. Bei der Integration wird die Grenze gefestigt, das System prozessiert nur noch Selbstreferenz, Fremdreferenz wird kaum einbezogen. Durch die Kontaktform zum Zwecke der Strukturerhaltung wird die Grenze zurückgezogen, so dass nur Fremdreferenz prozessiert, diese aber für Selbstreferenz gehalten wird. Neues Material von außen wird in diesem Fall nur kontrolliert, in geringen Dosen und modifiziert in Passung zu den internen Mustern hereingelassen.

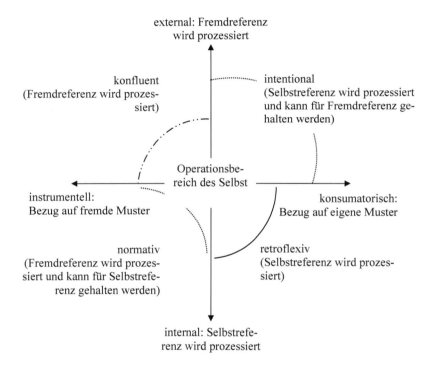

Abb. 32: Selbst- und Fremdreferenz bezogen auf die Formen des Kontakts des Selbst (eigene Darstellung)

Es wird deutlich, dass durch das Wirken der Kontaktformen und der damit verbundenen Veränderung der Kontaktgrenze der Prozess des Re-Entry, der Beobachtung des Selbst in seiner Umwelt, beeinflusst wird. Die systeminterne Aufmerksamkeitssteuerung kann aufgrund der Grenzverschiebung bzw. der Modifikationen der Grenze nicht mehr genau die Unterscheidung zwischen Selbst- und Fremdreferenz gewährleisten. Das Selbst wird „getäuscht" oder lässt sich „täuschen", Fremdes wird für Eigenes gehalten oder Eigenes für Fremdes oder Eigenes bzw. Fremdes ist der Beobachtung nicht zugänglich. Diese „Täuschungen" haben bei der Realisierung von Systemfunktionen eine wichtige Aufgabe. Sie erlauben bestimmte Modifikationen, Aktivitäten oder Erhaltungsmaßnahmen für das Selbst, indem bestimmte Muster bzw. Informationen fokussiert bzw. ausgeblendet werden. So ist es sinnvoll, sich im Falle der Anpassung auf Gegebenheiten der Umwelt einzulassen, im Falle der Zielbildung, z. B. zur Aufrechterhaltung der Motivation eigene Vorstellungen in die Welt zu tragen und diese zu verfolgen usw. In einer extremen bzw. chronifizierten Ausprägung der Kontaktformen kann die Kontaktfähigkeit jedoch beeinträchtigt werden.

Kontaktfunktion	Kontaktform	Systemfunktion	Kontaktgrenze	Aufmerksamkeit
Konfluenz	konfluente Form	Anpassung	schwach	fremdreferenziell
Projektion	intentionale Form	Zielverfolgung	erweitert	selbstreferenziell
Retroflektion	retroflexive[1] Form	Integration	verschlossen	selbstreferenziell
Egotismus	normative Form	Strukturerhaltung	zurückgezogen	fremdreferenziell

Tab. 4: Kennzeichnung der Kontaktformen entsprechend ihrer Merkmale

Von hier an werden zur genaueren und neutralen Kennzeichnung der Kontaktformen die Bezeichnungen „Projektion" und „Egotismus" durch die „intentionale" und die „normative Form" ersetzt. Die Bezeichnungen „Konfluenz" und „Retroflektion" aus der Gestalttherapie werden weiter verwendet. Die Bezeichnungen referieren somit auf zentrale Merkmale, die der jeweiligen Form zugrunde liegen. Dabei steht „konfluent" (zusammenfließend) für die Systemfunktion der Adaptation, „intentional" (zielgerichtet) für Goal Attainment, „retroflexiv" (zurückwerfend) für Integration und „normativ" (normgebend) für Latent Pattern Maintenance. Während die ersten drei Adjektive die Kontaktformen gut charakterisieren, muss man bei dem Wort „normativ" zunächst ein wenig recherchieren. Dabei findet sich eine

---

[1] Die Schreibweise für das Adjektiv „retroflexiv" weicht von der im Text verwendeten traditionellen Schreibweise der Gestalttherapie „Retroflektion" aus Gründen der leichteren Versprachlichung ab.

Bedeutungsvariante im Kontext der Sozialwissenschaften, welche die Funktion der Strukturerhaltung durch das Normative beschreibt, indem es die sozialen Aktivitäten reguliert (vgl. Stemmer, 2008). Weitere Kennzeichnungen für die vier Kontaktformen ergeben sich aus der Aufmerksamkeitssteuerung (Selbst- vs. Fremdreferenz) und der Veränderungen der Kontaktgrenze. In der Tabelle 5 sind die Formen des Kontakts zusammenfassend im Kontext mit anderen Konstrukten dargestellt. Dabei werden alle bisher beschriebenen Unterscheidungsdimensionen bzw. Kategorien dargestellt und auf die vier Kontaktformen angewandt. Bei der Betrachtung der Tabelle 4 wird deutlich, dass jede Form ihre typische Ausprägung und Position im Kontaktzyklus erfährt. In den Phasen des Kontaktzyklus werden spezifische systemeigene Bedürfnisse relevant bzw. streben nach Befriedigung.

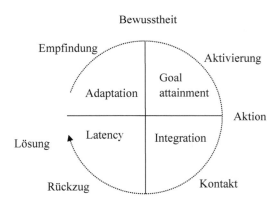

Abb. 33: Kontaktzyklus der Interaktionen und AGIL-Schema (eigene Darstellung)

Interessant sind hier wiederum die Parallelen zwischen Parsons (1951) und den Begründern der Gestalttherapie (Perls et al., 1962). Die Funktionen des AGIL-Schemas bilden die Grundstruktur des Kontaktzyklus ab, wahrscheinlich ohne dass Parsons das je beabsichtigte. Vereint man beide Modelle kommt man zu einer neuen Interpretation, die folgendermaßen lauten könnte: Systeme sind zunächst daran orientiert, sich mit ihren Funktionen an die Umwelt anzupassen, d. h., ihre Außenbeziehungen so zu gestalten, dass für ihr Überleben bzw. den Stoffwechsel genügend Energie bzw. Information zur Verfügung steht. Dies wird durch die Anpassungsfunktion realisiert, welche sich in der Interaktion mit der Umwelt oder anderen Systemen als

Konfluenz äußern kann. Das bedeutet, eigene Bedürfnisse zunächst zurückzustellen, die Grenze anzupassen und zu verändern und Muster von außen zu übernehmen, um Mitdriften und strukturelle Koppelung zu ermöglichen. Wenn die Anpassung gelingt oder keine Anpassung nötig ist und gleichzeitig systemeigene Bedürfnisse nach Befriedigung streben, kann die Ich-Funktion des Systems aktiv werden und das System kann Ziele entwickeln und in der Umwelt nach Möglichkeiten zu deren Befriedigung suchen. Zielzustände werden in die Zukunft projiziert und die Kontaktgrenze wird gebildet. Zielbildung und -verfolgung ermöglichen das Entstehen von Handlungen zur Befriedigung interner Zustände. Die Handlung führt dann zum Einschluss neuer Elemente, gefolgt von der Phase der Integration in die internen Strukturen, wobei systemseitig auf deren Aufrechterhaltung geachtet werden muss. Damit ist ein Kontaktzyklus abgeschlossen und die Systemfunktionen wurden einmal realisiert (Abbildung 33).

Folgt man diesen Gedanken, sind Systeme also nicht ständig und dauerhaft im Kontakt, sondern sorgen auf Basis einer bestimmten „Grundkonfluenz" zunächst einmal für die eigene Erhaltung, indem sie die strukturellen Koppelungsstellen mit anderen Systemen pflegen. Auf Basis dieser Koppelung kann dann Kontakt entstehen und sorgt für eine bewusst gesteuerte und zielorientierte Bedürfnisbefriedigung durch die Interaktion mit der Umwelt. Diese Sichtweise hat beispielsweise erhebliche Bedeutung für das Beschreiben und Gestalten von Kommunikationssystemen, deren Zweck es ist, dass ein System ein anderes beeinflussen will oder soll. Damit ist gemeint, dass von einem System Impulse in Form von Kommunikationen eines anderen Systems verarbeitet werden, die dann zu strukturellen Veränderungen von internen Landkarten führen. Wie solche Interaktion zwischen Systemen gelingen kann, damit Kommunikationssysteme für Lernen, Therapie, Beratung, Coaching, Führung, Mentoring usw. funktionieren, wird u. a. Gegenstand der folgenden Kapitel sein. Aus den zuletzt angestellten Überlegungen ergibt sich jedoch schon jetzt, dass Ko-Evolution und damit gemeinsame Drift durch den Kosmos der Kontingenz ohne strukturelle Koppelung nicht möglich ist. Erst das Sich-Aufeinander-Beziehen, das Mitschwingen in den Mustern des anderen oder die wechselseitige Anpassung ermöglicht die spätere Kontaktnahme mit der Umwelt und deren stofflichen oder kommunikativen Entitäten.

Merkmale	konfluent	intentional	retroflexiv	normativ
Kontaktunterfunktion	Konfluenz	Projektion	Retroflektion	Egotismus
korrespondierende Systemfunktion	Adaptation: Gestaltung der Außenbeziehungen	Goal Attainment: Zielbildung und -verfolgung zur Herstellung befriedigender innerer Zustände	Integration: Einschluss neuer und vorhandener Systemelemente	Latency of Structures: Vorhalten und Aufrechterhalten interner Systemstrukturen
Wirkrichtung der Systemfunktion	instrumentell (zukunftsorientiert)	konsumatorisch (gegenwartsbezogen)	konsumatorisch (gegenwartsbezogen)	instrumentell (zukunftsorientiert)
Qualität der Kontaktgrenze	schwach ausgeprägt	erweitert	verschlossen	zurückgezogen
Phase im Kontaktzyklus	Empfindung, Bewusstheit	Aktivierung	Aktion	Kontakt, Lösung, Rückzug
Bedürfnisse	nicht bewusst	bewusst	bewusst	bewusst
Referenz	Fremdreferenz wird prozessiert	Selbstreferenz wird prozessiert und für Fremdreferenz gehalten	Selbstreferenz wird prozessiert	Fremdreferenz wird prozessiert und für Selbstreferenz gehalten
Sozio-emotionales Apriori	Nähe, Submission	Nähe, Dominanz	Distanz, Submission	Distanz, Dominanz
Persönlichkeitsmerkmal (Big-Five)	Agreeableness	Conscientiousness, Neuroticism	Extraversion (umgepolt)	Openness (umgepolt)
Kommunikationsstil	Beschwichtigen	Anklagen	Ablenken	Rationalisieren
Aufmerksamkeit	diffus	innen	innen	außen
Richtung	external	external	internal	internal
Objekt (*das Neue*)	Verschmelzung mit dem Objekt, Überidentifikation	wird als bereits assimiliert wahrgenommen	wird nicht assimiliert, da keine Handlung erfolgt	wird nicht, nur teilweise oder nur modifiziert integriert

Tab. 5: Übersicht über die Merkmale der Kontaktformen

Diese Einsichten sind aus verschiedenen therapeutischen Kontexten bekannt und zwar als das Herstellen von *rapport* (frz. Verbindung, Beziehung). Vor allem die Konstrukteure des Neurolinguistischen Programmierens (NLP), Richard Bandler und John Grinder, die in den 70er Jahren des letzten Jahrhunderts auf der Basis von Verhaltensbeobachtungen bei Milton Erickson, Virginia Satir und Fritz Perls ihre Modelle und Kommunikationstechnologien entwickelten, nutzen das Konzept des *rapport*, um die Herstellung von Kontakt in einem therapeutischen Setting zu beschreiben (Grinder & Pucelik, 2012).

Der Zustand des *Rapport* ermöglicht dabei, dass die neuen Impulse nicht einfach abgewehrt oder ignoriert, sondern mit hoher Wahrscheinlichkeit vom anderen konstruktiv verarbeitet werden. Im Rahmen des NLP wird dabei so weit gegangen, dass bei funktionierendem *Rapport* der andere die neuen Muster und Impulse sogar unbewusst übernimmt und damit eine unterschwellige therapeutische Veränderung oder beraterische Beeinflussung möglich wird. Unabhängig davon, ob dies so ist oder nicht, würde dieses Vorgehen einer bewussten Herstellung von Kontakt, also einer autonomen Entscheidung, ob das Neue assimiliert oder zurückgewiesen wird, widersprechen. Die Technologie des *Pacing* und *Leading* hat ihren Ursprung in der Hypnose bzw. der Hypnotherapie. Dabei wird der Klient oder Patient in einen Trancezustand versetzt, in dem dann mithilfe von Suggestionen Veränderungen induziert werden. Durch die Herstellung solch eines tiefenentspannten Zustands mit Wachbewusstsein, übt das Bewusstsein weniger Kontrolle aus und das Unterbewusste tritt mehr zutage und ist für verändernde Impulse zugänglicher. Im Sinne der Systemtheorie Luhmanns würde man hier eher von einer gelungenen Interpenetration von Systemen sprechen (Luhmann, 2006). Durch den Zustand des *Rapport* wird es dem einen System möglich, kommunikativ in das andere einzudringen, also die Kontaktgrenze zu überschreiten und neue Muster, neue Komplexität einzuschleusen. „Die Grenzen des einen Systems (werden) in den Operationsbereich des anderen übernommen." (Luhmann, 2006, S. 295). Es handelt sich bei der Penetration dabei, wenn man so will, um eine nicht zurückgewiesene Projektion, also ein vereinnahmend-intentionales Kontaktverhalten. Die Gründer der Hypnotherapie betonen bei der Beschreibung ihres Verfahrens, dass dieses nur auf Basis von Veränderungsbereitschaft des Patienten, gemeinsam mit dem Therapeuten ausgearbeiteten Therapiezielen und einer kooperativen Beziehung möglich ist und der Patient jederzeit entscheiden kann, welche Veränderungsimpulse zugelassen werden. Damit setzen sie Bedingungen voraus, die schließlich auch bewussten Kontakt ermöglichen.

5.5 Gestaltung von Kontakt

Die Beeinflussung des Kontaktverhaltens eines Systems durch die Überkompensation einer Systemfunktion kann zur Folge haben, dass die Interaktion eines Systems mit seiner Umwelt derart qualitativ oder quantitativ verändert wird, dass Kontakt kaum oder gar nicht stattfinden kann. Gerade in prägenden Lernphasen und kritischen Situationen kann die dauerhafte Berücksichtigung der einen oder anderen Systemfunktion dazu führen, dass Systeme nicht lernen, intensiv in Kontakt zu gehen, indem sie die eine oder andere Kontaktform chronifizieren. Dies führt dazu, dass dadurch die Möglichkeiten der Autopoiesis eingeschränkt werden. Das System kann nur mit ausgewählten Umwelten kontaktvoll interagieren, was bedeutet, dass Lernen und Entwicklung in ihrer Vielfalt eingeschränkt werden.

Die grundlegenden Voraussetzungen für die Herstellung von Kontakt sind die Bildung der Kontaktgrenze und die damit mögliche Aufmerksamkeitssteuerung durch ein System. Beide Prozesse sind dabei eng aufeinander bezogen und bedingen sich wechselseitig. Psychologisch gesprochen wird sowohl die Kontaktgrenze als auch die Aufmerksamkeit eines Systems durch die Ich-Funktionen gebildet bzw. gesteuert. Der Ich-Funktion kommt somit eine zentrale Bedeutung bei der Herstellung von Kontakt zu. Durch ihr Wirken können die Impulse und die Erregung der Es-Funktion mit den stabilen und strukturerhaltenden Mustern der Persönlichkeit in Beziehung gesetzt werden. Die Ich-Funktion generiert daraus Ziele für die Kontaktnahme, sorgt für deren Verfolgung, hält also Motivation aufrecht und überprüft schließlich, inwieweit die Zielerreichung im System zu befriedigenden Zuständen geführt hat. Am Anfang dieses Prozesses – sollte dieser gelingen – steht dabei die Herstellung der Kontaktgrenze, nur durch die Grenze ist es dem *Ich* möglich in Austausch mit der Umwelt zu treten und nur durch die Grenze kann im Verlauf dieses Prozesses das *Selbst* entstehen, welches für die Umwelt durch das bewusste Handeln eines Systems wahrnehmbar wird und schließlich den Kontakt vollzieht. In der Ausprägung und Stärkung der Ich-Funktion eines Systems liegt also der Schlüssel für dessen Kontaktfähigkeit. Müller (1999, S. 658) schreibt dazu: „Die Ich-Funktion des Selbst ist als ein absichtsvolles Tun zu verstehen, das bestimmt ist, von klaren aber sich verschiebenden Grenzen im Organismus-Umweltfeld" und Gremmler-Fuhr (1999) schreibt dazu:

> „Das Ich grenzt ab, indem es deutlich macht, was es will und was nicht. Im Gegensatz zum Es ist das Ich nicht im passiven Modus, sondern ist sich seiner selbst bewusst und aktiv, geht also auch auf die Umwelt zu. Es identifiziert sich mit seinen Bedürfnissen und Interessen und versucht diese durchzusetzen. Und es fühlt sich herausgefordert oder angegriffen und verletzt, wenn ihm dies nicht gelingt." (S. 387)

Die Ich-Funktion (*Goal Attainment*) äußert sich in Form von Fragen wie: Was will ich? Was soll ich tun? Kann ich das erreichen? Mit welchen Mitteln? (Müller, 1999). Diese Fragen werden mit Fragen der Es-Funktionen (Was brauche ich? – *Adaptation*) und Fragen der Persönlichkeitsfunktionen (Wer bin ich? – *Latent Pattern Maintenance*) in Beziehung gesetzt. Im Ergebnis dieses Prozesses kann das *Selbst* seine Funktion der *Integration* des Neuen auf Basis des bereits Vorhandenen erfüllen.

Ich-Funktionen können für alle autopoietischen Systeme beschrieben werden. Dabei kann verdeutlicht werden, wo im System angesetzt werden kann bzw. was gelernt oder gestärkt werden muss, um die Kontaktfähigkeit zu entwickeln. Bei der Beobachtung von Systemen zeigt sich, dass diese unterschiedliche Vorgehensweisen bzw. Formate ausprägen, um ihre Ich-Funktionen zu realisieren. In Organisationen sind diese z. B. an Prozesse der Visions- und Strategieentwicklung gebunden: Es werden Ziele formuliert und Pläne zur Zielerreichung aufgestellt. Interne Strukturen der Arbeitsteilung und des Controlling wiederum sorgen für die Überprüfung bzw. Steuerung der Zielverfolgung. In weniger formal strukturierten sozialen Systemen wie Gruppen, Teams oder Familien treten die Ich-Funktionen dadurch in Erscheinung, dass solche Systeme in der Lage sind, die eigene Identität und die internen Bedürfnisse in die Kommunikation zu holen und bewusste Entscheidungen zu treffen. Dies bedeutet, dass sich systemintern Strukturen herausbilden, die einerseits die Persönlichkeitsfunktion abbilden und andererseits die Systembedürfnisse regulieren. Bei Gruppen sind das die in der Sozialpsychologie ausführlich untersuchten Phänomene der Bildung von Gruppennormen, welche, auch als Resultat von sozialen Vergleichsprozessen (vgl. z. B. Herkner, 1991), die Identität, also das Unverwechselbare einer Gruppe, entstehen lassen; bis hin zum irrationalen und gefährlichen Phänomen des *groupthink* (Janis, 1982). Die Es-Funktion wiederum adressiert im System, wo möglicherweise Bedürfnisse entstehen bzw. nicht erfüllt sind, damit das System weiterleben kann. Bei sozialen Systemen, die auf die permanente Zuführung von Kommunikation angewiesen sind, geht es bei den Es-Funktionen demzufolge darum, Personen als relevante Umwelten an das System zu koppeln, so dass diese immer wieder Kommunikation in das System einspeisen. Die Koppelung erfolgt wiederum dadurch, dass die Personen das soziale System insofern als attraktiv wahrnehmen, als dass dessen interne Muster den Personenbedürfnissen hinreichend entsprechen, um weiterhin teilzunehmen, es sei denn, sie haben, bedingt durch äußere Zwänge, keine andere Wahl. Beide genannten Aspekte, Anpassung und Strukturerhaltung, müssen auch in Familien, Gruppen und Teams durch die Ich-Funktionen verbunden werden. Dies geschieht, indem durch die beteiligten Personen funktionale Rollen intern herausgebildet werden, durch deren Handeln das System in der Lage ist, Ziele zu bilden, dem Handeln aller beteiligten Personen Richtung zu geben, also Koordination herzustellen. Diese Rollen werden in Organisationen formal definiert, und im Ergebnis entstehen verschiedene explizit sichtbare Subsysteme (die Chefetage bzw. die Personalabteilung). In Gruppen und Familien hingegen und zum Teil auch in Teams erfolgt diese innere Differenzierung zur Ausprägung der Ich-Funktionen informell im Verlauf der Entwicklung. Für Familien sind diese Prozesse zum Beispiel von Kantor und Lehr (1977) ausführlich untersucht wurden. Im Ergebnis wurde das bekannte Interaktionsmodell entwickelt, in welchem die Rollen *Mover, Opposer, Follower* und *Bystander* beschrieben werden. Diese entstehen in der Interaktion der Familienmitglieder untereinander und sorgen schließlich dafür, dass Entscheidungen getroffen werden können und somit Handlungsfähigkeit entsteht. Dabei müssen diese Rollen nicht fest an bestimmte Personen gekoppelt sein, sondern können entsprechend der Anforderungen oder der jeweiligen Entscheidungsbereiche (z. B. Urlaubplanung oder Autokauf) wechseln. Analog dazu beschreibt Schindler (1957) mit seinem Modell der *Alpha-, Omega-, Beta-* und *Gamma*-Funktionen die Entscheidungsdynamik in Gruppen. Beide, Kantor und Schindler, liefern damit Prozessmodelle für die Herausbildung der Ich-Funktion für soziale Systeme.

Eng gekoppelt an die Ich-Funktion eines Systems ist sein „Bewusstsein". Der Begriff ist deshalb in Anführungszeichen gesetzt, weil man bei sozialen Systemen nicht von Bewusstsein im psychologischen Sinn sprechen kann. Gleichwohl verfügen auch soziale Systeme über die Fähigkeit, das eigene Tun zu beobachten und zu reflektieren. Dies geschieht, wie schon vorher beschrieben, durch die sprachliche oder gedankliche Wiedereinführung des Systems in sich selbst in Form von Beschreibungen, Erklärungen und Bewertungen, die seine Mitglieder ihm zur Verfügung stellen. Das Bewusstsein ist die Instanz, die in der Lage ist, die eigenen internen Prozesse eines Systems zu beobachten. Die verschiedenen Qualitäten des Bewusstseins wurden dazu bereits durch die Konzepte der Bewusstheit und der Aufmerksamkeit beschrieben. Eine wesentliche Qualität ist dabei der Bewusstheitsgrad sowie die Innen- bzw. Außenorientierung des Bewusstseins (Müller, 1999). Der Bewusstheitsgrad beschreibt dabei, inwieweit die Prozesse des Wahrnehmens (außen) und Erlebens (innen) der Reflexion durch das Selbst zugänglich sind. Wie im vorangegangenen Abschnitt erläutert, können dauerhafte und erlernte Verschiebungen oder die Auflösung der Kontaktgrenze den Bewusstheitsgrad schmälern bzw. Rückzug oder Grenzverstärkung den Bewusstseinsgrad soweit erhöhen, dass spontanes Erleben und Verhalten erschwert werden und es nicht zum Kontakt kommt. Ebenso große Bedeutung kommt der Innen- bzw. Außenorientierung des Bewusstseins zu. Hier wird im Verlauf des Kontaktzyklus an der Grenze entschieden, was innen erlebt wird und was außen passiert. Diese Prozesse wurden bereits ausführlich durch die Konstrukte der Selbst- und der Fremdreferenz beschrieben.

Phase im Kon-taktzyklus	Aufmerksamkeit		
	Intensität	Orientierung	Qualität
Empfindung	schwach	–	diffus
Bewusstheit	mittel	innen	fokussiert
Aktivierung	hoch	außen	fokussiert
Aktion	hoch	außen	fokussiert
Kontakt	mittel	innen	fokussiert
Lösung	schwach	innen	diffus
Rückzug	schwach	–	diffus

Tab. 6: Die Qualitäten der Aufmerksamkeit im Kontaktzyklus

Zusammenfassend ergibt sich, dass Kontaktgestaltung im Wesentlichen durch bewusstes Wahrnehmen und Handeln erfolgt. Dabei verändert das Bewusstsein seine Gestalt so wie sich das Licht eines Scheinwerfers auf der Bühne verändern kann und zwar einmal fokussiert vs. schweifend, intensiv vs. schwach oder nach innen vs. nach außen (Tabelle 6). Diese gesteuerte und veränderliche Bewusstheit ist Ergebnis und Voraussetzung der Ich-Funktion, welche die Zielbildung und die Bildung der Kontaktgrenze ermöglicht. Bewusste Kontaktgestaltung durch die Ich-Funktion bedeutet also:

- Bewusstsein und Bewusstheit
- Differenzierung von Innen und Außen
- Steuerung der Aufmerksamkeit (nach innen bzw. nach außen)
- Wahrnehmen von systemeigenen Bedürfnissen (Kontakt nach innen)
- Verbinden von Bedürfnissen (Es) und Identität (Persönlichkeit)
- Bildung von Zielen
- Mobilisierung von psychischer Energie
- Bilden der Kontaktgrenze (Selbst)
- Wahrnehmung und Organisation des Feldes
- Beobachtung von Veränderungen der Kontaktgrenze
- Aktion an der Grenze und Kontaktnehmen
- bewusste Assimilation und Integration.

5.6 KONTAKTFORMEN UND KONTEXT

Die Theorie des Kontakts ist *kein* Persönlichkeitsmodell und *keine* Typologie. Sie soll auch vorhandene Persönlichkeits- oder Kommunikations- bzw. Interaktionstheorien nicht ersetzen, obwohl es natürlich einige Parallelen gibt. Da sich die Kontaktformen anhand von prototypischen Verhaltensweisen vor allem auf der Personenebene sehr anschaulich darstellen lassen und aufgrund ihrer Wurzeln in der Psychoanalyse und der Gestalttherapie sowie ihrer Entsprechungen in schon erwähnten Persönlichkeitsstörungen, liegt es nahe, die Kontaktformen als Typologie zu verstehen. Daher soll an dieser Stelle noch einmal sehr deutlich ihr prozesshafter Charakter und die Abhängigkeit ihres Auftretens und ihrer Ausprägung von dem jeweils vorliegenden *Systembedürfnis*, der *Lerngeschichte* des Systems, den *Interaktionspartnern*, den *Situationsqualitäten* (dem Feld) und dem *(sozialen) Kontext* betont werden. Ansatzpunkte der Theorie des Kontakts sind die sehr grundlegenden Prozesse der *Grenzgestaltung, Aufmerksamkeitssteuerung* und des *Prozessierens von Systemreferenzen*, welche in ihrem Zusammenspiel dann spezifische Kontaktformen hervorbringen. Für die noch folgenden empirischen Untersuchungen stellt dieser grundlegende Charakter der Theorie eine große Herausforderung dar, denn diese Konstrukte lassen sich nicht direkt beobachten und daher nur indirekt operationalisieren. Weiterhin muss eine gewisse Bedürfnis,- Situations- und Kontextstabilität angenommen werden, um überhaupt Befragungen oder Beobachtungen zu ermöglichen, obwohl eine Prozesshaftigkeit und Veränderlichkeit der Muster angenommen wird. Die Untersuchung der Kontaktformen kann daher nur gelingen, wenn sie sich auf Kontexte und Situationen bezieht, welche bestimmte Kontaktformen bei Systemen wiederholt induzieren, d. h. wenn man so etwas wie dominante Muster annimmt.

Die Einflussfaktoren Systembedürfnis, Lerngeschichte, Interaktionspartner und Situationsqualitäten wurden bezogen auf das Auftreten der jeweiligen Kontaktform bereits intensiv betrachtet. Der jeweilige (soziale) Kontext hingegen, in dem sich ein System befindet, war jedoch noch nicht Gegenstand ausführlicher Betrachtungen.

Der Kontext bezeichnet (Bateson, 1985) eine „Meta-Mitteilung, die das elementare Signal klassifiziert" und „als einen gemeinsamen Terminus für all jene Ereignisse (…), die dem Organismus mitteilen, unter welcher Menge von Alternativen er seine nächste Wahl treffen muss" (S. 374). Im sozialen Miteinander geht es also um *markierte* Situationen, welche das Verhalten von Personen in der Interaktion ganz wesentlich determinieren. In der Kognitionspsychologie werden solche Kontexte als *Schemata, scripts* oder *frames* bezeichnet (Klix, 1992; Minsky, 1975; Rumelhart & Ortony, 1977; Schank, 1982), welche als prototypische Wissensbestände sowohl Objekte und Ereignisse sowie Zusammenhänge zwischen diesen, als auch das Verhalten der beteiligten Interaktionspartner repräsentieren und damit schließlich auch determinieren. Typische Schemata sind z. B. der Restaurantbesuch, der Arztbesuch, eine Bewerbungssituation, eine Geburtstagsfeier etc. Für all diese Schemata haben Menschen bestimmte Orte, Zeitpunkte, Objekte, Personen und Ereignisse in ihren mentalen Landkarten „gespeichert". Die Schemata wiederum setzen sich aus Einzelereignissen zusammen, die nach bestimmten Bedingungen verknüpft sind: Man muss im Restaurant eben erst an einem Tisch Platz nehmen und kann dann das Essen bestellen (vgl. Bachmann, 1998; Klix, 1992). Gleichzeitig enthalten diese Repräsentationen von sozialen Kontexten in Form von Schemata Erwartungen an die beteiligten Personen, welche sich in einer Vielzahl von impliziten und expliziten Konventionen niederschlagen, welche die Beziehungen zwischen den Interaktionspartnern regeln (Luhmann, 2012). Diese Erwartungsstrukturen lassen sich experimentell nachweisen, indem man beispielsweise Menschen befragt, welche Personen, Gegenstände und Orte etc. zu einem typischen Ereigniskontext gehören und welche konsekutiven Verknüpfungen mit anderen Ereignissen bestehen. Ebenso lassen sich typische Handlungserwartungen an die beteiligten Akteure und Rezipienten experimentell nachweisen (Bachmann, 1998).

Parallel zum eben beschriebenen kognitionspsychologischen Zugang zur Kontextrepräsentation gibt es in der Linguistik die Valenztheorie, welche beschreibt, wie viele und welche Subjekte und Objekte ein Verb in einem Satz an sich „binden" kann und muss und trifft damit implizite Aussagen über Erwartungsstrukturen (Latour, 1985). Die Repräsentation von (Ereignis-)Kontexten im Sinne von voreingestellten Selektionen hilft somit, die doppelte Kontingenz für alle Beteiligten zu reduzieren und machen es damit den Interaktionspartnern leichter, das „passende" Verhalten zu zeigen. Doppelte Kontingenz bezeichnet dabei den Zustand der wechselseitigen Unsicherheit zwischen System und Umwelt (also z. B. anderen Systemen), die zunächst füreinander unbestimmt sind, so lange noch keine Sequenz aus Kommunikation und Anschlusskommunikation stattgefunden hat, die im Wechselspiel aus Information, Mitteilung und Verstehen ermöglicht, erwartbare Muster auszubilden. Sozial erfahrene oder vereinbarte bzw. kulturell tradierte Kontexte prädisponieren demnach Kommunikations- und Interaktionsmuster und helfen uns, uns darin schnell zurechtzufinden, indem sie die Verhaltensmöglichkeiten der Beteiligten einschränken.

Bateson (1985) führt in diesem Zusammenhang den Begriff der Kontextmarkierungen ein. Kontexte können entweder durch räumliche oder zeitliche Parameter (so ist der Hausbesuch eines Arztes offensichtlich eine ernstere Situation, als wenn man selbst noch hingehen kann und der Hausbesuch in der Nacht wahrscheinlich noch einmal eine ernstere Situation als es tagsüber der Fall wäre) oder durch typische Verhaltensweisen, z. B. durch Rituale, durch Gegenstände, Symbole, Kleidung etc. (Arztkoffer, Kittel etc.) markiert werden. So wissen alle Beteiligten sofort innerhalb eines bestimmten Wahrscheinlichkeitsbereichs, was der Fall ist, d. h., was sie an Verhalten erwarten können und was von ihnen erwartet wird. Berühmt ist in diesem Zusammenhang das Gedankenexperiment von Bateson, in dem er überlegt, was es eigentlich war, was bei Pawlows Hund den Speichelfluss beim Ertönen des Glockentons ausgelöst hat. War es der weiße Kittel des Assistenten, das Anlegen des Geschirrs für die Versuchsanordnung oder die Installation der Apparatur zur Messung der Speichelmenge. Was waren die Bedingungen der Konditionierung? Oder andersherum gedacht: Wenn, während der Hund an einem schönen Frühlingstag ausgelassen über die Wiese stobt, die Glocke ertönt, würde sich dann ebenfalls ein erhöhter Speichelfluss einstellen?

Bedürfnisse und Lerngeschichte (hier in Form der Konditionierung), Interaktionspartner, die Situationsqualitäten und schließlich die kontextuelle Rahmung ergeben in ihrem Zusammenspiel das, was wir als Verhalten beobachten können. Kontextmarkierungen können dabei als Trigger verstanden werden, welche bestimmte Verhaltensmöglichkeiten aktivieren und andere inhibieren. Aus diesem Grunde wird in zahlreichen sozialen Situationen – wie weiter oben schon beschrieben – sehr bewusst mit Kontextmarkierungen gearbeitet.

Eng verwandt mit diesem Konzept ist der *Symbolische Interaktionismus* (Mead, 1986) der annimmt, dass die Identität von Menschen vor allem eine soziale ist und Interaktionen durch signifikante generalisierte (vor allem sprachliche) Symbole gekennzeichnet sind.

Für die Kontaktformen wird angenommen, dass diese ebenfalls kontextabhängig sind. Typische Kontexte können entsprechende Kontaktformen induzieren: So ist es wahrscheinlich sinnvoller in einer Bewerbungssituation eher eine konfluente, denn ein normative Kontaktform zu zeigen, wenn man die Stelle haben möchte. Bei einem Vortrag oder einer Präsentation vor einem kritischen Publikum, z. B. auf einem wissenschaftlichen Kongress oder einem wichtigen Projektmeeting, kann die normative Kontaktform vorteilhaft sein, um das Selbst (Sozialdimension) zu schützen und die Sachdimension in den Vordergrund zu rücken. Eine Situation von Verliebtheit und Flirt, welche durch intensive Projektionen gekennzeichnet ist, ist wohl ohne die intentionale Form kaum denkbar, hingegen bedeutende, stark formalisierte, öffentliche Situationen etwa ein Staatsempfang oder eine Beerdigung von retroflexiven Kontaktformen der Beteiligten geprägt sind.

Je nach Kontext kann und sollte ein und dieselbe Person unterschiedliche Kontaktformen wählen. Man kann im beruflichen Kontext als Führungskraft überwiegend die normative Form präferieren, hingegen von derselben Person in der Paarbeziehung eher die konfluente Form gezeigt wird oder auf dem Führungskräfteseminar in der Teilnehmerrolle zusammen mit den Kollegen, die retroflexive Form dominiert. Auch der gegenteilige Fall ist beobachtbar: Manche Personen zeigen in nahezu jedem Kontext dieselbe Kontaktform in unterschiedlichen Ausprägungen. In diesen wahrscheinlich eher selteneren Fällen wurde die jeweilige Kontaktform offensichtlich bereits früh in der Lerngeschichte des Systems durch Introjekte induziert und schließlich in der weiteren Entwicklung als erfolgreich beibehalten bzw. ausgebaut. So ist es denkbar, dass eine Person, die schon sehr früh lernte konfluent im Kontext mit anderen zu agieren und dabei wenig an sich selbst dachte, als sehr angenehm wahrgenommen wird und sich daher großer Beliebtheit in ihrem sozialen Umfeld erfreut. Dieses Muster entwickelt sich zu einer erfolgreichen Strategie in Kindheit und Jugend. Nach der Schulzeit wird es im „Freiwilligen sozialen Jahr" und durch das Studium der Sozialarbeit und schließlich im anschließenden Berufsleben im psycho-sozialen Bereich weiter stabilisiert und gelebt. Der Volksmund spricht dann typischerweise vom „Helfersyndrom".

An diesem Beispiel soll deutlich werden, dass in bestimmten Fällen, nämlich dann, wenn alle wesentlichen sozialen Kontexte einer Person die gleiche Kontaktform stetig induzieren und die betreffende Person diese bevorzugt wählt, die Kontaktformen fester Bestandteil der Persönlichkeit werden können und damit die Ich-Funktion und schließlich die Bildung des Selbst entsprechend beeinflussen. Es sind also nicht nur die jeweiligen sozialen Kontexte, welche zusammen mit dem Systembedürfnis, der Lerngeschichte, den Interaktionspartnern und den Situationsqualitäten die Kontaktformen induzieren, sondern auch die Personen, die sich die entsprechenden Kontexte und Interaktionspartner aussuchen, d. h. bestimmte Kontexte und Personen bevorzugen und andere vermeiden. So können sich Kontaktformen stabilisieren und den Stellenwert von Persönlichkeitseigenschaften bekommen oder vice versa: Persönlichkeitseigenschaften könnten auch als generalisierte Kontaktformen verstanden werden, welche sich im Verlauf der Lerngeschichte einer Person als erfolgreich oder nützlich erwiesen haben und durch die Kontexte, in denen die Person agiert, immer wieder verstärkt werden.

Diese Überlegungen lassen sich auch auf andere Systemtypen wie etwa Teams oder Organisationen übertragen, bei denen die dominante Kontaktform oft schon in der Gründungsidee mit „eingebaut" und durch die Interaktionen mit der Umwelt über die Zeit hinweg immer wieder stabilisiert wird. Beispiele lassen sich hier viele finden: Die schlagkräftige Einsatztruppe (intentional), das Dienstleistungsunternehmen (konfluent) oder die politische Partei (normativ). Der Begriff der Pfadabhängigkeit von Organisationen

(Schreyögg, Sydow & Koch, 2003) beschreibt an dieser Stelle sehr deutlich, dass ein Musterwechsel, aus welchem Impuls heraus auch immer, nicht immer einfach ist. Lellinger und Bachmann (2017) befragten in einer Untersuchung Mitglieder verschiedener Organisationen (Mitarbeiter und Führungskräfte) nach dem wahrgenommenen Kontaktverhalten der Organisation und ihrer Zufriedenheit und Identifikation mit der Organisation sowie deren wahrgenommener Erfolg. In der Studie konnte gezeigt werden, dass sich das Kontaktverhalten von Organisationen durch Personenurteile intern konsistent erfassen lässt, dass Organisationen branchenabhängig ein bestimmtes Kontaktmuster zeigen (z. B. Verwaltung: retroflexiv, Finanzen: normativ, Einzelhandel: konfluent oder Pharma: intentional), dass Organisationen mit zunehmender Größe zu retroflexivem Kontaktverhalten neigen und dass das Organisationsklima durch die mittlere Form, die Identifikation durch die mittlere und die normative und der Organisationserfolg durch die konfluente, die normative und die mittlere Form mit starken Effekten prädiktiert werden können.

6 Kontakt und Systeminteraktion

Bei der Betrachtung von Kontakt zwischen Systemen, also in sozialen Beziehungen, Gruppen, Organisationen etc. oder zwischen diesen, bietet es sich an, das Kommunikationsmodell der Systemtheorie (Luhmann, 1984; Simon, 2006) zu Hilfe zu nehmen. Danach entstehen soziale Systeme durch wechselseitig aufeinander bezogene Prozesse des Wahrnehmens, Mitteilens und Verstehens von Personen. Auf Kommunikationen folgen Anschlusskommunikationen, damit entsteht Sinnfixierung auf der Sach-, Sozial- und Zeitdimension, die wiederum die möglichen Kommunikationen selegiert und schließlich in ihrem Auftreten stabilisiert. Es entsteht ein Kommunikationssystem mit einem typischen Muster. Kommunikationssysteme können sich jedoch in ihrer Funktionsweise und ihrer Qualität deutlich voneinander unterscheiden. Die in ihnen etablierten Muster determinieren, inwieweit für die beteiligten Personen Kontaktnehmen auf Basis des jeweiligen Kommunikationssystems möglich ist. Andererseits sind auch die Muster ebenfalls Produkt des Kontaktverhaltens der Personen, die das Kommunikationssystem betreiben.

Diese Zusammenhänge können beispielsweise an der Kommunikation beobachtet werden, wie sie für zwischenmenschliche Konflikte typisch ist. Simon (2012) beschreibt anschaulich die Systemdynamik des Konflikts, indem er den Konflikt, der zwischen zwei oder mehr Personen besteht, als ein spezielles autopoietisches System betrachtet. Ein Konflikt ist demnach ein Kommunikationssystem, welches sich Personen erschaffen (können). Es entsteht aus der symmetrischen Interaktion (Bateson, 1985) von Personen, die dadurch das Konfliktsystem etablieren und immer wieder verstärken, d. h. mit konflikthaltiger Kommunikation versorgen. Die Autopoiesis des Konfliktsystems beginnt schließlich wie ein Attraktor Konfliktkommunikation an sich zu ziehen, wohingegen andere Kommunikationen nicht mehr vom System aufgenommen werden. Schließlich wird jedwede Kommunikation im Sinne des Konflikts gedeutet, und es ist faktisch egal, was die handelnden Personen tun. Es werden dem anderen generell miese Absichten unterstellt. Ein Konfliktsystem ist also ein spezifisches Kommunikationssystem, welches nach einer ihm eigenen Logik arbeitet und „wächst" und daher den Umwelten, die es betreiben, also den Konfliktparteien erlaubt, nur ein bestimmtes Spektrum an Kommunikationen einzuspeisen. Zu Attraktoren und der ihnen innewohnenden Vervollständigungsdynamik mehr bei Haken und Schiepek (2006). Durch entstehende Sogwirkung dynamisiert sich das System, es sei denn, es wird nicht mehr mit Kommunikation versorgt oder es gelingt, in ihm grundsätzlich andere Kommunikationsmuster zu etablieren.

Letzteres wird bei Mediationsprozessen versucht, in denen schrittweise, strukturiert und sehr mühevoll daran gearbeitet wird, die im Konflikt von den Beteiligten verletzten Bedürfnisse zu thematisieren, wertzuschätzen und Vereinbarungen für den Umgang miteinander zu finden. Konflikte können somit als missglückte Kontaktversuche interpretiert werden. Die Beteiligten behindern sich wechselseitig bei der Kontaktnahme. Auf diese Situation reagiert die Ich-Funktion mit verstärkter Aktivierung und somit auch mit Aktivitäten, den Kontakt zu vollziehen. Bestehende Konflikte zwischen Systemen sind als offene Kontaktzyklen zu verstehen, bei denen die Kontaktnahme der Beteiligten durch konträre Bedürfnislagen blockiert wird bzw. die wechselseitige Nicht-Erfüllung gleicher Bedürfnislagen bei den Beteiligten zu Verrechnungsnotständen geführt hat, insofern, dass jeder glaubt, mehr zu geben als vom anderen zu bekommen. Dementsprechend sind im Konflikt auch typische Kontaktformen der Beteiligten zu beobachten, welche unter diesem Gesichtspunkt später noch untersucht werden.

Kommunikationssysteme, die in Konflikten entstehen, sind extreme Beispiele für das Nicht-Gelingen von Kontakt. Die Beteiligten ringen um die Kontaktnahme. Das Neue jedoch – was es in diesen Fällen auch immer sein mag – ist durch den Konflikt und die sich in Konfliktsituationen bei den handelnden Personen einstellenden, zum Teil massiven Wahrnehmungs- und Erlebensveränderungen kaum noch vorhanden oder wahrnehmbar. Durch das Konfliktsystem kann nur noch Konfliktkommunikation aufgenommen werden, selbst wenn versucht wird, etwas anderes einzuspeisen. Die im Konflikt vorherrschenden wechselseitigen Projektionen verhindern die Wahrnehmung neuer, fremder Muster. Wie muss also ein Kommunikationssystem beschaffen sein, damit Kontakt entsteht? Wie kann ein „Kontaktsystem" beschrieben werden?

Ein Kommunikationssystem, welches den beteiligten Personen befriedigenden Kontakt ermöglicht, muss zunächst von allen Beteiligten mit Kommunikation versorgt werden. Dabei müssen die Kontaktgrenzen so gestaltet sein, dass diese in beide Richtungen durchlässig sind und die Grenze des Kommunikationssystems „berühren". Alle beteiligten Systeme speisen dabei ihre Muster in das Kontaktsystem ein, ohne dieses einseitig zu dominieren und erzeugen dadurch ein neues, gemeinsames Muster. Die von den Beteiligten eingespeisten Kommunikationen erweisen sich als anschlussfähig an die Muster des Kontaktsystems, enthalten aber gleichzeitig auch neue Aspekte, welche von den beteiligten Systemen stammen und deren Bedürfnissen entsprechen bzw. diese artikulieren. Die Muster innerhalb eines Kontaktsystems verfügen also über eine gewisse Stabilität, die sich in einer spezifischen inneren Organisation der stattfindenden Kommunikation äußert. Die beteiligten Systeme sind synchronisiert, was die Sach-, die Sozial- und die

Zeitdimension betrifft und haben daher eine gemeinsame Sinnfixierung. Vor allem auf der Sozialdimension zeigen die beteiligten Systeme wechselseitig an, dass die Kommunikationen eines Systems emotional mit den Anschlusskommunikationen des anderen Systems korrespondieren. Der wichtigste Aspekt ist jedoch, dass im Kontaktprozess alle beteiligten Systeme neue Elemente assimilieren und integrieren und somit lernen, d. h., sich durch die Kontaktnahme verändern. Im Ergebnis des Kontakts haben alle beteiligten Systeme ihr Selbst verändert. Das Selbst aller Beteiligten nach dem Kontakt ist nicht mehr identisch mit dem Selbst vor dem Kontakt und diese Tatsache wird ebenfalls in die Kommunikation des Kontaktsystems eingespeist, Lernen und Veränderung wird für alle Beteiligten wahrnehmbar. Dies bedeutet, dass die Muster eines Kontaktsystems, also seine Organisation, auch veränderbar sind. Dies ist ganz im Sinne von Maturana (2008) zu verstehen, der Autopoiesis als einen Prozess beschreibt, bei dem die innere Organisation eines Systems, also die relationalen Zusammenhänge seiner Elemente bei gleichzeitigem Wachstum und Driften erhalten bleiben.

Kontakt in diesem Sinne bedeutet also, eine kommunikative, strukturelle Koppelung zwischen psychischen Systemen herzustellen und gemeinsam zu driften. Kontaktsysteme erlauben den Beteiligten, zwei oder drei Personen oder einer ganzen Gruppe oder Organisation, sich gemeinsam in Ko-Evolution zu begeben. Alle tragen dazu bei, alle verändern sich und lernen.

Hier ist wichtig anzumerken, dass die Veränderungen aller Beteiligten im Fall von Kontakt bewusste Prozesse auf der Basis entwickelter und autonomer Ich-Funktionen sind. Machtausübung, Manipulation, Anpassung etc. gehören daher nicht zu Veränderungen, die durch Kontakt entstehen. Beispiele für Kontaktsysteme sind daher z. B. ein gutes Gespräch unter Freunden, eine gelungene Beratungs- oder Therapiesitzung, ein intensives Projektmeeting, Teamgeist bei der Lösung einer Aufgabe durch eine Gruppe, ein Tanzpaar, eine Vorstellung im Improvisationstheater, eine Fußballmannschaft, eine lernende Organisation et cetera. Kontaktsysteme können in allen Bereichen des sozialen Lebens entstehen. Ihr Entstehen bedeutet Subsistenz, Sicherheit, Zuwendung, Teilhabe, Verstehen und Identität und wahrscheinlich sind auch Müßiggang und Freiheit ohne Kontakt nicht denkbar. Die fundamentalen menschlichen Bedürfnisse (Max-Neef, 1989) sind also zugleich Triebkräfte für die Suche nach Kontakt und dessen Ergebnis, wenn die Suche dann zur Kontaktnahme führt.

Damit in sozialen Systemen Kontakt entstehen kann, ist selbstreflektiertes Verhalten bei den beteiligten Personen eine wesentliche Voraussetzung. Selbstreflexion nach Luhmann bedeutet zunächst erst einmal, sein eigenes Verhalten beobachten zu können (vgl. Willke, 2006). Dies wird in der Systemtheorie auch als Beobachtung 2. Ordnung beschrieben, im Gegensatz zur

Beobachtung 1. Ordnung, in der das Feld beobachtet wird, beobachtet man in diesem Fall sich selbst handelnd im Feld (Re-Entry). Selbstreflexion bedeutet somit vor allem das eigene Handeln in Bezug auf andere Akteure in die Beobachtung zu nehmen. Für die Entstehung eines Kontaktsystems heißt das, dass alle Beteiligten die Wirkung ihres Verhaltens in Bezug auf die anderen beobachten und steuern, ohne dabei die eigenen Bedürfnisse außer Acht zu lassen. Oder vereinfacht gesprochen: Jeder schaut nach den anderen, jeder achtet auf sich selbst, jeder ist einmal dran. Aus persönlicher Erfahrung sind jedem Menschen Situationen bekannt, in denen die Beteiligten nicht selbstreflexiv handeln: Einer redet und der andere kommt nicht zu Wort. Einer fragt und der andere fragt nie. Einer gibt immer das Thema vor und der andere folgt und so weiter.

Gleichzeitig ist es in solchen kontakterschwerenden Kommunikationssystemen oft unmöglich, genau diese Ungleichgewichte in der Kommunikation zu thematisieren. Mögen einzelne Beteiligte zur Selbstreflexion fähig sein, nützt dies nichts, wenn nicht das gesamte Kommunikationssystem selbstreflexiv ist, also seine eigenen Muster in die Beobachtung nehmen kann und es den beteiligten Systemen möglich ist, über diese Muster zu reden, ohne die Zugehörigkeit zum Kommunikationssystem zu riskieren. Diese Fähigkeit eines Kommunikationssystems, sich selbst in seinem Sein zu thematisieren (Re-Entry), ist wesentliche Voraussetzung für die Veränderbarkeit der Muster und damit für das Systemlernen. Selbstreflexion und Reziprozität sind also wesentliche Zutaten für die Entstehung von Kontakt durch Kommunikation.

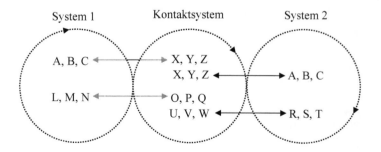

Abb. 34: Zwei Systeme bilden ein Kontaktsystem durch reziproke Kommunikationen in Anlehnung an Bateson (1985)

Interessanterweise lässt sich mit diesen Einsichten ein Gedanke von Bateson (1985) vollenden. Wie schon dargestellt, führen nach Bateson sowohl die symmetrischen als auch die komplementären Interaktionen früher oder später zum Schisma, d. h. zum Beziehungsabbruch. In seinen Forschungen versuchte Bateson herauszufinden, wie interagiert werden muss, damit soziale Systeme dauerhaft bestehen, also durch welche Form der Interaktion das Schisma dauerhaft verhindert wird. Die Antwort liegt nun auf der Hand. Wenn in ein Kommunikationssystem sowohl symmetrische als auch komplementäre Kommunikationen eingespeist werden, spricht Bateson von einer *reziproken Beziehung* und genau dies ist der Fall, wenn es sich um ein Kontaktsystem handelt. Die symmetrische Kommunikation sorgt für die Anschlussfähigkeit, also die strukturelle Koppelung, indem durch sie die Kommunikation übereinstimmender Bedürfnislagen der Beteiligten realisiert wird, und die komplementäre Kommunikation sorgt dafür, dass wechselseitig eigene Muster in das Kommunikationssystem eingebracht werden können.

Die Voraussetzungen für die Entstehung eines „funktionierenden" Kontaktsystems (die mittlere Form) werden im Folgenden noch einmal zusammengefasst:

- Ein Kontaktsystem entsteht aus der Kommunikation zwischen Systemen (Personen, Gruppen etc.).
- Die beteiligten Systeme haben dazu auf Basis ihrer Ich-Funktionen Kontaktgrenzen gebildet, die durchlässig sind.
- Die beteiligten Systeme sind auf der Sach-, der Sozial- und der Zeitdimension synchronisiert.
- Die beteiligten Systeme bringen anschlussfähige Kommunikation in das System ein und nehmen Kommunikation aus dem System auf.
- Die beteiligten Systeme handeln bewusst und selbstreflexiv.
- Die beteiligten Systeme können Kontakt nehmen und lernen bzw. verändern sich durch die Beteiligung am Kontaktsystem.

Ein Kontaktsystem ist daher durch folgende Merkmale gekennzeichnet:

- Es besteht aus Kommunikationen und hat Kommunikationsmuster herausgebildet.
- Die Kommunikationsmuster eines Kontaktsystems sind nicht von einzelnen der beteiligten Systeme etabliert oder werden durch einzelne dominiert, sondern sind das Resultat der Kommunikation aller beteiligten Systeme, d. h. seine Organisation ist mehr als die Summe seiner Teile.
- Die Muster des befriedigenden Kontaktsystems sind durch die beteiligten Systeme beobachtbar und besprechbar, ohne dass es dadurch zu

Irritationen im System kommt. Diese Besprechbarkeit ist Grundlage für die Veränderbarkeit der Muster.
- Ein Kontaktsystem besteht aus symmetrischen und komplementären also reziproken Kommunikationen.
- Durch die Beteiligung am Kontaktsystem können die beteiligten Systeme ihre Bedürfnisse erfüllen, welche gleichzeitig der Anlass sind bzw. waren, sich am Kontaktsystem zu beteiligen.
- Durch die Kontaktprozesse verändern sich im Verlauf der Interaktionen sowohl die beteiligten Systeme als auch das Kontaktsystem selbst, d. h. auf allen Ebenen wird gelernt und entsteht Neues.

6.1 SYMMETRISCHE KOMMUNIKATIONSSYSTEME

Auf Basis der Annahme, dass es vier grundlegende Kontaktformen gibt, welche das Kontaktverhalten eines Systems grundlegend steuern können, ergeben sich vier Formen von symmetrischen Kommunikationssystemen: Das *konfluent*, das *intentional*, das *retroflexiv* und das *normativ* agierende System. Alle vier Formen von Kommunikationssystemen prägen die Kontaktnahme durch die beteiligten psychischen bzw. sozialen Systeme auf spezifische Art und Weise bzw. erschweren diese.

Symmetrische Systeme sind dadurch gekennzeichnet, dass jeweils eine Kontaktform bei allen Beteiligten vorherrscht und das Kommunikationssystem dominiert. Nach Bateson, (1985) herrscht bei den beteiligten Systemen intern die gleiche Bedürfnislage vor, also beispielsweise das Bedürfnis nach Zugehörigkeit, welches die beteiligten Systeme mit Hilfe der Adaptation zu erfüllen suchen. Dabei werden dann vor allem Kommunikationen produziert, die sich als konfluente Kontaktform beschreiben lassen. Durch die fehlenden reziproken Kommunikationen können solche Kommunikationssysteme keine hinreichende Stabilität erlangen. Sie sind vielmehr dazu verdammt, ihre Muster selbstverstärkend immer intensiver zu reproduzieren, um schließlich zu kollabieren bzw. zu zerfallen, von den beteiligten Systemen verlassen zu werden oder ein oder mehrere beteiligte Systeme dazu zu bringen, dem Kommunikationssystem den Rücken zu zukehren. Die zeitliche Perspektive für derartige Prozesse hängt dabei stark davon ab, wie häufig und intensiv das Kommunikationssystem erzeugt wird und welche externen Restriktionen die beteiligten Systeme dazu motiviert oder zwingt, weiterhin dabei zu bleiben. Wenn man nur zweimal im Jahr für zwei oder drei Stunden miteinander zu tun hat, also beispielsweise in den Vorstandsitzungen eines Vereins, können unter Umständen Jahre vergehen, bis sich ein Muster etablieren kann und dieses wiederum soweit eskaliert, dass es zum Schisma kommt. Hingegen es bei einer intensiven Zusammenarbeit im Büro möglicherweise schon nach ein paar Tagen klar sein kann, dass man nicht miteinander zurechtkommt. Weiterhin spielen die externen Restriktionen eine große Rolle: Haben die Beteiligten eine Alternative, das System zu verlassen? Ist man möglicherweise noch anderweitig voneinander abhängig? Weiterhin kann es auch möglich sein, dass eine bestimmte Kontaktform innerhalb eines Kontextes zwangläufig nötig ist und zum Spiel dazugehört, wie beispielsweise in Politik, Medien oder anderen *High Context-Feldern* (Hall, 1976), in denen „Ich-nahes" Verhalten nur eingeschränkt möglich ist. In solchen Feldern wird die dominierende Form, z. B. sich normativ und damit distanziert zu verhalten, von allen dauerhaft genutzt und wechselseitig stabilisiert. Dies hinterlässt schließlich Spuren bei allen Beteiligten und prägt deren Kontaktfähigkeit. Wird dieses Kontaktverhalten dann in anderen Kontexten gezeigt, führt dies zu Irritation und wird als sozial unangemessenes Verhalten empfunden (déformation professionnelle).

6.1.1 Das konfluent agierende System

Wenn alle Beteiligten eines Kommunikationssystems vorwiegend konfluentes Kontaktverhalten zeigen, sind die Kontaktgrenzen der beteiligten Personen und damit die Selbste und die Ich-Funktionen nicht oder nur kaum erkennbar. Perls et al. (1962) nennen diesen Zustand *Loss of Ego function*. Verschmelzung und Zugehörigkeit stehen im Vordergrund. Alle Beteiligten sind bemüht die konfluenten Kommunikationen aller anderen durch konfluente Kommunikation zu beantworten. Das Kommunikationssystem ist durch ein Übermaß an „Bestätigungskommunikation" gekennzeichnet, welche die Unterschiede verwischt, überdeckt bzw. nicht zulässt. Einigkeit, Gleichklang und Nähe können als Systemqualitäten beobachtet werden. Jeder versucht die Muster der anderen zu übernehmen. Dabei werden andere Bedürfnisse als die der Anpassung nicht bewusst bzw. nicht in die Kommunikation eingebracht. Im Kontext von Training und Beratung werden solche sozialen Systeme als Gruppen mit hoher Kohäsion oder als *Cosy-Teams* bezeichnet (van Dick & West, 2005). In diesen Systemen herrscht eine hohe Reflexivität dahingehend vor, dass es allen Beteiligten gut geht, sie Unterstützung erfahren und Konflikte möglichst nicht entstehen bzw. frühzeitig durch Kommunikation auf der Sozialdimension entschärft werden. *Konfluent agierende Systeme* können kaum oder gar nicht zielorientiert handeln, das Streben nach Einigkeit und Zusammenhalt verhindert das Herausbilden von Unterschiedlichkeit, die jedoch in jedem sozialen System gebraucht wird, um Ziele zu bilden und damit handeln zu können. Die konfluente Kontaktform ist am Beginn des Kontaktzyklus lokalisiert, schwächt damit die Erregung ab und führt somit zu einem schwachen Kontakt.

Fallbeispiel
Leitungsteam einer kinderpsychiatrischen Klinik eines großen Krankenhauses bestehend aus dem Chefarzt, einem Oberarzt und einem leitenden Psychologen

Die Klienten suchten die Beratung auf, weil Konflikte, Stress und Überlastung innerhalb ihrer Klinik alle Beteiligten an ihre Grenzen gebracht hatten und dringend Lösungen für Veränderungen gefunden werden mussten. Im ersten Gespräch schilderten sie folgende Situation: Alle ca. 30 Kollegen und Kolleginnen der Klinik stehen unter erheblichem Druck von Seiten der Leitung, die wiederum unter dem Druck der Geschäftsführung des Krankenhauses steht. Die Drohung, dass die Klinik nicht wirtschaftlich genug arbeite und deshalb Stellen abgebaut werden müssen, schwebt wie ein Damoklesschwert über allen und bestimmt das Miteinander im Arbeitsalltag. Die wichtigste Erfolgsgröße ist es, genug „Fälle zu machen". Im Gespräch ergibt sich, dass der Chefarzt allein mehr als die Hälfte aller Fälle selbst behandelt, seine Leitungskollegen und das Team sich demnach die andere Hälfte der Fälle untereinander aufteilt bzw. zuarbeitet. Dies führt zu einer extremen Überlastung des Chefarztes, der kaum Zeit für Führungs- bzw. Managementaufgaben aufbringt, diese aber auch nicht abgeben will oder kann. Meetings fallen ständig aus oder verlaufen ineffektiv, weil der Chefarzt zu spät kommt und niemand vorbereitet ist, vieles bleibt liegen, alle sind von einem dauerhaften schlechten Gewissen geplagt und fühlen sich belastet. Dem wachsenden Druck von der Geschäftsführung versucht man mit der Akquisition und Behandlung von noch mehr Fällen gerecht zu werden, was dazu führt, dass von „oben" noch mehr verlangt wird. Alle in der Beratung aufkeimenden Veränderungsimpulse der Klienten im Sinne einer aktiven Systemgestaltung, also Ziele und Selbstverständnis zu erarbeiten (Goal attainment), die Führungsfunktion der Personalentwicklung und -betreuung auszuüben (Integration) und Kommunikations-, Führungs- und Entscheidungsstrukturen aufzubauen (Latent structure maintenance) verrauschen im Streben nach Anpassung. Keiner der Beteiligten erwies sich als stark genug, gegen dieses Muster wirksam anzutreten, d. h. sich in den Konflikt zu begeben und einen Unterschied zu erzeugen. Man tröstete sich damit, dass es nur vorübergehend so sei, und wenn sich die Situation mit den Fällen stabilisiert hat, alles besser wird... Zitat eines der Beteiligten: „Wir pflegen unsere Defizite."

Betrachten wir diesen Fall, wird deutlich, dass es einem *konfluent agierenden System* nur schwach gelingt, eine Systemgrenze aufzubauen. Alle Umwelteinflüsse können ungefiltert und in unverminderter Intensität in das System gelangen und führen in seinem Inneren zu Druck, Belastung und Konflikten, welche die Beteiligten (im Fallbeispiel die Führungskräfte und Mitarbeiter der Station) durch intensive Beziehungsarbeit immer wieder zu kompensieren suchen. Durch die fehlende Grenze ist das System kaum in der Lage, seine eigenen Bedürfnisse wahrzunehmen und diese als Ziele zu formulieren und in Handlungen umzusetzen. Die Aufmerksamkeit ist nicht fokussiert, Innen und Außen verschwimmen. Das System wird sprichwörtlich von seiner Umwelt, die es unvermindert ausnutzt, aufgerieben, bis die Systemmitglieder erschöpft aufgeben (*Burn Out*), revoltieren (Überlastungsanzeige) oder das System verlassen (Fluktuation). Die fehlende Grenze führt dazu, dass die Systemfunktionen (vor allem die Ich-Funktion) nicht realisiert werden. Ziele werden nicht formuliert, Strukturen nicht gebildet und es kann nicht für die Integration der Mitglieder gesorgt werden. Das System handelt nicht oder nur schwach. Der dauerhafte Anpassungsmodus sichert zwar (vorerst) das Überleben, ermöglicht es jedoch nicht, gestaltende, zukunftsgerichtete Impulse auszuprägen.

Konfluent agierende Systeme sind jedoch nicht nur problematisch, sondern, ganz im Gegenteil, wichtig und bedeutsam, damit sich soziale Systeme anpassen können bzw. für ihre Mitglieder Zugehörigkeit und Verschmelzung ermöglicht wird. Verliebte Pärchen, langfristige Beziehungen, harmonische Familien, innige und herzliche Arbeitsteams, anpassungsfähige Organisationen ermöglichen strukturelle Koppelung und damit Zusammenhalt nach innen und Anpassung nach außen. Ein gewisses Maß an „Grundkonfluenz" ist demnach in jedem System nötig, bleibt sie jedoch die dominierende Form, erschwert sie die Kontaktnahme des jeweiligen Systems.

6.1.2 Das intentional agierende System

Kommunikationssysteme in denen die intentionale Kontaktform vorherrscht, sind durch Aktivität und Emotionalität gekennzeichnet. Entweder sind die beteiligten Personen stark emotionalisiert oder das ganze System handelt emotional. Im Kontaktzyklus der Interaktionen entsteht diese Form an der Stelle, an der ein System Energie aktiviert, um diese nach außen zu richten, das Feld zu organisieren und Ziele zu bilden. Die dabei entstehende Energie kann entweder eine positive oder negative Ausrichtung haben, es kann also entweder um „Liebe und Verliebtheit" oder um „Kampf und Konflikt" gehen. Das Sprichwort „Liebe und Hass liegen nahe beieinander" illustriert die zugrunde liegenden Prozesse: Projektionen aller Beteiligten beherrschen das Kommunikationssystem. Das können sowohl die schwärmerischen, sehnsüchtigen und romantischen Projektionen im Zustand des Verliebtseins als auch die paranoiden, angsterfüllten oder zerstörerischen Projektionen im Zustand des Konfliktes sein. In beiden Fällen ist gelingender

Kontakt nur schwer möglich. Jeder der Beteiligten sieht vor allem seine eigenen Muster, mit denen er oder sie den anderen überblendet. Bei allen Beteiligten liegt auch hier wiederum die gleiche Bedürfnislage vor. Die starke damit verbundene Emotionalität, die „Ausweitung der Kampfzone" (Houellebecq, 1994), also die Ausdehnung oder das Überschreiten der Kontaktgrenze, sorgen dafür, dass das Agieren eines *intentional-agierenden Systems* als energetisch und übergriffig erlebt wird.

Fallbeispiel
Mittelständisches Unternehmen mit ca. 2000 Mitarbeitern und Mitarbeiterinnen aus der IT- und Sicherheitsbranche

In der Beratung mit zwei Personen aus dem oberen Management zum Thema Unternehmenskultur ergab sich folgendes Bild ihres Unternehmens: Das Unternehmen ist von einer sehr negativen und belastenden Unternehmenskultur geprägt. Das Miteinander wird als wenig tolerant, kaum wertschätzend und stark schuldzuweisend beschrieben. Konflikte eskalieren häufig und intensiv über viele Hierarchieebenen hinweg. Wenn Fehler passieren, wird nach Schuldigen gesucht bzw. Schuldzuweisungen werden hin und her geschoben. Dabei steht die Angst, einen Fehler zu machen, d. h. etwas nicht perfekt zu machen, über allem und bestimmt das kollektive Handeln. Diese Angst vor Fehlern hat bei den Mitarbeitern und Führungskräften zum Teil zu einer Rückzugsstrategie geführt. Verantwortung zu übernehmen oder Initiative zu zeigen wird vermieden, stattdessen beharrt man auf Regularien und verschiebt die Verantwortung stetig auf die nächst höhere Hierarchieebene. Andere versuchen sich durch Schuldzuweisungen und starke Reaktionsbildungen zu wehren. Die Führungskräfte nehmen ihre Rollen nur teilweise oder kaum professionell wahr, ziehen sich eher in die Sacharbeit zurück und vermeiden es, Verantwortung zu übernehmen und Entscheidungen zu treffen. Bei genauerer Analyse stellt sich heraus, dass das Unternehmen zu mehr als 70% von einem Hauptkunden abhängig ist, einem Ministerium mit vorwiegend Sicherheitsaufgaben. Die Auftraggeber dort agieren mit der Geschäftsführung des Unternehmens und mit andern Mitarbeitern und Führungskräften permanent fordernd und schuldzuweisend. Kleinste Fehler werden umgehend eskaliert, ständig werden neue Anforderungen gestellt, die oft weit über das vertraglich Vereinbarte hinausgehen. Dem Unternehmen und seinen Mitarbeitern wird dabei dauerhaft suggeriert, den Anforderungen nicht gewachsen zu sein. Andererseits versuchen die Mitarbeiter und das Management stets vorauszuahnen, was der Hauptkunde wohl erwartet und versuchen in vorauseilendem Gehorsam, dessen Wünsche zu erfüllen, was die Spirale der wechselseitigen Projektion weiter nach oben schraubt.

Das kollektive Projizieren wie in dem vorangegangenen Fallbeispiel hat im Verlauf der Jahre dazu geführt, dass alle Beteiligten glauben, dass die Welt so ist und so sein muss, wie sie von ihnen wahrgenommen wird. Die Projektionen und das gemeinsame Handeln, welches durch die Projektionen geleitet ist, haben zu einer Wirklichkeitskonstruktion geführt, die sich dadurch permanent stabilisiert, weil sie entsprechend korrespondierende Kontaktformen in der Umwelt induziert, welche wiederum die Projektionen im Sinne selbsterfüllender Prophezeiungen stabilisieren. Daraus ergibt sich sowohl für das System des Unternehmens, dass es schwer ist, mit der Umwelt, also mit Kunden oder Zulieferern, in Kontakt zu kommen, als auch für seine Mitglieder, also die Subsysteme und Personen, kontaktvoll zu agieren. Gerade auf der Personenebene zwingt die kollektive Projektion den Einzelnen in andere komplementäre Kontaktformen, nämlich dazu, in der konfluenten oder in der retroflexiven Form zu reagieren. Dazu später mehr.

Auch für *intentional agierende Systeme* gilt, dass die Projektion durch ein System eine wichtige und nützliche Systemfunktion (Goal Attainment) ist, wenn sie nicht alle Kontaktmomente dominiert. Ziele in die Welt zu bringen und Zielzustände bzw. Wünschenswertes zu projizieren, ist der Motor allen Handelns. Dass dabei gerade eigene Defizite besonders gerne Gegenstand der Projektion auf andere sind, liegt in der Natur der Sache.

6.1.3 Das retroflexiv agierende System

Ein System, welches den Rückzug als dominierende Form entwickelt hat, zeichnet sich zunächst einmal dadurch aus, dass es wenig oder nur schwache Aktionen produziert. Die beteiligten Systeme haben ihre Kontaktgrenzen gefestigt und steuern zu dem System nur wenig Kommunikation bei. Als Kommunikationssystem mit typischem Muster, welches durch symmetrische Kontaktformen der Beteiligten entsteht, hat das zurückgezogen-retroflexive System nur eine geringe Bedeutung, weil es praktisch nicht existiert, denn wenn niemand relevante Kommunikation beisteuert, kann auch kein Muster entstehen. Allerdings gibt es bedeutsame Zusammenhänge, in denen zwei oder mehr Individuen an einem Kommunikationssystem teilnehmen (müssen), jedoch nichts von sich preisgeben, d. h. alles Wesentliche zurückhalten und mit sich selbst hinter zurückgezogener Kontaktgrenze prozessieren bzw. das Kommunikationssystem mit Belanglosigkeit versorgen (Deflektion).

Fallbeispiel
Workshop mit der IT-Abteilung eines großen Forschungsinstituts im Rahmen eines Beratungsprojekts
Zum Beratungstermin erschienen etwa 20 Mitarbeiter und Mitarbeiterinnen und die Führungskraft für einen eintägigen Workshop, bei dem es darum

ging, die interne Zusammenarbeit zu verbessern. Schon von Beginn an waren die Teilnehmenden sehr zurückhaltend, aber höflich. Die Einstiegsrunde verlief recht inhaltsleer. Kaum jemand, mit Ausnahme der Teamleitung, sprach Erwartungen oder Themen für den Workshop an. Mit Formulierungen wie „Ich bin für alles offen" oder „Man kann bei solchen Veranstaltungen immer etwas lernen" versuchten die Teilnehmer und Teilnehmerinnen dem Aufmerksamkeitsfokus zu entkommen. Bei der anschließenden Themensammlung mit Moderationskarten wurden nur sehr wenige, konkrete Punkte benannt, die sich vor allem auf die Außenbezüge richteten, nämlich die Nachbarabteilung, mit der die Zusammenarbeit schwierig war. Auf die von der Teamleitung eingebrachten Themen der internen Zusammenarbeit wurde nur schleppend eingegangen, und es wurden kaum Ideen eingebracht. Energie kam nur dann auf, wenn man sich mit der Nachbarabteilung auseinandersetzte. Dann redeten alle durcheinander und forderten Aktivitäten von Seiten der Führungskraft. Mit den Ergebnissen aus einer anschließenden Kleingruppenarbeit wurde dann mit viel Mühe ein Maßnahmenplan mit Hilfe des Moderators erstellt, der einige brauchbare und erfolgversprechende Punkte für die gesamte Abteilung enthielt. Ein Kommentar dazu in der Abschlussrunde lautete „Da haben wir ja jetzt ganz schön was zu tun." Beim nächsten Treffen acht Wochen später war nicht eine der Maßnahmen auch nur ansatzweise umgesetzt.

Andere Beispiele für *retroflexiv agierende Systeme* sind die Patienten beim Arzt im Wartezimmer, manche Seminare an der Uni oder die Mitarbeiter eines Unternehmens, die unfreiwillig an einer Weiterbildungsmaßnahme teilnehmen müssen. Auch das wöchentliche Meeting beim „Chef", in dem keiner von sich aus etwas sagt bzw. das „von oben" verordnete Teamentwicklungsseminar - wie im Fallbeispiel geschildert - gehören dazu. Bedingt durch die Tatsache, dass kaum relevante Kommunikation im Raum ist, prägen solche Systeme kaum typische Muster aus und sind daher schwer zu fassen. Die retroflexiv-verschlossene Form verhindert die Aktion und hat damit die Funktion, nichts Neues in das System zu lassen und alles bereits darin Vorhandene zusammenzuhalten. Das Selbst agiert zurückgezogen, nach innen gerichtet und schützt sich mit passivem Widerstand vor Verletzungen (Überkompensation der Integrationsfunktion). Alle Beteiligten haben in dieser Situation das gleiche Bedürfnis, welche sie durch den Rückzug nach innen zu erfüllen suchen.

6.1.4 Das normativ agierende System
Die Beteiligten an Systemen, in denen entweder Geld, Macht oder Wahrheit bzw. alle drei die wichtigsten generalisierten Steuerungsmedien sind (Luhmann, 1984) haben häufig normatives Verhalten als Kontaktform entwickelt.

Dabei sind die Kontaktgrenzen der Beteiligten zurückgezogen. Man schützt sich vor ungewollten Impulsen, indem das Neue frühzeitig bewertet oder abgewertet wird, so dass es nur noch stark abgeschwächt integriert wird und sich dadurch das Selbst nicht zu stark verändert. Die Sachdimension steht bei der Kommunikation im Vordergrund, auf die Sozialdimension wird nicht oder nur abfällig referiert. Dadurch gibt es wenig Zusammenhalt. Die Kommunikationsmuster sind kühl, distanziert, sachorientiert, kontrollierend und orientieren sich an der Expertise einzelner Beteiligter. In solchen Systemen ist es gefährlich, Schwächen oder Unvermögen zu zeigen. Status, Macht, Kontrolle und Expertise dominieren die Kommunikationsmuster. Alle Beteiligten vermeiden es, sich auf den anderen als Person einzulassen, es wird um die Sache gestritten, vor allem darum, was wahr ist und was nicht. Dieses Muster wird auch im Außenkontakt gezeigt. Das normativ-distanzierte Kommunikationssystem agiert nach außen entsprechend, indem es die Deutungshoheit für sich beansprucht, steuert und kontrolliert und sich dabei wenig bis kaum merklich in seinem Wesen zeigt. Solche Systeme trifft man häufig in der Politik, in Managementetagen, Expertengremien usw. an.

Fallbeispiel
Leitbildprojekt mit einem mittelständischen Internetunternehmen mit ca. 300 Mitarbeitern und Mitarbeiterinnen

Das Projekt wurde vom Gründer und Inhaber des Unternehmens ins Leben gerufen, um die Führungskräfte und Mitarbeiter und Mitarbeiterinnen an der Neuausrichtig des Unternehmens zu beteiligen und die Unternehmenskultur zu entwickeln. Wie die meisten schnell gewachsenen Firmen dieser Branche waren die Organisationsstrukturen sowie wichtige Systemfunktionen wie Führung, Personal, Information und Kommunikation noch nicht weit entwickelt. Es gab zwar bereits zwei Fremdmanager im Vorstand, jedoch hatte der Gründer weiterhin alle Fäden in der Hand und mischte sich tief in die Sacharbeit ein. Die Mitarbeiter und Mitarbeiterinnen wurden schlecht bezahlt, viele arbeiteten mit Zeitverträgen und es gab unzählige Praktikanten und Praktikantinnen. Oberflächlich schien die Kommunikationskultur freundlich und modern zu sein, unterschwellig war jedoch schnell zu erkennen, dass das Unternehmen und seine Mitarbeiter und Mitarbeiterinnen von der Angst, Schwäche zu zeigen und bloßgestellt zu werden, dominiert war. Die Unternehmenskultur wurde von den Softwareentwicklern geprägt, zu denen auch der Gründer und Inhaber einst gehörte: In Projektmeetings verlor man sich bei Diskussionen in Einzelheiten, es wurde darum gestritten, was richtig und was falsch ist und es wurden ideologische Gräben sichtbar, welche die Anhänger unterschiedlicher Entwicklungsumgebungen oder Betriebssysteme voneinander trennten. Etwas zuzugeben, dem anderen

Recht zu geben oder sich auf etwas Neues einzulassen, war praktisch nicht möglich. Es wurde abgewertet, herumgefrotzelt, hintertrieben oder schlichtweg nicht reagiert, wenn jemand eine Anfrage hatte oder Hilfe brauchte. Dieses Verhalten wurde sowohl intern als auch gegenüber dem externen Berater gezeigt. Impulse und Arbeitsvorschläge des Beraters wurden hinterfragt bzw. in Frage gestellt, was den Berater in eine permanente Prüfsituation brachte und gleichzeitig beraterisch unwirksam machte. Das Projekt wurde schließlich nach erfolglosen Klärungsversuchen mit dem Auftraggeber und Inhaber von Seiten des Beraters abgebrochen. Interessanterweise gab es über den gesamten Projektverlauf immer wieder intensive und kontaktvolle Interaktionen mit einzelnen Personen außerhalb des „offiziellen" Kontextes, die sich zwar vorsichtig, aber deutlich über die vorherrschende Kultur und die damit verbundenen persönlichen Probleme in ihrem Unternehmen äußerten.

An diesem Fallbeispiel wird besonders gut deutlich, wie schwierig es ist, in und mit *normativ agierenden Systemen* zu agieren, weil sie anderen Systemen kaum Möglichkeiten zum Ankoppeln bieten. Die nur schwer zu erreichende Kontaktgrenze erschwert die Sinnproduktion auf der Sozialdimension und damit das Entstehen eines Kontaktsystems. Trotzdem alle Beteiligten die gleiche Bedürfnislage haben, nämlich verstanden zu werden und Anerkennung zu bekommen, bleibt dieser Wunsch, bedingt durch die vorherrschende Kontaktform, letztendlich allen verwehrt. Die Bewahrung der Persönlichkeit, also der internen Strukturen, steht bei allen Beteiligten im Vordergrund und behindert das Lernen (Überkompensation der Funktion Latent Pattern Maintenance).

Auf der Personenebene wird die Extremausprägung der normativen Form durch die sogenannte „Dunkle Triade" beschrieben (vgl. Jonason & Webster, 2012; Webster & Jonason 2013). Die Autoren beschreiben darin ein Persönlichkeitskonstrukt, welches die drei Eigenschaften Narzissmus, Machiavellismus und Psychopathie vereint. All diesen Eigenschaften ist gemeinsam, dass sie dazu verleiten, das eigene Wohl über das der anderen zu stellen und diese in eine untergeordnete, komplementäre Position zu zwingen. Dies passiert auf Basis folgender Grundmuster: „Die anderen sind dazu da, mich zu bewundern" (Narzissmus), „Beziehungsgestaltung, um eigene Ziele zu erreichen" oder „Der Zweck heiligt die Mittel" (Machiavellismus) und „Der andere als Objekt" (Psychopathie). Bei der Beschreibung der dunklen Triade geht es nicht um klinisch relevante Persönlichkeitsstörungen, sondern um Verhaltensweisen von Menschen im täglichen Umgang. Die dunkle Triade wird dabei als (Fehl-)Anpassung an bestimmte soziale Systeme gesehen, andererseits sind diese Eigenschaften auch in bestimmten sozialen Systemen von Vorteil, um Erfolg zu haben und man findet Personen mit diesen Eigenschaften dort vermehrt vor. Die Eigenschaften der dunklen Triade referieren dabei auf die der Kontaktunterbrechung „Egotismus" aus der Gestalttherapie zugrundeliegenden Eigenheiten der Kontaktgestaltung. Der Schutz des Selbst und die nur vorsichtige Integration des Neuen korrespondiert mit dem Narzissmus, durch den das Selbst immer wieder Bestätigung erfährt und sich nicht verändert. Das Agieren aus der Distanz und die Kontrolle sind das Pendant zum Machiavellismus und das Sich-nicht-einlassen-können und die damit verbundenen Abwertungen des Sozialen spiegeln sich in dem Konstrukt der Psychopathie.

6.2 KOMPLEMENTÄRE KOMMUNIKATIONSSYSTEME

Komplementäre Kommunikationssysteme entstehen dadurch, dass die an ihnen beteiligten Systeme jeweils unterschiedliche Bedürfnislagen auf derselben Sinndimension haben und diese wiederum mit entgegensetzten zueinander passenden Kommunikationsmustern auf eben dieser Sinndimension zum Ausdruck bringen. Auch komplementäre Kommunikation führt laut Bateson (1985) zwangsläufig irgendwann zum Beziehungsbruch, da sich die Muster und die damit verbundenen Rollen stetig verstärken und verbindende symmetrische Kommunikation fehlt. Komplementäre Kommunikationssysteme entstehen, indem einer oder mehrere der Beteiligten einen oder mehrere andere Beteiligte in ein komplementäres Muster zwingt bzw. dazu einlädt und diese Einladung kommunikativ angenommen wird.

Auch komplementäre Kommunikationssysteme erschweren den Beteiligten die Kontaktnahme, denn sie dienen mehr der Aufrechterhaltung von Mustern, Strukturen und Systemgrenzen, denn der Entwicklung und Veränderung der Beteiligten. Unabhängig von Kontakt können innerhalb solcher Systeme natürlich Handlungen entstehen oder Taten vollbracht werden bzw. die Systeme selbst können Handlungen produzieren. Befriedigender oder gelungener Kontakt, wie er auf den vorangegangenen Seiten beschrieben wurde, kann jedoch nicht oder nur teilweise entstehen, da die Kontaktgrenzen entweder nicht vorhanden, stark ausgeweitet, zurückgezogen oder geschlossen sind und sich nicht mit den Kontaktgrenzen der anderen beteiligten Systeme berühren.

Aus der Kombinatorik der vier Kontaktformen ergeben sich sechs komplementäre Kommunikationssysteme, die im Folgenden betrachtet werden: konfluent-intentional, intentional-retroflexiv, retroflexiv-normativ, konfluent-retroflexiv, intentional-normativ und konfluent- normativ (Abbildung 35).

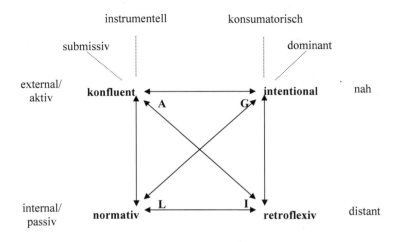

Abb. 35: Die sechs komplementären Interaktionsbeziehungen und ihre funktionalen Qualitäten (eigene Darstellung)

Bei Betrachtung der Kombinationen der Kontaktformen in der Anordnung des AGIL-Schemas zeigt sich, dass die Kontaktformen, wenn sie in einem Kommunikationssystem aufeinandertreffen, sowohl übereinstimmende als auch unterschiedliche funktionale Qualitäten haben (siehe Abbildung 32). Nach Parsons (1951) können die Systemfunktionen hinsichtlich externer bzw. interner Wirkrichtung und nach instrumenteller bzw. konsumatorischer Funktion unterschieden werden. Nach Scholl (2013) und zahlreichen anderen Autoren, deren Arbeiten in sein Modell des sozio-emotionalen Apriori einfließen, kann weiterhin zwischen dominantem bzw. submissivem und zwischen nähesuchendem bzw. distantem Kontaktverhalten unterschieden werden. Parsons Modell beschreibt Funktionen, was bedeutet, dass die Zuordnung der Kontaktformen zu den Systemfunktionen Rückschlüsse über die Bedürfnislage des jeweiligen Systems zulässt. Das sozio-emotionale Apriori beschreibt soziale Wahrnehmung und Interaktionsstile, also das, was passiert, wenn Systeme ein Kommunikationssystem gründen, sich also Wahrnehmung und Verhalten aufeinander beziehen und miteinander wechselwirken. Wendet man die beiden Modelle an, haben die komplementären Kommunikationssysteme danach jeweils übereinstimmende und entgegengesetzte Qualitäten, bedingt durch die unterschiedlichen Kontaktformen, die dabei aufeinander treffen. Diese jeweilige Kombination aus gleichen und entgegengesetzten Qualitäten macht dann jeweils die spezifische Dynamik jedes einzelnen komplementären Systems aus und ermöglicht gleichzeitig eine gezielte Beeinflussung zur Veränderung, sei es von außen oder durch eines der beteiligten Systeme. Hinzu kommt, dass sich die beteiligten Systeme mit unterschiedlichen Kontaktformen hinsichtlich ihrer (versuchten) Kontaktnahme jeweils an sehr unterschiedlichen Phasen im Kontaktzyklus befinden. Diese Phasenverschiebungen hat auch Nevis (1998) betrachtet. Sie bedeuten, dass die Beteiligten sowohl in unterschiedlichem Tempo, mit unterschiedlichen Energieniveaus und jeweils anders gesetztem Aufmerksamkeitsfokus an der Interaktion mitwirken. Vor allem bezogen auf den Austausch an der Systemgrenze bedeutet dies, dass bei komplementären Systemen ein System immer mehr am Anfang eines möglichen Kontaktzyklus agiert, hingegen das komplementär agierende System sich am Ende des Zyklus befindet. Damit ist ein System immer mehr „gebend" bzw. agierend und das andere eher „nehmend" bzw. reagierend oder konsumierend. Komplementäre Kommunikationssysteme wirken sich somit immer auch negativ auf die „Energiehaushalte" der „gebenden" Systeme aus, insofern, dass die Gefahr besteht, sich zu verausgaben, da in einem komplementären Kommunikationssystem die ungleiche Verteilung von Geben und Nehmen ein Aufnehmen von Neuem in Form von Energie oder Information für zumindest eines der beteiligten Systeme kaum möglich ist. Dies trifft am stärksten auf die konfluente Form zu, die ganz am Anfang des Kontaktzyklus lokalisiert ist, aber auch Systeme, die dauerhaft intentional agieren, sind wohl von dieser Gefahr nicht ausgenommen.

6.2.1 Fallbeispiel: konfluent vs. intentional

Altenpflegeheim mit Angehörigenpflege
Das Konzept dieser Einrichtung für demente alte Menschen sieht vor, dass sich die Angehörigen der Heimbewohner aktiv an der Pflege beteiligen. Damit soll eine bessere Betreuung der alten Menschen durch vertraute Personen sowie eine bessere Zusammenarbeit zwischen Pflegeeinrichtung und Angehörigen erreicht werden. Gleichzeitig könnte der hohe wirtschaftliche Druck auf Seiten der Pflegeeinrichtung, der sich vor allem durch Personalmangel bemerkbar macht, mit diesem Konzept etwas gemindert werden. Die Angehörigen haben jederzeit freien Zugang und können bei allen Aktivitäten, also Körperpflege, Essen, Freizeit usw. dabei sein und mitwirken. Soweit die Theorie. In der Praxis dieser Einrichtung kommt es seit Jahren immer wieder zu heftigen und langanhaltenden Konflikten zwischen den Angehörigen der Bewohner in den Wohngruppen und dem Pflegepersonal der Einrichtung. Die Angehörigen beklagen die unterschiedliche Betreuung ihrer Verwandten, mischen sich in die Pflegeprozesse ein, die aus ihrer Sicht nicht gut

genug sind und versuchen Bevorzugungen zu erreichen. Dadurch kommt es zur Störung von Abläufen und ständigen Konfliktsituationen. Dem Pflegepersonal - dauerhaft unter hohem zeitlichem und wirtschaftlichem Druck - fällt es dadurch schwer, seine Arbeit zu verrichten. Die Mitarbeiter und Mitarbeiterinnen arbeiten ständig unter der Beobachtung der Angehörigen und müssen sich deren Kritik aussetzen. Oft kommt es zu offenen Auseinandersetzungen im Beisein der Bewohner. Versuche, die Anwesenheit der Angehörigen zeitlich bzw. räumlich einzuschränken wurden von Seiten der Geschäftsführung mit Hinweis auf das Dienstleistungsverständnis und die Kundenorientierung abgelehnt. Die Fluktuation innerhalb des Pflegepersonals ist hoch, kaum eine Kollegin oder Kollege hält es in dieser Einrichtung länger als ein oder zwei Jahre aus.

Bei der systemischen Betrachtung dieser Organisation lassen sich das System der pflegenden Angehörigen und das System der professionellen Pflegekräfte unterscheiden. Beide sozialen Systeme agieren in diesem Fall mit spezifischen Kontaktformen, die sich aus ihren Bedürfnissen bzw. aus den organisationalen Rahmenbedingungen ergeben. Die Pflegekräfte sind dazu angehalten, in der konfluenten Form zu agieren. Anpassung des Systems an die schwierige wirtschaftliche Situation durch submissive Dienstleistungsmentalität wird von der Geschäftsführung verlangt. Die Aufmerksamkeit und damit das Verhalten wird nach außen auf die pflegenden Angehörigen gerichtet. Die eigenen Bedürfnisse sind zwar allen Mitarbeitern und Mitarbeiterinnen individuell klar, können aber nicht in die Kommunikation des sozialen Systems der Pflegeeinrichtung eingebracht werden. Die mit der permanenten Anpassung verbundene Aktivität führt zu Verausgabung und Erschöpfung.

Passend hierzu die Kontaktform der Angehörigen. Sie erleben eine Pflegeeinrichtung mit knappen Ressourcen und nicht ausreichendem und überarbeitetem Personal, in welche sie ihre Angehörigen gebracht haben. Das schlechte Gewissen, den eigenen Vater oder die eigene Mutter in ein Heim zu geben und nicht selbst zu versorgen, verstärkt die ohnehin schon negativen gesellschaftlich geteilten Projektionen über Pflegeeinrichtungen noch zusätzlich und führt zu einem grenzüberschreitenden, übergriffigen und vereinnahmenden Verhalten und damit zu zahlreichen schwierigen Situationen und Konflikten, die sich zirkulär verstärken. Die Pflegekräfte können ihre Arbeit nicht mehr so gut machen, die Angehörigen sehen sich in ihren Projektionen bestätigt, was sie veranlasst noch mehr zu projizieren, worauf die Pflegekräfte wiederum mit Unterwerfung und inkompetent wirkendem Verhalten reagieren.

Merkmal	konfluent	vs.	intentional
Bedürfnis	Anpassung	↔	Zielerreichung
Wirkrichtungen	instrumentell, external	↔	konsumatorisch, external
Kontaktgrenze	aufgelöst	↔	erweitert
Interaktion	nah, submissiv	↔	dominant, nah
Kommunikationsstil	Beschwichtigen	↔	Anklagen
Referenz	Fremdreferenz	↔	Selbstreferenz

Tab. 7: Merkmale von konfluenten vs. intentionalen Kontaktformen in einem komplementären Kommunikationssystem

Im Gegensatz zu einem symmetrischen System arbeiten sich hier die beteiligten Systeme im Zeitverlauf der Interaktionen immer tiefer in ihre Rollen hinein. Die Beteiligten des *konfluent agierenden Systems* werden immer hilfloser und inkompetenter bis schließlich einzelne Personen das System verlassen oder ausgebrannt sind. Die Beteiligten des *intentional agierenden Systems* befinden sich im dauerhaften Konfliktmodus, der ihre Wirklichkeitskonstruktionen zunehmend verstärkt und Kontakt kaum mehr ermöglicht. Auch sie sind gezwungen, das System irgendwann zu verlassen und beispielsweise ihre Angehörigen in einer anderen Einrichtung unterzubringen. Die sich wechselseitig stabilisierenden Muster des Prozessierens von Fremdreferenz durch das konfluent agierende System und des Prozessierens von Selbstreferenz durch das intentional agierende System sind verantwortlich für die selbstverstärkenden Prozesse dieses Typs von Kommunikationssystemen. Beide passen in dieser Beziehung wie Schloss und Schlüssel zusammen, weil beide das Ziel haben, jeweils genau die andere Referenz zu prozessieren, aber nicht bemerken, dass sie genau das Gegenteil davon tun. Beispiele für solche Systeme in denen sich die konfluente und die intentionale Form treffen und auf typische Art und Weise miteinander agieren, sind zahlreich in allen Organisationen zu finden, die extrem abhängig von ihren Kunden sind und gleichzeitig nur schwach ausgeprägte Systemgrenzen haben. Dazu gehören Pflegeeinrichtungen, Krankenhäuser, Schulen, Hotels und Tourismuseinrichtungen, Gastronomie, Einzelhandel u. a., also Organisationen, die im weitesten Sinne Serviceleistungen an Menschen erbringen und in denen die „Kunden" sich räumlich dauerhaft innerhalb der Systemgrenzen aufhalten. Die Merkmale der Kontaktformen in den beschriebenen Kommunikationssystemen sind in Tabelle 7 noch einmal gegenübergestellt.

6.2.2 Fallbeispiel: intentional vs. retroflexiv

Städtischer Bauprojektträger mit 60 Mitarbeitern und Mitarbeiterinnen
Der Auftrag an den Berater bestand darin, herauszufinden, warum die Führungskräfte des Unternehmens aus der Sicht der Personalverantwortlichen ihre Rollen nicht wahrnehmen. Die Personalverantwortliche beschrieb die Führungskräfte als Personen, die sich in die Sacharbeit flüchteten, kaum Verantwortung übernahmen und sich der tragenden Bedeutung ihrer Rollen für das Unternehmen nicht bewusst zu sein schienen. Entscheidungen wurden über die Hierarchieebenen hinweg nach oben delegiert, kaum jemand stand offen zu seiner oder ihrer Rolle als Führungskraft. Dies machte sich auch in der Außenwirkung bemerkbar: Die Führungskräfte waren weder in der Kleidung noch in ihrem Auftreten oder ihrer Kommunikation von den Mitarbeitern zu unterscheiden.

In einem Workshop mit Führungskräften unterschiedlicher Ebenen des Unternehmens starteten etliche der Anwesenden die Einstiegsrunde mit Äußerungen wie „... bin ich in die Rolle des Chefs gerutscht", „einer muss es ja machen" oder "ich koordinier' das hier mal so". Im weiteren Verlauf wurde die kaum wertschätzende und wenig fehlertolerante Organisationskultur des Unternehmens deutlich. Alle hatten Angst vor dem Geschäftsführer, dessen anklagende und schuldzuweisende Art die gesamte Organisation in Lähmung versetzte. Alle fühlten sich permanent schuldig, wenn etwas nicht gut lief und standen unter Verdacht, Fehler gemacht zu haben. Der Geschäftsführer hatte weiterhin die Angewohnheit viele, aber nicht alle Mitarbeiter und Mitarbeiterinnen des Unternehmens, auch gegen ihren Willen zu duzen und so mit seiner kumpelhaften Art Grenzen zu überschreiten und den betroffenen Mitarbeitern dabei kaum Aktionsradius für die eigene Abgrenzung zu lassen. Hinzu kam, dass der Geschäftsführer glaubte, die meisten Dinge besser zu können als seine Mitarbeiter oder Führungskräfte und sich aus diesem Glauben heraus kräftig in das Tagesgeschäft einmischte.

Das vorangegangene Fallbeispiel zeigt die Interaktion zwischen zwei Systemen, bei denen eines die intentionale und das andere, wohl als Reaktion darauf, die retroflexive Kontaktform entwickelt hat. Die beiden konsumatorischen Funktionen behindern sich hier jedoch gegenseitig, weil das intentional agierende System, nämlich die Geschäftsführung, das retroflexiv agierende System, nämlich die Führungskräfte, in seinen Handlungen hemmt. Die komplementäre Dynamik besteht aus dem external ausgerichteten, nähesuchenden und dominanten Verhalten des intentional agierenden Systems, welches auf das internal ausgerichtete, distanzsuchende und submissive Verhalten des retroflexiv agierenden Systems trifft (Tabelle 8). Beide Systeme verarbeiten in diesem Modus nur Selbstreferenz, können also kaum wahrnehmen was außerhalb geschieht bzw. bringen kaum kontaktfähige Interaktionen zustande. Für das intentional agierende System bedeutet dies zusätzlich, permanent auf einem hohen Energielevel zu agieren, was wie schon beschrieben, auf die Dauer nicht folgenlos bleiben kann. Seliger (2010) beschreibt dieses Verhalten von Managern und Führungskräften ironisch als das „Kellermeistersyndrom". Der Kellermeister sagt: „Ich bin umgeben von Flaschen". Die Projektionen der intentionalen Form erlauben ihm nur noch die eigenen Annahmen zu sehen, welche durch das zurückgezogene und passive Verhalten seiner Führungskräfte und Mitarbeiter immer wieder Bestätigung erfährt. Charakteristisch für die retroflexive Form ist dabei, dass die aktivierte Energie z. B. in Form von Emotionen wie Ärger, Frustration oder Angst nicht adäquat abgeführt wird, sondern im System verbleibt, um dort „hin- und hergewälzt" und angestaut zu werden, ohne dass das intentional agierende System dies wahrnimmt.

Merkmal	intentional	vs.	retroflexiv
Bedürfnis	Zielerreichung	↔	Integration
Wirkrichtungen	konsumatorisch, external	↔	konsumatorisch, internal
Kontaktgrenze	erweitert	↔	verschlossen
Interaktion	dominant, nah	↔	distant, submissiv
Kommunikationsstil	Anklagen	↔	Ablenken
Referenz	Selbstreferenz	↔	Selbstreferenz

Tab. 8: Merkmale von intentionalen vs. retroflexiven Kontaktformen in einem komplementären Kommunikationssystem

6.2.3 Fallbeispiel: retroflexiv vs. normativ

Geschäftsführung eines Beratungsunternehmens
Die beiden Geschäftsführer, Herr Kunz (48 Jahre alt) und Herr Hinz 56 (Jahre alt), arbeiteten seit etlichen Jahren zusammen. Eigentlich verlief die Zusammenarbeit bisher sehr gut, doch hin und wieder kam es zu konflikthaften Situationen, die auch an den Mitarbeitern und Mitarbeiterinnen der Firma nicht spurlos vorüber gingen. In der Beratung ergab sich folgendes Bild: Herr Kunz war sehr kompetent in seinem Bereich. Er konnte andere

überzeugen und für sich einnehmen und war ein guter Redner. Er fühlte sich jedoch in Diskussionen schnell angegriffen, wenn man seine Ideen oder Vorschläge nicht gleich teilte. Darauf reagierte er mit noch mehr Argumentation, aber schließlich auch mit Ironie, Zynismus, Abwertungen und Abwehr. Es fiel ihm schwer, sich von anderen Meinungen überzeugen zu lassen bzw. zuzugeben, wenn er etwas nicht genau wusste oder nicht so gut konnte. Oft korrigierte er andere, fügte Beiträgen anderer immer noch etwas hinzu und dominierte die Diskussionen. Hinz agierte eher zurückhaltend und im Hintergrund. Er äußerte seine Meinung oft nicht gleich, sondern überlegte längere Zeit. Nach Meinung von Kunz zögerte Hinz zu lange und war nicht entscheidungsstark und zu weich. Hinz fühlte sich von Kunz dominiert und hatte das Gefühl der Unterlegenheit. Andererseits ärgerte sich Kunz, dass Hinz etliches hinter seinem Rücken entschied und ihn seiner Meinung nach nicht gut informierte. Hin und wieder kam es vor, dass Hinz, wie er selbst sagte, „mit der Faust auf den Tisch hauen musste", weil die Dinge in seinem Bereich nicht so liefen, wie er es wollte. Die Mitarbeiter reagierten dann mit Verwunderung und Erschrecken auf seine plötzlichen Ausbrüche, vor allem, weil die meisten ihn eher als ruhigen und introvertierten Chef kannten.

Beide Kontaktformen, die normative und die retroflexive, erfüllen nach innen orientierte Funktionen, die der Systemerhaltung dienen. Dabei steht bei der normativen Form die Strukturerhaltung und bei der retroflexiven Form die Integration des ganzen Systems im Vordergrund. Beide Kontaktformen bewirken, dass die Systeme aus der Distanz agieren und die Kontaktgrenze kaum zugänglich ist bzw. kaum Zugang nach außen erlaubt. Der wesentliche Unterschied zwischen beiden liegt in der submissiven Orientierung der retroflexiven Form auf der einen Seite und der Dominanz der normativen Form andererseits (Tabelle 9). Das liegt daran, dass retroflexiv agierende Systeme kaum Output erzeugen, sich sehr zurückhalten, um nicht Gefahr zu laufen, Schaden zu nehmen. Normativ agierende Systeme hingegen durchlaufen den Kontaktzyklus fast vollständig bis zur letzten Phase. Das bedeutet, dass sie Aktionen produzieren. Die Kontaktform kommt erst am Ende des Kontaktzyklus zum Tragen, wenn es darum geht, das Neue zu integrieren. Hier wird mit Vorsicht, Kontrolle, Wertung und Zurückweisung agiert, um die Organisation der internen Strukturen nicht zu gefährden. Treffen beide Kontaktformen dauerhaft in einem Kommunikationssystem aufeinander, hat das, wie bei allen komplementären Systemen zur Folge, dass sich die jeweiligen Kontaktformen wechselseitig verstärken. Damit bleiben die Beteiligten bezogen auf dieses Kommunikationssystem dauerhaft in der Kontaktlosigkeit. Keines der beteiligten Systeme „zeigt" sich an der Kontaktgrenze, beide verarbeiten im wesentlichen Selbstreferenz. Dies ist beim retroflexiv agierenden

System ja schon bekannt; beim normativ agierenden System hingegen sollte zwar Fremdreferenz prozessiert werden, dies wird jedoch durch die zurückgezogene Kontaktgrenze kaum möglich. Die Fremdreferenz wird für Selbstreferenz gehalten bzw. zu Selbstreferenz transformiert und entsprechend modifiziert integriert.

Merkmal	retroflexiv	vs.	normativ
Bedürfnis	Integration	↔	Strukturerhaltung
Wirkrichtungen	konsumatorisch, internal	↔	instrumentell, internal
Kontaktgrenze	verschlossen	↔	zurückgezogen
Interaktion	distant, submissiv	↔	dominant, distant
Kommunikationsstil	Ablenken	↔	Rationalisieren
Referenz	Selbstreferenz	↔	Selbstreferenz

Tab. 9: Merkmale von retroflexiven vs. normativen Kontaktformen in einem komplementären Kommunikationssystem

6.2.4 Fallbeispiel: konfluent vs. retroflexiv

Langjährige Paarbeziehung
Das Ehepaar Meier ist seit 27 Jahren verheiratet. Die Kinder sind aus dem Haus. Frau Meier ist Hausfrau, Herr Meier hat noch fünf Jahre bis zum Ruhestand zu arbeiten. In der Therapiesitzung beschreibt Frau Meier ihr Verhalten und das ihres Mannes in der gemeinsamen Beziehung.

Frau Meier fühlt sich unglücklich in ihrer Ehe. Irgendwie besteht keine Gemeinsamkeit mehr zwischen ihr und ihrem Mann. Aus ihrer Sicht gibt es zum Glück keine Streits oder Auseinandersetzungen, trotzdem fühlt sich der Alltag schwer an. Frau Meier berichtet weiterhin, dass sie versucht, ihrem Mann alles recht zu machen und ihm alle Wünsche von den Lippen abzulesen. Sie kümmert sich um den Haushalt, hält Kontakt zu den Kindern, die jetzt weit weg von ihrer Heimatstadt wohnen, organisiert Unternehmungen und plant den Urlaub. Nach wie vor gönnt sie sich kaum Ruhe. Sie ist immer auf Trab und schont sich nicht. Herr Meier hingegen zieht sich immer mehr zurück. Früher hätte er noch viel von seinem Arbeitsleben berichtet, jetzt ist er oft still und teilnahmslos, wenn er nach Hause kommt. Er erzählt nur wenig. Am Wochenende arbeitet er im Garten oder verzieht sich in seine Werkstatt. Frau Meier hat das Gefühl, dass je mehr sie versucht, sich um ihren Mann zu kümmern, dieser den Rückzug sucht. Ab und zu kommt es vor, vor allem in Situationen, wenn Bekannte oder Freunde dabei sind, dass Herr Meier die Geduld verliert und seine Frau barsch anfährt und zurückweist.

Merkmale	konfluent	vs.	retroflexiv
Bedürfnis	Anpassung	↔	Integration
Wirkrichtungen	instrumentell, external	↔	konsumatorisch, internal
Kontaktgrenze	aufgelöst	↔	verschlossen
Interaktion	nah, submissiv	↔	distant, submissiv
Kommunikationsstil	Beschwichtigen	↔	Ablenken
Referenz	Fremdreferenz	↔	Selbstreferenz

Tab. 10: Merkmale von konfluenten vs. retroflexiven Kontaktformen in einem komplementären Kommunikationssystem

Wenn sich die konfluente und retroflexive Form in einem Kommunikationssystem treffen, entsteht eine typische Dynamik auf der Nähe-Distanz-Dimension. Beide Kontaktformen sind submissiv. Das bedeutet, dass es nicht so leicht zu offenen Auseinandersetzungen oder Konflikten kommt. Während die Auflösung der Grenzen aus dem Bedürfnis der Anpassung heraus entsteht und sich nach außen richtet, hat der Rückzug der Kontaktgrenze eine nach innen gerichtete Funktion, die den Systemzusammenhalt realisiert. Die Dynamik auf der Nähe-Distanz-Dimension ist hier der komplementäre Aspekt dieses Kommunikationssystems (Tabelle 10). Das aktive Nähesuchen des einen Systems wird durch passives Distanzverhalten des anderen Systems beantwortet. Diese Dynamik verstärkt sich typischerweise und kann schließlich vom retroflexiven System durch heftige Reaktionsbildung kurzzeitig unterbrochen werden, bevor sie schließlich wieder langsam durch die eingeübten Muster des Systems hervortritt. Die Kontaktlosigkeit ist charakterisiert durch die fehlende Unterscheidung zwischen Selbst- und Fremdreferenz auf Seiten des konfluent agierenden Systems. Es glaubt Selbstreferenz zu verarbeiten, beschäftigt sich aber mit der – zwar spärlichen – Fremdreferenz, die das retroflexiv agierende System produziert, welches sich überwiegend mit eigenen Mustern auseinandersetzt.

6.2.5 Fallbeispiel: intentional vs. normativ

Partnerschaft einer größeren Rechtsanwaltskanzlei
Der Seniorpartner und Gründer einer Kanzlei mit inzwischen etwa 50 Mitarbeitern suchte nach Unterstützung für sein Vorhaben, sich in den nächsten Jahren aus dem aktiven Geschäft zurückzuziehen und die Geschicke des Unternehmens in die Hände der sieben Anwälte der Partnerschaft zu legen. In einem gemeinsamen Workshop sollten die Aufgaben und der Zeitplan bis zum Rückzug des Gründers erarbeitet werden.

Der Gründer der Kanzlei agierte im Workshop sehr aktiv und fordernd. Dabei unterstellte er seinen Kollegen und Kolleginnen nicht richtig „mitzuziehen" bzw. nicht wirtschaftlich genug zu arbeiten und damit nicht genug für das Unternehmen zu tun. Er unterbrach die anderen häufig, machte Druck, indem er auf seine hohen Umsatzzahlen und bedeutenden Mandate verwies und erklärte den anderen, was er von ihnen erwartete. Auch hinsichtlich seiner Fachkompetenz wollte er keinen Zweifel daran lassen, dass er seinen Kollegen weit überlegen war. Dies bekräftigte er, indem er auf seine zahlreichen Veröffentlichungen hinwies und durch die Tatsache, dass er im Gegensatz zu seinen Kollegen und Kolleginnen häufig eingeladen wurde, Vorträge auf renommierten Veranstaltungen zu halten.

Die Partner und Partnerinnen der Kanzlei reagierten mit ablehnendem Verhalten und deutlicher Gegenwehr. Die Äußerungen des Gründers wurden in Frage gestellt und jeder Sachverhalt bis ins kleinste Detail diskutiert, in Frage gestellt und in Zweifel gezogen. Das Gesprächsklima war kühl und distanziert. Die implizite Unterstellung des Gründers der Kanzlei, dass er seine Kollegen nicht für fähig hielt, das Unternehmen in seinem Sinne fortzuführen, löste Unverständnis und Blockade aus. Keiner der Anwesenden war in der Lage, die Äußerung des Gründers als Sorgen zu verstehen und ihm für die Phase der Unternehmensübergabe das benötigte Verstehen und Vertrauen zu signalisieren. Niemand konnte auf ihn zugehen.

Wenn die intentionale und die normative Kontaktform in einem Kommunikationssystem aufeinandertreffen, stehen sich zwei gegensätzliche Grundbedürfnisse gegenüber (Tabelle 11). Die intentionale Form sucht nach außen gerichtet mit viel Energie und Dominanz nach Möglichkeiten der Zielbildung. Dabei kommt es zu Grenzüberschreitungen, andere fühlen sich bedrängt, oft wird anklagend kommuniziert. Im Fallbeispiel unterstellte der Gründer der Anwaltskanzlei seinen Kollegen, dass sie nicht engagiert und fähig genug waren, die Kanzlei weiterzuführen. Damit projizierte er seine eigenen Ängste und Ansprüche auf die Kollegen. Diese reagierten, auf die für Anwälte wahrscheinlich typische Art und Weise, indem sie die Projektionen des Gründers kommunikativ argumentativ dekonstruierten, dabei aber, das Selbst schützend, aus der Distanz durch eine zurückgezogene Kontaktgrenze agierten. Die Projektion auf der einen Seite, bei der fast ausschließlich nur Selbstreferenz verarbeitet wird und das kontrollierende Sich-Nicht-Einlassen auf der anderen ist hier Ursache für die Kontaktlosigkeit der beiden Systeme.

Merkmal	intentional	vs.	normativ
Bedürfnis	Zielerreichung	↔	Strukturerhaltung
Wirkrichtungen	external, konsumatorisch	↔	instrumentell, internal
Kontaktgrenze	erweitert	↔	zurückgezogen
Interaktion	dominant, nah	↔	dominant, distant
Kommunikationsstil	Anklagen	↔	Rationalisieren
Referenz	Selbstreferenz	↔	Selbstreferenz

Tab. 11: Merkmale von intentionalen vs. normativen Kontaktformen in einem komplementären Kommunikationssystem

6.2.6 Fallbeispiel: konfluent vs. normativ

Die schwierige Gruppe - Training mit Kundenberatern
Der Trainingsauftrag bestand darin, für eine Gruppe von landesweit selbständig agierenden Kundenberatern und -beraterinnen des Vertriebs eines Touristikunternehmens die Arbeit mit Zielvereinbarungen in den Kundengesprächen mit den von ihnen betreuten Reiseagenturen einzuführen. Unter dem bisherigen Vertriebschef hatten die Kundenberater und -beraterinnen weitestgehend freie Hand gehabt und konnten ihre Arbeit und die Kundenbeziehungen selbständig gestalten. Der neue Vertriebschef wollte eine Ausrichtung des Vertriebs auf Vertriebsziele und einheitliche Vertriebsthemen erreichen. Das Kernelement dieser Neuausrichtung war das Schließen von Zielvereinbarungen zwischen den Kundenberatern und der jeweiligen Agentur. Künftig sollten die Vertriebsmitarbeiter ihre Kunden über ein Bonus-Malus-System steuern. Mit den Kunden hatten sie jedoch bis dato über Jahre

hinweg eine fast schon freundschaftliche und unterstützende Beziehung aufgebaut.
Schon bei Beginn des Trainings schlug dem Trainer eine starke Zurückhaltung bzw. Abwehr der Teilnehmer und Teilnehmerinnen entgegen. Es wurde Kritik an dem Konzept, der Kompetenz und den Methoden des Trainers geäußert. Alles wurde hinterfragt und schließlich als unbrauchbar abgelehnt. Der Trainer fühlte sich zusehends hilflos und hatte Schwierigkeiten sein Trainingsprogramm umzusetzen. In der Pause suchte er schließlich den Kontakt zu etlichen Teilnehmern bzw. Teilnehmerinnen und zeigte Verständnis für deren Situation im Unternehmen und die damit verbundenen Einschränkungen. Als das Training nach der Pause weiterging, änderte er sein Verhalten, zeigte Verständnis, bot Unterstützung an und signalisierte persönliche Betroffenheit für die Situation der Teilnehmerinnen. Die Stimmung änderte sich langsam und der Trainer konnte schließlich sein Konzept umsetzen und die Gruppe über die gesamten zwei Trainingstage zum Mitmachen gewinnen. Allerdings hatte der Trainer bei der ganzen Sache kein gutes Gefühl. Er wurde zwar von der Gruppe toleriert, konnte aber im Verlauf des Trainings nicht erkennen, dass die Teilnehmer von seinen Inhalten oder seinen Vorgehensweisen irgendetwas annahmen oder umsetzen würden. Im Gegenteil, die Teilnehmer machten sich über die Inhalte lustig und taten sie weiterhin als weltfremd und nicht praxistauglich ab. Ihn als Trainer griffen sie jedoch nicht mehr an.

Konfluentes und normatives Kontaktverhalten in der Interaktion erzeugen ein typisches Muster von Dominanz und Kontrolle auf der einen und Unterwerfung und Selbstaufgabe auf der anderen Seite. Beiden instrumentellen Kontaktformen ist gemeinsam, dass die beteiligten Systeme systemerhaltend agieren wollen und zwar einmal durch Anpassung und einmal durch Strukturerhaltung (Tabelle 12). Im Fallbeispiel agiert der Trainer durch Anpassung an die Gruppe, indem er deren Muster übernimmt, aktiv Nähe sucht und beschwichtigend agiert. Dadurch wird er von der Gruppe nicht abgestoßen, sondern geduldet. Die Gruppe agiert in der normativen Form mit dominanten, kontrollierendem und rationalisierendem Verhalten, wodurch sich der Trainer immer tiefer in seine konfluente Form zwingen lässt. Auf die Inhalte der Sachdimension, die der Trainer zu vermitteln versucht, lassen sich die Teilnehmer nicht ein. Es wird nichts Neues gelernt, weil kein Kontakt zustande kommt.

Diese Interaktionsmuster sind typisch gerade für Anfänger im Kontext von Training, Coaching und Beratung. Aus Angst, den Auftrag oder Folgeauftrag zu verlieren, wird versucht, durch Anpassung an das Klientensystem zu agieren. Dadurch bleibt die Interaktionsbeziehung zwar meist bestehen, die Beratung oder das Training jedoch werden wirkungslos, da die Impulse des Beratersystems im gemeinsamen Kommunikationssystem nicht als relevant wahrgenommen werden.

Merkmal	konfluent	vs.	normativ
Bedürfnis	Anpassung	↔	Strukturerhaltung
Wirkrichtungen	instrumentell, external	↔	instrumentell, internal
Kontaktgrenze	aufgelöst	↔	zurückgezogen
Interaktion	nah, submissiv	↔	dominant, distant
Kommunikationsstil	Beschwichtigen	↔	Rationalisieren
Referenz	Fremdreferenz	↔	Selbstreferenz

Tab. 12: Merkmale von konfluenten vs. normativen Kontaktformen in einem komplementären Kommunikationssystem

Die dargestellten Interaktionsmuster innerhalb und zwischen sozialen Systemen illustrieren, wie bestimmte Kontaktformen entstehen können, wie sie die Kommunikationsmuster eines Systems prägen und Reaktionen von anderen Systemen hervorrufen können. Dabei ist es für die Musterbildung ohne Bedeutung, ob es sich dabei um psychische Systeme oder soziale Systeme handelt. Die Interaktion an der System-Umwelt-Grenze bleibt die Schlüsselvariable, egal um welche Systemebene es sich handelt. Die Grenze bilden und gestalten, durch Wahrnehmen und Aufmerksamkeit zwischen Selbst- und Fremdreferenz unterscheiden, bewusst zu handeln und zu integrieren ist für alle Systeme, egal ob Personen, Gruppen, Teams oder Organisationen der Schlüssel für Souveränität und Entwicklung.

7 Forschungszugang zu den Kontaktformen

Zur empirischen Stützung der Theorie des Kontakts wird ein *Mixed Method Approach* gewählt. Gegenstand der empirischen Untersuchungen soll dabei das Kontaktverhalten von Personen sein. Zunächst werden auf *qualitativer* Datenbasis mit Hilfe von Einzelfallfallstudien aus der Coachingpraxis des Autors die Spezifika der Kontaktformen mithilfe des bisher dargestellten eigenen theoretischen Zugangs analysiert. Diese haben dabei vor allem eine explorative Funktion und dienen darüber hinaus der weiteren Hypothesenbildung (vgl. Bortz & Döring, 1995). Als Ergebnis der Fallstudien sollen dann Fragebogenitems entwickelt werden können, die in den darauf aufbauenden *quantitativen* Untersuchungen zum Einsatz kommen.

Im Zeitraum von Januar 2015 bis Frühjahr 2016 wurden mehrere empirische Untersuchungen durchgeführt, die im Folgenden dargestellt werden. Vorab dazu einige grundlegende Bemerkungen. Auf Basis einer systemisch-konstruktivistischen Grundhaltung ist die Beobachtung von Kontakt ebenso wie von Kommunikation prinzipiell nicht möglich. Ein Beobachter kann zwar aufgrund bestimmter Aktionen und Reaktionen darauf schließen, dass Kommunikation stattgefunden hat, aber die Kommunikation als solche entzieht sich der Beobachtung. Aus diesem Grund müssen für die Beschreibung von Kontakterleben und -verhalten psychische Systeme danach gefragt werden, wie sie die eine oder andere Interaktion mit einem anderen System aus ihrer Umwelt erlebt haben, wie sie sich selbst erleben oder wie sie das Verhalten anderer Systeme beobachten und erleben. Es kann also nicht mit deduktiv-nomologischen Erklärungen (Bortz & Döring, 1995) gearbeitet werden, sondern nur indirekt, auf der Basis theoretischer Annahmen aus der Psychologie und mithilfe ihrer Methoden, Messwerkzeuge, statistischer Fragestellungen und Hypothesen (Bortz & Döring, 1995). Ein weiterer Aspekt von Systemen als Forschungsgegenstand ist die Annahme zirkulärer Prozesse und die strikte Ablehnung linearer Kausalität. Alle Prozesse autopoietischer Systeme, also ihr Wahrnehmen, Erleben und Verhalten werden demnach auf wechselseitige Interaktionen zwischen Systemen, Subsystemen oder deren Umwelten zurückgeführt und sind nicht auf eine Ursache zurückzuführen. Experimentelle empirische Forschung nimmt jedoch Kausalität in den zu untersuchenden Prozessen an und arbeitet mit Hypothesen, die auf dem Wenn-Dann-Prinzip fußen. Daher kann in dieser Arbeit kein experimenteller Zugang gewählt werden. Die folgenden empirischen Untersuchungen werden daher in ihrem Untersuchungsdesign, der Art der Datenauswertung sowie der Ergebnisinterpretation der Zirkularität und Multikausalität des systemischen Zugangs sowie der konstruktivistischen Grundannahme, dass eine objektive Realität dem menschlichen Erkennen nicht zugänglich ist, Rechnung tragen (vgl. hierzu auch Schiepek, 2012).

Vor diesem Hintergrund sollen die folgenden Untersuchungen als Versuch betrachtet werden, umfassendere und genauere Beschreibungen der Theorie des Kontakts zu erzeugen, um daraus möglicherweise weitere Aspekte und Interventionsmöglichkeiten für z. B. Führung, Lernen, Therapie und Beratung abzuleiten. Um dies zu erreichen, wird zunächst ein Instrumentarium entwickelt mit dem die Kontaktformen konsistent und valide erfasst werden können und welches in den folgenden Untersuchungen eingesetzt werden kann. Dabei kann auf unterschiedliche Möglichkeiten der Validitätsbestimmung zurückgegriffen werden. Zunächst gehen wir von Augenscheinvalidität aus, die sich aus den formulierten Items ergibt. Weiterhin kann mithilfe von Hypothesen über die Interaktion der Kontaktformen mit anderen Konzepten Konstruktvalidität gezeigt werden und schließlich kann durch mehrere geeignete Untersuchungen der Kontaktformen die diskriminante und konvergente Validität im Sinne der *Mutitrait-Multimethod-Methode* (vgl. Bortz & Döring, 1995) bestimmt werden. Weiterführend können schließlich Einflussfaktoren auf Kontaktformen, Systeminteraktionen sowie Zusammenhänge in sozialen Systemen z. B. in Gruppen untersucht werden.

Folgende übergreifende Fragestellungen und entsprechende empirischen Zugänge sollen durch die Untersuchungen in Angriff genommen werden:

Den quantitativen Untersuchungen vorangehende qualitative Studien auf der Basis von Fallstudien dienen zunächst der Konstruktanalyse und Itementwicklung. Die darauf aufbauende *erste* quantitative Untersuchung dient der Entwicklung von psychometrischen Skalen zur Messung des Kontaktverhaltens und zwar für die konfluente, die intentionale, die retroflexive und die normative sowie für die mittlere Form (Operationalisierung der Konstrukte). Die gewonnenen Skalen sollen in den nachfolgenden Untersuchungen zur Messung des Kontaktverhaltens genutzt werden (Anwendung) und das Kontaktverhalten von Personen in verschiedenen Kontexten, in denen verbale Kommunikation von zentraler Bedeutung ist, sowohl in Form von Selbstbeschreibungen als auch in Form von Fremdbeschreibungen mit inhaltsgleichen Items erfassen können (vgl. *ABC der Testkonstruktion* nach Ziegler, 2014b).

In der *zweiten* Untersuchung werden die entwickelten Skalen zur Erfassung des Kontaktverhaltens eingesetzt, um die Zusammenhänge zwischen Persönlichkeit, Situationswahrnehmung und Interaktionspartnern im Kontext eines gruppendynamischen Lernsettings zu untersuchen.

In der *dritten* Untersuchung wird das Kontaktverhalten in Dyaden, in kurzzeitigen Interaktionssystemen, die als Rollenspiele im Assessment Center beobachtet wurden, bezogen auf symmetrische oder komplementäre Muster näher betrachtet.

In der *vierten* und letzten Untersuchung wird der kontextuelle Einfluss auf das Kontaktverhalten unter Berücksichtigung von Bedürfnissen, Introjekten, Persönlichkeit, Situationswahrnehmung und Interaktionspartner analysiert.

Diese kurz skizzierten Untersuchungen sollen einen ersten empirischen Zugang zur Theorie des Kontakts darstellen. Selbstverständlich sind zahlreiche andere Fragestellungen möglich, die hier jedoch aufgrund des Aufwands und der Komplexität der Theorie zumindest in dieser Arbeit zunächst vernachlässigt werden müssen.

Alle Analysen wurden mit IBM SPSS Statistics 22 oder R 3.3.3 durchgeführt. Für die Strukturgleichungsmodelle wurde LISREL 9.10 verwendet. Als Irrtumswahrscheinlichkeit für Signifikanztest wurde bei einseitiger Fragestellung $p = 0{,}05$ festgelegt. Alle Effekte wurden entsprechend der Effektstärkenkonventionen nach Cohen (1988) betrachtet und interpretiert.

8 Explorative Fallstudien

Die grundlegenden Charakteristiken der theoretisch hergeleiteten Kontaktformen werden im Folgenden noch einmal zusammenfassend dargestellt. Anhand von Fallstudien aus der Coachingpraxis des Autors werden die Überlegungen einer ersten empirischen Überprüfung unterzogen. Weiterhin sollen erste Modellvorstellungen zur Beschreibung des Kontaktverhaltens von psychischen Systemen, also auf der individuellen Ebene, für die später folgenden quantitativen Untersuchungen abgeleitet werden.

8.1 DIE KONFLUENTE FORM

Zum Zwecke der Anpassung übernimmt das System Interaktionsmuster aus der Umwelt. Die Kontaktgrenze wird dabei nur schwach oder gar nicht gebildet. Dadurch kann das System Fremdreferenz nicht mehr von Selbstreferenz unterscheiden. Die übernommenen Muster aus der Umwelt werden in diesem Zustand für eigene Muster gehalten, weil die Aufmerksamkeitssteuerung über keine Grenze für die Unterschiedsbildung verfügt (Tabelle 13).

Fallstudie 1
Dr. Ottmar B., 44 Jahre, Leiter einer Abteilung in einer Regierungsbehörde, verheiratet, drei Kinder
Der Klient, seit drei Jahren in seiner Position, kam mit dem Anliegen in die Beratung, sich besser in seiner komplexen und anstrengenden Arbeit zu organisieren und seine Führungstätigkeit zu verbessern. Herr B. wirkte abgehetzt und fahrig. Seine Sprechweise war sehr schnell, teilweise wurden Wörter verschluckt oder zu unverständlichen Lauten zusammengezogen. Sein Arbeitsalltag begann um 9 Uhr. Vorher brachte er noch die Kinder weg und fuhr danach ins Büro. Sein Arbeitstag dauerte üblicherweise bis 20 Uhr, eine Mittagspause gab es nicht mit der Begründung, dass dies die Arbeit nicht zuließe. Als ihm der Coach erklärte, dass die Termine für die weiteren Sitzungen spätestens um 17 Uhr stattfinden müssten, sagte er, dass es für ihn eigentlich unmöglich sei, so früh das Büro zu verlassen. Er sagte, dass er auch viel am Wochenende arbeitete und auch abends zu Hause. Es fiel ihm schwer, sich gegen seinen sehr autoritären und willkürlich agierenden Chef durchzusetzen, und war es aus seiner Sicht auch kaum möglich, seine vielen Aufgaben an seine Mitarbeiter zu delegieren oder sogar einen Stellvertreter zu etablieren. Er berichtete davon, dass sogar seine Sekretärin sich seinen Anweisungen widersetzte bzw. „schnippisch" oder „bockig" reagierte, wenn er das Gespräch suchte, um die Situation zu klären. Immer wieder kam

es in seinem Alltag zu Situationen, in denen er gegen seine Interessen und Bedürfnisse handelte.

Merkmale	konfluent	Beschreibungen: Fallstudie „Ottmar B."
Kontaktunterfunktion	Konfluenz	die Person ist mit den eigenen Bedürfnissen und Interessen für andere kaum erkennbar, die Orientierung an den anderen bestimmt das Verhalten
korrespondierende Systemfunktion	Adaptation: Gestaltung der Außenbeziehungen	übermäßiges berufliches Engagement, drohende Verausgabung
Wirkrichtung der Systemfunktion	instrumentell (zukunftsorientiert)	Vermeidung von Ablehnung, Wunsch nach Zugehörigkeit
Qualität der Kontaktgrenze	schwach ausgeprägt	nicht abgrenzen können, nicht ernst genommen werden, schnelles, fahriges Sprechen
Phase im Kontaktzyklus	Empfindung, Bewusstheit	nimmt eigene Bedürfnisse nicht wahr, dadurch nur schwacher Kontakt möglich (Erregungsabschwächung)
Bedürfnisse	nicht bewusst	kaum zugänglich (z. B. Mittagspause machen, Kontakt zu den Kindern, Singen im Chor)
Referenz	Fremdreferenz wird prozessiert	Mittagspause nicht möglich, delegieren nicht möglich, lange Arbeitszeit wird als normal angesehen
Sozio-emotionales Apriori	Nähe, Submission	ordnet sich den Anforderungen und anderen unter (Vorgesetzter, Team, Sekretärin), versucht gute Beziehungen herzustellen
Persönlichkeitsmerkmal (Big-Five)	Agreeableness	setzt sich kaum durch, konfliktvermeidend
Kommunikationsstil	Beschwichtigen	sehr freundlich, höflich
Aufmerksamkeit	diffus	abgehetzt, fahrig
Richtung	external	das gesamt Handeln ist außenorientiert, Orientierung am Vorgesetzten und anderen, eigene Interessen werden nicht formuliert
Objekt (*das Neue*)	Verschmelzung mit Objekt, Überidentifikation	reflexartiges Übernehmen von Aufgaben von anderen

Tab. 13: Auswertung Fallstudie Ottmar B., konfluente Form

Sein Muster war es, in schwierigen Situationen und unter Druck immer wieder in die gleiche Falle zu tappen, indem er Aufgaben reflexartig übernahm, ohne besonnen reagieren zu können. Oder dass er eigene Interessen nicht deutlich formulieren konnte, was sich darin zeigte, dass seine höflichen, mittlerweile schon zynischen Äußerungen von seinem Umfeld nicht ernst genommen wurden. Anweisungen oder Aufgaben gingen oft unter, wenn er nicht intensiv nachhakte, was er aber aufgrund der Arbeitslast oft vergaß. Ein Leben außerhalb der Arbeit fand für ihn kaum statt, die Kinder sah er meist nur morgens. Sein Hobby in einem Chor zu singen, hatte er schon lange aufgegeben. Nach einem Urlaub, der etwa in der Mitte des Coachingprozesses lag, berichtete er, dass er seinen jüngsten Sohn, der jetzt zwei Jahre alt war, in den zwei Wochen Urlaub erstmals richtig kennengelernt hätte. Dabei traten ihm die Tränen in die Augen.

8.2 Die intentionale Form

Die systemeigenen Muster werden zum Zwecke der Zielbildung in die Umwelt projiziert und die Kontaktgrenze dabei entsprechend erweitert bzw. ausgedehnt. Im extremen Fall „sieht" das System nur seine eigenen Muster in der Umwelt, vor allem dann, wenn wichtige, unerfüllte Bedürfnisse oder starke Emotionen vorherrschen, werden diese für Fremdreferenz gehalten, weil die Aufmerksamkeitssteuerung die Grenzverschiebung nicht bemerkt, d. h. der Aufmerksamkeitsfokus sollte an diesem Punkt im Kontaktzyklus nach außen gerichtet sein, bleibt jedoch bedingt durch die Grenzverschiebung innerhalb der Kontaktgrenze (Tabelle 14).

Fallstudie 2
Prof. Dr. Ulrich P., 58 Jahre, Chefarzt auf einer Station für psychosomatische Medizin in einem städtischen Krankenhaus

Herr P. kam aufgrund eines schon lange schwelenden Konflikts in seinem Team in die Beratung. Er schilderte die Situation auf seiner Station und berichtete von einer „schwierigen" Mitarbeiterin, die sich den Kollegen und ihm gegenüber „unmöglich" benahm. Er hatte schon viele erfolglose Versuche unternommen, mit der Mitarbeiterin zu reden. Sie wehrte alles ab, was er sagte und verschob seiner Meinung nach das Problem auf die schlechte Organisation der Station. „Dabei sind doch alle erwachsen genug, die Dinge selbst zu regeln" sagte er. Als der Coach ihn bat, die Mitarbeiterin zu beschreiben, sprudelte es aus ihm heraus: „Die ist so Anfang vierzig und lebt noch bei ihrer Mutter. Sie hat ein ‚Männerproblem', weshalb sie auch keine Beziehung hat und hier bei uns Stress macht. Sie kann sich eben nicht den ärztlichen Autoritäten auf der Station unterordnen. Wie die mit den Ärzten umgeht! Und erst mit den anderen Schwestern und der Sekretärin. Wenn ich nicht auf der Station bin, ist hier der reinste Zickenkrieg. Und wenn ich dann wieder da bin, kommen alle nacheinander zu mir und beschweren sich übereinander. Dann stelle ich sie zur Rede. Ich habe sogar schon versucht, mit ihrer Mutter darüber zu reden. Wenn die Kollegin nicht so gut arbeiten würde, hätte ich sie schon lange rausgeschmissen, aber da sind mir die Hände gebunden bei unserem starken Personalrat."

Merkmale	intentional	Beschreibungen: Fallstudie „Ulrich P."
Kontaktunterfunktion	Projektion	die Person wird mit starken Vorstellungen und Zuschreibungen erlebt und ist kaum zugänglich für andere Sichtweisen
korrespondierende Systemfunktion	Goal Attainment: Zielbildung und -verfolgung zur Herstellung befriedigender innerer Zustände	Einflussnahme auf schwierige Mitarbeiterin durch Coaching-Maßnahme um Konflikt zu lösen
Wirkrichtung d. Systemfunktion	konsumatorisch (gegenwartsbezogen)	Lösung eines akuten Problems
Qualität der Kontaktgrenze	erweitert	übergriffig, Mitarbeiterin „in Griff" bekommen wollen, Gespräch mit Mutter der Mitarbeiterin
Phase im Kontaktzyklus	Aktivierung	Evaluation von Handlungsmöglichkeiten, intensive Beschäftigung mit dem Problem
Bedürfnisse	bewusst	eigene Bedürfnisse werden im Wunsch nach Ruhe im Team durch Lösung der Konflikte deutlich
Referenz	Selbstreferenz wird prozessiert und für Fremdreferenz gehalten	Mitarbeiter sollen die Dinge selber regeln, Mitarbeiterin lebt noch bei ihrer Mutter und hat „Männerproblem"
Sozio-emotionales Apriori	Nähe, Dominanz	autoritär, geht auf andere zu
Persönlichkeitsmerkmal (Big-Five)	Conscientiousness, Neuroticism (-)	hartnäckige Zielverfolgung, hohe Motivation, geringe Emotionalität
Kommunikationsstil	Anklagen	das Problem wird bei anderen gesehen
Aufmerksamkeit	innen	eigenes Erleben steht im Vordergrund, Fokussierung auf den Konflikt
Richtung	external	das Handeln ist außenorientiert, Veränderungen in der Umwelt sollen entsprechend eigener Interessen stattfinden
Objekt (*das Neue*)	wird als bereits assimiliert wahrgenommen	die Zuschreibungen auf andere stehen bereits fest

Tab. 14: Auswertung Fallstudie Ulrich P., intentionale Form

Von der Beratung erwartete er Hilfestellung und Tools, wie er die „schwierige Mitarbeiterin mit dem Männerproblem" in den Griff bekommen könne. Nach Gesprächen des Coachs mit der „schwierigen Mitarbeiterin" und zwei weiteren Mitarbeiterinnen wurde sichtbar, dass vor allem unklare Schnittstellen, Aufgaben und Rollen auf der Station sowie Berufsgruppenkonflikte, welche sich durch wechselseitigen Verrechnungsnotstand hinsichtlich Anerkennung und Wertschätzung äußerten, das Verhalten der Personen evozierte. Es gelang dem Coach nicht, seinen Klienten für diese Sichtweise zu interessieren. Dieser beharrte weiterhin darauf, auf das Verhalten der „schwierigen Mitarbeiterin" durch geeignete „Coaching-Maßnahmen" Einfluss zu nehmen.

8.3 DIE RETROFLEXIVE FORM
Die Kontaktgrenze wird zum Zwecke des Zusammenhalts und somit der übermäßigen Integration gefestigt. Das System entsendet kaum eigene Impulse, sondern prozessiert diese intern. Die Aufmerksamkeit ist bedingt durch die geschlossene Grenze nach innen gerichtet, sollte aber an diesem Punkt des Kontaktzyklus nach außen gerichtet sein (Tabelle 15).

Fallstudie 3
Beate H., 43 Jahre, Geschäftsführerin eines privaten Pflegedienstes mit 60 Mitarbeiterinnen und Mitarbeitern, verheiratet, ein Kind
Frau H. kam in die Beratung, weil sie die Führungskultur in ihrem Unternehmen verbessern wollte. Sie wirkte sehr zurückgezogen und nicht sehr wortreich, wenn sie ihren Führungsstil beschreiben sollte. Aus ihren Schilderungen konkreter schwieriger Situationen wurde deutlich, dass sie viele unausgesprochene Erwartungen an ihre Mitarbeiter hatte. „Vieles", so sagte sie „versteht sich doch von selbst". Wenn die Dinge nicht so liefen, wie sie es sich vorgestellt hatte, fraß sie den in ihr hochsteigenden Ärger oft in sich hinein und erledigte die Dinge schließlich selbst. Solche Situationen beschäftigten sie dann oft noch lange im Nachhinein. Als eines Tages ein Mitarbeiter einen wichtigen Termin zur Kundenakquise schlecht vorbereitet hatte, versuchte sie im Nachhinein mit ihm darüber zu reden, fand aber aus ihrer Sicht nicht die richtigen Worte. „Dem hätte ich mal richtig die Meinung sagen sollen. Den habe ich schon lange auf dem Kieker, mit seiner vorlauten Art." Stattdessen hatte sie nur etwas von „vielleicht könnten sie nächstes mal ein bisschen besser..." gemurmelt. In der Coachingsituation wurde ihr nach und nach deutlich, dass sie ihre Firma fast vollständig über unausgesprochene Erwartungen und ihre zupackende, vorbildhafte Art geführt hatte, was konkret bedeutete, dass sie fast alles Wichtige selbst in die

Hand nahm. Ab und zu platzte der Ärger darüber auch mal raus. Das geschah dann zu Hause oder beim Sport, wo sie sich dann so richtig abreagieren konnte.

Merkmale	retroflexiv	Beschreibungen Fallstudie „Beate H."
Kontaktunterfunktion	Retroflektion	die Person wird als in-sich-gekehrt und zurückgezogen erlebt
korrespondierende Systemfunktion	Integration: Einschluss neuer und vorhandener Systemelemente	der Schutz des Selbst vor Verletzung in Form von Zurückweisung, Widerstand oder Bloßstellung
Wirkrichtung der Systemfunktion	konsumatorisch (gegenwartsbezogen)	Handlung drängt nach Ausführung
Qualität der Kontaktgrenze	verschlossen	Emotionen finden keinen Ausdruck, Erwartungen an andere und Bedürfnisse werden zurückgehalten (Erregungshemmung)
Phase im Kontaktzyklus	Aktion	es kommt nicht oder nur zu schwachen Aktionen im Kontakt zu den Mitarbeitern: „Dem hätte ich mal richtig ..."
Bedürfnisse	bewusst	Bedürfnisse werden nicht aktiv adressiert
Referenz	Selbstreferenz wird prozessiert	Ärger in sich hineinfressen, lange Grübeln
Sozio-emotionales Apriori	Distanz, Submission	eher unterordnend, geht kaum auf andere zu
Persönlichkeitsmerkmal (Big-Five)	Extraversion (umgepolt)	wirkt eher introvertiert oder schüchtern im sozialen Kontakt
Kommunikationsstil	Ablenken	keine klare Kommunikation, Abschwächen, Relativieren, gar nichts sagen
Aufmerksamkeit	innen	Fokusverschiebung nach Außen, um mit anderen in Kontakt zu treten, findet kaum statt
Richtung	internal	Beschäftigung mit eigenen Gedanken, unausgesprochenen Erwartungen, Ärger, Grübeln; Beschäftigung mit möglichen negativen Konsequenzen einer Handlung
Objekt (*das Neue*)	wird nicht assimiliert, da keine Handlung erfolgt	schwacher Kontakt in der Interaktion mit anderen

Tab. 15: Auswertung Fallstudie Beate H., retroflexive Form

8.4 Die normative Form

Die Kontaktgrenze wird zum Schutz der internen Strukturen zurückgezogen. Impulse von außen werden kaum bzw. nur kontrolliert und modifiziert aufgenommen. Das System prozessiert zwar Fremdreferenz, hält diese aber für Selbstreferenz, weil die Aufmerksamkeitssteuerung die Grenzverschiebung nicht bemerkt, d. h. der Aufmerksamkeitsfokus sollte an dieser Stelle des Kontaktzyklus innenorientiert sein, ist durch die Grenzverschiebung aber nach außen gerichtet (Tabelle 16).

Fallstudie
Herr. L., Produktionsleiter eines großen Unternehmens, 47 Jahre, verheiratet, ein Kind

Herr L. kam in die Beratung, um sich für eine Umstrukturierung seines Bereichs Unterstützung zu holen. Er kam sehr pünktlich zu den Terminen, war sehr korrekt gekleidet und wirkte sehr gepflegt. Im Erstgespräch sprach er lange, ausführlich und detailreich über seine Vita und die einzelnen Aufgaben, die er in seinem Arbeitsleben gemeistert hatte. Bei der Herausarbeitung seines konkreten Anliegens für das Coaching äußerte er immer wieder Zweifel, ob ein Coaching das richtige für ihn sei. Die ersten Coachingsitzungen verliefen alle nach dem gleichen Muster: Herr L. redete lange und ließ sich kaum unterbrechen oder durch Fragen lenken. Als er fertig war, stellte er Fragen, deren Beantwortung ihn nicht wirklich zu interessieren schien. Paraphrasierungen oder Input von Seiten des Coach konnte er kaum unkommentiert oder ohne eigene „Richtigstellung" oder Ergänzung stehen lassen. In den Coachinggesprächen suchte er vor allem Bestätigung für seine Pläne, mit denen er die Umstrukturierung seines Bereichs bewerkstelligen wollte. Dabei handelte er geradezu machiavellistisch, indem er manipulativ mit seinen Mitarbeitern und Führungskräften, aber auch gegenüber der Geschäftsführung agierte. Er lancierte Informationen und spielte Widersacher gegeneinander aus. Über seine Kollegen sprach er herablassend und über die Firma sprach er gelegentlich mit Zynismus. Wurde er vom Coach diesbezüglich konfrontiert, ging er kaum darauf ein. Andererseits betonte er immer wieder, wie wichtig ihm das Coaching und die Hinweise des Coaches waren. Dabei war es ihm kaum möglich, ohne Bewertungen zu kommunizieren, die sich meistens darauf bezogen, ob das, was der Coach sagte, für ihn hilfreich war oder nicht. Die Kommunikation verlief mühsam. Es war nicht zu erkennen, was Herr L. vom Coaching mitnahm oder konkret erwartete. Trotz allem verliefen die Sitzungen in angenehmer Atmosphäre. Herr L. war sich seines für den Coach herausfordernden Kontaktverhaltens bewusst und versuchte dieses immer wieder durch Humor zu balancieren.

Merkmale	normativ	Beschreibungen: Fallstudie „Herr L."
Kontaktunterfunktion	Egotismus	die Person wird als distanziert erlebt, im Kontakt mit anderen überwiegen Rationalität, Zynismus und Bewertungen
korrespondierende Systemfunktion	Latency of Structures: Vorhalten und Aufrechterhalten interner Systemstrukturen	Schutz des Selbst vor unkontrollierter Veränderung durch den Kontakt
Wirkrichtung der Systemfunktion	instrumentell (zukunftsorientiert)	Aufrechterhaltung der Strukturen des Selbst in Form von Werten, Überzeugungen, Normen
Qualität der Kontaktgrenze	zurückgezogen	schwer „greifbar" in der Interaktion, wenig Persönliches, langes Sprechen
Phase im Kontaktzyklus	Kontakt, Lösung, Rückzug	Integration ist nicht erkennbar, Sich-nicht-einlassen-können
Bedürfnisse	bewusst	Bedürfnisbefriedigung wird angestrebt, kann aber letztendlich nicht erfolgen
Referenz	Fremdreferenz wird prozessiert und für Selbstreferenz gehalten	das Kontaktverhalten orientiert sich an den anderen, andere sollen so kontrolliert werden, dass eigene Ziele erreicht werden (Machiavellismus)
Sozio-emotionales Apriori	Distanz, Dominanz	Herablassen, Zynismus, Bewerten, Kontrolle
Persönlichkeitsmerkmal (Big-Five)	Openness (umgepolt)	im Kontakt wird eher die Bestätigung der eigenen Sichtweisen gesucht, als das Neue
Kommunikationsstil	Rationalisieren	kaum Persönliches, Sachlichkeit überwiegt
Aufmerksamkeit	außen	andere werden sowohl als Bestätigung als auch als Bedrohung erlebt
Richtung	internal	das Handeln ist innenorientiert und dient der Stabilisierung der eigenen Muster (viel reden)
Objekt (*das Neue*)	wird nicht, nur teilweise oder nur modifiziert integriert	Zweifel am Coaching, kaum Anzeichen für Lernen im Kontakt mit anderen

Tab. 16: Auswertung Fallstudie Herr L., normative Form

9 Zusammenfassung der theoretischen Überlegungen und Modellierung

In den vorangegangenen Kapiteln wurde auf Basis systemtheoretischer und gestalttherapeutischer Ansätze das Konzept der Kontaktformen entwickelt. Dieses stellt eine Möglichkeit dar, das Kontaktverhalten von autopoietischen Systemen in seinen zugrundeliegenden Prozessen und seiner Wirkung auf die Systemumwelten zu charakterisieren.

Kontaktformen werden als grundlegende Formen der Interaktion von autopoietischen Systemen mit ihrer Umwelt verstanden, die sich von außen beobachtbar in der Art der Grenzgestaltung zu eben dieser Umwelt manifestieren. Während bei biologischen Systemen die Art der Grenzgestaltung physischen Prozessen unterliegt und somit auch direkt beobachtbar ist, ist die Grenzgestaltung bei psychischen und sozialen Systemen, jenseits des handelnden Individuums, nur indirekt durch die Beobachtung der Kommunikation zugänglich.

Es wird weiterhin davon ausgegangen, dass autopoietische Systeme Kontakt zu ihrer Umwelt aktiv gestalten müssen, um Energie und Informationen aufzunehmen. Beide Medien sind nötig, damit Systeme existieren können und ihr Werden in Form von Entwicklung und Wachstum geschehen kann. Kontakt bedeutet dabei die aktive und aufmerksamkeitsgesteuerte Bewegung hinzu auf das assimilierbare Neue bzw. die Zurückweisung des nichtassimilierbaren Neuen. Eine zentrale Annahme der vorangegangenen Überlegungen ist dabei, dass Kontaktprozesse durch die im jeweiligen System zu erfüllenden Bedürfnisse bzw. bei Bedürfnisverletzung angestoßen werden.

Wie die Kontaktprozesse verlaufen, inwieweit es also zu Abschwächungen, Modifikationen oder Abbrüchen kommt, indem das jeweilige System mit einer spezifischen Kontaktform seine Interaktion mit der Umwelt gestaltet, hängt im Ergebnis der theoretischen Betrachtungen dieser Arbeit von folgenden Faktoren ab:

1. Welche Bedürfnisse des Systems gerade befriedigt werden sollen und der Chance, die Bedürfnisbefriedigung auch zu realisieren.
2. Von der Strukturdeterminiertheit, also dem inneren Zustand des Systems, in dem sich seine Lerngeschichte und Prägungen (z. B. in Form von Introjekten) ausdrücken.
3. Vom Kontaktverhalten der relevanten Umwelten des kontaktnehmenden Systems.
4. Von den Qualitäten, welche die jeweilige Kontaktsituation beschreiben.

5. Und schließlich vom (sozialen) Kontext, indem der Kontaktprozess geschieht.

Diese fünf Faktoren werden als wesentlich dafür angesehen, welche Kontaktform ein System gerade hervorbringt bzw. ob es überhaupt in Kontakt tritt. Dies bedeutet, dass die Kontaktformen als prozessuale, situationsspezifische Formen der Grenzgestaltung von Systemen angesehen werden, die das System im jeweiligen Moment als nützlich empfindet, um seine Bedürfnisse zu befriedigen bzw. die sich in der Vergangenheit zur Bedürfnisbefriedigung als nützlich erwiesen haben. Kontaktformen können bewusst gewählt werden bzw. sind, auch wenn sie automatisch ablaufen, beobachtbar und damit der bewussten Reflexion zugänglich.

Die vier definierten Kontaktformen beziehen sich auf grundlegende Systemfunktionen und haben zahlreiche und eindeutige Korrespondenzen mit Konzepten verschiedener anderer Theorien. Die wesentliche Neuerung des theoretischen Zugangs dieser Arbeit ist, die genaue Betrachtung der ablaufenden Prozesse an der Kontaktgrenze und die Verbindung von Systemtheorie und Gestalttherapie. Durch die Verbindung dieser theoretischen Ansätze wird ein Mechanismus deutlich, der aus dem Zusammenspiel von drei Prozessen besteht: Der Verarbeitung von Selbst- und Fremdreferenz, der Gestaltung der Kontaktgrenze und der Aufmerksamkeitssteuerung. Dieses Zusammenspiel ermöglicht die Kontaktgestaltung, d. h. Kontakt abzuschwächen, qualitativ zu verändern, zu verstärken, zu kontrollieren oder zu verhindern, d. h., bewusst oder unbewusst entsprechend der Systembedürfnisse und der Umweltbedingungen zu regulieren. Aus dem Zusammenspiel der drei Prozesse lassen sich diagnostische Operationalisierungen für die Analyse von Kontaktverhalten entwickeln sowie Interventionsmöglichkeiten für die Gestaltung von *befriedigendem Kontakt*, also dem Agieren in der *mittleren Form*.

Es ergeben sich folgende eigene Modellvorstellungen für das Kontaktverhalten psychischer Systeme, welche die theoretischen Grundlagen für die Forschungsfragen und Hypothesen der empirischen Untersuchungen darstellen.

Dem Modell liegen folgende Annahmen zugrunde: Die Ich-Funktion des psychischen Systems bringt im Prozess des Kontaktnehmens eine bestimmte Form des Kontaktverhaltens hervor. Welche Form dabei entsteht, hängt von der Interaktion der zu erfüllenden Bedürfnisse und deren Wahrnehmung (Es-Funktion) mit den eher stabilen Eigenschaften des psychischen Systems, also den Persönlichkeitsmerkmalen ab. In ihnen spiegeln sich konstitutionelle Gegebenheiten, Prägungen und Lernerfahrungen des psychischen Systems wider. Eine besondere Rolle spielen dabei Introjekte, also von außen nicht bewusst übernommene handlungsleitende Annahmen und Glaubenssätze über das Sein und Tun des jeweiligen Individuums. Die Ich-Funktion generiert auf Basis dieser Gegebenheiten eine spezifische Situationswahrnehmung resp. Feldorganisation. Zusätzlich liefert der soziale Kontext Erwartungsstrukturen hinsichtlich eines passenden und angemessenen Verhaltens. Das Kontaktverhalten wird symmetrisch oder komplementär in Bezug auf den Interaktionspartner bzw. auf das Muster des sozialen Systems, dem man gerade angehört, in Abhängigkeit von den Zielen der Ich-Funktion ausgerichtet.

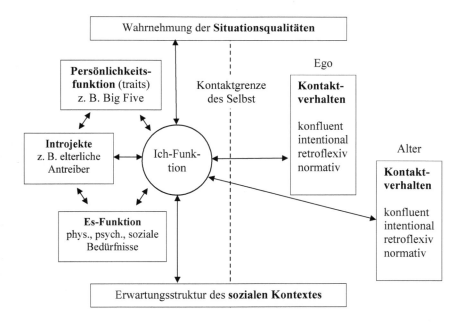

Abb. 36: Modellannahmen zur Entstehung des Kontaktverhaltens

Das Modell kann nicht alle Determinanten des Kontaktverhaltens abbilden. Es fehlt z. B. die Zeitdimension, in der sich soziale Interaktionen bewegen und die es ermöglicht, dass sich Muster bilden und Lernerfahrungen gemacht werden, die das Kontaktverhalten verändern. Weiterhin macht das Modell keine Aussage darüber, mit welcher Wahrscheinlichkeit es zu einer Bedürfnisbefriedigung durch das jeweilige Kontaktverhalten kommen kann. Es kann davon ausgegangen werden, dass die Erfolgswahrscheinlichkeit einen wesentlichen motivationalen Faktor darstellt. Weitere fehlende Determinanten sind denkbar. Mit den Modellvorstellungen sind nach Meinung des Autors jedoch die wichtigsten Faktoren zusammengeführt, um die Form des Kontakts zu einem großen Teil zu erklären. Dies wird Gegenstand der folgenden empirischen Untersuchungen sein.

10 Operationalisierung der Kontaktformen und Itemkonstruktion

Im Folgenden werden als Essenz der beschriebenen Fallbeispiele Verhaltensbeschreibungen und Prädikate zusammengestellt, mit denen die Kontaktformen operationalisiert werden können. Diese Beschreibungen sollen dann in empirischen Untersuchungen getestet und validiert werden. Um die Vielzahl der möglichen Beschreibungen und Verhaltensweisen einzugrenzen, beschränkt sich die Darstellung zunächst auf den beruflichen Kontext. Aus Gründen der Praktikabilität und der Limitationen im Rahmen eines Habilitationsprojektes werden die empirischen Untersuchungen sich nur mit den Kontaktformen auf der Personenebene, also mit psychischen Systemen befassen. Eine Ausweitung auf andere Systemtypen kann in weiterführenden Forschungsprojekten erfolgen.

Zunächst werden prototypisch für jede Kontaktform kurze „Selbstbeschreibungen" auf Basis der dargestellten Fallbeispiele formuliert, wie sie eine Person erzählen könnte, in deren Verhalten die jeweilige Kontaktform im jeweiligen Kontext gerade dominiert. Diese Beschreibungen sollen an „Personas" angelehnt werden, wie sie in der Produkt- oder Softwareentwicklung zum Einsatz kommen. Dort veranschaulichen sie als Prototypen verschiedene Nutzergruppen und deren (Alltags-)Verhalten, aus dem sich dann *User Requirements* für die Entwickler ableiten lassen (Cooper, 1999). Die Personas haben hier die Funktion, die typischen Merkmale jeder Kontaktform zu illustrieren.

Persona: Die konfluente Form
Ich bin gerade sehr zuvorkommend und kann das, was andere sagen, gut annehmen. Dabei nehme ich mich selbst nicht so wichtig und stelle meine eigenen Bedürfnisse zurück. Andere unterstütze ich gerne und bestätige sie in dem, was sie sagen. Wenn es jetzt harmonisch zugeht, fühle ich mich sicher, denn gute Beziehungen zu anderen sind mir in diesem Moment sehr wichtig. Um das zu erreichen, versuche ich Grenzen aufzulösen und Nähe herzustellen. Ich kann mich gerade gut an sich verändernde Situationen anpassen und orientiere mich dabei an den Bedürfnissen der anderen.

Folgende Items werden für die konfluente Form vorgeschlagen:
1. Gute Beziehungen zu anderen sind mir das Wichtigste.
2. Ich bestätige andere gerne in dem, was sie sagen.
3. Wenn es mit anderen harmonisch zugeht, fühle ich mich wohl.
4. Mir ist es wichtig, Grenzen aufzulösen und Nähe herzustellen.

5. Ich nehme mich selbst nicht so wichtig.
6. In der Zusammenarbeit ordne ich meine eigenen Interessen unter.

Persona: Die intentionale Form
Ich weiß genau, was ich gerade erreichen will und wie das Ergebnis aussehen soll. Dabei kann ich Chancen und Risiken für die Zukunft gut erkennen und habe klare Ziele und Vorstellungen. Mit anderen Meinungen, Möglichkeiten oder Vorgehensweisen will ich mich jetzt nicht mehr auseinandersetzen. Bei meinen Mitstreitern reichen mir oft kurze Eindrücke oder Äußerungen, um einzuschätzen zu können, was sie wollen und meistens liege ich damit auch richtig. Am besten ist es, wenn ich die Dinge jetzt selbst in die Hand nehme. Wenn es nötig ist, überzeuge ich andere auch gegen Widerstände von meiner Meinung, denn ich weiß oft schon vorher, was andere denken oder erwidern wollen.

Folgende Items werden für die intentionale Form vorgeschlagen:
1. Ich habe meist klare Ziele und Vorstellungen.
2. In meinen Einschätzungen anderer liege ich oft richtig.
3. Ich weiß oft schon, was jemand sagen will, bevor er/sie zu Ende gesprochen hat.
4. Ich kann andere sehr für mich einnehmen.
5. Ich kann gut einschätzen, aus welchen Beweggründen andere Menschen handeln.
6. In der Zusammenarbeit gebe ich gern die Richtung vor.

Persona: Die retroflexive Form
Ich bin jetzt eher zurückhaltend, gehe nicht so schnell auf andere zu und zeige anderen nicht gleich, was mich bewegt. Gefühlsregungen unterdrücke ich eher oder versuche sie zurückzuhalten. Ich sage jetzt auch nicht gleich, wenn mich etwas stört. Das kostet einige Kraft und es staut sich dabei bei mir auch innerlich eine Menge Ärger an. Um mich anderen gegenüber jetzt öffnen zu können, bräuchte ich viel Vertrauen. Deshalb finden die anderen sicher gerade, dass ich etwas zurückhaltend bin.

Folgende Items werden für die retroflexive Form vorgeschlagen:
1. Ich bin eher zurückhaltend.
2. Meine Gefühle unterdrücke ich oft.
3. Ich zeige anderen nicht so schnell, was mich bewegt.
4. Ich gehe nicht so schnell auf andere zu.
5. Die Initiative überlasse ich meist anderen.
6. Ich denke viel über mich selbst nach.

Persona: Die normative Form
Für mich ist es gerade nicht leicht, mich auf andere einzulassen. Da ich mich gerade nicht sicher fühle, zeige ich mich kaum von meiner persönlichen Seite. Ich beurteile die Dinge jetzt lieber aus der sicheren Ferne, denn mit allzu viel Emotionalität kann ich gerade nicht umgehen. Anderen gegenüber fällt es mir in diesem Moment schwer, Fehler oder Schwächen zuzugeben oder mir etwas erklären zu lassen. Ich behalte jetzt lieber die Kontrolle, indem ich anderen z. B. Hinweise oder Verbesserungen gebe, denn ich erkenne schnell, wenn etwas nicht logisch ist oder noch Fehler oder Ungereimtheiten vorliegen.

Folgende Items werden für die normative Form vorgeschlagen:
1. Mir von anderen etwas erklären zu lassen, fällt mir manchmal schwer.
2. Ich habe das Bedürfnis andere zu verbessern, wenn sie Fehler machen.
3. Was andere über mich denken, überrascht mich meist nicht.
4. Ich gebe anderen gerne Hinweise, wie etwas funktioniert bzw. wie man etwas macht.
5. Es ist für mich nicht ganz leicht, mich auf unsichere Situationen einzulassen.
6. Verbindlichkeit und Gewissenhaftigkeit sind für mich von großer Bedeutung.

Persona: Befriedigender Kontakt (die mittlere Form)
Ich agiere gerade bewusst und gelassen und arbeite fokussiert und intensiv an meinen Aufgaben. Dabei fällt es mir nicht schwer, mich gegen Druck und Stress abzugrenzen, und ich kann meine Bedürfnisse in der Zusammenarbeit mit anderen gut berücksichtigen. Es fällt mir leicht, meine Gefühle, seien sie positiver oder negativer Art, situationsgerecht auszudrücken. Andere kann ich gut akzeptieren und mich gut darauf einlassen, was sie sagen und tun. Ich bin anderen gegenüber aufmerksam und präsent, und ich merke, dass sie meine klaren Ansichten und meine Souveränität schätzen. Alles in allem kann ich gerade gut für mich sorgen und tun, was für mich wichtig ist.

Folgende Items werden für die *mittlere Form* vorgeschlagen:
1. Andere nehmen mich als klar in meinen Ansichten wahr.
2. Ich kann gut für mich sorgen und tun, was für mich wichtig ist.
3. Ich kann andere gut akzeptieren, so wie sie sind.
4. Im Kontakt mit anderen agiere ich meist gelassen.
5. Ich kann meine Bedürfnisse gegenüber anderen ausdrücken.

Da in den folgenden Untersuchungen aufgrund der angenommenen Kontextabhängigkeit des Kontaktverhaltens der Kontexteinfluss konstant gehalten bzw. systematisch variiert wird, sind die Items statisch, d. h. als allgemeingültige Selbstbeschreibungen formuliert. Als Begründung dafür wird angenommen, dass es den zu befragenden Personen so leichter fällt, diese zu beantworten.

Ein weiterer Zugang zur Beschreibung des situativen Kontaktverhaltens von Personen könnte über Eigenschaften erfolgen. Dazu werden den vier Kontaktformen sie typischerweise beschreibende Adjektive zugeordnet, die sich ebenfalls u. a. auch aus den Fallstudien ergeben. Damit können die Qualitäten der jeweiligen Kontaktformen umfassend beschrieben werden:

- *konfluent*: offen, unterstützend, bestätigend, nachgebend, sich einlassend, zugewandt
- *intentional*: emotional, fordernd, zielorientiert, zuschreibend, wortreich, vereinnahmend
- *retroflexiv*: passiv, verschlossen, ausweichend, ablenkend, einsilbig, zurückhaltend
- *normativ*: dominant, kritisch, konfrontierend, sachlich, selbstorientiert, distanziert

Für die Form des befriedigenden Kontakts wird folgende Adjektivliste vorgeschlagen:

- *die mittlere Form:* interessiert, ausgeglichen, souverän, klar, bewusst, präsent

Auf Basis dieser Items soll nun weiterführend in verschiedenen empirischen Studien das Kontaktverhalten untersucht werden.

11 Studie 1: Standardisierte Erhebung der Kontaktformen

Ziel der ersten Untersuchung[2] ist es, die Kontaktformen durch ein standardisiertes Instrumentarium auf der Personenebene zu erfassen. Als Methode der Wahl bietet sich hier für eine erste Annäherung ein Fragebogenverfahren an. Damit sollen die vier Kontaktformen und die mittlere Form durch entsprechende Skalen erfasst werden, welche jeweils aus mehreren Items bestehen, deren als zufällig angenommene Messfehler sich durch Mittelwertbildung aufheben (Axiom 2 der klassischen Testtheorie, vgl. Bortz & Döring, 1995). Die Validität des Instrumentariums wird auf unterschiedlichen Wegen gewährleistet. Zunächst ist durch die Inhalte der verwendeten Items die Augenscheinvalidität gegeben. Die Items wurden dazu aus den schon beschriebenen Fallstudien und den theoretischen Aussagen der Theorie des Kontakts abgeleitet und spiegeln das beobachtbare Kommunikationsverhalten entsprechend der Konstrukte Systembedürfnis, Gestaltung der Kontaktgrenze und Systemreferenz wider. Des Weiteren soll die Konstruktvalidität (Bortz & Döring, 1995) zur Stützung der Befunde genutzt werden. Das Grundmodell der Theorie des Kontakts geht davon aus, dass die Kontaktformen als orthogonale, d. h. unabhängige Faktoren anzusehen sind (vgl. Abbildung 32). Das heißt, eine Person kann gleichzeitig verschiedene Kontaktformen zeigen, die unabhängig voneinander auftreten können (in Abhängigkeit von ihren Bedürfnissen, ihrer Persönlichkeit, der Situation, Interaktionspartnern und dem Kontext). Ein Messmodell mit unabhängigen, diskriminanten Konstrukten wird daher zur weiteren Absicherung der Validität angestrebt. Schließlich soll die Validität noch zusätzlich durch die Erfassung von Selbst- und Fremdbild gewährleistet werden. Hier wird angestrebt, inhaltsgleiche Skalen zu entwickeln, die mit entsprechender interner Konsistenz die Kontaktformen sowohl die Selbst- als auch die Fremdeinschätzung durch einen Beobachter erlauben.

Weiterhin wird mit folgenden Herausforderungen kalkuliert: Zunächst einmal sind die verschiedenen Kontaktformen mehr oder weniger sozial erwünscht. Die konfluente Form wird mit hoher Wahrscheinlichkeit von anderen als angenehm und verträglich, wohingegen angenommen werden kann, dass die normative Form als weniger sozial erwünscht wahrgenommen wird. Der Umstand der sozialen Erwünschtheit ist demzufolge bei der Itemkonstruktion und der Datenanalyse besonders zu berücksichtigen. Zu diesem Zweck wurde bei der Itementwicklung darauf geachtet, dass diese möglichst

---

[2] Untersuchung im Rahmen der Masterarbeit von Lellinger (2016)

neutral formuliert sind. Weiterhin wurde bei der Instruktion der Untersuchungsteilnehmer darauf hingewiesen, möglichst „ehrlich und spontan" zu antworten.

Eine weitere Herausforderung stellt der Unterschied zwischen Selbst- und Fremdbeobachtung dar. Wir gehen davon aus, dass die Kontaktformen durch Fremdbeobachtung reliabler zu erfassen sind, als es durch Selbstbeobachtung möglich ist. Dazu gibt es entsprechende Hinweise in der Forschung. Generell wird hier der Unterschied zwischen Selbst- und Fremdbeurteilung an verschiedenen Stellen thematisiert. Asendorpf (1996) verweist auf eine mittlere Korrelation zwischen Selbst- und Bekanntenurteilen von .30 - .40. Als ein Beispiel sei hier die Studie von Bieri Buschor und Schuler Braunschweig (2011) angeführt. Sie konnten zeigen, dass im Assessment-Center die Fremdbeurteilungen eine deutlich bessere prognostische Validität haben als die Selbstbeurteilung der Teilnehmenden. Insgesamt gab es nur sehr geringe Korrelationen zwischen der Selbst- und der Fremdbeurteilung; die höchste Korrelation mit .28 fand sich für die Dimension *Durchsetzungsvermögen*. Connelly und Ones (2010) kommen in ihren Metaanalysen zu der generellen Aussage, dass Beobachterinnenurteile genauer sind und Verhalten besser prädiktieren können als Selbsteinschätzungen, vor allem, wenn die Beobachter längere Zeit mit den einzuschätzenden Personen interagiert haben. Die Intensität der Interaktionen verbessert dabei vor allem die Genauigkeit der Urteile bei nicht direkt beobachtbaren Persönlichkeitseigenschaften, wie etwa der *emotionalen Stabilität*, hingegen die Beobachterurteile bei besser beobachtbaren Eigenschaften wie etwa der *Verträglichkeit* mit zunehmender Interaktionsintensität nur minimal genauer werden.

Entsprechend der theoretischen Annahmen dieser Arbeit sollten die Unterschiede in der Selbst- und Fremdbeurteilung vor allem auf die Kontaktformen zutreffen, die Kontakt qualitativ verändern, nämlich die intentionale und die normative Form. Durch das Ausweiten bzw. Zurückziehen der Kontaktgrenze findet eine Verschiebung von Selbst- und Fremdreferenz im Aufmerksamkeitsfokus statt. Damit wird es schwieriger, im jeweiligen Moment die eigene Kontaktform zu reflektieren. Dies wird durch die Theorie *Positiver Illusionen* von Taylor und Brown (1988) gestützt. Die Autoren zeigen, dass eine selbstwertdienliche Attribution positiv zur psychischen Gesundheit beiträgt. Hinzu kommen generell optimistische Zukunftserwartungen, die positive Einschätzung der eigenen Person und des *locus of control*. Die Annahmen von Taylor und Brown werden u. a. von Colvin, Block und Funder (1995) sowie Paulhus (1998) gestützt, die zeigen konnten, dass sich vor allem solche Personen positiver einschätzen, die von anderen als sozial weniger kompetent und narzisstisch eingeschätzt werden. Diese Befunde passen gut zur der Annahme, dass durch die intentionale und die normative Form eine qualitative Veränderung des Kontaktprozesses geschieht, denn der intentionalen Form liegt die Projektion und damit eine paranoide Struktur und der normativen Form der Egotismus und damit ein narzisstischer Prozess (Dreitzel, 2004) zugrunde. Somit ist damit zu rechnen, dass die Selbstbeurteilungen für diese beiden Formen nur bedingt brauchbar sein könnten.

Bei der konfluenten und der retroflexiven Form hingegen findet laut der Theorie des Kontakts eine quantitative, d. h. eine Veränderung der Intensität des Kontaktnehmens statt, die der Selbstreflexion leichter zugänglich ist, als eine qualitative Veränderung, die nicht immer mit dem Selbstbild kongruent ist. Alltagssprachlich formuliert könnte man sagen, dass es uns leichter fällt wahrzunehmen, ob wir im Allgemeinen gefällig und verträglich bzw. zurückhaltend und verschlossen sind, als wahrzunehmen oder zuzugeben, dominant und zuschreibend bzw. bewertend und distanziert zu agieren. Für die folgende Untersuchung wird daher davon ausgegangen, dass es nur mäßige Zusammenhänge zwischen den Kontaktformen in der Selbst- und Fremdeinschätzung gibt.

11.1 Forschungsfrage und Hypothesen

Können die Kontaktformen quantitativ und qualitativ durch ein standardisiertes Instrumentarium konstruktvalide und konsistent durch Selbsteinschätzung und Fremdeinschätzung erhoben werden?

Hypothesen:
1. Die Kontaktformen lassen sich mit psychometrischen Skalen qualitativ und quantitativ konsistent erheben.
2. Die Kontaktformen können mit einem Messmodell aus direkten Beobachtungen erfasst werden, welche voneinander unabhängigen latenten Variablen zugeordnet sind.
3. Das Messmodell kann mit inhaltsgleichen Items sowohl für die Selbstbeschreibung, als auch für die Fremdbeschreibung bestätigt werden.
4. Zwischen den latenten Variablen für die Selbst- und die Fremdbeschreibung, welche die Kontaktformen repräsentieren, bestehen nur schwache Zusammenhänge.
5. Die konfluente und die retroflexive Form sind im Gegensatz zur intentionalen und zur normativen Form konsistenter messbar, was sich in höheren Reliabilitäten und geringeren Skaleninterkorrelationen bemerkbar macht.

11.2 Untersuchungsdesign und Fragebogen

Für die Erhebung der Kontaktformen wurden zwei Fragebögen mit inhaltsgleichen Items konstruiert. Für jede Kontaktform und für die mittlere Form wurden zwölf Items auf Basis der Fallstudien und der Personas formuliert, jeweils sechs für die Selbstwahrnehmung und sechs für die Fremdwahrnehmung. Es entstanden also zwei Fragebögen mit jeweils 30 Items. Die Itemsortierung erfolgte dergestalt, dass jeweils fünf Items nacheinander alle vier Kontaktformen und die mittlere Form erfassten, also sechs Blöcke mit jeweils fünf Items konstruiert wurden. Die Itemsortierung war in beiden Fragebögen dieselbe. Es wurde eine sechsstufige Ratingskala von 1 = „trifft gar nicht zu" bis 6 = „trifft voll zu" verwendet. Zusätzlich zu den Items, welche das Kontaktverhalten erfassten, wurden noch einige soziodemografische Daten erhoben (siehe Anhang A).

Variable	Kategorie	Anzahl	Prozent
Selbsteinschätzung			
Alter	bis 30 Jahre	61	50.0
N=122	31 bis 40 Jahre	36	29.5
	41 bis 50 Jahre	18	14.8
	51 bis 60 Jahre	5	4.1
	über 60 Jahre	2	1.6
Geschlecht	weiblich	66	54.1
N=122	männlich	56	45.9
Bildungsabschluss	Berufsausbildung	32	26.2
N=122	Fachschule/ Meister/ Techniker	8	6.6
	Hochschule/ Promotion	68	55.7
	kein Abschluss bzw. anderes	14	11.4
Fremdeinschätzung			
Alter	bis 30 Jahre	40	32.8
N=78	31 bis 40 Jahre	19	15.6
	41 bis 50 Jahre	13	10.7
	51 bis 60 Jahre	5	4.1
	über 60 Jahre	1	0.8
Geschlecht	weiblich	46	37.7
N=78	männlich	32	26.2
Bildungsabschluss	Berufsausbildung	25	20.5
N=78	Fachschule/ Meister/ Techniker	5	4.1
	Hochschule/ Promotion	39	31.9
	kein Abschluss bzw. anderes	9	7.4

Tab. 17: Stichprobendaten der Untersuchung zur standardisierten Erhebung der Kontaktformen

Für die Untersuchung wurde eine anfallende Stichprobe befragt, die sich aus dem Freundes- und Bekanntenkreis der Untersuchungsleiterin rekrutierte.

Die befragten Personen wurden am Ende des Fragebogens gebeten eine Person aus ihrem Freundeskreis oder engeren Bekanntenkreis zu nennen, welche sie für die Fremdeinschätzung vorschlagen würden. Diese Personen wurden daraufhin kontaktiert und gebeten, den entsprechenden Fragebogen für die Fremdeinschätzung der befragten Personen auszufüllen. Auf diese Weise konnte eine Stichprobe von Selbst- und Fremdeinschätzungen erhoben werden. Die Untersuchung erfolgte mit einem Fragebogen in Papierform sowie mit einem Onlinefragebogen.

11.3 STICHPROBE

Es konnten 122 Personen für die Bearbeitung des Fragebogens zur Selbsteinschätzung der Kontaktformen gewonnen werden. Von den angegebenen Personen für die jeweilige Fremdeinschätzung wurden 78 Fragebögen beantwortet. Die soziodemografischen Daten der Stichprobe sind in Tabelle 17 aufgeführt.

Fragebogen Fremdwahrnehmung
Kontaktform konfluent ($\alpha = .75$, $M = 4.46$, $SD = 0.85$)
V_618 ... versucht eine gute Beziehung herzustellen.
V_628 ... versucht Harmonie herzustellen.
V_633 ... stellt Nähe her.
Kontaktform intentional ($\alpha = .55$, $M = 3.68$, $SD = 0.77$)
V_624 ... hat ausgeprägte Einschätzungen von anderen Personen.
V_634 ... wirkt einnehmend.
V_644 ... gibt gerne die Richtung vor.
Kontaktform retroflexiv ($\alpha = .72$, $M = 3.11$, $SD = 0.98$)
V_620 ... hält sich meistens zurück.
V_625 ... unterdrückt seine/ihre Gefühle.
V_640 ... überlässt die Initiative dem Gegenüber.
Kontaktform normativ ($\alpha = .62$, $M = 3.75$, $SD = 0.99$)
V_626 ... verbessert andere und weist sie auf Fehler hin.
V_631 ... gibt sich wissend und lässt sich kaum überraschen.
V_636 ... gibt gern Hinweise, wie etwas funktioniert bzw. wie man etwas macht.
mittlere Form ($\alpha = .68$, $M = 4.59$, $SD = 0.85$)
V_622 ... wirkt klar in ihren/seinen Ansichten.
V_627 ... kann gut für sich sorgen und tun was für ihn/sie wichtig ist.
V_642 ... drückt seine/ihre Bedürfnisse gegenüber anderen angemessen aus.

Tab. 18: Skalen und Items zur Fremdwahrnehmung der Kontaktformen mit Skalenkennwerten

11.4 Itemanalyse

Beginnend mit den Fremdeinschätzungen wurden die Items einer Reliabilitätsanalyse unterzogen. Ziel war es, Items für reliable Skalen zu extrahieren, die für beide Fragebögen, also für die Selbst- und die Fremdwahrnehmung inhaltsgleich sind. Dabei wurde nach dem Kriterium α nach Cronbach (Bortz & Döring, 1995) vorgegangen und die Items so lange selegiert, bis α ein Maximum für die Items beider Fragebögen erreicht hatte. Gleichzeitig wurde darauf geachtet, dass die verbleibenden Items die jeweilige intendierte Skala inhaltlich gut repräsentierten. Im Ergebnis der Itemselektion entstand eine Lösung mit jeweils drei parallelen Items pro Konstrukt mit brauchbaren bis guten Reliabilitätsindizes, die in Tabellen 18 und 19 dargestellt sind.

Fragebogen Selbstwahrnehmung
Kontaktform konfluent ($\alpha = .71$, $M = 4.44$, $SD = 0.72$)
V_521 Gute Beziehungen zu anderen sind mir das Wichtigste.
V_566 Wenn es mit anderen harmonisch zugeht, fühle ich mich wohl.
V_571 Mir ist es wichtig, Grenzen aufzulösen und Nähe herzustellen.
Kontaktform intentional ($\alpha = .56$, $M = 4.37$, $SD = 0.67$)
V_528 In meinen Einschätzungen anderer liege ich oft richtig.
V_572 Ich kann andere sehr für mich einnehmen.
V_602 In der Zusammenarbeit gebe ich gern die Richtung vor.
Kontaktform retroflexiv ($\alpha = .57$, $M = 3.33$, $SD = 0.98$)
V_523 Ich bin eher zurückhaltend.
V_529 Meine Gefühle unterdrücke ich oft.
V_607 Die Initiative überlasse ich meist anderen.
Kontaktform normativ ($\alpha = .43$, $M = 3.92$, $SD = 0.80$)
V_530 Ich habe das Bedürfnis andere zu verbessern, wenn sie Fehler machen.
V_569 Was andere über mich denken, überrascht mich meist nicht.
V_574 Ich gebe anderen gerne Hinweise, wie etwas funktioniert bzw. wie man etwas macht.
mittlere Form ($\alpha = .42$, $M = 4.30$, $SD = 0.80$)
V_525 Andere nehmen mich als klar in meinen Ansichten wahr.
V_526 Ich kann gut für mich sorgen und tun, was für mich wichtig ist.
V_609 Ich kann meine Bedürfnisse gegenüber anderen ausdrücken.

Tab. 19: Skalen und Items zur Selbstwahrnehmung der Kontaktformen mit Skalenkennwerten

Analog zu den Ergebnissen der Itemselektion für die Fremdwahrnehmung wurden die Skalen für die Selbstwahrnehmung gebildet. Bedingt durch die erzwungene Auswahl der Items analog zu der Itemselektion auf Basis der Fremdwahrnehmungen fallen die Reliabilitätsindizes der Skalen zur Selbstwahrnehmung insgesamt geringer aus. Die Skalen sind in Tabelle 20 dargestellt.

11.5 ERGEBNISSE

Zur Überprüfung des eingangs formulierten Ansatzes zur Messung der Kontaktformen wurde ein lineares Strukturgleichungsmodell nach dem LISREL-Ansatz von Jöreskog und Sörbom (2013) aufgestellt. Die Messmodelle für die beobachtbaren Variablen bestehen aus jeweils drei Messungen pro Kontaktform (x und y-Variablen), welche durch die latenten Variablen (ξ_{1-4} und η_{1-4}) repräsentiert werden. Die beiden Messmodelle gehen davon aus, dass die latenten Variablen jeweils durch drei zugehörige beobachtbare Variablen repräsentiert werden und keine relevanten weiteren Pfade existieren. Weiterhin wird davon ausgegangen, dass die Messfehler der beobachtbaren Variablen nicht korrelieren.

Das Strukturmodell nimmt lineare Beziehungen zwischen ξ und η an, die nur zwischen den jeweils gleichen Kontaktformen existieren, also z. B. nur zwischen ξ_1 und η_1 usw., aber nicht zwischen ξ_2 und η_1 usw., weshalb in der Parametermatrix nur die Diagonale geschätzt wird. Alle weiteren Parametermatrizen innerhalb der latenten Variablen bzw. innerhalb der Messfehler wurden ebenfalls als Diagonalmatrix definiert. Für die Modellschätzung wurde die Kovarianzmatrix verwendet. Die folgende Abbildung zeigt das LISREL-Modell mit den Parametern der standardisierten Lösung.

Analog wurde für die Variablen, welche die mittlere Form erfassen, ein eigenes Strukturgleichungsmodell nach gleichem Muster aufgestellt. Dieses Vorgehen wurde gewählt, weil sich inhaltlich die vier Kontaktformen und die mittlere Form nicht sinnvoll in ein und demselben Modell abbilden lassen. Das Konstrukt „befriedigender Kontakt" ist entsprechend des Hauptmodells der Theorie des Kontakts (vgl. Abbildung 32) der Mittelpunkt innerhalb des Koordinatensystems der Kontaktformen resp. der mittlere Modus oder wie schon weiter oben bezeichnet, die *mittlere* Form. Im Gestaltkontext gesprochen also das Agieren und Sich-zeigen an der Kontaktgrenze, das Berücksichtigen eigener Bedürfnisse und der des anderen, das Nähe aufbauen, ohne sich aufzulösen und die bewusste Unterscheidung von Selbst- und Fremdreferenz. Befriedigender Kontakt ist bildlich gesprochen also die fünfte Position, die aus dem Mittelpunkt der vier Kontaktformen hervortritt. Das Strukturgleichungsmodell für die *mittlere* Form ist im Folgenden abgebildet.

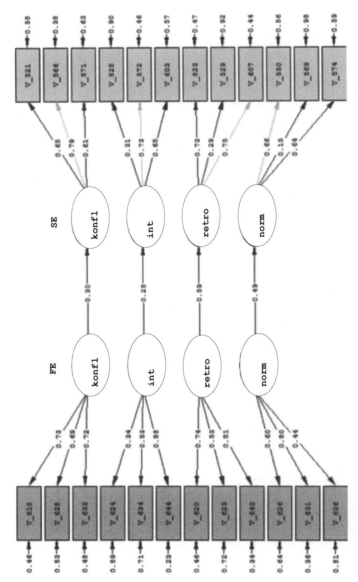

Abb. 37: Lineares Strukturgleichungsmodell zur standardisierten Erhebung der Kontaktformen. Modellgüte: $X2(242) = 288.50$, $p = 0.022$, GFI = .77, CFI = 0.91, RMR = .14, RMSEA = 0.05, SRMR = 0.11, N = 78. Alle Parameter weisen signifikante t-Werte auf, bis auf die Ladungen zu den Variablen V_528 und V_569.

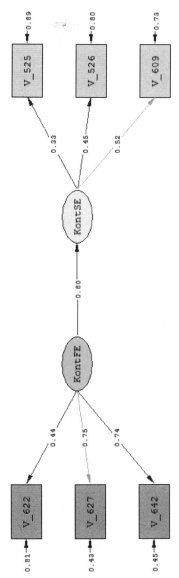

Abb. 38: Lineares Strukturgleichungsmodell zur standardisierten Erhebung der mittleren Form. Modellgüte: X2(8) = 15.35, p = 0.053, GFI = 0.94, CFI = 0.89, RMR = .07, RMSEA = 0.11, SRMR = 0.06, N = 78. Alle Parameter weisen signifikante t-Werte auf.

Fremdwahrnehmung	konfluent	intentional	retroflexiv	normativ
konfluent				
intentional	-.05			
retroflexiv	-.04	-.20		
normativ	-.13	.33**	-.46**	

Tab. 20: Skaleninterkorrelationen (Produkt-Moment-Korrelation) der Skalen für die Fremdwahrnehmung (** p < .01, N = 78)

Weitere interessante Informationen zur Validierung des Erhebungsinstruments liefern die Skaleninterkorrelationen, die in den Tabellen 20 und 21 dargestellt sind. Die Korrelationen zwischen den Skalen weisen für die Selbst- bzw. die Fremdwahrnehmung einige Unterschiede auf, welche im folgenden Abschnitt durch die theoretischen Annahmen erklärt werden. Insgesamt sind die Effekte klein bzw. mittel und weisen auf eine weitestgehende Unabhängigkeit der Konstrukte hin. Lediglich vier von 12 Korrelationskoeffizienten sind mit mittleren Effekten signifikant.

Selbstwahrnehmung	konfluent	intentional	retroflexiv	normativ
konfluent				
intentional	.30**			
retroflexiv	-.11	-.04		
normativ	.10	.25**	.09	

Tab. 21: Skaleninterkorrelationen (Produkt-Moment-Korrelation) der Skalen für die Selbstwahrnehmung (** p < .01, N = 122)

11.6 INTERPRETATION DER ERGEBNISSE

Mit der Erhebung der Kontaktformen durch zwei Fragebögen einmal zur Selbstwahrnehmung des eigenen Kontaktverhaltens und einmal eingeschätzt durch eine befreundete Person konnte ein weitestgehend konsistentes und valides Instrumentarium zur standardisierten, quantitativen Erhebung des Kontaktverhaltens entwickelt werden. Dieses Instrument kann in den folgenden Untersuchungen zur Erhebung der Kontaktformen eingesetzt werden.

Die postulierten Strukturgleichungsmodelle stützen sowohl die angenommenen Messmodelle als auch die Strukturmodelle. Die Zusammenhänge zwischen der Selbsteinschätzung und der Fremdeinschätzung sind ausreichend stark, so dass davon ausgegangen werden kann, dass beide die gleichen Konstrukte erfassen. Der Faktor der sozialen Erwünschtheit konnte durch neutrale und nicht-wertende Itemformulierungen im Wesentlichen neutralisiert werden und macht sich nur in dem geringeren Skalenmittelwert für die normative Form bei der Selbstwahrnehmung indirekt bemerkbar.

Die eingangs formulierten Unterschiede in der Selbst- und Fremdwahrnehmung zeigen sich deutlich: So sind beispielsweise die Reliabilitäten bei der konfluenten und der retroflexiven Form im Mittel deutlich größer als bei der intentionalen oder normativen. Dies stützt die theoretische Annahme, dass es bei letzteren durch die Ausweitung bzw. den Rückzug der Kontaktgrenze zu einer qualitativen Veränderung von Kontakt kommt, die sowohl dem Selbst als auch einem Beobachter nicht so leicht zugänglich ist. Bei der Selbstwahrnehmung zeigt sich dies in signifikanten Korrelationen der intentionalen Form mit der konfluenten und der normativen Form. Dies bedeutet, dass nicht alle befragten Personen genau unterscheiden können, ob sie sich konfluent oder intentional bzw. intentional oder normativ verhalten bzw. beide Kombinationen vermehrt gemeinsam auftreten. Die Korrelation zwischen der konfluenten und der intentionalen Form kann darauf zurückgeführt werden, dass sich diese in wesentlichen Qualitäten ähnlich sind. Beides sind aktive Formen, bei welchen Nähe hergestellt wird, beide verwechseln Selbst- und Fremdreferenz, was bedingt durch die Gestaltung der Kontaktgrenze durch das jeweilige psychische System jedoch nur schwer wahrnehmbar ist und beide treten am Anfang des Kontaktzyklus auf. Ebenso gibt es einige grundlegende Gemeinsamkeiten zwischen der intentionalen und dem normativen Form. Beides sind dominante Verhaltensweisen, die sich an der Fremdreferenz ausrichten, aber Selbstreferenz prozessieren und beide sind im Allgemeinen sozial nicht positiv konnotiert.

Bei der Fremdwahrnehmung gibt es ebenfalls einen signifikanten Zusammenhang zwischen der intentionalen und der normativen Kontaktform. Dieser dürfte auf ähnliche Ursachen zurückzuführen zu sein, wie der gleichartige Zusammenhang der beiden Formen bei der Selbstwahrnehmung. Eine negative Korrelation zwischen der normativen und der retroflexiven Form kann als modellkonform angesehen werden, da beide viele gegensätzliche Qualitäten aufweisen (z. B. submissiv vs. dominant, external vs. internal).

Die Ergebnisse offenbaren jedoch auch einige Schwächen dieses Forschungszugangs. Ein Problem der Erhebung der Kontaktformen liegt in der Kontextabhängigkeit, der Abhängigkeit von den Situationsqualitäten und dem Interaktionspartner. Dies wird besonders bei der Selbstwahrnehmung deutlich, die allgemein und nicht kontext- bzw. situationsspezifisch erhoben wurde. Im Gegensatz dazu ist die Fremdwahrnehmung eher als stabiler anzusehen, da sich Freunde und gute Bekannte in eher gleichbleibenden Kontexten begegnen und auch als Interaktionspartner ein konstantes Gegenüber repräsentieren (Connelly & Ones, 2010). Vor diesem Hintergrund, unspezifischer Kontext und verschiedene Interaktionspartner bei der Selbstwahrnehmung und stabiler Kontext und gleicher Interaktionspartner bei der Fremdwahrnehmung sind die aufgezeigten Zusammenhänge ausgesprochen stark und deuten auf situationsübergreifende Personenmerkmale hin.

Ein weiteres Problem besteht in der Stichprobengröße. Durch die hohe Drop-Out-Quote bei der Fremdwahrnehmung ist das N für die Analyse durch Strukturgleichungsmodelle deutlich zu gering. Hier werden üblicherweise Stichproben ab 300 und mehr Beobachtungen (Backhaus et al., 1994) empfohlen. Daher sind die Ergebnisse eher als Hinweise für empirische Evidenz zu interpretieren.

Hauptertrag dieser Untersuchung sind die zehn Skalen, mit denen in den folgenden Untersuchungen die Kontaktformen in der Selbst- und Fremdbeschreibung auf der Personenebene effizient durch einen kurzen Fragebogen erhoben werden können.

12 Studie 2: Kontaktformen in sozialen Systemen

Gegenstand der folgenden Untersuchung[3] ist die Interaktion von Personen mit sozialen Systemen. Diese soll anhand der Kontaktformen untersucht werden. Konkret werden dazu die interpersonelle Wahrnehmung, d. h. die Wahrnehmung der jeweiligen Person durch die anderen Mitglieder des sozialen Systems und der Zusammenhang zwischen dem individuellen Kontaktverhalten und der dominierenden Kontaktform des sozialen Systems untersucht. Weiterhin sollen der Einfluss der Situationswahrnehmung und der Einfluss von Persönlichkeitseigenschaften betrachtet werden. Als Untersuchungsfeld wurde dazu das gruppendynamische Training gewählt.

Der Ansatz der Gruppendynamik geht im Wesentlichen auf Lewin zurück (Schattenhofer & König, 2014), den er in den vierziger Jahren am Massachusetts Institute of Technology in seinem Research Center of Group Dynamics entwickelte. Klassisch ist hier das Trainingsgruppendesign (T-Groups), welches sich über mehrere Tage erstreckt. Dazu wird in mehreren Gruppen von etwa zehn Personen gearbeitet, die sich ab und zu im Plenum begegnen und dort den Gruppenprozess reflektieren, sich untereinander Feedback geben bzw. bekommen (Bachmann, 2015). Der Prozess in den Gruppen wird von einem oder mehreren Trainern gestartet und passiv begleitet. Mit der „initialen Verunsicherung", dass die Teilnehmer nun auf sich selbst gestellt sind und von den Trainern keine Instruktionen kommen, beginnt das Lernen im selbstorganisiert entstehenden Gruppenprozess. Damit dies funktioniert, wird das Setting durch einen Arbeitskontrakt mit den Teilnehmern hinsichtlich der räumlich-zeitlichen Struktur definiert, innerhalb derer jedoch keine inhaltlichen Vorgaben existieren. Selbstverständlich gibt es vielfältige Varianten, solche Prozesse zu gestalten, sie unterscheiden sich im Wesentlichen durch den Grad an Steuerung, Input und Konfrontation von Seiten der Trainer und inwieweit die Gruppendynamik durch den Einsatz bestimmter Übungen gelenkt oder intensiviert wird (Antons, 2000; Bachmann, 2015; Brosius, 2009). Worin besteht nun das Lernen in einem gruppendynamischen Setting? Wenn eine Gruppe von fremden Personen zusammenkommt und über eine längere Zeit dazu angehalten ist, diesem Zusammensein Sinn zu verleihen, entsteht ein Prozess der Musterbildung in einem sozialen System. Welche Mitteilung von beteiligten Personen wird durch Anschlusskommunikation beantwortet und welche nicht (Luhmann, 1984)? Welche Arten von Mitteilungen werden in die Gruppe gegeben? Oder anders formuliert: Welchen

---

[3] Forschungsprojekt zusammen mit Prof. Dr. Matthias Ziegler, Lehrstuhl für Psychologische Diagnostik an der Humboldt-Universität zu Berlin

Kontaktformen lassen sich die Mitteilungen zuordnen und wie reagiert die Gruppe darauf?

Der Prozess der Gruppenentwicklung resp. Musterbildung ist durch unterschiedliche Phasen gekennzeichnet (Tuckman, 1961). Auf vorsichtige, tastende oder passive und lähmende Phasen folgen wiederum Phasen von Enthusiasmus und Energie. Konflikte entstehen, Rollen werden ausgehandelt, man spricht über Muster, Verhalten, Ängste, Wünsche, Überraschendes und Vertrautes. Dabei ist es interessant, wie die Teilnehmenden den *Gruppendynamischen Raum* (Amann, 2009) ausgestalten, also die Systemfunktionen Adaption, Goal Attainment, Integration und Latency realisieren. Wie schon näher ausgeführt, werden diese im Kontext der Gruppendynamik durch die Dimensionen Hierarchie, Intimität und Zugehörigkeit repräsentiert. Das Modell des *Gruppendynamischen Raumes* rekurriert dabei nicht spezifisch auf die noch offengebliebene Systemfunktion der Adaptation. Diese kann jedoch als die Fähigkeit des sozialen Systems verstanden werden, dass sich seine Kommunikationsmuster bezogen auf Umwelteinflüsse anpassen können und nicht starr und unveränderlich immer wieder reproduziert werden.

Lernen passiert in solchen gruppendynamischen Trainingsgruppen auf mehreren Ebenen, nämlich als Selbsterleben, in der Prozessbeobachtung und durch Feedback aus der Gruppe und schöpft seine Besonderheit und Intensität aus der Tatsache, dass jeder der Beteiligten die Dynamik in der Gruppe gleichzeitig mitgestaltet und ihr „ausgeliefert" ist. Die Methode birgt jedoch auch Risiken, die z. B. von Königswieser, Wimmer und Simon (2013) thematisiert werden.

Aufgrund der Besonderheit des gruppendynamische Kontextes gehen wir davon aus, dass die beteiligten Personen gerade in einer solchen unklaren, verunsichernden Situation charakteristische Kontaktformen zeigen oder anders gesagt, dass eine dominante Form gezeigt wird, welche im Verlauf der individuellen Entwicklung der jeweiligen Personen in ähnlichen Kontexten bereits deren Systembedürfnisse realisiert hat. Dies wurde bereits von Frew (1986) für Therapie und Selbsterfahrungsgruppen postuliert. Mit ihrer jeweiligen Kontaktform nimmt die Person Einfluss auf den Gruppenprozess und erlebt diesen wiederum auf ihre bestimmte Art und Weise. Das heißt, die Art des Kontaktnehmens steht in Zusammenhang mit der Wahrnehmung der Kontaktsituation. Gleichzeitig kann davon ausgegangen werden, dass die Kontaktformen, welche die Teilnehmer innerhalb einer Trainingsgruppe zeigen, auf das Kontaktverhalten jedes Einzelnen zurückwirken, anders ausgedrückt: Das dominierende Kontaktverhalten in der jeweiligen Gruppe beeinflusst das Kontaktverhalten des Einzelnen und soll daher ebenfalls Gegenstand der folgenden Untersuchung sein. Das gruppendynamische Trainingssetting bietet für die folgende Untersuchung daher vorteilhafte Möglichkeiten. Neben der Selbstbeschreibung der Personen bezüglich ihrer Persönlichkeit, ihrer Kontaktformen, des Situationserlebens und ihrer Wirkung auf die Gruppe, können direkt im Prozess Indikatoren für die interpersonelle Wahrnehmung erhoben werden, also wie sich die Gruppenmitglieder gegenseitig einschätzen. Dazu wird die Methode der Soziometrie gewählt.

Das Soziogramm geht auf Jacob Levi Moreno (z. B. Moreno, 1981) zurück und ist eine beliebte Methode zur Erhebung von Gruppenstrukturen und Rollen und zur Beschreibung von Prozessverläufen in Gruppen. Seit den Anfängen haben sich zahlreiche Varianten und methodische Vorgehensweisen entwickelt. Im gruppendynamischen Training hat das Soziogramm die Funktion, die Gruppenstruktur, also die Binnendifferenzierung der Gruppe, in Form von Wahlentscheidungen zwischen den Gruppenmitgliedern auf bestimmten Dimensionen sichtbar zu machen (Höhn & Schick, 1974). Solche Dimensionen können z. B. „Sympathie" oder „Intensität der Zusammenarbeit" sein. Im Ergebnis erhält jedes Mitglied der Gruppe eine unterschiedliche Anzahl von Wahlen auf den jeweiligen abgefragten Dimensionen. Dies bedeutet direktes Feedback über Position und Rolle der Person in der Gruppe und für die Gruppe Feedback über den Prozessverlauf. Die dabei registrierten Daten in Form der Wahlen innerhalb der Gruppe können in Beziehung zu den Kontaktformen gesetzt werden. Dadurch kann sichtbar werden, inwieweit sich das jeweilige Kontaktverhalten auf die Position jedes Gruppenmitglieds innerhalb seiner Trainingsgruppe auswirkt und wie sie auf den Dimensionen des *Gruppendynamischen Raumes* wahrgenommen wird.

Die Wahrnehmung der Situation, die während des gruppendynamischen Prozesses erhoben wird, gibt Aufschluss darüber, wie die Teilnehmer die Situation subjektiv empfinden. Hier sind Zusammenhänge zu den Kontaktformen zu erwarten, welche laut Theorie des Kontakts an spezifischen Punkten des Kontaktzyklus lokalisiert sind und durch eine spezifische Form der Aufmerksamkeitssteuerung (innen vs. außen, fokussiert vs. schweifend) und durch eine spezifische Konfiguration der Kontaktgrenze (durchlässig, ausgedehnt, verschlossen, zurückgezogen) charakterisiert sind.

12.1 Forschungsfrage und Hypothesen

Wie beeinflussen Persönlichkeitsmerkmale, Situationswahrnehmung und die Interaktion mit sozialen Systemen das Auftreten der Kontaktformen? Welcher Zusammenhang besteht zwischen individuellen Kontaktformen, der interpersonellen Wahrnehmung und dem Muster des sozialen Systems?

Hypothesen
1. Personen nehmen die Situation, in der sich befinden, in Abhängigkeit von ihrer jeweilig vorherrschenden Kontaktform wahr. Entsprechend dem Situationswahrnehmungsmodell von Ziegler et al. (2014a) ist hier ein starker Zusammenhang von Ergebniserwartung und der *konfluenten*, Belebtheit und der *intentionalen*, kognitivem Load und der *retroflexiven* sowie Monotonie und der *normativen Kontaktform* zu erwarten.
2. Es gibt Zusammenhänge zwischen den Kontaktformen und den Persönlichkeitseigenschaften. Das *konfluente* Muster korreliert mit Verträglichkeit, das *intentionale* Muster mit emotionaler Stabilität und Gewissenhaftigkeit, das *retroflexive* Muster negativ mit Extraversion und das *normative* Muster negativ mit Offenheit. Die *mittlere* Form sollte mit den Faktoren emotionale Stabilität und Offenheit korrelieren.
3. Der Verlauf der Interaktionen in einem sozialen System lässt durch das Modell des *Gruppendynamischen Raumes* (Hierarchie, Zugehörigkeit, Intimität) beschreiben, einmal auf Personenebene durch Selbsteinschätzungen und zum anderen auf der Interaktionsebene mithilfe eines Soziogramms, also durch Fremdeinschätzungen. Die Selbsteinschätzungen und die Fremdeinschätzungen korrelieren positiv miteinander.
4. Das dominante Kontaktverhalten eines jeden Gruppenmitglieds ist neben der individuellen Prägung durch vorherige Erfahrungen in Gruppen weiterhin durch die Kontaktformen der anderen Gruppenmitglieder der aktuellen Gruppe determiniert.
5. In den Gruppen entstehen im zeitlichen Verlauf Interaktionsmuster, die sich dadurch kennzeichnen lassen, dass eine Kontaktform dominiert.
6. Wie eine Person im *Gruppendynamischen Raum* wahrgenommen wird, steht in Zusammenhang mit ihrer dominanten Kontaktform im jeweiligen Gruppenkontext. Einfluss entsteht durch die *intentionale* und die *normative* Kontaktform, Irritation ebenfalls durch die *intentionale* und vor allem durch die *retroflexive* Form, Vertrauen durch die *konfluente* Form. *Die mittlere Form* ermöglicht Vertrauen und Einfluss in der Gruppe und wird nicht irritierend wahrgenommen.

12.2 Untersuchungsdesign

Die Untersuchung fand im Zeitraum von Frühjahr 2014 bis Sommer 2016 mit 22 Trainingsgruppen statt. Dazu wurde das Seminar „Gruppendynamische Selbsterfahrung", welches im Rahmen verschiedener Weiterbildungsgänge von artop - Institut an der Humboldt-Universität zu Berlin stattfindet, genutzt. Das Seminar findet mehrmals jährlich als viertes oder fünftes Modul verschiedener Weiterbildungsgänge, die jeweils etwa 12–14 Module umfassen, immer am gleichen Ort, einem abgelegenen Seminarhaus im Umland Berlins, statt und dauert drei Tage. Zu Beginn wird die Gruppe per Zufallsauswahl in zwei Trainingsgruppen unterteilt, welche dann über das gesamte Seminar bestehen bleiben. Die Trainingsgruppen tagen in zwei verschiedenen Räumen unabhängig voneinander, jedoch innerhalb der gleichen Seminarstruktur. Diese besteht aus Arbeitseinheiten von jeweils 60–90 Minuten, welche von jeweils 30 Minuten Pause bzw. einer längeren Mittagspause unterbrochen sind. Am ersten Tag finden drei Arbeitseinheiten statt, am zweiten Tag vier und am dritten Tag noch einmal vier. Der detaillierte Ablauf des Seminars sowie die verschiedenen Erhebungspunkte für die Untersuchung sind in der Tabelle 22 dargestellt.

Die Datenerhebung erfolgte zunächst ante situ, d. h., vor dem Start der Veranstaltung wurden im Zuge der Instruktion und Information der Teilnehmer zum Seminar zwei Fragebögen, einmal zum Verhalten in Gruppen und einmal zu den Kontaktformen, ausgeteilt und sofort von den Teilnehmern ausgefüllt.

Der nächste Erhebungspunkt (in situ) war am zweiten Seminartag. Bis dahin hatten die Teilnehmer über drei Arbeitseinheiten miteinander interagiert. In der ersten Arbeitseinheit hatte die Teilnehmer die Aufgabe, die Ressourcen der eigenen Trainingsgruppe zu besprechen. Die Frage dazu lautete: „Welche Kompetenzen und wichtigen Erfahrung gibt es unter den Mitgliedern unserer Gruppe?". In der nächsten Arbeitseinheit hatten die Gruppen die Aufgabe, die Kooperationsübung „Überleben in der Wüste"[4] zu absolvieren. Bei diesem Kooperations- und Entscheidungsspiel geht es darum, als überlebende Passagiere eines Flugzeugabsturzes 15 unversehrt gebliebene Gegenstände gemeinsam in eine für das Überleben optimale Rangfolge der Wichtigkeit zu bringen. Die Gruppe muss sich dabei auf Basis von Konsensentscheidungen auf eine gemeinsame Rangfolge einigen, nachdem vorher jedes Gruppenmitglied in Einzelarbeit eine persönliche Rangfolge gebildet hatte.

Der zweite Tag beginnt mit Reflexionen des Gruppenprozesses vom Vortag, bei denen sich die Gruppen jeweils wechselseitig beobachten und anschließend Feedback geben. In der anschließenden Pause werden wiederum die beiden Fragebögen vom Vortag, zusätzlich ergänzt durch den Fragebogen zur Situationswahrnehmung ausgegeben und von den Teilnehmern ausgefüllt. In der nächsten Arbeitseinheit wird das Soziogramm erstellt. Dazu

---

[4] Das Copyright für die Originalversion hat Human Synergetics International mit Sitz in Ann Abor in den USA. Die deutschsprachige Version, die hier zum Einsatz kam, kursiert ohne Hinweis auf die Autoren und wird im Kontext von Trainings- und Assessment Centern häufig verwendet.

haben die Teilnehmer die Aufgabe auf den drei Dimensionen *Einfluss*, *Vertrauen* und *Irritation* jeweils drei farblich unterschiedliche Karten (rot, grün und gelb) an die Gruppenmitglieder der eigenen Trainingsgruppe zu verteilen. Dabei müssen alle Karten verteilt werden und es darf nur jeweils eine Karte einer Farbe an dieselbe Person verteilt werden. Die Wahlen im Soziogramm jeder Trainingsgruppe wurden ebenfalls protokolliert. Die nächsten Arbeitseinheiten dienten dazu, den anderen Gruppenmitgliedern die Wahlen bzw. Nicht-Wahlen auf den drei Dimensionen zu erläutern und damit Feedback über die Wirkung der Person zu geben. Die drei Dimensionen des Soziogramms wurden den Teilnehmern in folgender Form erläutert: „Du hast Einfluss in der Gruppe", „Dir vertraue ich" und „Du irritierst mich" bzw. „An Dich habe ich noch Fragen". Die Dimensionen referieren dabei auf den *Gruppendynamischen Raum*. Einfluss korrespondiert mit Hierarchie, Vertrauen mit Intimität und Irritation mit Zugehörigkeit. Die andersartige Benennung der Dimensionen im Trainingskontext ist nötig, da die Begriffe Hierarchie, Intimität und Zugehörigkeit starke emotionale Konnotationen aufweisen und die Ergebnisse des Soziogramms beeinflussen würden bzw. Widerstand gegen die Methode bei den Gruppenmitgliedern auslösen können. Während Einfluss und Vertrauen sinnfällig mit Hierarchie und Intimität korrespondieren, besteht bei Zugehörigkeit und Irritation ein gegenläufiger Zusammenhang. Dieser besteht darin, dass sich die Zugehörigkeit zu einem sozialen System nach Luhmann (2006) über die Musterbildung durch Kommunikation und Anschlusskommunikation reguliert. Wenn eine Person hier stark irritiert, bedeutet das, dass sie wenig Anschlusskommunikation erhält. Damit kann sie sich nicht an der Musterbildung beteiligen und bleibt kommunikativ ausgeschlossen, obwohl sie physisch anwesend ist.

Der dritte Tag wird mit einer kreativen Prozessreflexion durch die Teilnehmer eingeleitet, bei der jeweils eine Teilgruppe jeder Trainingsgruppe, also insgesamt vier Kleingruppen, eine kurze Darbietung eigener Wahl vorführen, welche den erlebten gruppendynamischen Prozess widerspiegeln sollen. Schließlich werden die Trainingsgruppen abgeschlossen und es wird gemeinsam im Plenum mit Hilfe von theoretischen Modellen auf den Prozess geschaut und der Transfer in die Praxis besprochen. Die Teilnehmerinnen wurden weiterhin durch die jeweiligen Trainer ihrer Trainingsgruppe mit einem Beobachtungsbogen bezüglich ihres gezeigten Kontaktverhaltens eingeschätzt.

Im Nachgang des Trainings (post situ) wurden die Teilnehmerinnen schließlich noch per E-Mail gebeten, die Kurzform des B5PS von Ziegler (2014a) online auszufüllen. Mit diesem Test werden die Big Five effizient erhoben und können als generalisierte Kontaktformen in Form von Persönlichkeitseigenschaften mit in die Analyse der Kontaktformen einfließen. Etwas abweichend von den ursprünglichen Bezeichnungen von Borkenau und Ostendorf (2008) beschreibt Ziegler (2014a) die fünf Persönlichkeitsfaktoren mit den Begriffen Extraversion, Teamorientierung, Belastbarkeit, Gewissenhaftigkeit und Flexibilität und passt die Konstrukte in ihrer Benennung an den beruflichen Kontext an (alle verwendeten Fragebögen und Testitems sind im Anhang B dargestellt).

Zeit	Schritt	Arbeitseinheit	Erhebung
Tag 1	ante situ	Instruktion im Plenum	Fragebogen: Kontaktformen Fragebogen: Verhalten in Gruppen
	1	Aufgabe: Ressourcen der Gruppe erarbeiten	
	2	Übung: Überleben in der Wüste	
	3	Auswertung der Übung	Ergebnisdaten: Gruppenübung
Tag 2	1	Gruppe 1: Reflexion des Vortags, Gruppe 2 beobachtet	
	2	Gruppe 2: Reflexion des Vortags, Gruppe 1 beobachtet	
	in situ		Fragebogen: Situationswahrnehmung Fragebogen: Kontaktformen Fragebogen: Verhalten in Gruppe
	3	Soziogramm	Daten: Soziogramm
	4	Feedback	
Tag 3	1	Kreative Prozessreflexion	
	2	Beenden der Trainingsgruppen	
	3	Theorieinput und Transfer	Fragebogen: Fremdeinschätzung der Teilnehmer durch die Trainer
	4	Seminarabschluss	
	post situ		Onlineerhebung: B5PS (Big Five und Situationswahrnehmung)

Tab. 22: Ablauf und Erhebungszeitpunkte und -inhalte der Untersuchung von Kontaktformen in sozialen Systemen

Auf die oben beschriebene Weise wurden im Untersuchungszeitraum 11 Ausbildungsgruppen bestehend aus jeweils 2 Trainingsgruppen, also

22 Trainingsgruppen mit insgesamt 147 Teilnehmern untersucht (6.7 Mitglieder pro Gruppe). Die Stichprobe bestand aus Teilnehmerinnen der Weiterbildungsgänge zum „Systemischen Coach", zum „Systemischen Organisationsberater" und zum „Kommunikations- und Verhaltenstrainer". Alle haben ein Hochschulstudium, es nahmen 44 Männer und 103 Frauen teil und der Altersdurchschnitt lag bei 40 Jahren.

Für alle Items wurde eine 6-Stufige Ratingskala von 1 = "trifft gar nicht zu" bis 6 = "trifft voll" zu verwendet. Für die Soziogrammdaten wurde die Anzahl der erhaltenen Karten pro Dimension erfasst. Da diese mit der Gruppengröße korreliert, wurde der Rohwert der Soziogrammdaten bezogen auf die Gruppengröße normiert.

12.3 ITEMANALYSE, SKALENBILDUNG UND DESKRIPTIVE STATISTIK

Zunächst wurden die eingesetzten Skalen hinsichtlich ihrer Struktur und ihrer internen Konsistenz untersucht. Für die Schätzung der internen Konsistenzen wurde Cronbachs α verwendet, welches damit als Reliabilitätsschätzung fungiert. Für die Untersuchung der Struktur der verwendeten Items zur Erfassung des *Gruppendynamischen Raums* wurde eine Hauptkomponentenanalyse als Faktorenanalyse mit Varimax-Rotation durchgeführt. Die Faktorenanzahl wurde jeweils vorher theorieabhängig festgelegt. Für die anderen Skalen wurden keine Faktorenanalysen durchgeführt, da diese ja bereits in der Voruntersuchung bzw. im Rahmen der Entwicklung des B5PS validiert wurden.

12.4 ERGEBNISSE

12.4.1 Situationswahrnehmung

Die Skalenkennwerte sind in Tabelle 23 dargestellt. Die Reliabilitäten entsprechen in etwa den Kennwerten der Testkurzform, wie sie im Handbuch des B5PS angegeben sind (Ziegler, 2014a). In beiden Fällen haben *kognitiver Load* und *Monotonie* deutlich geringere Reliabilitäten als die anderen drei Situationsqualitäten. *Monotonie* und *psychischer und physischer Load* haben die geringsten Ausprägungen bezogen auf den Skalenmittelwert und neben der Skala *Belebtheit* auch die höchsten Streuungen.

Die Situationsqualitäten korrelieren vielfältig miteinander (Tabelle 24): Große negative Effekte gibt es zwischen *Monotonie* sowie *Ergebniserwartung* und *Belebtheit* und starke positive Effekte zwischen *Belebtheit* und *Ergebniserwartung*. Alle anderen Skalen korrelieren mit mittleren bzw. einem schwachen Effekt miteinander.

Situationswahrnehmung

Skala	α	M	N	SD
Kognitiver Load (herausfordernd, geistig anregend, anspruchsvoll)	.65	4.13	117	0.88
Monotonie (nüchtern, einengend, farblos)	.53	2.33	117	0.90
Psychischer und physischer Load (strapaziös, mühsam, körperlich anstrengend)	.82	2.55	117	1.24
Ergebniserwartung (Erfolg versprechend, chancenreich, professionell)	.73	4.23	117	0.80
Belebtheit (lebendig, natürlich, belebt)	.86	4.49	117	0.91

Tab. 23: Skalenkennwerte für die Situationswahrnehmung (die dazugehörigen Items sind in Klammern aufgeführt)

Situationswahrnehmung in situ

	Kognitiver Load	Monotonie	Psych. & phys. Load	Ergebniserwartung	Belebtheit
Kognitiver Load	-	-	-	-	-
Monotonie	-.23*	-	-	-	-
Psych. & phys. Load	.35**	.37**	-	-	-
Ergebniserwartung	.21*	-.52**	-.31**	-	-
Belebtheit	.12	-.58**	-.36**	.55**	-

Tab. 24: Interkorrelation der Skalen: Situationswahrnehmung (N = 117; ** $p < .01$; * $p < .05$)

12.4.2 Gruppendynamischer Raum

Die Selbst- und Fremdwahrnehmung der Personen bezüglich des Gruppenprozesses wurde mit selbst entwickelten Items erfasst, die das Modell des *Gruppendynamischen Raums* repräsentieren. Diese wurden einmal *ante situ* und einmal *in situ* eingesetzt. Die Faktorenanalyse ergab, dass sich die intendierte Faktorenstruktur fast identisch und theoriekonform bestätigen lässt (Items und Faktorladungen sind im Anhang B zu finden). In Tabelle 25 sind die Kennwerte der Faktoren sowie die entsprechenden Skalenkennwerte dargestellt. Die Ergebnisse zeigen, dass die Reliabilitäten der Skalen *in situ* besser sind als die Werte, die *ante situ* erhoben wurden. Die Skalenmittelwerte sind *in situ* niedriger als *ante situ*, dafür sind die Streuungen höher. Die Mittelwertunterschiede sind *ante* und *in situ* für die Skalen *Einfluss: t (116)* = 2.20, p = 0.03, d = .19), *Vertrauen: t*(116) = 1.91, p = 0.060, d = .13) und *Irritation: t(116)* = 3.51, p = 0.001, d = .33) bei zweiseitiger Fragestellung. Einen mittleren Effekt gibt es nur bei der Mittelwertdifferenz der Skala *Irritation*, deren Werte *in situ* geringer ausgeprägt sind.

Faktor		Gruppendynamischer Raum				
		VAR_{rot}*	α	M	N	SD
ante situ	Einfluss	20.97	.78	4.52	120	0.57
	Vertrauen	18.26	.74	4.67	120	0.63
	Irritation	16.19	.81	2.70	120	0.85
in situ	Einfluss	24.17	.88	4.36	117	0.74
	Vertrauen	22.42	.87	4.55	117	0.78
	Irritation	21.00	.88	2.40	117	0.98

*Erklärte Varianz nach Rotation

Tab. 25: Ergebnis der Faktorenanalysen und Skalenkennwerte für die Erfassung der Wahrnehmung des Gruppendynamischen Raums ante und in situ

In der Tabelle 26 sind die Korrelationen der Skalenwerte zwischen den beiden Messzeitpunkten dargestellt. Die Korrelationen zwischen verschiedenen Skalen und Messzeitpunkten wurden aus Gründen der Übersichtlichkeit und Nicht-Interpretierbarkeit weggelassen. Die Korrelationen zeigen Zusammenhänge mit mittleren bis großen Effekten zwischen den Skalen *in situ* als auch *ante situ*.

Die Korrelationen zwischen den beiden Messzeitpunkten sind ebenfalls signifikant mit mittleren und einem großen Effekt. Die Korrelationen zeigen plausible Zusammenhänge: *Einfluss* und *Vertrauen* stehen in einem deutlich positiven Zusammenhang, hingegen *Irritation* stark negativ mit Einfluss und Vertrauen korreliert.

		Gruppendynamischer Raum					
		ante situ			in situ		
		Einfluss	Vertrauen	Irritation	Einfluss	Vertrauen	Irritation
ante situ	Einfluss	-	-	-	.39**	-	-
	Vertrauen	.48**	-	-	-	.42**	-
	Irritation	-.54**	-.53**	-	-	-	.53**
in situ	Einfluss	-	-	-	-	-	-
	Vertrauen	-	-	-	.67**	-	-
	Irritation	-	-	-	-.56**	-.68**	-

Tab. 26: Skaleninterkorrelation für die Erfassung der Wahrnehmung des Gruppendynamischen Raums ante und in situ (N = 116, ** p < .01). Reduzierte Korrelationsmatrix: redundante bzw. nicht interpretierbare Koeffizienten wurden nicht dargestellt.

12.4.3 Kontaktformen

Die Kontaktformen wurden in dieser Untersuchung *ante situ* und *in situ* als Selbsteinschätzung und ebenfalls *in situ* als Fremdeinschätzung durch die jeweiligen Trainer erfasst. Dazu schätzte jeder Trainer alle Mitglieder seiner Trainingsgruppe mithilfe der Fremdeinschätzungsitems ein. Aus Gründen der Durchführbarkeit und Praktikabilität musste auf eine Einschätzung jedes Gruppenmitglieds durch *beide* Trainer verzichtet werden. Die Brauchbarkeit der Trainereinschätzungen lässt sich daher nicht durch Interraterreliabilität verifizieren. Dieses Manko wurde durch eine ausführliche Schulung der Trainer bezüglich der zu beurteilenden Kontaktformen sowie durch einen Trainerstamm von immer den gleichen vier Personen kompensiert. Die Ergebnisse der Reliabilitätsanalyse sind in Tabelle 27 dargestellt. Es wurden die Items der Voruntersuchung verwendet. Zusätzlich zu diesen validierten Items wurden zur Skalenbildung pro Kontaktform noch jeweils weitere Items hinzugefügt, um die Reliabilitäten weiter zu erhöhen. Die Zuordnung der Items zu den gebildeten Skalen ist im Anhang B zu finden.

	Kontaktformen				
Skala		α	M	N	SD
ante situ	konfluent	.56	4.34	120	0.65
Selbsteinschätzung	intentional	.59	4.27	120	0.61
	retroflexiv	.82	2.96	120	0.86
	normativ	.63	3.12	120	0.89
	mittlere Form	.54	4.51	120	0.57
in situ	konfluent	.71	4.24	117	0.71
Selbsteinschätzung	intentional	.53	4.11	117	0.61
	retroflexiv	.81	3.01	117	0.85
	normativ	.52	2.76	117	0.81
	mittlere Form	.67	4.50	117	0.62
in situ	konfluent	.87	3.96	121	0.93
Fremdeinschätzung	intentional	.83	2.79	121	1.05
	retroflexiv	.86	3.22	121	1.12
	normativ	.83	2.67	121	1.17
	mittlere Form	.70	3.72	121	0.70

Tab. 27: Skalenkennwerte für die Erfassung der Kontaktformen als Selbst- und Fremdeinschätzung

Auch bei den Kontaktformen zeigt sich kleine Effekte und ein mittlerer Effekt, insofern dass die Mittelwerte der Selbsteinschätzungen *in situ* geringer werden als *ante situ (konfluente Form:* $t(117) = 2.15, p = .033, d = .13$), *intentionale Form*: $t(117) = 3.19, p = .002, d = .20$) und die *normative Form:* $t(117) = 5.65, p = .000, d = .40$). Dies gilt nicht für die *retroflexive* und die *mittlere* Form, bei denen sich keine Mittelwertunterschiede zwischen den Erhebungszeitpunkten zeigen.

In der Tabelle 28 sind die Zusammenhänge zwischen den Kontaktformen für die Selbsteinschätzung *ante situ* und *in situ* sowie die Skaleninterkorrelationen dargestellt. Die Korrelationen der Kontaktformen zwischen Messzeitpunkten sind sehr groß. Innerhalb der Kontaktformen zu einem Messzeitpunkt ergibt sich jeweils ein ähnliches Muster der Skaleninterkorrelationen, wobei die Zusammenhänge zum zweiten Messzeitpunkt deutlicher zu Tage treten als *ante situ*.

		Kontaktformen							
		ante situ				in situ			
		konfl.	intent.	retro.	norm.	konfl.	intent.	retro.	norm.
ante situ	konfluent	-	-	-	-	.69**	-	-	-
	intentional	.32**	-	-	-	-	.64**	-	-
	retroflexiv	-.16	-.29**	-	-	-	-	.65**	-
	normativ	-.14	-.02	.09	-	-	-	-	.67**
in situ	konfluent	-	-	-	-	-	-	-	-
	intentional	-	-	-	-	.43**	-	-	-
	retroflexiv	-	-	-	-	-.38**	-.37**	-	-
	normativ	-	-	-	-	-.02	.11	.09	-

Tab. 28: Skaleninterkorrelation für die Erfassung der Kontaktformen in der Selbsteinschätzung ante und in situ (N = 116, ** p < .01). Reduzierte Korrelationsmatrix: redundante bzw. nicht interpretierbare Koeffizienten wurden nicht dargestellt.

	Kontaktformen in situ			
	konfluent	intent.	retroflexiv	normativ
konfluent	-	-	-	-
intentional	-.07	-	-	-
retroflexiv	-.37**	-.41**	-	-
normativ	-.25**	.66**	-.06	-

Tab. 29: Skaleninterkorrelation für die Erfassung der Kontaktformen in der Fremdeinschätzung (N = 121, ** p < .01)

In Tabelle 29 sind die Skaleninterkorrelationen der Fremdeinschätzung der Kontaktformen durch die Trainer dargestellt. Diese weisen ein anderes Muster auf als die Selbsteinschätzungen der Teilnehmer. Damit wird, wie schon in der vorherigen Untersuchung, die Frage nach dem Unterschied zwischen

Selbst- und Fremdwahrnehmung bzw. der Zugänglichkeit der Kontaktformen durch Selbst- bzw. Fremdbeobachtung erneut aufgeworfen. Dies trifft vor allem auf die *intentionale* und die *normative* Form zu, welche den Kontaktprozess qualitativ durch Grenzverschiebung verändern, hingegen die *konfluente* und die *retroflexive* Form eine quantitative Veränderung durch Öffnung oder Schließung der Kontaktgrenze herbeiführen und damit die Intensität des Kontaktprozesses steuern.

Dies wird noch einmal deutlich, wenn man die Fremdeinschätzungen jeweils mit den beiden Selbsteinschätzungen korreliert: Sowohl für die *konfluente* Form ($r = .39**$ und $r = .48**$) als auch für die *retroflexive* Form ($r = .41**$ und $r = .47**$) können signifikante Zusammenhänge zwischen Selbst- und Fremdeinschätzung sowohl *ante* als auch *in situ* gezeigt werden, hingegen für die *intentionale* ($r = .17$ und $r = .10$) und die *normative* ($r = .16$ und $r = .17$) Form keine nennenswerten Effekte zwischen Selbst- und Fremdeinschätzung gezeigt werden können.

Die Muster der Skaleninterkorrelationen in dieser Untersuchung unterscheiden sich von denen der vorangegangen Untersuchung sowohl in der Selbst- als auch in der Fremdeinschätzung, was möglicherweise auf den grundsätzlich anderen Erhebungskontext zurückzuführen sein könnte. Zur Prüfung dieser Unterschiede wurde nach Steiger (1980) getestet, inwieweit sich die Korrelationsmatrizen der Kontaktmuster voneinander unterscheiden. So unterscheiden sich die Korrelationsmatrizen der Selbsteinschätzungen zwischen den beiden Messzeitpunkten nicht signifikant mit $X^2(6, N_1 = 116, N_2 = 116) = 6.22, p < .4$, hingegen der Unterschied zwischen den Selbsteinschätzungen und den Fremdeinschätzungen *in situ* signifikant mit $X^2(6, N_1 = 121, N_2 = 116) = 36.09, p = .000$ ist. Auch die Korrelationsmatrizen der Fremdeinschätzungen zwischen der ersten und der zweiten Untersuchung unterscheiden sich signifikant mit $X^2(6, N_1 = 78, N_2 = 116) = 25,54$, $p = .000$, hingegen die Matrizen der Selbsteinschätzungen gerade noch als nicht voneinander verschieden angesehen werden können mit $X^2(6, N_1 = 116, N_2 = 122) = 11,52, p < .074$. Die Zusammenhänge der *mittleren* Form zu den anderen Kontaktformen sind in Tabelle 30 dargestellt. Bei den Selbsteinschätzungen *in situ* und *ante situ* zeigen sich signifikante mittlere Effekte mit der *intentionalen* Form, sowie negative Zusammenhänge mit der retroflexiven und der normativen Form. Die Zusammenhänge bei den Fremdeinschätzungen sind ähnlich. Innerhalb der Fremdeinschätzungen gibt es einen mittleren Zusammenhang zwischen der *mittleren* und der *konfluenten* Form.

Weiterhin gibt es einen großen Effekt zwischen den Messzeitpunkten bei der Selbsteinschätzung von $r = .66; p = .000$ und einen kleinen Effekt zwischen der Selbst- und der Fremdeinschätzung in situ von $r = .21; p = .024$.

	Kontaktformen			
mittlere Form	konfluent	intent.	retroflexiv	normativ
ante situ Selbsteinschätzung	ante situ Selbsteinschätzung			
ante situ Selbsteinschätzung	.16	.29**	-.20*	-.31**
in situ Selbsteinschätzung	in situ Selbsteinschätzung			
in situ Selbsteinschätzung	.19*	.40**	-.35**	-.21*
in situ Fremdeinschätzung	in situ Selbsteinschätzung			
in situ Fremdeinschätzung	.20*	.24*	-.15	.08
in situ Fremdeinschätzung	in situ Fremdeinschätzung			
in situ Fremdeinschätzung	.45**	.13	-.31**	-.21

Tab. 30: Skalenkorrelation der Kontaktformen mit der mittleren Form (N = 116, ** p < .01; * p < .05)

12.4.4 Soziogramm

Die Gruppenmitglieder schätzten sich mithilfe eines Sozigramms hinsichtlich der Dimensionen des *Gruppendynamischen Raumes in situ* gegenseitig ein. Dies erfolgte durch die Vergabe farbiger Karten. Da die absolute Anzahl der Karten von der Größe der jeweiligen Trainingsgruppe abhängt, wurden die Daten normiert. Dazu wurde der Rohwert, also die absolute Anzahl an erhaltenen Wahlen pro Dimension, durch die Gruppengröße-1 dividiert, weil man sich selbst keine Karte geben konnte. Im Ergebnis entstanden interindividuell vergleichbare Soziogrammdaten, deren Werte zwischen 0 und 1 liegen. Die Werte liegen für alle Dimensionen und für die Gesamtsumme im Mittel etwa bei .50 und haben eine mittlere Standardabweichung von .30. In diese Analysen konnten 138 Datensätze einfließen.

Bei den Soziogrammdaten ist die Abhängigkeit der Urteile innerhalb der Trainingsgruppen zu beachten, da nur eine limitierte Anzahl von Karten für jede Dimension zur Verfügung stand. Wenn z. B. eine Person viele Karten bekam, konnten die anderen in der Gruppe nur entsprechend weniger bekommen. Die Daten können also nur bezogen auf die Anzahl erhaltener Karten innerhalb einer Gruppe interpretiert werden, die Ausprägung zwischen Individuen verschiedener Gruppen ist nicht vergleichbar. Die Korrelationen zwischen Dimensionen des Soziogramms sind in Tabelle 31 dargestellt.

	Soziogramm in situ			
	Einfluss	Vertrauen	Irritation	Summe
Einfluss	-	-	-	-
Vertrauen	-.11	-	-	-
Irritation	.26**	-.54**	-	-
Anzahl Karten	.83**	.18*	.48	-

Tab. 31: Interkorrelation der Soziogrammdaten in der Fremdeinschätzung durch Gruppenmitglieder (N=138, ** p < .01; * p < .05)

Es zeigt sich, dass sich *Irritation* und *Vertrauen* mit einer starken negativen Korrelation deutlich ausschließen, *Einfluss* auch mit *Irritation* korreliert, wer *Einfluss* in der Gruppe hat, auch viele Karten bekommt, wer *irritiert*, weniger Karten erhält, und dass die Personen, die Vertrauenskarten bekommen, insgesamt die wenigsten Karten erhalten.

			Soziogramm		
			Einfluss	Vertrauen	Irritation
Gruppendynamischer Raum	ante situ	Einfluss	.34**	-.05	-.01
		Vertrauen	.16	.13	-.15
		Irritation	-.09	-.12	.25**
	in situ	Einfluss	.38**	.06	.03
		Vertrauen	.09	.19*	-.14
		Irritation	-.05	-.08	.10

Tab. 32: Skalenkorrelation des Gruppendynamischen Raums ante und in situ mit den Soziogrammdaten (N = 109, ** p < .01)

Setzt man die Soziogrammdaten in Beziehung mit den Selbsteinschätzungen zum *Gruppendynamischen Raum*, einmal *ante* und einmal *in situ* erhoben, ergibt sich folgendes Bild: Die Dimension *Einfluss* der Selbsteinschätzung korreliert signifikant mit einem mittleren Effekt mit den Fremdeinschätzungen aus dem Soziogramm. Für die Dimension *Irritation* ist das für die *ante situ*-Einschätzung ebenso der Fall wie für die Dimension *Vertrauen* für die *in situ*-Einschätzung. Für letztere allerdings nur mit kleinen Effekten (Tabelle 32).

12.4.5 B5PS Kurzform

Im Anschluss an die Teilnahme am Gruppendynamiktraining wurde den Teilnehmerinnen ein Link zur Kurzform des B5PS zugesandt. Den Test führten insgesamt 46 Teilnehmer durch. Zur Verwendung kommen im Folgenden die normierten Werte der T-Skala. Die Korrelationen zwischen den Persönlichkeitsdimensionen sind in der Tabelle 33 dargestellt.

	P5PS post situ				
	Belastbarkeit	Extraversion	Flexibilität	Gewissenhaftigkeit	Teamorientierung
Belastbarkeit	-	-	-	-	-
Extraversion	.61**	-	-	-	-
Flexibilität	.48**	.59**	-	-	-
Gewissenhaftigkeit	.22	.35*	.53**	-	-
Teamorientierung	.53**	.64**	.41**	.03	-

Tab. 33: Interkorrelation der Dimensionen des B5PS (N = 46, ** $p < .01$, * $p < .05$)

Bis auf zwei sind alle Korrelationskoeffizienten signifikant und weisen mittlere bis große Effekte auf. Eine Ausnahme ist der Zusammenhang von *Gewissenhaftigkeit* mit *Belastbarkeit* und *Teamorientierung*, hier konnten keine signifikanten Korrelationen bestimmt werden.

12.5 SPEZIFISCHE ANALYSEN ZU DEN KONTAKTFORMEN

In den folgenden Analysen werden – entsprechend der theoretischen Modellüberlegungen – die Zusammenhänge zwischen den Kontaktformen als abhängige Variable und den Persönlichkeitsdimensionen des B5PS, der Situationswahrnehmung, den Dimensionen des Gruppendynamischen Raumes als Selbsteinschätzung *ante* und *in situ* und des Soziogramms als unabhängige Variablen untersucht. Die Unterteilung in abhängige und unabhängige Variablen ist dabei ausschließlich den Restriktionen der zum Einsatz kommenden statistischen Modelle geschuldet. Aus Gründen der Einfachheit werden die Zusammenhänge zunächst mithilfe von multiplen Regressionsanalysen betrachtet, die es erlauben, den Einfluss einer Anzahl von Variablen auf eine Zielgröße ohne Redundanzen bzw. bezüglich aller relevanten Varianzanteile zu ermitteln (vgl. auch Bortz, 1989). Die Wirkrichtung spielt dabei eine untergeordnete Rolle. Hier werden aus systemischer Sicht ohnehin zirkuläre Prozesse angenommen. Die *Richtung* der verwendeten Regressionsmodelle ist also nur das Ergebnis pragmatischen Handelns, bei dem es darum geht, den möglichen Einfluss einer Variablengruppe eines Konstrukts zu untersuchen, ohne dass dabei eine Wirkrichtung gemeint ist. In den folgenden Analysen werden jeweils fünf multiple Regressionsmodelle für jede der vier Kontaktformen geschätzt und zwar 1). mit den fünf Dimensionen des B5PS, 2). den fünf Dimensionen der Situationswahrnehmung, 3). den drei Dimensionen des Gruppendynamischen Raums ante situ und 4). den drei Dimensionen des Gruppendynamischen Raums in situ sowie 5). den drei Dimensionen des Soziogramms sowie zusätzlich die Anzahl erhaltener Karten als jeweilige Prädiktoren.

Ein anderer möglicher Analyseweg wäre, jeweils eine Regressionsanalyse pro Kontaktform durchzuführen, in die alle Einflussgrößen gleichzeitig eingehen. Bei diesem Vorgehen würden die Ergebnisse aufgrund der hohen Dropout Quote beim B5PS weniger zuverlässig sein ($N = 46$ statt $N = 117$). Weiterhin würden durch gemeinsame Varianzanteile der Variablen schwächere Prädiktoren wegfallen und damit weniger differenzierte Ergebnisse entstehen. Zum Vergleich sind die Ergebnisse dieses alternativen Vorgehens in Anhang B dargestellt.

12.5.1 Die konfluente Form
Die *konfluente* Kontaktform ist durch eine nicht oder nur schwach ausgebildete Kontaktgrenze, eine Orientierung an der Fremdreferenz und eine nach außen gerichtete Aufmerksamkeit gekennzeichnet. Das Bedürfnis der Anpassung steht im Vordergrund und wird durch aktives Handeln verfolgt. In der Interaktion mit anderen wird Nähe gesucht und viel Bestätigung und Unterstützung mitgeteilt, eigene Bedürfnisse werden oft vernachlässigt.

Tabelle 34 zeigt das Ergebnis der Regressionsanalysen für die *konfluente* Kontaktform. Personen, welche in der Untersuchungssituation diese Kontaktform gezeigt haben, sind eher *extravertiert* und haben eine hohe *Ergebniserwartung* an die Situation. Weiterhin sind sie der Meinung, dass andere Gruppenmitglieder im Gruppenprozess *Vertrauen* zu ihnen haben. Zusammenhänge mit anderen Variablen der Untersuchung konnten nicht gezeigt werden.

Konfluente Form	Zielgröße: Selbsteinschätzung in situ					
Einflussgrößen	β	t	p	R^2	F	p
B5PS						
Extraversion	.39	2.75	.009	.15	$F(1,43) = 7.56$	.009
Situationswahrnehmung						
Ergebniserwartung	.34	3.86	.000	.12	$F(1,115) = 14.93$	.000
Gruppendyn. Raum ante situ						
Vertrauen	.39	4.54	.000	.15	$F(1,115) = 20.66$	.000
Gruppendyn. Raum in situ						
Vertrauen	.50	6.25	.000	.25	$F(1,115) = 39.12$	.000

Tab. 34: Ergebnis der Regressionsanalysen für die konfluente Kontaktform

12.5.2 Die intentionale Form
Personen, welche die *intentionale* Form zeigen, habe eine erweiterte Kontaktgrenze, agieren auf hohem Energielevel und ihre Aufmerksamkeit richtet sich nach außen. Dabei sind sie stark an eigenen Vorstellungen und Zielen orientiert, um ihre Bedürfnisse zu erfüllen.

Im Ergebnis der Analysen in Tabelle 35 für die *intentionale* Form zeigt sich ebenfalls ein starker Zusammenhang mit dem Persönlichkeitsmerkmal *Extraversion*. Ein negativer Zusammenhang besteht zur Situationsvariable *Monotonie*. Im Gruppenprozess sehen sich Personen, welche diese Kontaktform wählen, als *vertrauenswürdig* und wenig *irritierend* und schreiben sich *Einfluss* in der Gruppe zu. Dies wird auch durch die Fremdeinschätzung der Gruppenmitglieder im Soziogram bestätigt: Die Gruppenmitglieder sehen Personen, die in der intentionalen Form agieren, nicht als *irritierend* an und *wählen* sie im Soziogramm insgesamt *häufig*.

12.5.3 Die retroflexive Form
Die *retroflexive* Form entsteht durch ein Verschließen der Kontaktgrenze und eine Ausrichtung der Aufmerksamkeit nach innen, wobei vor allem Selbstreferenz prozessiert wird. Personen, die diese Form zeigen, sind zurückhaltend, zeigen wenig Gefühle und wenig Initiative. Sie bringen sich im Verlauf der Interaktion weniger ein. Manchmal wirken sie angespannt. Innerlich sind sie mit der Verarbeitung eigener Gedanken und Gefühle beschäftigt.

Intentionale Form	Zielgröße: Selbsteinschätzung in situ					
Einflussgrößen	β	t	p	R^2	F	p
B5PS						
Extraversion	.41	2.93	.009	.17	$F(1,43) = 8,58$	.005
Situationswahrnehmung						
Monotonie	-.25	-2.80	.006	.06	$F(1,115) = 7,85$	.006
Gruppendyn. Raum ante situ						
Vertrauen	.18	1.85	.067			
Irritation	-.32	-3.18	.002	.20	$F(2,114) = 14,07$	.000
Gruppendyn. Raum in situ						
Einfluss	.25	2.90	.005			
Vertrauen	.33	3.18	.002	.25	$F(2,114) = 28,12$	.000
Soziogramm in situ						
Anzahl Karten	.26	2.51	.014			
Irritation	-.28	-2.62	.010	.08	$F(2,106) = 4,49$	.013

Tab. 35: Ergebnis der Regressionsanalysen für die intentionale Kontaktform

Retroflexive Form	Zielgröße: Selbsteinschätzung in situ					
Einflussgrößen	β	t	p	R^2	F	p
B5PS						
Teamorientierung	-.29	-1.88	.067			
Extraversion	-.43	-2.82	.007	.43	$F(2,42) = 16,12$	.000
Situationswahrnehmung						
Monotonie	.31	3.55	.001	.10	$F(1,115) = 12,58$	.001
Gruppendyn. Raum ante situ						
Irritation	.29	3.17	.002			
Vertrauen	-.35	-3.78	.000	.32	$F(2,114) = 26,40$	.000
Gruppendyn. Raum in situ						
Irritation	.18	1.72	.088			
Vertrauen	-.21	-1.82	.072			
Einfluss	-.30	-2.95	.004	.37	$F(3,113) = 21,88$	.000
Soziogramm in situ						
Vertrauen	.23	1.85	.068			
Irritation	.40	2.94	.004			
Summe	-.53	-4.36	.000	.16	$F(3,105) = 6,56$	.000

Tab. 36: Ergebnis der Regressionsanalysen für die retroflexive Kontaktform

Im Ergebnis der Regressionsanalysen in Tabelle 36 zeigen Personen mit der *retroflexiven* Form negative Zusammenhänge mit den Persönlichkeitsdimensionen *Extraversion* und *Teamorientierung*. Die Situation wird von ihnen *monoton* wahrgenommen. In der Gruppe erleben sie sich selbst als *irritierend* und auch nicht als *Vertrauenspersonen* und sie sprechen sich auch wenig Einfluss zu. Im Soziogramm gibt es einen schwachen Zusammenhang zur Dimension *Vertrauen*, vor allem aber einen deutlichen Zusammenhang zur Dimension *Irritation*. Insgesamt werden sie im Soziogramm *seltener gewählt* als andere Personen.

12.5.4 Die normative Form

Die *normative* Form zeichnet sich durch eine zurückgezogene Kontaktgrenze, einem nach innen gerichteten Aufmerksamkeitsfokus und dem Prozessieren von Fremdreferenz aus. Personen, die diese Form wählen, agieren kontrolliert, wissend und sind bemüht, keine Schwächen zu zeigen. In Tabelle 37 zeigen die Ergebnisse eine geringe *Teamorientierung*, die Situation wird als *monoton* wahrgenommen und gleichzeitig als *kognitiv anstrengend*. In der Gruppe erleben sie sich als *Einfluss* nehmend, aber auch als *irritierend* und wenig *vertrauenswürdig*. Dies wird auch im Soziogramm von der Gruppe bestätigt: Hier zeigt sich die *Vertrauensdimension* als einziger Prädiktor und zwar mit einem negativen Zusammenhang.

Normative Form	Zielgröße: Selbsteinschätzung in situ					
Einflussgrößen	β	t	p	R^2	F	p
B5PS						
Teamorientierung	-.26	-1.78	.082	.07	$F(1;43) = 3.18$	.082
Situationswahrnehmung						
Kognitiver Load	.18	2.01	.047			
Monotonie	.61	4.03	.000	.12	$F(2;114) = 8.74$	.001
Gruppendyn. Raum ante situ						
Einfluss	.22	2.08	.040			
Irritation	.39	3.68	.000	.12	$F(2;114) = 6.76$	.002
Gruppendyn. Raum in situ						
Einfluss	.31	2.60	.011			
Vertrauen	-.46	-3.85	.000		$F(2;114) = 7.42$	.001
Soziogramm in situ						
Vertrauen	-.18	-1.95	.054	.03	$F(1;107) = 3.81$	.054

Tab. 37: Ergebnis von fünf Regressionsanalysen für die normative Kontaktform

12.5.5 Die mittlere Form

Die mittlere Form ist durch ein balanciertes Agieren zwischen Selbst- und Fremdreferenz gekennzeichnet. In diesem Modus kann Kontakt gelingen, die Person bringt sich in die Interaktion mit den anderen ein und berücksichtigt zugleich ihre eigenen Bedürfnisse. Tabelle 38 zeigt, dass Personen, die diese Form wählen zugleich hohe Werte auf den Skalen *Belastbarkeit*, *Gewissenhaftigkeit* und *Teamorientierung* aufweisen. Die Situation wird *nicht als psychisch* und *physisch anstrengend* bei gleichzeitiger *Belebtheit* wahrgenommen. In der Gruppe erleben sie sich als *einflussnehmend* und wenig *irritierend*. Die geringe *Irritation* wird auch in der Fremdeinschätzung durch das Soziogramm bestätigt.

Mittlere Form	Zielgröße: Selbsteinschätzung in situ					
Einflussgrößen	β	t	p	R^2	F	p
B5PS						
Belastbarkeit	.26	1.76	.086			
Teamorientierung	.30	2.03	.049			
Gewissenhaftigkeit	.31	2.45	.019	.38	$F(3;41) = 8.32$	.000
Situationswahrnehmung						
Psych. & phys. Load	.25	2.75	.007			
Belebtheit	.26	2.86	.000	.18	$F(2;114) = 12.34$	.000
Gruppendyn. Raum ante situ						
Einfluss	.27	2.98	.004			
Irritation	-.39	-4.30	.000	.34	$F(2;114) = 29.38$	.002
Gruppendyn. Raum in situ						
Einfluss	.23	2.50	.014			
Irritation	-.41	-4.45	.000	.33	$F(2;114) = 28.18$	.000
Soziogramm in situ						
Irritation	-.17	-1.79	.076	.03	$F(1;107) = 3.21$	.076

Tab. 38: Ergebnis von fünf Regressionsanalysen für die mittlere Kontaktform

12.6 MEHREBENENANALYSEN

Die bisher isoliert betrachteten Zusammenhänge sollen im Folgenden mithilfe von Mehrebenenanalysen (Heck, Thomas & Tabata, 2010; Langer, 2013) hinsichtlich der Interaktion von Individuum und Gruppe untersucht werden. Dabei ist von spezifischem Interesse, inwieweit das individuelle Kontaktverhalten vom Kontaktverhalten der anderen Gruppenmitglieder abhängt. Für die folgenden Analysen kann zwischen Level 1 für die Individuen, Level 2 für die Trainingsgruppe und Level 3 für das jeweilige Curriculum unterschieden werden. Da die Trainingsgruppen am Anfang des Seminars per Zufallsprinzip aus dem jeweiligen Curriculum gebildet wurden und im weiteren zeitlichen Verlauf unabhängig voneinander agieren, wird kein Einfluss von Level 3, also der Zugehörigkeit zum Curriculum angenommen. Es wird also ein 2-Ebenen Modell betrachtet. Die Prädiktorvariablen wurden für diese Analysen im Vorfeld zentriert. Dazu wurden die Level 1-Variablen am Gruppenmittelwert (*within group*) und die Level 2-Variablen am Gesamtmittelwert (*grand mean*) der jeweiligen Variablen zentriert. Die Analysen wurden mit der SPSS-Prozedur für *Gemischte Modelle* durchgeführt. Für die Schätzung wurde die *Restricted Maximum Likelihood-Methode* verwendet (Heck, Thomas & Tabata, 2010).

Die Ergebnisse der Multilevelanalysen für die Kontaktformen sind in Tabelle 39 dargestellt. In den Analysen wurden jeweils die Kennung der jeweiligen Trainingsgruppe als zufällige Effekte und die Selbsteinschätzung des Kontaktverhaltens ante situ sowie der Gruppenmittelwert des Kontaktverhaltens in situ als feste Effekte betrachtet.

Im Ergebnis zeigt sich für die vier Kontaktformen ein signifikanter Einfluss der Selbsteinschätzung ante situ sowie der jeweils mittleren Ausprägung der Kontaktform *in situ* in der Trainingsgruppe. Zwischen den Trainingsgruppen bestehen keine signifikanten Unterschiede. Auch konnten keine Interaktionen zwischen unterschiedlichen Kontaktformen nachgewiesen werden. Die Ausprägung des individuellen Kontaktverhaltens innerhalb einer Gruppe lässt sich also diesen Analysen zufolge als Ergebnis der Selbsteinschätzung im Vorfeld und der symmetrischen Interaktionen mit dem Muster der Gruppe beschreiben.

Die Ergebnisse legen den Schluss nahe, dass es in den Gruppen jeweils zur Bildung eines dominanten Musters kommt. Dazu wurden die Gruppen einer Clusteranalyse unterzogen. Als Variablen wurden dazu die Grand-Mean-zentrierten Mittelwerte der Selbsteinschätzung der Kontaktformen in situ genutzt. Die Anzahl der Cluster wurde zunächst durch eine hierarchische Clusteranalyse mit der Ward-Methode abgeschätzt (siehe Anhang B). Es ergab sich eine Fünf-Cluster-Lösung. Die Clusterung erfolgte dann durch eine Clusterzentrenanalyse. Die Ergebnisse sind in Tabelle 40 dargestellt. Es entstanden ein Cluster (1) mit einer Gruppe mit einer hohen Ausprägung der konfluenten und der intentionalen Form, ein Cluster (2) mit drei Gruppen, in den die intentionale Form am höchsten ausgeprägt ist, ein Cluster (3) mit fünf Gruppen, die sowohl in der konfluenten, der intentionalen als auch in der mittleren Form agierten, ein Cluster (4) mit fünf Gruppen, die überwiegend in der retroflexiven Form agierten und ein Cluster (5) mit vier Gruppen, die überwiegend die normative Form zeigten.

Zielgröße: Selbsteinschätzung in situ				
Konfluente Form				
Parameter	Schätzung	DF	t	p
Konstante	1.31	84.89	4.02	.000
konfluent ante situ	0.67	113.89	9.23	.000
konfluent in situ Gruppenmittelwert	0.63	112.42	7.48	.000
Intentionale Form				
Parameter	Schätzung	DF	t	p
Konstante	1.74	87.56	5.99	.000
intentional ante situ	0.56	112.10	8.36	.000
intentional in situ Gruppenmittelwert	0.68	108.67	4.88	.000
Retroflexive Form				
Parameter	Schätzung	DF	t	p
Konstante	1.34	114	6.22	.000
retroflexiv ante situ	0.56	114	7.98	.000
retroflexiv in situ Gruppenmittelwert	0.55	114	3.38	.000
Normative Form				
Parameter	Schätzung	DF	t	p
Konstante	1.11	114	5.33	.000
normativ ante situ	0.53	114	8.16	.000
normativ in situ Gruppenmittelwert	0.50	114	3.13	.000
mittlere Form				
Parameter	Schätzung	DF	t	p
Konstante	4.51	114	109.88	.000
mittlere Form ante situ	0.74	114	8.68	.000
mittlere Form in situ Gruppenmittelwert	1.00	114	6.23	.000

Tab. 39: Ergebnisse der Multilevelanalysen für die Kontaktformen in situ

Eine Überprüfung der Cluster auf systematische Unterschiede hinsichtlich der Gruppenzusammensetzung bezüglich der Kontaktformen ante situ ergab keine signifikanten Unterschiede. Zwischen den Selbsteinschätzungen bzgl. der Kontaktformen und den Fremdeinschätzungen durch die Gruppenmitglieder mithilfe des Soziogramms konnten mit den Multilevelanalysen keine signifikanten Zusammenhänge gefunden werden. Einige interessante Ergebnisse gibt es allerdings für die Fremdeinschätzungen bzgl. der Kontaktformen durch die Trainer als Prädiktoren für die Soziogrammdaten. Die Ergebnisse für die *konfluente* Form sind in Tabelle 41 dargestellt. Diese sind im Wesentlichen vergleichbar mit den vorangegangenen Analysen zur Selbsteinschätzung: Personen, welche die konfluente Form wählen haben wenig *Einfluss* auf den Gruppenprozess, genießen das *Vertrauen* der anderen Gruppenmitglieder und lösen weniger *Irritation* aus. Dabei hat die Ausprägung der konfluenten Form in der jeweiligen Gruppe (Gruppenmittelwert) keinen Einfluss, das Vertrauen wird offensichtlich Einzelpersonen zugeschrieben.

Clusterzentren Kontaktformen in situ

Cluster-Nr.	1	2	3	4	5	ANOVA
konfluent	**0.51**	-0.11	**0.35**	-0.19	-0.17	$F(4, 13) = 4.86, p = .013$
intent.	0.44	**0.16**	0.18	-0.32	0.04	$F(4, 13) = 4.86, p = .013$
retroflexiv	-0.12	-0.73	-0.07	**0.14**	0.32	$F(4, 13) = 12.48, p = .000$
normativ	-0.76	0.03	-0.03	-0.23	**0.45**	$F(4, 13) = 5.80, p = .007$
mittlere Form	-0.56	0.08	0.18	0.01	-0.24	$F(4, 13) = 4.13, p = .022$
$N_{Gruppen}$	1	3	5	5	4	

Tab. 40: Ergebnisse der Clusterzentrenanalyse auf Basis der zentrierten Gruppenmittelwerte der Kontaktformen (die größten Ausprägungen sind fett hervorgehoben)

Anders verhält es sich bei der *intentionalen* Form, die genauso wie die normative Form, durch deutliche Unterschiede zwischen Selbst- und Fremdbild charakterisiert ist. Tabelle 42 zeigt, dass Personen, welche die intentionale Form wählen, von den Gruppenmitgliedern signifikanter *Einfluss* auf die Gruppe zugeschrieben wird. Bei der Dimension *Vertrauen* ergibt sich ein interessanter Effekt: intentionales Kontaktverhalten hat einen negativen Zusammenhang zum Vertrauen, allerdings gibt es einen positiven Zusammenhang zum Gruppenmittelwert bei dieser Kontaktform. Diesen Effekt gibt es in umgekehrter Form auch bei der Dimension *Irritation*: Die intentionale Form irritiert andere in der direkten Interaktion, allerdings ist das tendenziell nicht der Fall, wenn die intentionale Form insgesamt in der Gruppe stärker vertreten ist.

Zielgröße: Fremdeinschätzung in situ durch Soziogramm

Einfluss

Parameter	Schätzung	DF	t	p
Konstante	0.51	109	14.76	.000
konfluent in situ Fremdeinschätzung	0.01	109	0.76	.763
konfluent in situ Fremdeinschätzung Gruppenmittelwert	-0.01	109	0.89	.894

Vertrauen

Parameter	Schätzung	DF	t	p
Konstante	0.53	110	21.11	.000
konfluent in situ Fremdeinschätzung	0.06	110	2.34	.021
konfluent in situ Fremdeinschätzung Gruppenmittelwert	-0.01	110	0.87	.385

Irritation

Parameter	Schätzung	DF	t	p
Konstante	0.45	110	18.06	.000
konfluent in situ Fremdeinschätzung	-0.12	110	-4.28	.000
konfluent in situ Fremdeinschätzung Gruppenmittelwert	-0.04	110	-0.69	.493

Tab. 41: Ergebnisse der Multilevelanalysen für die Fremdeinschätzung im Soziogramm für die konfluente Form

Bei der *retroflexiven* Form gibt es nur einen deutlichen Zusammenhang zur Dimension *Einfluss*, welcher sich konsistent zu den vorangegangenen Analysen darstellt (Tabelle 43).

Für die *normative* Form, die ja ebenfalls durch eine starke Selbstbild-Fremdbilddifferenz gekennzeichnet ist ergeben sich die folgenden Zusammenhänge (Tabelle 44). Dem Einzelnen wird bei dieser Kontaktform starker *Einfluss* zugeschrieben, allerdings nur, wenn nicht auch die Gruppe in diesem Muster agiert. Einen negativen Zusammenhang gibt es zur Dimension *Vertrauen*. Bei der Dimension *Irritation* ist der gleiche Effekt, wie bei der intentionalen Form zu beobachten: Normatives Kontaktverhalten irritiert die anderen in der Gruppe, jedoch weniger, wenn sich alle mit dem normativen Verhalten in der Gruppe zeigen.

Zielgröße: Fremdeinschätzung in situ durch Soziogramm

Einfluss				
Parameter	Schätzung	DF	t	p
Konstante	0.68	109	13.78	.000
intentional in situ Fremdeinschätzung	0.13	109	4.50	.000
intentional in situ Fremdeinschätzung Gruppenmittelwert	-0.12	109	-1.48	.141
Vertrauen				
Parameter	Schätzung	DF	t	p
Konstante	0.45	110	11.26	.000
intentional in situ Fremdeinschätzung	-0.05	110	-2.19	.031
intentional in situ Fremdeinschätzung Gruppenmittelwert	0.15	110	2.29	.024
Irritation				
Parameter	Schätzung	DF	t	p
Konstante	0.59	110	14.46	.000
intentional in situ Fremdeinschätzung	0.08	110	3.27	.001
intentional in situ Fremdeinschätzung Gruppenmittelwert	-0.12	110	-1.92	.057

Tab. 42: Ergebnisse der Multilevelanalysen für die Fremdeinschätzung im Soziogramm für die intentionale Form

Für die *mittlere* Form (Tabelle 45) ergibt sich nur ein Zusammenhang zwischen der Fremdeinschätzung *in situ* und den Sozigrammdaten auf der Dimension *Einfluss*. Zu den anderen Soziogrammdimensionen gibt es keine positiven oder negativen signifikanten Zusammenhänge.

12.7 ZUSAMMENFASSUNG UND INTERPRETATION DER ERGEBNISSE

Die umfangreichen Ergebnisse der Untersuchung bestätigen im Wesentlichen das Konstrukt der Kontaktformen und die theoretischen Annahmen darüber, welche Funktion die Kontaktformen in der Interaktion mit der Umwelt haben, wie sie entstehen, wie sie von anderen wahrgenommen werden bzw. welchen Einfluss sie auf die Interkation haben.

In diesem Abschnitt werden zunächst die Ergebnisse bezogen auf die vier Kontaktformen diskutiert. Im zweiten Teil werden dann die Interaktionen im gruppendynamischen Prozess eingehend betrachtet.

Zielgröße: Fremdeinschätzung in situ durch Soziogramm

Einfluss

Parameter	Schätzung	DF	t	p
Konstante	0.53	109	18.84	.000
retrofl. in situ Fremdeinschätzung	-0.15	109	-6.26	.000
retrofl. in situ Fremdeinschätzung Gruppenmittelwert	-0.00	109	-0.01	.994

Vertrauen

Parameter	Schätzung	DF	t	p
Konstante	0.51	110	20.74	.000
retrofl. in situ Fremdeinschätzung	-0.01	110	-0.65	.517
retrofl. in situ Fremdeinschätzung Gruppenmittelwert	-0.08	110	-0.96	.341

Irritation

Parameter	Schätzung	DF	t	p
Konstante	0.48	110	18.64	.000
retrofl. in situ Fremdeinschätzung	0.01	110	0.56	.579
retrofl. in situ Fremdeinschätzung Gruppenmittelwert	0.01	110	0.13	.897

Tab. 43: Ergebnisse der Multilevelanalysen für die Fremdeinschätzung im Soziogramm für die retroflexive Form

12.7.1 Allgemeine Ergebnisse zu den Kontaktformen

Insgesamt kann festgestellt werden, dass trotz der eingeschränkten Gestaltungsmöglichkeiten des Untersuchungsdesigns aufgrund der Einbettung der Untersuchung in einen institutionellen Weiterbildungskontext zahlreiche Effekte gezeigt werden konnten und diese auch im Sinne der zugrundeliegenden Theorie plausibel sind bzw. sie stützen. Auch die verwendeten Erhebungsinstrumente bzw. Skalen erwiesen sich als tauglich, d. h. konsistent und diskriminant. Nicht ganz einfach ist die Interpretation der Skaleninterkorrelationen vor allem, was die Selbst- und die Fremdeinschätzungen betrifft. Bei den Selbsteinschätzungen ergibt sich bei beiden Messzeitpunkten ein vergleichbares Muster. Dabei wird deutlich, dass *in situ* einige Korrelationskoeffizienten höher ausgeprägt sind als *ante situ*, was darauf hinweisen kann, dass die Selbsteinschätzungen für die Untersuchungsteilnehmer in der konkreten Situation differenzierter möglich sind, als in der Vorstellung, wie es bei der Erhebung *ante situ* der Fall ist. Die Korrelationsmatrix der Selbsteinschätzungen *ante situ* ist zudem ähnlich der Matrix der Selbsteinschätzung aus der ersten Untersuchung. Die Fremdeinschätzungen weichen jedoch sowohl von den Selbsteinschätzungen als auch von den Fremdeinschätzungen der ersten Untersuchung signifikant ab. Erklärungen dafür könnte sowohl der unterschiedliche Erhebungskontext (in der ersten Untersuchung wurde kontextunabhängig eine andere Person allgemein eingeschätzt, hingegen in dieser Untersuchung die Einschätzung auf einer direkten Verhaltensbeobachtung beruhte) als auch in den beurteilenden Personen liegen (ungeschulte Versuchspersonen in der ersten Untersuchung vs. ausgewählte trainierte Rater in der zweiten Untersuchung). Dabei liegen die Unterschiede nicht in der Richtung der korrelativen Zusammenhänge (negativ oder positiv), sondern nur in deren Ausprägung.

Zielgröße: Fremdeinschätzung in situ durch Soziogramm				
Einfluss				
Parameter	Schätzung	DF	t	p
Konstante	0.51	109	18.84	.000
normativ in situ Fremdeinschätzung	0.08	109	3.02	.002
normativ in situ Fremdeinschätzung Gruppenmittelwert	-0.17	109	-2.24	.027
Vertrauen				
Parameter	Schätzung	DF	t	p
Konstante	0.51	110	20.92	.000
normativ in situ Fremdeinschätzung	-0.07	110	-3.59	.000
normativ in situ Fremdeinschätzung Gruppenmittelwert	0.08	110	1.35	.188
Irritation				
Parameter	Schätzung	DF	t	p
Konstante	0.49	110	19.83	.000
normativ in situ Fremdeinschätzung	0.07	110	3.32	.001
normativ in situ Fremdeinschätzung Gruppenmittelwert	-0.17	110	-2.70	.008

Tab. 44: Ergebnisse der Multilevelanalysen für die Fremdeinschätzung im Soziogramm für die normative Form

Zielgröße: Fremdeinschätzung in situ durch Soziogramm

Einfluss				
Parameter	Schätzung	DF	t	p
Konstante	0.51	109	16.39	.000
mittlere Form in situ Fremdeinschätzung	0.18	109	3.42	.001
mittlere Form in situ Fremdeinschätzung Gruppenmittelwert	-0.04	109	-0.56	.574
Vertrauen				
Parameter	Schätzung	DF	t	p
Konstante	0.52	110	20.74	.000
mittlere Form in situ Fremdeinschätzung	0.01	110	0.13	.895
mittlere Form in situ Fremdeinschätzung Gruppenmittelwert	0.00	110	0.01	.996
Irritation				
Parameter	Schätzung	DF	t	p
Konstante	0.49	110	19.15	.000
mittlere Form in situ Fremdeinschätzung	-0.07	110	1.57	.118
mittlere Form in situ Fremdeinschätzung Gruppenmittelwert	-0.05	110	-0.93	.354

Tab. 45: Ergebnisse der Multilevelanalysen für die Fremdeinschätzung im Soziogramm für die mittlere Form

Interessant sind weiterhin die großen Effekte, die den Zusammenhang zwischen den Messzeitpunkten *ante situ* und *in situ* kennzeichnen. So ist etwa die Hälfte der gemeinsamen Varianz zwischen diesen Messzeitpunkten gleich, d. h., die verbleibende Hälfte kann als Ergebnis des Einflusses der Gruppe auf das individuelle Kontaktverhalten angesehen werden bzw. als Messfehler. Für die theoretischen Annahmen bedeutet dies, dass die individuelle Lerngeschichte der Personen, also die persönlichen Erfahrungen in Gruppen, das Kontaktverhalten zu einem großen Teil determinieren bzw. durch das Gruppenmuster verstärkt werden. In jedem Fall gibt es neben der situativen ebenso eine starke personenbezogene Komponente des Kontaktverhaltens, ganz im Sinne von Lewins Feldtheorie (Lewin, 1982b).

12.7.2 Spezifische Ergebnisse zu den Kontaktformen

Die konfluente Form korreliert bei der Selbsteinschätzung mit der intentionalen Form. Zu den anderen Formen weist sie keine oder entsprechend der Theorie negative Zusammenhänge auf. Der Zusammenhang mit der intentionalen Form lässt sich möglicherweise dadurch erklären, dass die beiden

Formen im Unterschied zu den anderen im Modell als *aktiv* und *external* gerichtet charakterisiert werden. Beide sind im Modell der Theorie des Kontakts am Anfang des Kontaktzyklus lokalisiert (Perls et al., 1962). Diese gemeinsamen Eigenschaften sind möglichweise für die korrelierenden Varianzanteile verantwortlich. Dies wird auch deutlich durch die Persönlichkeitsdimension *Extraversion*, welche als einziger Prädiktor von den Big Five mit einem mittleren Effekt im Zusammenhang mit der konfluenten Form steht. Die Aussage in Hypothese 2 zur konfluenten Form kann damit nicht bestätigt werden.

Besonders hervorzuheben ist ein weiterer Zusammenhang: Personen, welche die konfluente Form in den Selbsteinschätzungen angeben, haben im Unterschied zu allen anderen in dieser Untersuchung eine hohe *Ergebniserwartung* an die Situation, in der sie sich gerade befinden, d. h., sie erleben die Situation als professionell, erfolgversprechend und chancenreich. Hypothese 1 kann damit angenommen werden. Dieses Ergebnis stützt ebenso die Theorie, denn die konfluente Form ist durch eine schwache oder nicht ausgeprägte Kontaktgrenze und eine nach außen gerichtete Aufmerksamkeit gekennzeichnet, also eine Orientierung auf externale Gegebenheiten und entsprechende Erwartungen an die eigene Leistung.

Weiterhin ist der Zusammenhang zur Dimension *Vertrauen* im Gruppendynamischen Raum sowohl *ante* als auch *in situ* charakteristisch für die konfluente Form. Die Orientierung nach außen, an den anderen, das Zurückstellen eigener Bedürfnisse und das Streben nach Konfluenz werden in der Gruppe positiv wahrgenommen und mit Vertrauen beantwortet. Gleichzeitig reagieren andere Personen auf Personen, welche die konfluente Form wählen weniger mit Irritation. Diese Zusammenhänge zeigen sich sowohl in den Selbsteinschätzungen als auch in den Fremdeinschätzungen und können daher als fundiert angesehen werden. Damit wird auch die Aussage zur konfluenten Form in Hypothese 6 bestätigt.

Die intentionale Form zeigt neben den weiter oben beschriebenen Zusammenhängen zur konfluenten Form in der Fremdeinschätzung starke Zusammenhänge mit der normativen Form. Dies kann dadurch erklärt werden, dass beide Formen den Kontaktprozess - einmal durch Rückzug und einmal durch Ausweitung der Kontaktgrenze - qualitativ stark verändern. Diese Veränderungen sind in der Beobachtung nicht immer leicht zu differenzieren, trotzdem die beiden Kontaktformen an gegensätzlichen Positionen im Kontaktzyklus lokalisiert sind und sich auch grundlegend voneinander unterscheiden. Im beobachtbaren Verhalten gibt es jedoch offensichtliche Ähnlichkeiten. Beide Kontaktformen sind auch emotional bzw. sozial eher negativ konnotiert, daher ist bei Beobachtung immer mit Verfälschungstendenzen zu rechnen.

Es gibt ebenfalls einen mittleren Effekt für den Zusammenhang der intentionalen Form mit der Persönlichkeitsdimension *Extraversion*. Dies ist plausibel, denn in der Extraversion ist die Ausweitung der Kontaktgrenzen praktisch schon wörtlich enthalten. Nach außen gerichtete Aufmerksamkeit, ausgeweitete Kontaktgrenze, ansteigende psychische Energie kennzeichnen die intentionale Form. Die Aussagen zur intentionalen Form in Hypothese 2 kann damit nicht bestätigt werden.

Auch die Situationswahrnehmung organisiert sich bei der intentionalen Form entsprechend: Hier tritt als einziger Prädiktor die *Monotonie*, allerdings in negativer Ausprägung in Erscheinung, d. h. Personen mit der intentionalen Form erleben die Situation als nicht monoton, als wenig nüchtern, einengend oder farblos. Dies unterstreicht noch einmal das hohe Energielevel, welches mit der intentionalen Form verbunden ist und bestätigt damit indirekt Hypothese 1.

Im Gruppendynamischen Raum erleben sich Personen, die in der intentionalen Form agieren, als *nicht irritierend, einflussnehmend* und *vertrauenswürdig*. Damit kann Hypothese 4 zum Teil angenommen werden. Ein ähnliches Bild entsteht durch die Fremdeinschätzungen. Hier kommt noch hinzu, dass die intentionale Form viel Aufmerksamkeit in der Gruppe erzeugt, d. h. die entsprechenden Personen bekommen im Soziogramm viele Wahlen von den anderen Gruppenmitgliedern. Die Ergebnisse der Multilevelanalysen differenzieren dieses Bild noch einmal mehr durch die Ergebnisse der Fremdeinschätzungen durch die Trainer und das Soziogramm. Die intentionale Form hat Einfluss in der Gruppe, inwieweit sie auch Vertrauen genießt bzw. irritiert, hängt vom jeweiligen Gruppenmittelwert an Vertrauen bzw. Irritation ab. Beides verhält sich umgekehrt proportional zueinander. Ist der Mittelwert an intentionalem Verhalten hoch, wird der Zusammenhang zwischen Einfluss und intentionalem Verhalten des Einzelnen negativ. Ebenso ist es bei der Irritation nur mit umgekehrten Vorzeichen.

Die *retroflexive* Form lässt sich am deutlichsten von den anderen Kontaktformen abgrenzen. Die Skala hat jeweils die höchste interne Konsistenz und die Skaleninterkorrelationen zu den anderen Kontaktformen sind entweder nahe Null oder deutlich negativ. Zwei der Persönlichkeitsfaktoren, nämlich *Extraversion* und *Teamorientierung* bzw. *Verträglichkeit* treten als negative Prädiktoren für die retroflexive Form in Erscheinung. Beides ist konform im Sinne der zugrundeliegenden Theorie und bestätigt Hypothese 2. Die verschlossene Kontaktgrenze, die nach innen gerichtete Aufmerksamkeit und die gehemmten Impulse spiegeln sich in der Negation der beiden Persönlichkeitsmerkmale wider.

Die gruppendynamische Situation wird von Personen, welche die retroflexive Form zeigen als *monoton* erlebt, damit kann Hypothese 1 in Bezug auf diese Kontaktform ebenfalls angenommen werden. Dies kann als Ergebnis des Rückzugs und der verschlossenen Kontaktgrenze gewertet werden, was eine gewisse Abkoppelung vom Ereignisstrom der Welt zur Folge haben dürfte. Personen mit der retroflexiven Kontaktform erleben die gleiche Situation also grundverschieden von Personen, die gerade andere Kontaktformen zeigen. In der Gruppe schreiben sie sich *wenig Einfluss* und *Vertrauenswürdigkeit* zu und wissen um die *Irritation*, die ihr Verhalten bei den anderen Gruppenmitgliedern auslöst. Das Bild ändert sich ein wenig, wenn man die Fremdeinschätzungen betrachtet. Hier gibt es zwar immer noch einen großen Effekt der Irritation, aber auch Vertrauen. Insgesamt bekommen Personen mit der retroflexiven Form weniger Aufmerksamkeit in der Gruppe, was sich in einer geringeren Anzahl an Wahlen im Soziogramm zeigt. In den Multilevelanalysen zeigt sich nur ein negativer Effekt auf den Einfluss in der Gruppe. Hypothese 6 kann somit teilweise bestätigt werden.

Von der retroflexiven Form lässt sich durch diese Untersuchung, ähnlich wie bei der konfluenten Form ein sehr klares Bild zeichnen. Dies kann durch die quantitative Veränderung des Kontakts, also durch die Änderungen der Kontaktintensität durch diese beiden Formen erklärt werden, deren Gemeinsamkeit das Öffnen bzw. Auflösen bzw. Festigen oder Schließen, aber nicht die Verschiebung der Kontaktgrenze ist. Dieses spezifische Agieren der beiden Kontaktformen an der Grenze ist offensichtlich einer konsistenten Selbst- und Fremdbeschreibung gut zugänglich.

Die *normative* Form steht im Zusammenhang mit den anderen Kontaktformen für sich allein und weist nur bei den Fremdeinschätzungen, den schon besprochenen Zusammenhang mit der intentionalen Form auf. Personen, die in der normativen Form agieren, nehmen die Situation als *monoton* (Bestätigung Hypothese 1) und zusätzlich als *kognitiv anstrengend*, also herausfordernd, geistig anregend und anspruchsvoll wahr. Dies passt gut zu den Aussagen der Theorie, geht es doch bei der normativen Form darum, die Situation zu kontrollieren, also das Selbst vor unkontrollierter Veränderung durch den Kontakt zu schützen. Gleichzeitig entstehen durch den Rückzug der Kontaktgrenze ein Rückzug vom Erleben und damit die Situationsqualität der Monotonie. Die Situation wird als nüchtern, einengend und farblos wahrgenommen. Aus den Big Five ist die *Teamorientierung* resp. die *Verträglichkeit* ein negativer Prädiktor, was insofern als theoriekonform interpretiert werden kann, als dass Personen, die im Kontakt unpersönlich bleiben und gleichzeitig die Situation kontrollieren wollen, als weniger gruppenorientiert erlebt werden. Dies schlägt sich auch in den Ergebnissen zum Gruppendynamischen Raum nieder und bestätigt im wesentlichen Hypothese 6: Personen mit dem normativen Muster sehen sich als *Einfluss* nehmend und *irritierend* und gleichzeitig mit weniger *Vertrauenswürdigkeit* im Gruppenprozess agieren. In der Fremdeinschätzung durch das Soziogramm erhalten sie ebenfalls weniger Wahlen, das Vertrauen betreffend. Dieses Ergebnis zeigt sich auch konsistent in den Multilevelanalysen.

Die *mittlere* Form steht für den befriedigenden bzw. den gelungen Kontakt. Sie ist im Modell im Zentrum lokalisiert und repräsentiert den mittleren Modus des Kontaktnehmens eines Systems. Keine der vier anderen Kontaktformen ist übermäßig aktiv, das System agiert bewusst und ausgeglichen zwischen innen und außen, Selbst- und Fremdreferenz, Aktivität und Passivität, es bringt sich in den Prozess ein und gestaltet und nimmt Impulse aus der Umwelt auf, die wiederum auf das handelnde Selbst wirken. In der Selbsteinschätzung der Kontaktformen kann die mittige Position durch die Korrelationen mit den anderen Kontaktformen nicht direkt gezeigt werden. Die mittlere Form steht jedoch in einem negativen Zusammenhang zur *retroflexiven* und zur *normativen* Form und ist positiv mit der *konfluenten* und der *intentionalen* Form korreliert. Dies wird durch die Theorie des Kontakts auch so postuliert: Die konfluente und die intentionale Form stehen am Anfang des Kontaktzyklus und sind somit Bestandteile der ersten Hälfte des Kontaktprozesses. Die retroflexive und die normative Form werden in der Theorie als die umgekehrten Übertreibungen der Systemfunktionen angesehen und sind in der zweiten Hälfte des Kontaktprozesses lokalisiert, somit ist der negative Zusammenhang zur mittleren Form entsprechend plausibel. Dieses Muster bleibt auch für die Zusammenhänge zwischen Selbst- und Fremdeinschätzungen gleich, nur die Stärke der Koeffizienten variiert.

Die Personen, die in der mittleren Form agieren, nehmen die Situation als *nicht psychisch* und *physisch anstrengend* und als *belebt* wahr. Dieses Ergebnis kann als ein Indiz dafür angesehen werden, wie sehr diese Personen, z. B. im Gegensatz zur retroflexiven oder normativen Form im Kontakt, d. h. positiv involviert, also im Flow sind.

Die mittlere Form zeigt weiterhin Zusammenhänge mit den Persönlichkeitseigenschaften *Belastbarkeit* (resp. emotionale Stabilität), *Gewissenhaftigkeit* und *Teamorientierung* (resp. Verträglichkeit) und unterstützt damit die These vom mittleren Modus: Einerseits durch die emotionale Stabilität und andererseits durch das gemeinsame Auftreten von Gewissenhaftigkeit und Teamorientierung, welche in der hier vorliegenden Untersuchung nicht korrelieren und damit auf unterschiedliche Grunddimensionen verweisen, welche durch die mittlere Form gewissermaßen verbunden werden. Das passt gut zu den Ergebnissen von Digman (1997), der die Big-Five zwei Faktoren 2. Ordnung zuordnete, nämlich zum einen Gewissenhaftigkeit, Verträglichkeit und emotionale Stabilität und zum anderen Offenheit und Extraversion. Die Aussagen zur mittleren Form von Hypothese 2 können somit zum Teil bestätigt werden.

Der gelungene Kontakt spiegelt sich auch in den gruppenbezogenen Variablen wider, hier ist vor allem ein deutlicher Zusammenhang zum Einfluss auf den Gruppenprozess nachweisbar, ohne dabei die anderen zu irritieren. Dieses Ergebnis ist auch für die Fremdeinschätzungen zu finden. Hier zeigt die mittlere Form im Vergleich zu den anderen den stärksten Zusammenhang und bestätigt damit Hypothese 6. Die Ergebnisse zu den Kontaktformen sind in Tabelle 46 noch einmal überblickshaft und vereinfacht dargestellt.

Kontaktform	Situationswahrnehmung	Big Five B5PS	Gruppendynamischer Raum (Selbsteinschätzung in situ)	Soziogramm (Fremdeinschätzung in situ)
konfluent	Ergebniserwartung	Extraversion	Vertrauen	
intentional	Monotonie (-)	Extraversion	Einfluss Vertrauen	Irritation (-) Anzahl
retroflexiv	Monotonie	Extraversion (-) Teamorientierung (-)	Einfluss (-) Vertrauen (-) Irritation	Vertrauen Irritation Anzahl (-)
normativ	Kognitiver Load Monotonie	Teamorientierung (-)	Einfluss Vertrauen (-)	Vertrauen (-)
mittlere Form	Belebtheit phys. & psych. Load	Gewissenhaftigkeit Teamorientierung Belastbarkeit	Einfluss Irritation (-)	Irritation (-)

Tab. 46: Übersicht über die Untersuchungsergebnisse zu den Kontaktformen (Zusammenhänge entgegen der Merkmalsausprägung sind mit (-) gekennzeichnet)

12.7.3 Ergebnisse zur Interaktion mit dem sozialen System Gruppe

Eine wesentliche Komponente der Theorie des Kontakts ist die Abhängigkeit der jeweilig auftretenden Kontaktform vom Kontaktverhalten des Gegenübers. Hierzu wurden im Theorieteil bereits die Bildung von Kommunikationssystemen (Luhmann, 2012) und deren spezifische Grundmuster der komplementären und symmetrischen Beziehungen beschrieben (Bateson, 1985). Im Prinzip gibt es zu dieser Fragestellung aus der vorangegangenen Untersuchung nur ein einziges Ergebnis, welches sich konstant durch die Multilevelanalysen für alle vier Kontaktformen zieht. Die Kontaktform *in situ* wird prädiktiert durch die Kontaktform *ante situ* und den Gruppenmittelwert der jeweiligen Kontaktform *in situ*. Damit kann gezeigt werden, dass es eine individuell stabile (im Sinne von *traits*) und eine situative Komponente (im Sinne von *states*) des Kontaktverhaltens gibt. Die Hypothesen 4 und 5 können damit angenommen werden. Die individuell stabile Komponente des Kontaktverhaltens ist den Personen in der Selbstreflexion zugänglich, d. h. sie können auf Basis ihrer Erfahrungen einschätzen, wie sie sich in Gruppen typischerweise verhalten bzw. verhalten werden. In Abhängigkeit vom Gruppenmuster wird dann die situative Komponente des Kontaktverhaltens wirksam. Die Bildung des Gruppenmusters ist vor allem durch symmetrische Interaktionen gekennzeichnet. Man kann also verallgemeinern, dass es im Interaktionsprozess zur Herausbildung von „konfluenten", „intentionalen", „retroflexiven" oder „normativen" Gruppen kommt, also von Gruppen, in denen eine der vier Kontaktformen vorherrscht. Dies wird auch durch die Ergebnisse der Clusteranalysen untermauert (Hypothese 5).

Einen weiteren Hinweis auf die Musterbildung und deren Wirkung auf die interpersonelle Wahrnehmung geben die Zusammenhänge zwischen den Kontaktmustern und den Fremdeinschätzungen der Individuen durch die Gruppenmitglieder vermittels des Soziogramms. Hier wird bei der intentionalen und bei der normativen Form deutlich, dass das Verhalten des Einzelnen anders wahrgenommen wird als das Muster der Gruppe, welche jeweils im entgegengesetzten Zusammenhang zum individuellen Kontaktverhalten steht. Das Gruppenmuster triggert also nicht nur das Kontaktverhalten seiner Mitglieder, sondern beeinflusst auch die Wahrnehmung des Einzelnen in der Gruppe.

Die vorliegenden Ergebnisse können jedoch keine Aussage darüber treffen, inwieweit komplementäre Interaktion zwischen Einzelpersonen oder zwischen oder in Untergruppen das Kontaktverhalten beeinflussen. Diesem Aspekt wird in der folgenden Untersuchung nachgegangen.

13 Studie 3: Kontaktformen in kurzzeitigen Interaktionssystemen

Gegenstand der vorliegenden Studie ist die Untersuchung der Interaktion zwischen den Kontaktformen. Dabei ist von Interesse, wie sich die Kontaktformen in kurzzeitigen Interaktionssystemen (Luhmann, 2012), also zum Beispiel einem Mitarbeitergespräch in einer Organisation, beschreiben und operationalisieren lassen und wie sie aufeinander wirken, d. h. konkret, ob sich typische komplementäre oder symmetrische Interaktionen im Sinne von Bateson (1985) beobachten lassen. Dieser Zugang könnte in der Praxis möglicherweise bei der Analyse von Gesprächssituationen hilfreich sein, um die Qualität des Kontakts zwischen den Gesprächspartnern, die Bildung von Interaktionsmustern und somit von Rollen sowie das individuelle Kontaktverhalten für diagnostische Zwecke zu beschreiben.

Die Theorie des Kontakts geht davon aus, dass durch die verschiedenen Kontaktformen des Interaktionspartners in Abhängigkeit von der Bedürfnislage, den individuellen Lernerfahrungen, der Situation und dem sozialen Kontext symmetrische oder komplementäre Interaktionen entstehen. So kann die konfluente Form beim Gegenüber ebenfalls konfluentes Verhalten auslösen, wenn die gleiche Bedürfnislage vorherrscht, also zum Beispiel das Bedürfnisse nach Harmonie, Nähe und Anschluss. Liegen andere Bedürfnisse vor oder induziert der soziale Kontext ein anderes Verhalten, also wird z. B. Abgrenzung und Kontrolle erwartet, wird die konfluente Form möglicherweise mit der normativen Form beantwortet. Mögliche symmetrische bzw. komplementäre Interaktionssysteme wurden weiter vorne schon ausführlich dargestellt.

Um die Untersuchungssituationen nicht experimentell induzieren zu müssen, was Einschränkung bei der ökologischen Qualität, also der Übertragbarkeit auf Alltagssituationen zur Folge hätte und trotzdem eine gewisse Standardisierung, also eine Konstanthaltung von möglichen Fehlereinflüssen zu gewährleisten, wurden Gesprächssituationen in *Assessment Centern* beobachtet. Diese bieten einen hohen Standardisierungsgrad hinsichtlich Anlass, Thema, Gesprächsziel, Personen, Kontext und Gesprächsdauer. Die wesentliche Quelle von zufälliger Varianz sind dabei die Personen, also der jeweilige Teilnehmer oder die Teilnehmerin und der jeweilige Rollenspieler, der an den beobachteten Rollenspielen als Gesprächspartner teilnimmt.

Da die Rollenspiele in realen Auswahl- bzw. Bewertungssituationen in einer Organisation stattfanden, musste auf ein effizientes und leicht handhabbares Beobachtungsinstrument zurückgegriffen werden. Dazu wurde ein semantisches Differential für die Kontaktformen entwickelt, welches die Beobachter des Assessment Centers nach jeder Rollenspiel-Übung schnell und unkompliziert ausfüllen konnten.

13.1 FORSCHUNGSFRAGE UND HYPOTHESEN

Kommt es in der Interaktion zwischen Personen zu komplementären oder symmetrischen Interaktionssystemen und wie kann deren Entstehen beschrieben werden?

Hypothesen
1. Die Kontaktformen lassen sich mithilfe eines semantischen Differentials konsistent und konstruktvalide durch Fremdbeobachtung erfassen.
2. Es lassen sich personenspezifische Muster, also individuelle dominante Kontaktformen identifizieren.
3. Es lassen sich symmetrische und komplementäre Interaktionssysteme beschreiben.
4. Die Interaktionssysteme werden durch Personenmerkmale wie Hierarchieebene, Rolle, Alter und Geschlecht beeinflusst.

13.2 UNTERSUCHUNGSDESIGN UND BEOBACHTUNGSINSTRUMENT

Die Untersuchung fand von Januar bis September 2016 während verschiedener Assessment Center statt. Diese wurden zu einem geringen Teil bei einer Berufsgenossenschaft (5%) und zum überwiegenden Teil in einem Finanzinstitut (95%) durchgeführt. Insgesamt wurden 204 Gespräche beobachtet und bewertet, davon 53 von jeweils zwei Beobachtern, die anderen von jeweils einem Beobachter. An allen Gesprächen nahmen zwei Personen teil, ein Teilnehmer und ein Rollenspieler. Die Positionen der Beobachter und Rollenspieler wurden von einem Team von sechs Assessoren je nach Verfügbarkeit und Anforderung besetzt. Nur zwei der Teammitglieder wurden als Rollenspieler eingesetzt, während alle Teammitglieder als Beobachter eingesetzt wurden. Der Einsatzplan richtete sich nach Kompetenz und Verfügbarkeit der Teammitglieder. Für die Beobachtung wurden die Teammitglieder vorher ausführlich instruiert. Als Instrument wurde ein siebenstufiges semantisches Differential (Osgood, Suci & Tannenbaum, 1957) konstruiert, für welches die Adjektive genutzt wurden, die im Rahmen der Fallstudien entwickelt wurden (siehe Anhang C). Die Gespräche dauerten zwischen 10 und 15 Minuten.

13.3 STICHPROBE

Die anfallende Stichprobe bestand aus 204 Gesprächen, die im Rahmen eines Assessment-Centers stattfanden. Der Altersdurchschnitt der Teilnehmerinnen betrug 41 Jahre. 45% waren weiblichen Geschlechts. Die Teilnehmer agierten in den Gesprächen als Führungskraft der untersten Führungsebene (Teamleitung) in 72% der Fälle mit einer Mitarbeiterin und in 28% der Fälle mit der übergeordneten Führungskraft (Abteilungsleitung), die jeweils von einem Rollenspieler verkörpert wurden. Die Rollenspieler waren immer dieselben zwei männlichen Personen, die ebenfalls der Beobachtergruppe angehörten. Die gesamte Beobachtergruppe bestand aus zwei männlichen und drei weiblichen Personen.

			Beobachterpaare				
Nr.	SM-WI	SM-TS	MW-WI	MW-TS	VP-WI	VP-TS
1	.73	.67	.61	.93	.79	.88
2	.68	.61	.54	.90	.57	.69
3	.53	.88	.54	.50	.81	
4	-.21	.71	.86	.85	.52	
5	.27	.63	.64	.87		
6	.85		.13	.78		
7	.68		.48	.70		
8	.50		.72	.87		
9	.60		.82	.63		
10	.13		.90	.84		
11	.73		.72			
12			.82			
13			.88			
14			.66			
15			.51			
16			.15			
17			.44			
18			.65			
19			.92			
20			.86			
M	.50	.70	.64	.79	.67	.79

Tab. 47: Beobachterübereinstimmung bei der Beurteilung von Rollenspielen im Assessment-Center (Cronbach's α)

13.4 BEOBACHTERÜBEREINSTIMMUNG

Die Güte der Beobachtungen wurde anhand der doppelt beobachteten Gesprächssituationen abgeschätzt. Da es aufgrund des eingeschränkten Forschungszugangs in einem realen Assessment Center nicht die Möglichkeit gab, die gleiche Gesprächssituation von mehr als zwei Beobachtern gleichzeitig beurteilen zu lassen (zur Bestimmung der Intra-Class-Korrelation, vgl. Bortz & Döring, 1989), konnte die Inter-Rater-Reliabilität immer nur für ein Beobachterpaar bestimmt werden. Dazu wurde die interne Konsistenz mit dem Modell α nach Cronbach ermittelt (Tabelle 47).

Die 52 Koeffizienten der Beobachterübereinstimmung sind überwiegend zufriedenstellend, abgesehen von fünf „Ausreißern", deren Werte unter .30 liegen bzw. einmal sogar negativ sind. Aufgrund der schon beschriebenen Restriktionen bei der Durchführung dieser Untersuchung konnten nicht alle Beobachterpaarungen systematisch variiert bzw. gleich häufig eingesetzt werden. Die Ergebnisse sprechen trotz dieser Einschränkungen für eine brauchbare Datenqualität. Diese wird im Folgenden auch durch die Kennwerte der gebildeten Skalen gestützt.

13.5 ERGEBNISSE

13.5.1 Auswertung des semantischen Differentials

Die Daten wurden zunächst auf ihre zugrundeliegende Struktur hin mithilfe einer explorativen Faktorenanalyse untersucht. Dazu wurde eine Hauptkomponentenanalyse mit anschließender Varimax-Rotation durchgeführt. In die Analyse wurden sowohl die Daten der Teilnehmerbeobachtung als auch der Rollenspielerbeobachtung einbezogen. Damit erhöhte sich die Fallanzahl auf 408. Das Kaiser-Meyer-Olkin-Kriterium weist einen Wert von $KMO = 0.76$ aus und der Bartlett-Test auf Sphärizität ein signifikantes Ergebnis von $X^2 = 1380.77$, $DF = 66$, $p = 0.000$. Damit kann der Datensatz als für eine Faktorenanalyse geeignet betrachtet werden. Es entstand eine Drei-Faktoren-Lösung, welche für die ersten beiden Faktoren der typischen EPA-Struktur (*Evaluation, Potency*) des semantischen Differentials entspricht (vgl. Bortz & Döring, 1995). Der dritte Faktor der EPA-Struktur, *Activity*, tritt nicht deutlich hervor. Die Faktorenstruktur ist in Tabelle 48 dargestellt.

Im nächsten Analyseschritt wurde mithilfe der Prozedur *Quick-Cluster* in *SPSS* eine Clusterzentrenanalyse der Teilnehmerbeobachtungen durchgeführt. Die Analyse der Rollenspielerbeobachtungen ergab keine sinnvollen Clusterprofile, daher werden sie im Folgenden nicht dargestellt. Ein Grund dafür könnte eine Konfundierung der Beobachtungen sein, da der Beobachtungsschwerpunkt im Assessment-Center bei den Teilnehmern liegt, der Rollenspieler wahrscheinlich nicht unabhängig vom Teilnehmer eingeschätzt wurde und immer die gleichen zwei Personen als Rollenspieler beobachtet wurden, die zudem die Aufgabe hatten, die Gespräche durch vergleichbares Verhalten auszugestalten. Die Profile der endgültigen Clusterzentren sind in der Abbildung 39 dargestellt. Dabei wurde eine Gruppierung der Dimensionen nach den Faktoren vorgenommen.

Items	Faktor 1 VAR = 25%	Faktor 2 VAR = 22%	Faktor 3 VAR = 11%
vereinnahmend – zurückhaltend	.78		
dominant – passiv	.78		
fordernd – nachgebend	.70		
wortreich – einsilbig	.68		
kritisch – sich einlassend	.60		
zugewandt – distanziert		.79	
offen – verschlossen		.75	
unterstützend – konfrontierend		.69	
bestätigend – ausweichend		.68	
zielorientiert – selbstorientiert			.73
emotional – sachlich			-.72
zuschreibend – ablenkend			.51

Tab. 48: Ergebnis der Hauptkomponentenanalyse für das semantische Differential zur Beobachtung der Kontaktformen

Die Kontaktformen bilden sich in den Profilen des semantischen Differentials durch die Cluster deutlich heraus. Auf eine Standardisierung der Werte wurde hier verzichtet und zugunsten der Anschaulichkeit die Rohdaten für die Analyse verwendet und dargestellt.

Der *konfluenten* Form können 86 Personen zugeordnet werden. Diese zeigten in den Situationen ein Verhalten, welches durch Wortreichtum, Zugewandtheit, Offenheit, Unterstützung, Zielorientierung - und als einzige Form - durch Emotionalität gekennzeichnet war.

Die *intentionale* Form (56 Personen) zeichnet sich vor allem durch Vereinnahmung, Dominanz, forderndes Verhalten, Wortreichtum, Zugewandtheit und Offenheit und durch hohe Zielorientierung und Sachlichkeit aus.

Die *retroflexive* Form (40 Personen) kann vor allem durch Zurückhaltung, Passivität, Einsilbigkeit und Sachlichkeit beschrieben werden. Auf der Dimension *zuschreibend vs. ablenkend*, die am schlechtesten von allen differenziert, hat die retroflexive Form am deutlichsten die Ausprägung in Richtung *ablenkend*, was gut durch die theoretischen Annahmen mit dem Konzept der *Deflektion* als Unterform der Retroflektion begründet werden kann.

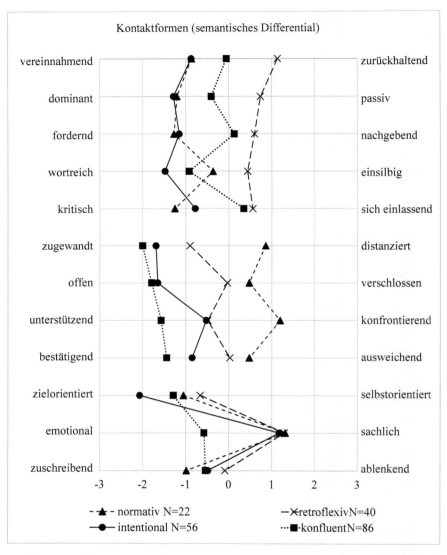

Abb. 39: Profile der Clusterzentren der Kontaktformen, die durch das semantische Differential durch die Beobachtung von Rollenspielen im Assessment-Center erfasst wurden.

	Clusterzentren								ANOVA*	
	konfluent		intentional		retroflexiv		normativ		ANOVA*	
	M	SD	M	SD	M	SD	M	SD	F	p
vereinnahmend – zurückhaltend	-0.05	1,00	-0.87	0.70	1.14	0.84	-0.86	0.94	56.48	.000
dominant – passiv	-0.40	1.00	-1.28	0.75	0.74	0.98	-1.20	1.21	47.30	.000
fordernd – nachgebend	0.13	1.25	-1.15	0.92	0.60	0.87	-1.27	1.11	36.99	.000
wortreich – einsilbig	-0.92	0.85	-1.48	0.66	0.44	1.26	-0.36	1.06	43.26	.000
kritisch – sich einlassend	0.35	1.07	-0.78	1.02	0.56	1.04	-1.25	1.13	28.10	.000
zugewandt – distanziert	-2.00	0.74	-1.69	0.61	-0.90	1.01	0.86	1.11	78.06	.000
offen – verschlossen	-1.79	0.90	-1.65	0.65	-0.03	1.13	0.48	1.28	62.44	.000
unterstützend – konfrontierend	-1.57	0.87	-0.52	1.16	-0.48	0.85	1.20	0.84	42.15	.000
bestätigend – ausweichend	-1.44	0.90	-0.85	0.79	0.03	0.92	0.48	1.07	35.99	.000
zielorientiert – selbstorientiert	-1.29	1.02	-2.07	0.53	-0.66	1.22	-1.05	1.34	23.73	.000
emotional – sachlich	-0.57	1.30	1.18	1.20	1.30	1.24	1.32	1.18	29.15	.000
zuschreibend – ablenkend	-0.54	0.86	-0.48	0.70	-0.08	0.68	-0.98	1.10	6.42	.000

*DF(3,200)

Tab. 49: Statistische Kennwerte der Cluster der Kontaktformen, die durch das semantische Differential durch Beobachtung von Rollenspielen im Assessment Center erfasst wurden und Ergebnisse von Varianzanalysen

Die *normative* Form, vertreten durch 22 Personen, kann durch Vereinnahmung, Dominanz, forderndes und kritisches Verhalten bei weniger Wortreichtum als die intentionale Form und stärkerer Distanzierung, Verschlossenheit und konfrontierendem Verhalten bei starker sachlicher Orientierung beschrieben werden.

In der folgenden Tabelle sind die Werte der Clusterzentren sowie die Ergebnisse von 12 Varianzanalysen zur Testung der Mittelwertunterschiede zwischen den Clusterzentren dargestellt (Tabelle 49).

13.5.2 Skalenbildung

Aus den bipolaren Skalen des semantischen Differentials wurden unipolare Items gebildet und diese für die Skalenbildung verwendet. Wegen der vollständigen wechselseitigen Determiniertheit der Skalenhälften der bipolaren Skalen des semantischen Differentials, wurden für die folgende Skalenbildung nur Teilskalen verwendet, die nicht aus der gleichen bipolaren Skala hervorgingen, also diesbezüglich unabhängig waren. Die Skalenbildung sollte ermöglichen, das Kontaktverhalten der Teilnehmerinnen und das der Rollenspieler mit identischen Items und somit vergleichbar zu erfassen. Die Skalenbildung erfolgte analog zu den vorangegangen Studien durch Mittelwertbildung und die Itemselektion durch die Bestimmung der internen Konsistenz nach dem Modell α und nach inhaltlichen Erwägungen. Es wurden vier Skalen einmal für die Beurteilungen der Teilnehmer und vier für die der Rollenspieler gebildet, die sich auf die vier Kontaktformen konfluent, intentional, retroflexiv und normativ bezogen.

	Kontaktformen			
Skalen Teilnehmer	α	M	N	SD
konfluent (zugewandt, unterstützend, bestätigend, offen)	.72	1.15	204	0.64
intentional (dominant, fordernd, zielorientiert, wortreich, vereinnahmend)	.75	0.98	204	0.57
retroflexiv (passiv, verschlossen, einsilbig, zurückhaltend)	.71	0.26	204	0.42
normativ (kritisch, distanziert, konfrontierend, selbstorientiert)	.53	0.29	204	0.36
Skalen Rollenspieler	α	M	N	SD
konfluent (zugewandt, unterstützend, bestätigend, offen)	.59	0.66	204	0.43
intentional (dominant, fordernd, zielorientiert, wortreich, vereinnahmend)	.74	0.83	204	0.54
retroflexiv (passiv, verschlossen, einsilbig, zurückhaltend)	.62	0.17	204	0.27
normativ (kritisch, distanziert, konfrontierend, selbstorientiert)	.60	0.50	204	0.45

Tab. 50: Skalenkennwerte der Beobachterratings für die Kontaktformen (die dazugehörigen Items sind in Klammern aufgeführt)

Die Skalenzusammensetzung und die Kennwerte sind in Tabelle 50 dargestellt. Insgesamt konnten zufriedenstellende Kennwerte für die interne Konsistenz der Skalen ermittelt werden. Für die Kontaktformen kann gezeigt werden, dass sich die Mittelwerte der Teilnehmereinschätzungen von denen der Rollenspielereinschätzungen unterscheiden. Dies ist für die *konfluente* $t(203) = 9.95$, $p = .000$, $d = .67$), die *intentionale* $t(203) = 2.73$, $p = .007$, $d = .15$), die *normative* $t(203) = 2.63$, $p = .009$, $d = .40$) und die *normative* $t(203) = -6.15$, $p = .000$, $d = -.33$) Kontaktform signifikant bei zweiseitiger Fragestellung der Fall. Die Teilnehmer zeigten sich also stärker konfluenter und die Rollenspieler stärker normativ in der Situation, obwohl die Teilnehmer in der Mehrzahl der Rollenspiele als Führungskraft und die Rollenspieler als Mitarbeiter agierten.

		Kontaktformen							
		Teilnehmer				Rollenspieler			
		konfl.	intent.	retrofl.	norm.	konfl.	intent.	retrofl.	norm.
Teilnehmer	konfluent	-	-	-	-	.20**	.05	-.17*	-.12
	intentional	.10	-	-	-	-.02	.05	-.09	.32**
	retroflexiv	-.36**	-.60**	-	-	-.04	.03	.11	-.17*
	normativ	-.44**	.24**	.11	-	-.20**	.03	.11	.26**
Rollenspieler	konfluent	-	-	-	-	-	-	-	-
	intentional	-	-	-	-	.28**	-	-	-
	retroflexiv	-	-	-	-	-.31**	-.48**	-	-
	normativ	-	-	-	-	-.47**	.03	.10	-

Tab. 51: Skaleninterkorrelation für die Beurteilung der Kontaktformen in Interaktionssystemen (Rollenspiele im Assessment Center, N = 204, ** p < .01, * p < 0.05)

Zwischen den Kontaktformen der Teilnehmer und der Rollenspieler sind wieder typische Interaktionen zu erkennen. Das betrifft die symmetrische Interaktion bei der konfluenten und bei der normativen Form, wenn auch mit schwachen Effekten. Weitere Korrelationen deuten auf komplementäre Zusammenhänge zwischen der konfluenten und der retroflexiven Form, zwischen der intentionalen und der normativen Form und schließlich der konfluenten und der normativen Form hin.

13.5.3 Interaktionen zwischen den Kontaktformen

Bereits die Skaleninterkorrelationen in Tabelle 51 deuten auf einige Interaktionseffekte hin, die im Folgenden mithilfe multipler Regressionsanalysen untersucht werden. Dabei sind zwei Punkte von Bedeutung: Wie auch schon in der vorangegangenen Untersuchung thematisiert, kann bei der Beschreibung der Interaktion zwischen Systemen nicht mit dem Kausalitätsprinzip gearbeitet werden. Die systemische Kommunikationstheorie nimmt hier zirkuläre Interaktionen an, welche zur Musterbildung führen. Daher wird für die folgenden Regressionsanalysen das Kontaktverhalten der Teilnehmer einmal Prädiktor für das Rollenspielerverhalten als Zielgröße sein und umgekehrt. Zusätzlich wird die jeweilige Rolle des Rollenspielers (Mitarbeiter oder Führungskraft) als Dummy-Variable mit in die Regressionsanalysen eingeschlossen. Dass sich durch den Richtungswechsel der Regressionen unterschiedlicher Ergebnisse ergeben werden, deutet sich in den Korrelationen in Tabelle 51 bereits an. Die multiplen Regressionsanalysen vom Teilnehmer- auf das Rollenspielerverhalten (Tabelle 52) zeigen symmetrische Interaktion bei der konfluenten und indirekt auch bei der normativen Form sowie komplementäre Interaktionen bei der intentionalen und der retroflexiven Form.

Prädiktoren	Koeffizienten	Zielgröße	Modellgüte
Teilnehmer		**Rollenspieler**	
konfluent	$\beta = .28, t = 4.21, p = .000$	konfluent	$F(2, 192) = 20.85$, $p = .000\ R^2 = .18$
Rolle	$\beta = .36, t = 5.50, p = .000$		
Rolle	$\beta = .15, t = 2.07, p = .040$	intentional	$F(1, 193) = 4.30$, $p = .040\ R^2 = .22$
normativ	$\beta = .15, t = 2.04, p = .043$	retroflexiv	$F(2, 192) = 3.82$, $p = .024\ R^2 = .04$
Rolle	$\beta = .17, t = 2.30, p = .022$		
konfluent	$\beta = -.33, t = 4.92, p = .000$	normativ	$F(3, 191) = 26.22$, $p = .000\ R^2 = .29$
retroflexiv	$\beta = -.29, t = 4.83, p = .000$		
Rolle	$\beta = -.47, t = 7.66, p = .000$		

Tab. 52: Multiple Regressionsanalysen (Kriteriumsvariablen: Teilnehmerverhalten, Zielgröße: Rollenspielerverhalten) zur Beschreibung der Interaktion zwischen Teilnehmern und Rollenspielern im Assessment-Center bezogen auf das Kontaktverhalten (N = 202)

Die *konfluente* Form des Rollenspielers wird durch die konfluente Form des Teilnehmers und durch die Rolle prädiktiert. Verkürzt gesagt, verhält sich der Rollenspieler zugewandt und unterstützend, wenn der Teilnehmer auch dieses Verhalten zeigt und hierarchisch unter ihm steht.

Die *intentionale* Form beim Rollenspieler wird ausschließlich durch die Rolle, also die hierarchische Position prädiktiert. Wenn der Rollenspieler die Führungskraft des Teilnehmers spielt, agiert er mehr in der intentionalen Form.

Die *retroflexive* Form beim Rollenspieler wird durch normatives Verhalten vonseiten des Teilnehmers prädiktiert und ebenso durch die Rolle, d. h. die Führungskraft reagiert durch Rückzug, wenn der Teilnehmer zu stark in einer distanzierten und kritischen Form agiert.

Die *normative* Form beim Rollenspieler wird vor allem durch die Rolle und noch zusätzlich nicht-konfluentes (resp. normatives) und nicht-retroflexives (resp. intentionales) Kontaktverhalten beim Teilnehmer prädiktiert. Das heißt, der Rollenspieler als Mitarbeiter verhält sich distanziert und kritisch, wenn der Teilnehmer in seiner Rolle als Führungskraft intentional und normativ agiert.

Prädiktoren	Koeffizienten	Zielgröße	Modellgüte
Rollenspieler		**Teilnehmer**	
konfluent	$\beta = .24, t = 3.18, p = .002$		
normativ	$\beta = -.16, t = -2.05, p = .041$	konfluent	$F(1, 191) = 9.16,$ $p = .000\ R^2 = .13$
Rolle	$\beta = -.30, t = -4.01, p = .000$		
konfluent	$\beta = .17, t = 2.20, p = .029$	intentional	$F(4, 192) = 12.43,$ $p = .000\ R^2 = .12$
normativ	$\beta = .38, t = 4.98, p = .000$		
intentional	$\beta = .17, t = 2.03, p = .044$		
retroflexiv	$\beta = .27, t = 3,03, p = .003$	retroflexiv	$F(4, 190) = 4.10,$ $p = .003\ R^2 = .08$
normativ	$\beta = -.26, t = -3.28, p = .001$		
Rolle	$\beta = -.19, t = -2.34, p = .020$		
normativ	$\beta = .21, t = 2.80, p = .006$	normativ	$F(2, 192) = 10.07,$ $p = .000\ R^2 = .10$
Rolle	$\beta = -.15, t = -2.03, p = .044$		

Tab. 53: Multiple Regressionsanalysen (Kriteriumsvariablen: Rollenspielerverhalten, Zielgröße: Teilnehmerverhalten) zur Beschreibung der Interaktion zwischen Teilnehmern und Rollenspielern im Assessment-Center bezogen auf das Kontaktverhalten (N = 202

Die Regressionsanalysen in der umgekehrten Richtung sind in der Tabelle 53 dargestellt. Für symmetrische Interaktionen in der *konfluenten* und der *normativen* Form ergeben sich sehr ähnliche Ergebnisse, hingegen sich bei den komplementären Interaktionen andere Zusammenhänge ergeben: Die *intentionale* Form bei den Teilnehmerinnen wird durch die konfluente und die normative Form beim Rollenspieler vorhergesagt und zwar unabhängig von der Hierarchie, also der Rollenkonstellation in der Situation. Die Teilnehmer agieren also fordernd und zielorientiert, wenn die Rollenspieler entweder zugewandt und unterstützend oder aber distanziert und kritisch sind.

Die *retroflexive* Form bei den Teilnehmern wird ebenfalls durch die retroflexive beim Rollenspieler, aber auch durch die intentionale und die nichtnormative Form sowie durch die Rolle prädiktiert. Das bedeutet, dass die Teilnehmerinnen zurückhaltendes und verschlossenes Verhalten zeigen, wenn die Rollenspieler entweder das gleiche Verhalten zeigen oder fordernd und zielorientiert sind bzw. nicht distanziert und kritisch. Einen weiteren Einfluss hat die Rolle, die insofern wirkt, wenn die Teilnehmerin auf einer niedrigeren Hierarchieebene agiert als der Rollenspieler.

13.5.4 Interpretation der Ergebnisse

Die vorangegangene Studie stellt eine erste Anwendung der Theorie des Kontakts in der Praxis dar. Unter den realen Bedingungen eines Assessment-Centers kam ein kurzer Fragebogen mit einem semantischen Differential zur Beobachtung der Kontaktformen zum Einsatz. Dieses Instrument erwies sich als zuverlässig und die meisten der verwendeten Items differenzierten zwischen den vier untersuchten Kontaktformen, die mithilfe einer Clusteranalyse identifiziert werden konnten. Die Hypothesen 1 und 2 dieser Untersuchung konnten somit bestätigt werden. Mit den Skalen des semantischen Differentials können die Kontaktformen anschaulicher und differenzierter dargestellt werden, als es mit den bisher verwendeten Skalen auf Basis aggregierter Items der Fall war.

Mit den gebildeten Skalen konnten schließlich symmetrische und komplementäre Interaktionssysteme beschrieben werden. Auffällig sind hier die symmetrischen Interaktionen bei der *konfluenten* und der *normativen* Form. Beide unterscheiden sich deutlich auf der EPA-Dimension *evaluation*, d. h. durch die unterschiedliche Nähe bzw. Distanz der Personen im Kontakt. Kurz zusammengefasst heißt das: Durch Nahbarkeit entsteht beiderseitig Nähe und durch Distanziertheit beiderseitig Distanz. Dieser Zusammenhang ist in der vorangegangenen Studie deutlich mit der jeweiligen Hierarchieebene der Interaktionspartner konfundiert. Das Kontaktverhalten ist also entsprechend des Grundmodells der Theorie des Kontakts sowohl durch den Interaktionspartner als auch durch die soziale Situation und deren Erwartungsstrukturen, die sich in Rollenerwartungen manifestieren, determiniert.

Die zahlreichen komplementären Interaktionen müssen jeweils spezifisch interpretiert werden. Auch hier spielt der Hierarchieunterschied in den Rollenkonstellationen eine wichtige Rolle und tritt mehrfach als Prädiktor in Erscheinung. Weiterhin können zahlreiche weitere Einflüsse vermutet werden, die in der Studie nicht balanciert bzw. erfasst werden konnten: Dazu gehören z. B. die Auswahlsituation im Assessment Center, welche eine spezifische Bedürfnislage (z. B. ein gutes Ergebnis zu erreichen) bei den Teilnehmern wahrscheinlich macht, eine entsprechend starke psychische und physische Belastungssituation (die sich z. B. in der Situationswahrnehmung niederschlagen kann), die unterschiedlichen Gesprächssituationen mit darin enthaltenen Aufgaben und Zielen sowie das intendierte Rollenspielerverhalten, welches jeweils in Abhängigkeit vom Teilnehmerverhalten spezifische Kommunikationsanforderungen generieren soll. Was also die komplementären Interaktionen betrifft, kann erst einmal nur festgestellt werden, dass sie mithilfe des vorgestellten Instrumentariums beobachtbar sind und damit offensichtlich auch existieren. Einige vorsichtige Interpretationen sind bei den komplementären Interaktionen dennoch möglich: So zeigt sich, dass sich die Führungskraft zurückzieht, wenn der Mitarbeiter zu normativ agiert, also möglicherweise die Rollenerwartungen nicht erfüllt. Umgekehrt scheint die Rolle der Führungskraft zu induzieren, sich unabhängig vom Gegenüber intentionaler zu verhalten. Die Teilnehmerinnen zeigen intentionales Verhalten unabhängig von Hierarchieunterschieden, wenn der Rollenspieler entweder zu konfluent oder zu normativ ist, d. h. ein Auflösen bzw. ein Rückzug der Kontaktgrenze wird mit Ausweitung derselben beantwortet. Retroflexives Verhalten erfolgt vonseiten der Teilnehmer, wenn sie hierarchisch unter den Rollenspielern stehen und diese intentional und nicht-normativ agieren, also die Kontaktgrenze ausweiten bzw. ebenfalls in der retroflexiven Form agieren.

Diese Zusammenhänge zeigen, dass sich die Kontaktformen, wie in der Theorie des Kontakts postuliert, wechselseitig in der Interaktion hervorbringen und zur Beschreibung von Interaktionsmustern in Kommunikationssystemen nützlich sind. Es können dabei einige typische wiederkehrende symmetrische und komplementäre Interaktionen gezeigt werden, aber auch zahlreiche spezifische, welche nur im Einzelfall durch das Wirken zahlreicher Einflussfaktoren interpretierbar sind. Der Ansatz von Bateson (1985) kann damit durch eine Spezifizierung der Interaktionsmuster erweitert werden. Diese ermöglicht beispielsweise Rückschlüsse auf die Bedürfnislage bzw. zugrundeliegende Introjekte der Beteiligten oder Einschätzungen darüber, inwieweit das jeweilige Interaktionsmuster angemessen für die zu meisternde Gesprächssituation ist. So ist z. B. für ein Mitarbeitergespräch im Organisationskontext für die Erfüllung der Führungsaufgabe sicher nicht von

Vorteil, wenn die beiden Akteure durch beiderseitig konfluentes Verhalten in die Konfluenz geraten, aus der heraus – wie schon weiter vorn festgestellt wurde – sich kaum wirkungsvoll handeln lässt.

Die mittlere Form für guten und gelingenden Kontakt wurde in dieser Untersuchung nicht explizit erfasst. Sie würde sich darin äußern, dass es kein dauerhaftes dominantes Muster in den Interaktionen gibt, sondern eine wechselnde reziproke Dynamik, wie sie bereits in den Eigenschaften eines *Kontaktsystems* (siehe Abschnitt 7) beschrieben wurden.

Hinsichtlich der Hypothese 4 konnten nur Effekte durch den Prädiktor Hierarchieebene gezeigt werden. Hinsichtlich Alter, Rolle und Geschlecht konnten keine Effekte gezeigt werden. Unterschiede im Kontaktverhalten konnten lediglich insofern beschrieben werden, dass die Teilnehmerinnen mehr in der *konfluenten* und der *retroflexiven* und weniger in der *normativen* Form agierten, als es die Rollenspieler taten, sich also der Assessment-Center-Situation mehr anpassten bzw. verhaltener agierten. Dieses Nebenergebnis der Untersuchung wirft natürlich Fragen nach der Validität von solcherart Auswahlverfahren auf, in denen offensichtlich sozial-erwünschtes Verhalten gezeigt wird, bzw. Verhalten, von dem die Teilnehmenden glauben, dass es in der Situation erwartet wird, also die individuellen Erwartungs-Erwartungen (von Schlippe & Schweitzer, 2012) erfüllt werden. Effekte von sozial erwünschtem Verhalten können unter solchen Bedingungen nur schwer kontrolliert werden. Wie sich durch die Zerlegung von Varianzanteilen Personen, Items oder Untersuchungsbedingungen hinsichtlich der sozialen Erwünschtheit identifizieren lassen, zeigen z. B. Leite und Cooper (2010) oder Ziegler und Bühner (2009). Dies ist für unsere Fragestellungen jedoch nicht nötig, da es in den hier durchgeführten Untersuchungen weder um eine diagnostische Fragestellung bezüglich der Kontaktsituationen noch um quantitative Aussagen geht.

14 Studie 4: Einflussfaktoren auf die Kontaktformen

In der vierten Untersuchung soll das Gesamtmodell, also die Wirkung von Bedürfnissen, Introjekten, Persönlichkeit, Interaktionspartner, Situationswahrnehmung und sozialer Kontext betrachtet werden. Aus Gründen der Machbarkeit und begrenzten Ressourcen wird dazu ein quasi-experimentelles Design gewählt, indem kontextbezogen Bedürfnisse, Situationswahrnehmung und das Kontaktverhalten mit den in den vorangegangenen Untersuchungen entwickelten und eingesetzten Skalen erfasst und zu eher kontextstabilen Konstrukten wie Introjekten und Persönlichkeitseigenschaften in Beziehung gesetzt werden.

Ziel der Untersuchung ist es, das Zusammenspiel der Konstrukte in Abhängigkeit vom sozialen Kontext zu beschreiben. Dazu wird zusätzlich der Frage nachgegangen, inwieweit sich Menschen in ihrem Erleben und Verhalten im beruflichen und im privaten resp. freizeitorientierten Lebenskontext unterscheiden. Untersuchungen aus der Authentizitätsforschung z. B. von Brunell et al. (2010), Kernis und Goldman et al. (2006) oder Lenton, Bruder, Slabo und Sedikides (2013) zeigen, dass Menschen sich selbst dann besoers nahe und damit authentisch fühlen, wenn sie z. B. mit sich selbst und anderen im Einklang sind, Flow-Erleben (Csikszentmihalyi, 1997) und Kontakt zu ihren Gefühlen haben, von anderen verstanden werden und sich nicht „verstellen" müssen. Letzteres ist jedoch im beruflichen Kontext nur teilweise der Fall, weshalb wir für die folgende Untersuchung davon ausgehen, dass zumindest hinsichtlich des Kontaktverhaltens, der Situationswahrnehmung und der Identifikation deutliche Unterschiede zwischen dem beruflichen und dem freizeitorientierten Kontext existieren. Diese Unterschiede werden möglicherweise durch andere Variablen moderiert, weshalb zusätzlich die Identifikation mit dem sozialen System mit drei Faktoren erfasst werden soll. Dazu wird der Ansatz von Felfe et al. (2014) genutzt. Die Autoren gehen dabei von drei Faktoren der Identifikation bzw. des Commitments aus: Der affektiven, der kalkulatorischen und der normativen Identifikation, mit denen Individuen mit den sozialen Systemen, denen sie angehören, verbunden bzw. identifiziert sind.

14.1 Forschungsfrage und Hypothesen

Wie wirken die Faktoren Bedürfnislage, Introjekte, Persönlichkeit, Interaktionspartner und Situationswahrnehmung in Abhängigkeit vom sozialen Kontext auf das Kontaktverhalten?

Hypothesen
1. Es gibt einen Kontexteffekt bei Bedürfnissen, der Situationswahrnehmung, der Identifikation mit dem sozialen System und den Kontaktformen.
2. Im beruflichen Kontext ist die kalkulatorische Identifikation stärker als im freizeitbezogenen Kontext, in dem die affektive und die normative Identifikation stärker ausgeprägt sind.
3. Im berufsbezogenen Kontext ist die intentionale, die retroflexive und die normative Form höher ausgeprägt, hingegen im freizeitbezogenen Kontext die konfluente und die mittlere Form stärker ausgeprägt sind.
4. Die Kontaktformen sind sowohl personen- als auch kontextabhängig.
5. Die Kontaktformen werden durch die individuelle Bedürfnislage, Introjekte, Persönlichkeitseigenschaften, den Interaktionspartner, die Situationswahrnehmung und den sozialen Kontext beeinflusst.

14.2 UNTERSUCHUNGSDESIGN UND BEFRAGUNGSINSTRUMENT

Die Untersuchung fand von April 2016 bis Mai 2017 statt. Es wurden 61 Personen in einer umfassenden Fragebogenstudie zu ihrem Kontaktverhalten in zwei verschiedenen Lebenskontexten befragt. Der Untersuchungsablauf ist in Tabelle 54 dargestellt.

Die Untersuchungsteilnehmer wurden entweder durch einen Büchergutschein oder durch ein ausführliches persönliches Auswertungsgespräch auf Basis der Ergebnisse des B5PS zur Teilnahme motiviert.

Die Untersuchung dauert etwa 2,5 Stunden und hatte folgenden Ablauf: Zunächst wurden die soziodemographischen Daten der Untersuchungsteilnehmer erhoben. Im nächsten Schritt wurde eine verkürzte Version eines *Antreibertests* basierend auf den Arbeiten von Kahler (1975) zur Erfassung typischer Introjekte durchgeführt. Anschließend wurde die Vollversion des *B5PS* (Ziegler, 2014a) zur Erfassung der *Big Five* bearbeitet. Für die folgende Datenanalyse wurden die Hauptfaktoren und nicht die Facetten jedes einzelnen Persönlichkeitsfaktors betrachtet. Durch die Betrachtung der Facetten könnten z. B. bei spezifischen eignungsdiagnostischen Fragestellungen wichtige zusätzliche Informationen gewonnen werden, die jedoch für die hier vorliegende Untersuchung nicht von Bedeutung sind. Insgesamt unterscheiden sich die Zusammenhänge von Faktoren oder Facetten mit generellen Merkmalen nur gering, wie z. B. McAbee, Oswald und Connelly (2014) zeigten.

Nr.	Konstrukt	Skalen	Anzahl Items
0.	Soziodemographische Daten	Alter, Bildungsgrad, Geschlecht, Tätigkeit, Branche	7
1.	Introjekte	Antreibertest	30
2.	Persönlichkeit	Big Five (B5PS)	211
3.	Kontext 1	Beschreibung	1
4.	Situationswahrnehmung	Situation Five	15
5.	Emotionales Erleben	Semantisches Differential	1
6.	Bedürfnisse	Human Scale Development	9
7.	Identifikation mit sozialem System	Commitment in Organisation, Beruf und Beschäftigungsform	9
8.	Kontaktformen Alter	Kontaktformen Fremdeinschätzung	15
9.	Kontaktformen Ego	Kontaktformen Selbsteinschätzung	15
10	Kontext 2	Beschreibung	
11.	Situationswahrnehmung	Situation Five	15
12.	Emotionales Erleben	Semantisches Differential	1
13.	Bedürfnisse	Human Scale Development	9
14.	Identifikation mit sozialem System	Commitment in Organisation, Beruf und Beschäftigungsform	9
15.	Kontaktverhalten Alter	Kontaktformen Fremdeinschätzung	15
16.	Kontaktverhalten Ego	Kontaktformen Selbsteinschätzung	15
17.	Abschluss	Feedback zur Studie	3

Tab. 54: Untersuchungsplan zur Studie Kontakt und Kontext

Nach Abschluss dieses Untersuchungsteils wurden die Untersuchungsteilnehmer aufgefordert, sich zunächst in ihren beruflichen Kontext und die wichtigsten dort handelnden Personen einzudenken. Es erfolgte die Erfassung der Situationswahrnehmung für diesen Kontext durch die *Situation Five* (Ziegler, 2014a), des emotionalen Erlebens durch ein semantisches Differential, der Bedürfnisse nach dem *Human Scale Development-Modell* nach Max-Neef (1989), der Identifikation mit dem sozialen System mithilfe der Skalen zur Erfassung des *Commitments in Organisation, Beruf und Beschäftigungsform* (COBB) nach Felfe et. al (2014) sowie des Kontaktverhaltens einer relevanten Person (in der Regel die Führungskraft) in diesem Kontext sowie eine Beschreibung des eigenen Kontaktverhaltens durch die Kurzversion zur Erhebung der Kontaktformen, wie sie in der ersten Studie dieser Arbeit entwickelt und validiert wurde. Anschließend wurden die Untersuchungsteilnehmer gebeten, einen weiteren relevanten eher privaten Kontext zu nennen. Hier wurden z. B. Sportverein, Ehrenamt, Weiterbildungsgruppen etc. genannt. Die Personen wurden wiederum gebeten, sich in diesen Kontext und die dort relevanten Personen einzustimmen. Dann wurde der Itemblock noch einmal mit Fokus auf den zweiten Kontext beantwortet. Abschließend wurde noch ein kurzes Feedback zur Untersuchung abgefragt. Alle Items wurden mit Ratingskalen („trifft gar nicht zu" bis „trifft voll und ganz zu") auf sechsstufigen Skalen erfasst. Das emotionale Erleben wurde mit einem semantischen Differential von -3 = „sehr schlecht" bis 3 = „sehr gut" erfasst. Die Bedürfnisse wurden zur Erhöhung der Trennschärfe nicht mit Ratingskalen erfasst, sondern es sollten nur die wichtigsten *drei* Bedürfnisse aus der Menge der neun Grundbedürfnisse ausgewählt werden. Die Untersuchung wurde von immer der gleichen Untersuchungsleiterin auf Basis standardisierter Instruktionen mit einem computergestützten Fragebogen durchgeführt. Die Fragebogenitems sind in Anhang D zu finden.

14.3 STICHPROBE
Die Stichprobe wurde aus dem Umfeld des Autors sowie aus Weiterbildungsgruppen der artop GmbH - Institut an der Humboldt-Universität zu Berlin rekrutiert. Es nahmen 41 Frauen und 20 Männer im Alter von 21 bis 60 Jahren teil, 70% der Untersuchungsteilnehmer hatten einen Hochschulabschluss. Als erster Kontext wurde in 40 Fällen das berufliche Umfeld genannt. Weitere ähnlich gelagerte Kontexte waren Praktika, Lerngruppen oder berufliche Netzwerke. Als zweiter Kontext, der eher freizeitorientiert war, wurden die Sportgruppe (12 Nennungen), Chor oder Hobbyband (5 Nennungen), Weiterbildungsgruppen (5 Nennungen), Reisegruppe (5 Nennungen), Vereinsarbeit (5 Nennungen) und Ehrenamt (2 Nennungen) angegeben. Weitere Kontexte mit jeweils nur einer Nennung waren z. B. Handarbeitsgruppen, Elternkreis oder Lesezirkel.

14.4 SKALENBILDUNG
Aus den verwendeten Items wurden die entsprechenden Skalen gebildet, deren Kennwerte in den Tabellen 55 und 56 aufgeführt sind.

Trotz der relativ kleinen Stichprobe sind die internen Konsistenzen der Skalen überwiegend zufriedenstellend. Sehr gute interne Konsistenzen konnten für die Skalen des COBB ermittelt werden. Die Skalen zur Situationswahrnehmung weisen ebenfalls gute interne Konsistenzen auf, allerdings mit Einschränkungen beim psychischen und physischen Load in Kontext 1 und bei der Ergebniserwartung in Kontext 2. Bei den Introjekten hat der Antreiber *Sei perfekt!* den schlechtesten Wert.

Interessant ist in diesem Zusammenhang die hier schon deutlich sichtbare Kontextabhängigkeit: Cronbachs α variiert bei gleichen Items, gleichen Personen und verschiedenen Kontexten.

Skalen				
Introjekte (*Antreiber*)	α	M	N	SD
Sei perfekt! (6 Items)	.50	3.16	61	0.55
Sei schnell! (6 Items)	.62	3.30	61	0.60
Streng' Dich an! (6 Items)	.64	3.49	61	0.55
Sei gefällig! (6 Items)	.72	3.59	61	0.64
Sei stark! (6 Items)	.82	2.41	61	0.76
Situationswahrnehmung (*Situation Five*) Kontext 1	α	M	N	SD
Ergebniserwartung (3 Items)	.84	4.53	61	1.17
Belebtheit (3 Items)	.69	4.56	61	1.14
Psych. & phys. Load (3 Items)	.56	3.19	61	1.05
Monotonie (3 Items)	.74	2.51	61	1.04
Kognitiver Load (3 Items)	.74	4.48	61	1.08
Situationswahrnehmung (*Situation Five*) Kontext 2	α	M	N	SD
Ergebniserwartung (3 Items)	.46	4.70	61	0.79
Belebtheit (3 Items)	.86	5.09	61	0.79
Psych. & phys. Load (3 Items)	.66	3.05	61	1.23
Monotonie (3 Items)	.68	1.90	61	0.96
Kognitiver Load (3 Items)	.80	4.50	61	1.03
Identifikation (*COBB*) Kontext 1	α	M	N	SD
affektiv	.84	3.54	61	0.99
kalkulatorisch	.75	2.44	61	1.08
normativ	.75	2.69	61	1.08
Identifikation (*COBB*) Kontext 2	α	M	N	SD
affektiv	.79	4.02	61	0.78
kalkulatorisch	.71	2.56	61	1.00
normativ	.66	3.26	61	0.99

Tab. 55: Skalenkennwerte der untersuchten Konstrukte: Introjekte, Situationswahrnehmung und Identifikation mit dem sozialen System

Die interne Konsistenz der Skalen für die retroflexive Kontaktform fallen leider sehr schlecht aus, dies trifft zum Teil auch auf die intentionale Form zu, obwohl mit den gleichen Items in den vorangegangenen Untersuchungen schon deutlich bessere Kennwerte erzielt wurden.

Skalen				
Kontaktformen Alter Kontext 1	α	M	N	SD
konfluent	.82	4.56	61	1.03
intentional	.51	4.35	61	0.88
retroflexiv	-.16	2.88	61	0.64
normativ	.71	4.24	61	0.96
mittlere Form	65	4.74	61	0.87
Kontaktformen Alter Kontext 2	α	M	N	SD
konfluent	.55	4.82	61	0.78
intentional	.35	3.91	61	0.90
retroflexiv	.23	2.96	61	0.85
normativ	.70	3.71	61	1.09
mittlere Form	.64	4.75	61	0.89
Kontaktformen Ego Kontext 1	α	M	N	SD
konfluent	.64	4.68	61	0.83
intentional	.55	4.35	61	0.68
retroflexiv	.64	3.01	61	0.90
normativ	.53	4.05	61	0.73
mittlere Form	.64	4.55	61	0.70
Kontaktformen Ego Kontext 2	α	M	N	SD
konfluent	.67	4.83	61	0.86
intentional	.63	4.33	61	0.78
retroflexiv	.71	2.92	61	0.94
normativ	.58	3.85	61	0.78
mittlere Form	.72	4.76	61	0.76

Tab. 56: Skalenkennwerte der Kontaktformen

14.5 ERGEBNISSE

14.5.1 Unterschiede zwischen den Kontexten

Im Folgenden werden für eine erste Annäherung an die Fragestellung die Unterschiede zwischen den beiden untersuchten Kontexten dargestellt. Zunächst werden dazu die Bedürfnisse betrachtet, die in den verschiedenen Kontexten erfüllt werden sollen. Die Untersuchungsteilnehmer sollten hierzu die drei wichtigsten zu erfüllenden Bedürfnisse für jeden Kontext angeben. Die Ergebnisse sind in Tabelle 57 dargestellt und zeigen deutliche Unterschiede zwischen den Kontexten. Im beruflichen Kontext stehen *Protection* und *Partizipation* im Vordergrund, hingegen im eher freizeitorientierten Kontext *Affection, Leisure* und *Identity* im Vordergrund stehen, wenn man nur die signifikanten Unterschiede betrachtet.

Bedürfnis	Kontext 1 Beruf	Kontext 2 Freizeit	p (McNemar)
Subsistence	21	15	.307
Protection	**31**	8	.000
Affection	14	**31**	.002
Understanding	37	27	.123
Participation	**43**	29	.007
Leisure	3	**25**	.000
Creation	17	28	.054
Identity	11	**23**	.023
Freedom	24	15	.108

Tab. 57: Anzahl der Nennungen der Bedürfnisse je Kontext sowie Unterschiede zwischen den Kontexten (N = 61)

Auch für die Situationswahrnehmung gibt es Unterschiede zwischen den Kontexten. Hier zeigen sich signifikante Unterschiede mit mittleren Effekten bei *Belebtheit* (t (60) = -2.96, p = .004, d = .55) und *Monotonie* ((t (60) = 3.44, p = .001, d = .61) zwischen den Kontexten.

Weitere Unterschiede mit mittleren Effekten gibt es bei der Identifikation mit dem sozialen System im jeweiligen Kontext und dem emotionalen Erleben. So unterscheiden sich die *affektive* und die *normative* Identifikation mit (t (60) = -3.43, p = .001, d = .51) und (t (60) = -3.57, p = .001, d = .56). Das emotionale Erleben ist im freizeitorientierten Kontext (M = 6.08, SD = .99)

positiver als im beruflich orientierten Kontext ($M = 6.08$, $SD = .99$) mit ($t(60) = 3.07$, $p = .003$, $d = .61$).
Bei den Kontaktformen gibt es signifikante Unterschiede mit kleinen und mittleren Effekten bei der intentionalen ($t(60) = 3.06$, $p = .003$, $d = .47$) und der normativen Form ($t(60) = 2.79$, $p = .007$, $d = .52$) bei der Fremdeinschätzung (also von Alter) und bei der mittleren Form ($t(60) = -2.69$, $p = .009$, $d = .23$) bei der Selbsteinschätzung (also von Ego). Bei der konfluenten Form zeigt sich in der Tendenz ebenfalls ein Unterschied, der aber nicht signifikant ist.

Kontaktformen Ego

		Kontext 1 Beruf				Kontext 2 Freizeit				
		konfluent	intentional	retroflexiv	normativ	konfluent	intentional	retroflexiv	normativ	mittlere Form
Kontext 1	konfluent	-	-	-	-	.65**	-	-	-	-
	intentional	.27*	-	-	-	-	.51**	-	-	-
	retroflexiv	-.28*	-.52**	-	-	-	-	.62**	-	-
	normativ	.14	.41**	-.24	-	-	-	-	.37**	-
	mittlere Form	.32*	.45**	-.64**	.42**	-	-	-	-	.67**
Kontext 2	konfluent	-	-	-	-	-	-	-	-	-
	intentional	-	-	-	-	.54**	-	-	-	-
	retroflexiv	-	-	-	-	-.36**	-.61**	-	-	-
	normativ	-	-	-	-	.32*	.39**	-.38**	-	-
	mittlere Form	-	-	-	-	.41**	.47**	-.62**	.37**	-

Tab. 58: Skaleninterkorrelation für die Kontaktformen in unterschiedlichen sozialen Kontexten für die Selbsteinschätzung (Ego, N = 61, ** p < .01, * p < 0.05). Reduzierte Korrelationsmatrix: redundante bzw. nicht interpretierbare Koeffizienten wurden nicht dargestellt.

Die Korrelationen (Tabelle 58 und 59) zwischen den Kontaktformen zeigen innerhalb der Kontexte ein ähnliches Muster in den Korrelationsmatrizen für die Selbsteinschätzung ($X = 5.77$, $p = 0.83$) und für die Fremdeinschätzung ($X = 7.46$, $p = 0.68$). Das Muster zwischen Selbst- und Fremdeinschätzung differiert jedoch stark innerhalb der Kontexte ($X = 31.76$, $p = 0.000$ und $X = 29.46$, $p = 0.001$). Dieser Effekt ist schon aus den vorangegangenen Untersuchungen bekannt.

Kontaktformen Alter

		Kontext 1 Beruf				Kontext 2 Freizeit				
		konfluent	intentional	retroflexiv	normativ	konfluent	intentional	retroflexiv	normativ	mittlere Form
Kontext 1	konfluent	-	-	-	-	.25	-	-	-	-
	intentional	.08	-	-	-	-	.22	-	-	-
	retroflexiv	.01	-.20	-	-	-	-	.14	-	-
	normativ	-.01	.59**	-.28*	-	-	-	-	-.07	-
	mittlere Form	39**	.07	-.05	.31*	-	-	-	-	.04
Kontext 2	konfluent	-	-	-	-	-	-	-	-	-
	intentional	-	-	-	-	.07	-	-	-	-
	retroflexiv	-	-	-	-	.04	-.42**	-	-	-
	normativ	-	-	-	-	-.14	.44**	-.40**	-	-
	mittlere Form	-	-	-	-	.28*	.26*	-.26*	30*	-

Tab. 59: Skaleninterkorrelation für die Kontaktformen in unterschiedlichen sozialen Kontexten für die Fremdeinschätzung (Alter, N = 61, ** p < .01, * p < 0.05). Reduzierte Korrelationsmatrix: redundante bzw. nicht interpretierbare Koeffizienten wurden nicht dargestellt.

Ein weiteres Ergebnis sind die starken Zusammenhänge zwischen Kontexten bei den Selbsteinschätzungen für die Kontaktformen. Diese weisen einen mittleren und vier große Effekte aus und zeigen vereinfacht ausgedrückt, dass knapp die Hälfte der Varianz der Kontaktformen durch die Person (Introjekte, Persönlichkeit) und die andere durch die Kontextbedingungen (Bedürfnisse, Situation, Interaktionspartner, Kontext) erklärt werden kann. Zwischen den Fremdeinschätzungen für die Kontaktformen in den jeweiligen Kontexten können keine signifikanten Zusammenhänge gezeigt werden. Dies stützt die Konstruktvalidität der Untersuchung, da hier die gleichen Personen das Kontaktverhalten von unterschiedlichen Interaktionspartnern einschätzten, was nicht zu Kovariation führen sollte.

14.5.2 Zusammenhangsanalysen zur Prädiktion der Kontaktformen

Im Folgenden werden mithilfe multipler Regressionsanalysen die Zusammenhänge zwischen den Kriteriumsvariablen (Bedürfnisse, Persönlichkeit, Introjekte, Situation und Interaktionspartner) und den Kontaktformen als Zielgrößen untersucht. Zusätzlich werden in die Analysen noch das emotionale Erleben im jeweiligen Kontext und die Identifikation mit dem sozialen System einbezogen. Die Analysen erfolgten zugleich über beide Kontexte. Damit verdoppelte sich die Fallzahl auf $N = 122$. Der Kontext ging als Dummy-Variable mit in die Analysen ein.

Prädiktoren	Konfluente Form
	Koeffizienten
Big Five: Teamorientierung	$\beta = .22, t = 2.87, p = .005$
Big Five: Extraversion	$\beta = .55, t = 5.52, p = .000$
Big Five: Belastbarkeit	$\beta = -.36, t = -3.08, p = .003$
Introjekt: Sei gefällig!	$\beta = .24, t = 3.50, p = .001$
Situation: Monotonie	$\beta = -.24, t = -3.90, p = .000$
Bedürfnis: Understanding	$\beta = -.17, t = -2.95, p = .004$
Kontaktform Alter: konfluent	$\beta = .22, t = 3.47, p = .001$

Tab. 60: Multiple Regressionsanalysen zur Beschreibung der konfluenten Form ($F(7, 114) = 26.73$, $p = .000$, $R^2 = .62$)

14.5.3 Die konfluente Form

Die konfluente Form wird am stärksten durch die Persönlichkeitsmerkmale prädiktiert, dabei wirken *Teamorientierung* und *Extraversion* als positive und *Emotionale Stabilität* als negativer Prädiktor. Dies beschreibt die konfluente Form entsprechend der theoretischen Annahmen. Ein weiterer Prädiktor ist das Introjekt *Sei gefällig!*, welches offensichtlich den stärksten Bezug zur konfluenten Form hat und haben sollte. Die Situation wird als *nicht monoton* wahrgenommen, d. h. Personen, die in der konfluenten Form agieren sind involviert und erleben die Situation als dynamisch. Bei den Bedürfnissen gibt es einen negativen Effekt des Prädiktors *understanding*. D. h. der Wunsch nach „Verstehen", also neugierig sein, sich etwas aneignen und lernen, ist kein Prädiktor für die konfluente Form, bei der dieses Bedürfnis nicht im Vordergrund steht. Der Interaktionspartner wirkt hier symmetrisch, also ebenfalls durch die konfluente Form. Insgesamt ergibt sich eine sehr gute Modellgüte mit einer Varianzaufklärung von 62%. Die Ergebnisse sind in Tabelle 60 dargestellt.

14.5.4 Die intentionale Form

Die Ergebnisse für die intentionale Form sind in der Tabelle 61 dargestellt. Die Varianzaufklärung ist hier deutlich geringer ($R = .41$) als bei der konfluenten Form. Die intentionale Form wird am deutlichsten durch das Persönlichkeitsmerkmal *Extraversion* vorhergesagt, was ebenfalls gut zu den theoretischen Überlegungen passt. Die Situation wird nicht als *physisch und psychisch anstrengend* erlebt, was sich durch die bei der intentionalen Form bereits aktivierte psychische Energie erklären lässt. Die *normative Identifikation* mit dem sozialen Kontext ist hoch, was ebenfalls für die energetische Komponente dieser Kontaktform spricht. Wie auch bei der konfluenten Form sind auch hier symmetrische Interaktionen mit der *intentionalen Form* wirksam.

Intentionale Form	
Prädiktoren	**Koeffizienten**
Big Five: Extraversion	$\beta = .43$, $t = 5.92$, $p = .000$
Situation: phys. & psych. Load	$\beta = -.29$, $t = -4.05$, $p = .000$
Identifikation: normativ	$\beta = .16$, $t = 2.24$, $p = .027$
Kontaktform Alter: intentional	$\beta = .19$, $t = 2.73$, $p = .007$

Tab. 61: Multiple Regressionsanalysen zur Beschreibung der intentionalen Form (F(4, 117) = 20.50, p = .000, $R^2 = .41$)

14.5.5 Die retroflexive Form

Tabelle 62 zeigt die Ergebnisse für die retroflexive Form, die mit einer Varianzaufklärung von 61% durch die Regressionsanalyse prädiktiert wird. Bei den Persönlichkeitsmerkmalen treten hier die *Extraversion* als starker negativer Prädiktor und die *Flexibilität* als positiver Prädiktor in Erscheinung. Bei der retroflexiven Form zeigen die Introjekte als Prädiktoren den stärksten Einfluss: *Streng' Dich an!*, *Sei stark!* und *Sei gefällig!* wirken einmal als negativer und zweimal als positive Prädiktoren. Die starke Wirkung der Introjekte beschreibt hier anschaulich die impulshemmende Wirkung derselben in Zusammenhang mit dieser Kontaktform. Die Situation wird als *monoton* und *kognitiv anstrengend* erlebt. Auch dieser Effekt ist schon aus vorangegangen Untersuchungen bekannt und beschreibt das Retroflektieren der psychischen Energie. Als weiterer Prädiktor tritt eine geringe *normative Identifikation* mit dem sozialen System in Erscheinung, welche möglicherweise die fehlende Involviertheit und das damit geringere Commitment kennzeichnet.

Prädiktoren	Retroflexive Form
	Koeffizienten
Big Five: Extraversion	$\beta = -.63, t = -.6.58, p = .000$
Big Five: Flexibilität	$\beta = .35, t = 3.18, p = .002$
Introjekt: Streng' Dich an!	$\beta = -.26, t = -3.51, p = .002$
Introjekt: Sei gefällig!	$\beta = .35, t = 5.49, p = .009$
Introjekt: Sei stark!	$\beta = .27, t = 4.06, p = .009$
Situation: Monotonie	$\beta = .31, t = 5.08, p = .000$
Situation: kognitiver Load	$\beta = .24, t = 3.81, p = .000$
Identifikation: normativ	$\beta = -.13, t = 3.98, p = .046$

Tab. 62: Multiple Regressionsanalysen zur Beschreibung der retroflexiven Form ($F(8, 113) = 22.48$, $p = .000$, $R^2 = .61$)

14.5.6 Die normative Form

Die normative Form wird durch die Regressionsanalyse am schlechtesten vorhergesagt. Die Varianzaufklärung beträgt 19%, und es werden nur drei

Prädiktoren signifikant. Dies sind die *Flexibilität* als Persönlichkeitsmerkmal sowie die *affektive Identifikation* mit dem sozialen Kontext. Beide Prädiktoren scheinen zunächst untypisch für die normative Form, drücken jedoch aus, was der normativen Form zugrunde liegt, der Wunsch nach Öffnung und Sich-Einlassen sowie nach Konfluenz und emotionaler Verbundenheit. Als einzige Kontaktform kann die normative Form durch den *Kontext* vorhergesagt werden. Im freizeitorientierten Kontext verhalten sich die Untersuchungsteilnehmer weniger *normativ* als im beruflichen Kontext. Die Ergebnisse sind in Tabelle 63 aufgeführt.

	Normative Form
Prädiktoren	**Koeffizienten**
Big Five: Flexibilität	$\beta = .32, t = 3.74, p = .000$
Identifikation: affektiv	$\beta = .23, t = 2.59, p = .011$
Kontext	$\beta = -.20, t = -2.28, p = .025$

Tab. 63: Multiple Regressionsanalysen zur Beschreibung der normativen Form ($F(3, 118) = 8.99$, p = 0.000, $R^2 = .19$)

14.5.7 Die mittlere Form

Die mittlere Form wird durch die Persönlichkeitsmerkmale *Extraversion* und *Belastbarkeit* prädiktiert. Dies passt stimmig zum postulierten souveränen Agieren an der Kontaktgrenze. Das Introjekt *Sei gefällig!* tritt als negativer Prädiktor in Erscheinung. Personen, die in der mittleren Form agieren sind also gerade nicht gefällig, d. h. außenorientiert, sondern haben ihre Kontaktgrenze gebildet. Durch das Im-Kontakt-Sein mit der Situation wird diese als *nicht monoton* erlebt. Das Bedürfnis nach Ausdruck der eigenen Identität wirkt als negativer Prädiktor. Wir können annehmen, dass Personen, die in der mittleren Form agieren, eine gut ausgebildete Identität aufweisen. Agieren andere Personen in der *konfluenten* Form passt das offensichtlich zur mittleren Form, wenn also andere zugewandt und unterstützend sind, fällt es leichter, in der mittleren Form zu agieren. Tabelle 64 zeigt die Ergebnisse im Einzelnen.

Prädiktoren	mittlere Form
	Koeffizienten
Big Five: Extraversion	$\beta = .27, t = 2.63, p = .010$
Big Five: Belastbarkeit	$\beta = .23, t = 2.12, p = .036$
Introjekt: Sei gefällig!	$\beta = -.26, t = -3.67, p = .000$
Situation: Monotonie	$\beta = -.37, t = -5.46, p = .000$
Bedürfnis: Identity	$\beta = -.18, t = -2.81, p = .006$
Kontaktform Alter: konfluent	$\beta = .23, t = 3.50, p = .001$

Tab. 64: Multiple Regressionsanalysen zur Beschreibung der mittleren Form ($F(16, 105) = 12.09$, $p = 0.000$, $R^2 = .66$)

14.6 INTERPRETATION DER ERGEBNISSE

Die Ergebnisse der letzten Studie zu den Kontaktformen runden die bisherige Befundlage insofern noch einmal ab, als dass hier die Gesamtheit der postulierten Wirkfaktoren auf das Kontaktverhalten betrachtet werden konnte. Dabei wurde als Quelle der Variation der soziale Kontext gewählt, in dem sich das jeweilige Kontaktverhalten äußert. Zunächst konnten zahlreiche Unterschiede zwischen den beiden Kontextbedingungen gezeigt und Hypothese 1 damit bestätigt werden. Die Unterschiede zwischen den Kontexten sind in der folgenden Tabelle noch einmal veranschaulicht (Tabelle 65):

	Kontexte	
	berufsorientiert	**freizeitorientiert**
Situationswahrnehmung:	Monotonie	Belebtheit
Identifikation:		affektiv, normativ
emotionales Erleben:		positiv
Bedürfnisse:	Protection, Participation	Affection, Leisure, Identity
Kontaktform Alter:	intentional, normativ	
Kontaktform Ego:		mittlere Form (Kontakt)

Tab. 65: Zusammenfassung der Unterschiede zwischen den Kontextbedingungen

Auch Hypothese 2 kann zum Teil bestätigt werden: Hinsichtlich der Identifikation zeigen sich wie erwartet signifikante Unterschiede bei der affektiven und normativen Identifikation sowie beim emotionalen Erleben. Diese Unterschiede wirken sich auch auf das Kontaktverhalten aus, allerdings zunächst nur indirekt in der Wahrnehmung des relevanten Interaktionspartners, der im beruflichen Kontext eher intentional oder normativ wahrgenommen wird, als im freizeitbezogenen Kontext. Diese Unterschiede passen gut zum beruflichen Kontext, bei dem es ja vorwiegend darum geht, Ziele zu erreichen bzw. normativ zu agieren.

Im freizeitbezogenen Kontext geben die Untersuchungsteilnehmerinnen an, mehr in der mittleren Form zu agieren. Auch dieses Ergebnis ist im Sinne der theoretischen Überlegungen und bestätigt zum Teil die Hypothese 3. Trotzdem gibt es hohe Korrelationen beim Kontaktverhalten zwischen den Kontexten: Hier weisen die konfluente, die retroflexive und die mittlere Form die stärksten Gemeinsamkeiten auf. Die geringste Korrelation zwischen den Kontexten liegt bei der normativen Form vor, sie scheint damit am stärksten durch den Kontext zu variieren, was auch durch die Regressionsanalysen bestätigt wird: Als einzige Kontaktform konnte bei der normativen Form ein Einfluss des Kontextes nachgewiesen werden. Es kann also mit Vorsicht konstatiert werden, dass die normative Form am stärksten kontextuellen Einflüssen unterliegt, hingegen die anderen Formen eine höhere Kontextstabilität aufweisen, also im systemischen Sinne als chronifizierte Muster zu verstehen sind. Auch Hypothese 4 kann mit diesen Zusammenhängen bestätig werden.

Die Ergebnisse der Studie zeigen weiterhin, dass es starke und systematische Zusammenhänge zwischen den Introjekten, den Persönlichkeitseigenschaften und Bedürfnissen hinsichtlich der Kontaktformen gibt. Je nach Kontaktform sind die Zusammenhänge dabei unterschiedlich stark ausgeprägt. Die wichtigsten Prädiktoren sind dabei vor allem die Extraversion gefolgt von Belastbarkeit und Flexibilität. Ähnlich verhält es sich mit den Introjekten: Hier ist vor allem der Antreiber *Sei gefällig!* ein häufig vorkommender Prädiktor. Die Bedürfnisse haben in der vorliegenden Studie nur selten Prädiktionswert, was jedoch auch an der Art und Weise der Operationalisierung liegen kann, da sie nicht durch Skalen bestehend aus mehreren Items, sondern direkt nominalskaliert erfasst wurden.

Ein interessantes Ergebnis ist, dass beide Kontaktformen, die konfluente und die retroflexive Form, die den Kontaktprozess quantitativ steuern, also Impulse abschwächen oder hemmen, am besten durch die intrapsychischen Einflussfaktoren prädiktiert werden können, hingegen die Kontaktformen, die intentionale und die normative Form, die den Kontaktprozess qualitativ verändern, durch weniger Prädiktoren mit geringerer Varianzaufklärung vorhergesagt werden können. Bei diesen beiden Formen spielen auch „äußere" Faktoren wie Interaktionspartner, Kontext und Situationswahrnehmung im Verhältnis zu den intrapsychischen Faktoren eine stärkere Rolle.

Andere systematische Unterschiede zwischen den Prädiktoren für die Kontaktformen lassen sich nicht identifizieren. Jede Kontaktform wird durch ein individuelles Set von Einflussfaktoren beeinflusst bzw. interagiert mit diesen. Hypothese 5 kann insofern bestätigt werden, dass alle postulierten Faktoren wirken, aber auf höchst spezifische Art und Weise für jede Kontaktform.

Die Ergebnisse runden das Bild von den Kontaktformen, den Zusammenhängen zwischen ihnen und der Interaktion mit anderen Konstrukten weiter ab. Es gibt keine widersprüchlichen Ergebnisse im Vergleich zu den anderen Studien, im Gegenteil konnte gezeigt werden, dass z. B. die Interkorrelationen zwischen den Kontaktformen immer ein ähnliches Muster aufweisen.

15 Zusammenfassung der empirischen Ergebnisse und Diskussion

In den vorangegangenen Kapiteln wurden mithilfe eines *mixed-method-approach* mehrere quantitative und qualitative Untersuchungen zu den Konstrukten und Annahmen der Theorie des Kontakts dargestellt, die sich mit der Kontaktgestaltung von Menschen resp. von psychischen Systemen mit ihrer Umwelt und deren Interaktion mit anderen psychischen Systemen befassten. Im Folgenden werden die wichtigsten Erkenntnisse dieser Studien zusammengefast und diskutiert. In einem anschließenden Kapitel werden sowohl die theoretischen Annahmen als auch Beschränkungen bzw. Probleme des empirischen Zugangs im Einzelnen beleuchtet.

Die Idee, eine umfassende Theorie des Kontakts zu formulieren, entsprang aus der Coaching- und Beratungspraxis des Autors sowie aus dessen prägenden und handlungsleitenden theoretischen Quellen, nämlich der Gestaltpsychologie und -therapie (Dreitzel, 2004; Lewin, 1961; Nevis, 1998; Perls et al., 1962, Polster & Polster, 1975) und der modernen Systemtheorie und des Konstruktivismus (Bertalanffy, 1969; von Förster, 1960; Luhmann, 2012; Maturana & Varela, 1987; Parsons, 1961; Simon, 2006; Willke, 2006), die wiederum das theoretische Rüstzeug für die praktische Arbeit des Autors lieferten.

Aus den vielen Coaching- und Beratungssituationen war über die Jahre ein Fundus an Fallbeispielen mit verschiedenen Interaktionsmustern zwischen autopoietischen Systemen entstanden, für deren Beschreibung und Erklärung sowie für die Ableitung von nützlichen Interventionen kein theoretisches Rüstzeug existierte. Der erste explorative Zugang dieser Arbeit erfolgte daher durch die Fallbeispiele und deren systematische Auswertung auf Basis der zentralen Konstrukte der Theorie des Kontakts: Der Gestaltung der *Kontaktgrenze*, der *Aufmerksamkeitssteuerung* und dem daraus resultierenden Prozessieren von *Selbst- oder Fremdreferenz*. Diese drei Elemente bestimmen durch ihre Eigenschaften bzw. ihre spezifische Parametrisierung im Kontaktprozess die Intensität und die Qualität des Kontakts in Abhängigkeit von der Systemfunktion bzw. Bedürfnislage (Parsons, 1961; Perls et al. 1962; Max-Neef, 1989), der Lerngeschichte des Systems bzw. seine Persönlichkeit und Introjekte (Dreitzel, 2004; Perls, 1962), relevanten Umwelten (Interaktionspartner) und die Herausbildung von Interaktionsmustern mit diesen (Bateson, 1985), der Umwelt bzw. der Situationswahrnehmung (Ziegler, 2014a) und der Mitgliedschaft in übergeordneten Systemen und die damit einhergehende Interpenetration der Systeme (Luhmann, 2012) und dessen Erwartungsstrukturen (sozialer Kontext). Die Interaktionen zwischen autopoietischen Systemen können dabei komplementär oder symmetrisch sein (Bateson, 1985).

Aus der Anschaulichkeit und der Prägnanz der Fallstudien ergaben sich die anschließende Konstruktanalyse und -definition sowie die Entwicklung von Fragebogenitems zur Erfassung der Kontaktformen in der Selbsteinschätzung sowie durch Fremdeinschätzung mit Verhaltensbeschreibungen sowie mit Adjektiven in Form eines semantischen Differentials. Die formulierten Items bzw. verwendeten Adjektive erwiesen sich insgesamt tauglich zur Operationalisierung der Kontaktformen. Damit wurden die Grundlagen für ein Messinstrumentarium zur quantitativen Erhebung der Kontaktformen geschaffen. Die Skalen erwiesen sich als inhalts- und konstruktvalide, was durch die zahlreichen theoretisch begründbaren Zusammenhänge zu anderen hier untersuchten Konstrukten (z. B. Situationswahrnehmung, Rolle, Kontext etc.) gezeigt werden konnte.

Ebenfalls aus den theoretischen Annahmen konnten die in den Untersuchungen immer wiederkehrenden Gemeinsamkeiten und Unterschiede bei der *Selbst- und der Fremdbeurteilung* erklärt werden: Die konfluente und die retroflexive Form regulieren die Intensität des Kontakts und sind damit der Selbstbeobachtung ebenso zugänglich wie der Fremdbeobachtung. Bei beiden Kontaktformen wird die Durchlässigkeit der Kontaktgrenze variiert, die Aufmerksamkeit ist jeweils nach außen oder nach innen gerichtet und interferiert nicht mit der Verschiebung der Kontaktgrenze. Bei der intentionalen und der normativen Form hingegen findet eine Verschiebung der Kontaktgrenze statt und damit eine Desorientierung des Aufmerksamkeitsfokus. Bei der intentionalen Form verlässt der Fokus nicht die Kontaktgrenze, da diese ausgeweitet wird, bei der normativen Form bleibt der Fokus außerhalb der Kontaktgrenzen, da diese zurückgezogen wird. Dies hat Auswirkungen auf die Unterscheidung von Selbst- bzw. Fremdreferenz durch das jeweilige System im Kontaktprozess. Dieser wird durch diese beiden Kontaktformen qualitativ gesteuert, entweder um Ziele zu erreichen oder mögliche Strukturveränderungen des Selbst durch den Kontakt zu kontrollieren. Damit sind diese beiden Formen der Selbstbeobachtung nicht so leicht zugänglich. Zusätzlich dazu liegen bei diesen Kontaktformen innerhalb der Person starke, zum jeweiligen Kontaktverhalten gegenläufige Selbstwahrnehmungen vor, wie es bei den korrespondierenden archetypischen Persönlichkeitsstörungen (paranoide bzw. narzisstische Persönlichkeitsstörung) der Fall ist. Das Kontaktverhalten zu anderen ist durch einen starken Wunsch nach Intersubjektivität, z. B. Anerkennung, Bewunderung, aber auch Eifersucht, Misstrauen,

Verletzlichkeit geprägt (Dilling, Mombour, & Schmidt, 2015) bei gleichzeitiger Blindheit für die Wirkung des eigenen Kontaktverhaltens auf andere im sozialen Miteinander.

Die Untersuchung der Zusammenhänge zwischen den Kontaktformen und Persönlichkeitseigenschaften lassen vor allem Extraversion und Teamorientierung (resp. Verträglichkeit) als Prädiktoren mit mittleren bis großen Effekten in Erscheinung treten. Die konfluente Form ist extravertiert und teamorientiert, die intentionale nur extravertiert, die retroflexive introvertiert und wenig teamorientiert und die normative auch wenig teamorientiert. Die Prädiktionskraft vor allem dieser beiden Persönlichkeitsfaktoren in den vorangegangenen Untersuchungen kann dadurch erklärt werden, dass es sich bei der Extraversion und bei der Teamorientierung um zwei Faktoren handelt, die vor allem in der sozialen Interaktion eine Rolle spielen, um die es in den Untersuchungen auch hauptsächlich ging. Die anderen drei Persönlichkeitsmerkmale treten in der Interaktion mit anderen Personen nicht so offensichtlich in Erscheinung und beschreiben eher intrapsychische Prozesse bzw. deren Erleben. Dieses Ergebnis steht im Gegensatz zum Zwei-Faktoren-Modell von Digman (1997), welches die *Metatraits* α (Stabilität: Verträglichkeit, Gewissenhaftigkeit und emotionale Stabilität) und β (Plastizität: Extraversion und Offenheit) beschreibt. Eine andere plausible Erklärung ist die Existenz eines *General Personality Factors* (GFP) wie er von van der Linden, te Nijenhuis und Bakker (2010) in mehreren metaanalytischen Studien nachgewiesen werden konnte. Dieser GFP weist einen starken Zusammenhang zur sozialen Erwünschtheit auf und zwar nicht im Sinne einer verfälschenden Antworttendenz, sondern als übergeordnete Fähigkeit der sozialen Intelligenz oder sozialen Kompetenz, also das Wissen über Verhalten, Motive und Intentionen von anderen sowie die Fähigkeit eigene und gemeinsame Ziele zu erreichen (Linden, te Nijenhuis & Bakker 2010). Dies wird hier durch die positiven Zusammenhänge der mittleren Form mit Extraversion, Teamorientierung, Gewissenhaftigkeit und Belastbarkeit gestützt, die damit ihrer mittigen Position im Modell der Kontaktformen gerecht wird und für ein sozial kompetentes Kontaktverhalten spricht. Für die Existenz des GFP sprechen auch die ausgeprägten Interkorrelationen der Persönlichkeitsmerkmale, die in der zweiten und der vierten Studie erhoben wurden. Mit einer Hauptkomponentenanalyse konnte im Nachhinein noch zusätzlich gezeigt werden, dass sich jeweils nur ein Faktor mit jeweils 56 bzw. 68% Varianzaufklärung extrahierte (siehe Anhang E).

Die Zusammenhänge zwischen Kontaktformen und Situationswahrnehmung (Ziegler, 2014a) sind weitere interessante Ergebnisse, welche die theoretischen Annahmen über den Kontaktprozess stützen. Die Situationswahrnehmung ist interindividuell sehr unterschiedlich und zeigt dabei systematische Zusammenhänge zum Kontaktverhalten. Dies wird vor allem in der zweiten Untersuchung deutlich, in der das Kontaktverhalten in einem gruppendynamischen Training untersucht wurde.

Die Ergebnisse stützen auch auf deutliche Art und Weise die Annahmen des Konstruktivismus, nach denen sich jede Person ihre eigene Wirklichkeit konstruiert (Maturana & Varela, 1987). Die Personen nahmen an derselben Trainingsgruppe und am immer gleich ablaufenden Gruppendynamikseminar teil, trotzdem erlebten sie die objektiv identische Situation individuell höchst unterschiedlich und zwar in Korrespondenz mit ihrer jeweiligen dominanten Kontaktform. Dabei entsprechen die Ergebnisse zur Situationswahrnehmung im Großen und Ganzen den theoretischen Annahmen über den Kontaktzyklus (Nevis, 1998). Die konfluente Form orientiert sich nach außen und ist am Anfang des Kontaktzyklus lokalisiert. Personen, die in dieser Form agieren, haben eine hohe Ergebniserwartung an die Situation. Die intentionale Form ist ebenfalls außenorientiert und durch ein ansteigendes Energielevel gekennzeichnet. Personen, die diese Form zeigen, erleben die Situation als nicht monoton. Die retroflexive Form in der Mitte des Kontaktzyklus hält die Impulse zurück und die Situation wird entsprechend als monoton erlebt. Die normative Form ist am Ende des Kontaktzyklus lokalisiert. Personen, die in dieser Form agieren, sind mit Kontrolle und Distanzhalten beschäftigt und erleben die Situation passenderweise als kognitiv anstrengend und monoton. Im Kontrast dazu erleben Personen in der mittleren Form die Situation als belebt sowie psychisch und physisch anstrengend, was für ein hohes Aktivierungslevel und Involviertheit in der Situation spricht und den Zusammenhang von Flow-Erleben (Csikszentmihalyi, 1997) und Kontakt verdeutlicht. Diese Zusammenhänge können als eines der wichtigsten Ergebnisse dieser Arbeit angesehen werden, weil sie die Annahmen über den Zusammenhang zwischen Kontaktform und Position im Kontaktzyklus sowie über die Grenzveränderung und Aufmerksamkeitssteuerung zwar indirekt, aber dennoch plausibel und anschaulich stützen. Durch die Ergebnisse lässt sich jedoch nicht klären, ob die Situationswahrnehmung durch die Kontaktformen oder die Kontaktformen durch die Situationswahrnehmung ursächlich determiniert werden, dies ist aus systemisch-konstruktivistischer Sicht auch gar nicht nötig, da hier ohnehin zirkuläre Prozesse angenommen werden. Allein die Zusammenhänge spezifischer Wahrnehmungen mit den jeweiligen Kontaktformen sind von Bedeutung.

Ein weiteres wichtiges Ergebnis der vorliegenden Untersuchungen ist die Rollen-, Muster- und Kontextabhängigkeit der Kontaktformen. Einerseits wird durch die Untersuchungen deutlich, dass es einen individuell stabilen

Anteil der Kontaktformen gibt, die im Sinne von *traits* typisch für die jeweilige Person sind und aus denen heraus überwiegend agiert wird. Andererseits gibt es einen großen variablen Anteil, der in Abhängigkeit von verschiedenen äußeren Faktoren auftritt. Diese Faktoren sind: 1.) der Kontext, z. B. beruflich oder privat, 2.) das vorherrschende Muster des jeweiligen sozialen Systems, z. B. bin ich Mitglied einer eher konfluent agierenden Gruppe oder ist die normative Form in der Gruppe dominierend, dann verhalte ich mich auch eher konfluent bzw. normativ und 3.) die jeweilige soziale Rolle, z. B. habe ich eine Führungsrolle inne oder agiere ich als Mitarbeiter. Diese Ergebnisse stützen die Annahmen der Systemtheorie und deren Vorläufer wie z. B. der Gestalttheorie und der Feldtheorie, dass die Teile durch die Eigenschaften des Ganzen bestimmt sind (Wertheimer, 1925) oder wie wir in einem Feld von positiven und negativen Valenzen agieren (Lewin, 1961) bzw. durch die Muster des sozialen Systems determiniert sind (Luhmann, 2012).

Die zahlreichen Befunde zur Selbst- und Fremdwahrnehmung und zur Interaktion der Kontaktformen in sozialen Systemen sind ebenfalls interessante Ergebnisse der empirischen Untersuchungen. In diesem Zusammenhang soll zunächst die Musterbildung in sozialen Systemen (Luhmann, 2012) anhand der Kontaktformen beschrieben werden. Es konnte gezeigt werden, dass sich die Kommunikationsmuster in Gruppen durch die Kontaktformen insofern beschreiben lassen, als dass jeweils dominante Kontaktformen für ein spezifisches soziales System identifiziert werden können. Gleichzeitig konnte nachgewiesen werden, wie die dominante Kontaktform eines sozialen Systems sowohl die Kontaktformen der einzelnen Personen beeinflusst als auch die Wahrnehmung des Kontaktverhaltens. Ein für alle Kontaktformen zutreffendes Ergebnis ist, dass die Kontaktform, die eine Person zeigt, sowohl von den bereits gemachten Kontakterfahrungen in Gruppen allgemein in Form einer „bevorzugten Kontaktform" als auch vom dominanten Kontaktmuster der Gruppe abhängig ist. Die Kontaktformen der einzelnen Personen beeinflussen wiederum deutlich, wie eine Person im sozialen System wahrgenommen wird. Diese Wahrnehmung ist jedoch auch wieder vom dominanten Muster der Gruppe abhängig. So wirkt beispielsweise die intentionale Form weniger irritierend, wenn die Gruppe auch überwiegend in der intentionalen Form agiert.

In der speziellen Situation eines gerade entstehenden sozialen Systems konnte die Wirkung der einzelnen Kontaktformen im *Gruppendynamischen Raum* (Amann, 2009) gezeigt werden. Dabei nahm jede Kontaktform auf ihre spezifische Art und Weise Einfluss auf den Prozess, damit Gruppenqualitäten wie Vertrauen, Nähe, Zusammenhalt, Zielorientierung, Entscheidungen, Konflikte, Werte und Normen entstehen konnten. Vor allem diese Ergebnisse zeigen, dass alle Kontaktformen als jeweilige Ausprägung der mittleren Form für das Entstehen und die Entwicklung eines sozialen Systems notwendig, d. h. für die Dynamik und Entwicklung der Gruppe unabdingbar sind. Eine Gruppe beispielsweise, in der nur in der konfluenten Form agiert wird, ist vielleicht sehr harmonisch, kann aber kaum Entscheidungen treffen; eine Gruppe, in der alle in der normativen Form agieren, ist zwar sehr von Fakten und Sachlichkeit geprägt, lässt aber den Zusammenhalt vermissen, usw. Somit sind die Kontaktformen nicht nur als individuelle Funktionen der Kontaktregulation zu betrachten, sondern gleichzeitig als Funktionen, die ein soziales System entstehen lassen und diesem somit seine spezifische Kontaktfähigkeit verleihen, was wiederum den Bogen zu Parsons (1961) und seinen Systemerhaltungsfunktionen schließt.

Für die Kontaktformen konnten spezifische Interaktionsmuster im Sinne von Batesons (1985) symmetrischen bzw. komplementären Beziehungen festgestellt werden. Die symmetrischen Interaktionen konnten vor allem in Gruppenprozessen als Mechanismus der Musterbildung für alle Kontaktformen gezeigt werden. Darüber hinaus waren die symmetrischen Interaktionen in den vorliegenden Untersuchungen besonders häufig für die konfluente und für die normative Form, seltener für die intentionale und die retroflexive Form zu beobachten. Warum dies so ist, kann nur vermutet werden. Ähnlich verhält es sich mit den komplementären Interaktionen: Fünf der sechs möglichen Kombinationen traten auf, allerdings ohne besondere Häufungen. Nur die Kombination konfluent-retroflexiv zeigte sich nicht.

Eine vorsichtige Erklärung für die Bildung symmetrischer Muster gerade bei der konfluenten und der normativen Form könnte sein, dass hier ebenso der Faktor „soziale Erwünschtheit" im Hintergrund wirksam ist. So ist die konfluente Form mit Abstand die im sozialen Miteinander am positivsten wahrgenommene Art und Weise sich zu verhalten, wohingegen die normative Form wahrscheinlich am ehesten negativ gesehen wird. Dies wird zum Beispiel durch die gezeigten Zusammenhänge mit den Dimensionen Vertrauen, Einfluss und Irritation im Gruppendynamischen Raum deutlich, aber auch durch die Ergebnisse der Interaktionen im Assessment Center, bei dem sich die Kandidaten eher konfluent und die Assessoren eher normativ verhielten, beides entgegen der Rollenerwartungen. Auch in der vierten Untersuchung gab es Ergebnisse, die diese These stützen: Hier war die konfluente Form eher im privaten und die normative Form eher im beruflichen Kontext anzutreffen. Durch diese Eigenschaften der konfluenten und der normativen Form kann es als wahrscheinlicher angesehen werden, dass sich symmetrische Kommunikationssysteme bilden. Vereinfacht ausgedrückt könnte das heißen: Freundlichkeit wird mit Freundlichkeit beantwortet bzw. distanziertes Verhalten mit Distanziertheit. Bei der intentionalen und der retroflexiven Form sind die sozialen Bewertungen nicht so eindeutig, denn beide Formen können je nach Kontext und Person positive oder negative Wahrnehmungen erzeugen, weshalb sie wahrscheinlich mit komplementären Kontaktformen beantwortet werden und dadurch die Bildung symmetrischer Kommunikationsmuster seltener ist.

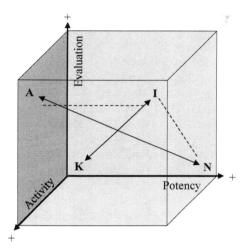

Abb. 40: Die räumliche Positionierung der Kontaktformen in der EPA-Struktur (A = konfluent, I = intentional, K = retroflexiv, N = normativ)

Ordnet man die Kontaktformen in die EPA-Struktur (*Evaluation, Potency, Activity*) des semantischen Differentials (Osgood, Suci & Tannenbaum, 1957; Bortz & Döring, 1995) ein und stellt dieses räumlich dar (Abbildung 40), erkennt man, dass sich die konfluente und die normative Form sowie die intentionale und die retroflexive Form jeweils diametral gegenüberliegen und damit wiederum eigene Dimensionen bilden. Diese könnten entlang der konfluenten und der normativen Form die soziale Erwünschtheit repräsentieren und entlang der retroflexiven und der intentionalen Form so etwas wie Einflussnahme, Aktivität oder Präsenz. In den Untersuchungen zu den Kontaktformen gab es grundsätzliche negative Korrelationen zwischen der konfluenten und der normativen Form sowie zwischen der intentionalen und der retroflexiven Form, was diese Annahmen weiterhin stützt. Zwischen den anderen Formen gab es je nach Kontext und Untersuchungsmethode durchaus positive Korrelationen vor allem zwischen konfluenter und intentionaler Form zwischen den Dimensionen *Evaluation* und *Potency* bzw. zwischen intentionaler und normativer zwischen den Dimensionen *Evaluation* und *Potency*, d. h., die konfluente Form unterscheidet sich von der intentionalen vor allem auf der Dimension *Potency* (*d*ominant, stark, einflussnehmend), während sich die intentionale von der normativen Form auf den Dimensionen *Activity* (belebt, aktiv, energetisch) und *Evaluation* (nah, sympathisch, positiv) unterscheidet. Diese Annahmen, die hier aus der EPA-Struktur abgeleitet wurden, spiegeln sich in den empirischen Ergebnissen wider und zeigen anschaulich, wie sich die interpersonelle Wahrnehmung des Kontaktverhaltens und dessen Wirkung in der Interaktion beschreiben lässt.

Die Ergebnisse der empirischen Untersuchungen für die mittlere Form entsprechen den theoretischen Erwartungen von gelingendem und befriedigendem Kontakt. Die mittlere Form stellt den vom jeweiligen System zu balancierenden Mittelpunkt zwischen den vier Kontaktformen dar. Für gelingenden und befriedigenden Kontakt sind dabei alle Kontaktformen von Bedeutung. Durch sie wird der Kontakt quantitativ und qualitativ je nach Bedürfnislage und Umweltbedingungen reguliert. Jeder Kontaktform kommt dabei eine spezifische Funktion zu. Auf der anderen Seite ist für gelingenden und befriedigenden Kontakt von Bedeutung, dass keine der Kontaktformen dauerhaft das Verhalten dominiert. Das Pendel muss also immer wieder zurückschwingen können und sich im Bereich der mittleren Form bewegen. In der folgenden Aufzählung sind die wichtigsten Ergebnisse für die mittlere Form zusammengefasst dargestellt:

- Die mittlere Form lässt sich in der Selbst- und in der Fremdbeobachtung mit guter interner Konsistenz erfassen.
- Die mittlere Form ist der Selbst- und der Fremdbeobachtung gleichermaßen gut zugänglich.
- Die mittlere Form korreliert mit vier von fünf Skalen der Big Five und kann damit mit dem Metafaktor soziale Kompetenz in Beziehung gesetzt werden.
- Die mittlere Form korreliert meist leicht positiv mit der konfluenten und der intentionalen Form und leicht negativ mit der retroflexiven und der normativen Form. Dies entspricht den theoretischen Annahmen, die erstere als aktive-externale und letztere als passive-internale Realisierungen von Systemfunktionen versteht.
- Das In-Kontakt-Sein und das Flow-Erleben in der mittleren Form werden durch die Situationswahrnehmung in diesem Modus deutlich. Die Kontaktsituation wird als psychisch und physisch anstrengend, belebt und nicht-monoton erlebt.
- Die mittlere Form hat von allen Kontaktformen die höchste Kontextstabilität hinsichtlich der Korrelation zwischen den Kontexten,

die relative Ausprägung der Kontexte zueinander ist jedoch unterschiedlich. Die mittlere Form ist im Freizeitkontext stärker ausgeprägt als im beruflichen Kontext.
- Die mittlere Form zeigt keine Zusammenhänge zu Introjekten, lediglich ein negativer Zusammenhang zum Antreiber „Sei gefällig!" konnte gezeigt werden. Personen, die in der mittleren Form agieren, sind also „nicht gefällig" und wahrscheinlich insgesamt weniger in ihrem Verhalten - zumindest in den untersuchten Kontexten - durch Introjekte geprägt.
- Bezogen auf die Bedürfnisse konnten im Gegensatz zu den anderen Formen keine Zusammenhänge gezeigt werden, d. h. keines der Bedürfnisse stand gegenüber den anderen im Vordergrund, was auf eine ausgeglichene Bedürfniserfüllung schließen lässt.
- In sozialen Systemen haben Personen, die in der mittleren Form agieren, viel Einfluss und irritieren die anderen wenig, was darauf schließen lässt, dass sie als authentisch und stimmig wahrgenommen werden.

Damit konnte recht umfassend gezeigt werden, wie die mittlere Form determiniert ist und welche Wirkung sie in der sozialen Interaktion hat. Zur Illustration dieser Modellvorstellungen wurden die Selbsteinschätzungen der Kontaktformen aus der Studie 4 noch einmal zusätzlich mit den 42 Facetten der Big Five aus dem B5PS korreliert (siehe Anhang F). Im Ergebnis zeigen sich signifikant positive Zusammenhänge mit den 26 Facetten Wertschätzung, Gutgläubigkeit, Beharrlichkeit, Zielorientierung, Produktivität, Kontaktfreude, Risikobereitschaft, positive Grundeinstellung, Durchsetzungswille, Kommunikationsfreude, Humor, Geselligkeit, Energie, Gelassenheit, Zuversicht, Sorgenfreiheit, Ausgeglichenheit, Antrieb, Einfallsreichtum, Wunsch nach Abwechslung, Aufgeschlossenheit, Leseinteresse, künstlerisches Interesse, Wunsch zu analysieren, Lernbereitschaft und Intellekt. Der positive und erstrebenswerte Zustand des Kontakts bzw. kontaktreiche und erfüllende Erfahrungen, wie sie die Gestalttherapie beschreibt und zum Ziel ihrer therapeutischen Beziehung und Interventionen hat, werden durch diese Zusammenhänge zu den Facetten des B5PS noch einmal deutlich.

16 Kritik und Ausblick

Mit den vorliegenden Untersuchungen wurde ein erster empirischer Zugang zum Phänomen des Kontakts und dem Kontaktverhalten in der sozialen Interaktion geschaffen. Dem Autor sind keine weiteren Studien zu diesem Thema bekannt. Selbstverständlich gibt es viel Theorie und Forschung zur menschlichen Kommunikation und Interaktion (z. B. Berne, 1991; Kelley & Thibaut, 1978; Schulz von Thun, 1998; Watzlawick, Beavin & Jackson, 2000) sowie zur interpersonellen Wahrnehmung (z. B. Borkenau, 1992; Freedman et al, 1951; Scholl, 2013), zur Beziehungsqualität, z. B. im Therapiekontext (z. B. Grawe, Donati, Bernauer & Donati, R., 1994; Sachse & Elliott, 2002; Wiggins, Elliott & Cooper, 2012) oder auch einige Arbeiten aus dem gestalttherapeutischen Kontext, z. B. zur Kontaktsicherheit (Raffling, 2009) oder zu Kontaktstilen (Blankertz, 2008), aber keinen theoretisch hergeleiteten empirischen Zugang zur Beschreibung von Systeminteraktionen, der mehrere wesentliche theoretische Traditionen derartig verzahnt. Durch das Konstrukt der Kontaktformen zur Beschreibung der organismischen, psychischen und sozialen Regulation der System-Umwelt-Beziehung ist es nicht nur möglich, die Art der *Interaktion*, die *Wahrnehmung* des Kontaktverhaltens des Gegenübers und die *Wirkung* des Verhaltens zu beschreiben, sondern auch theoretisch abgeleitete Rückschlüsse über *Prozesse* und *Zustände* des jeweiligen Systems im Kontaktprozess zu ziehen. Im Ergebnis ist es möglich, im konkreten Untersuchungs- oder Anwendungsfall spezifische Handlungsmöglichkeiten bzw. Interventionen abzuleiten, um z. B. die Kontaktfähigkeit zu stärken und damit Kontaktsituationen bewusster zu gestalten. Auch eine Anwendung in der Diagnostik, z. B. für die Personalauswahl oder für das Training von Beratungspersonen oder Therapeutinnen ist denkbar.

Mithilfe der empirischen Untersuchungen konnten Messinstrumente zur Erhebung der Kontaktformen sowie einige theoretische Fragestellungen beantwortet werden. Vieles musste dabei vereinfacht oder offengelassen werden. Als ein wesentlicher Schwachpunkt des empirischen Zugangs ist zunächst die Erhebungsmethodik, also die Verwendung von Fragebögen bzw. Beobachtungsbögen zu nennen. Die Theorie des Kontakts beschreibt das Verhalten an der Kontaktgrenze. Eine Erhebungsmethode, die sich hier im Wesentlichen auf Erinnerungen und Eindrücke aus vorangegangenen Interaktionssituationen bezieht, also nicht auf gerade stattfindendes Verhalten, muss entsprechende Schwachstellen aufweisen. Ein besserer Zugang wäre die direkte Verhaltensbeobachtung mit vorher ausgearbeiteten Beobachtungskategorien, einem Kodiersystem und geschulten Beobachtern gewesen.

Vor allem für die Untersuchung im gruppendynamischen Kontext und im Assessment Center hätte dies den optimalen empirischen Zugang dargestellt, da es sich hier um sehr realitätsnahe Interaktionssituationen jenseits des üblichen Laborkontextes vieler sozialpsychologischer Experimente handelte, für die sich eine direkte Verhaltensbeobachtung angeboten hätte. Dies war jedoch aus verschiedenen Gründen nicht möglich. Trotz dieser Einschränkungen konnten überraschend konsistente und valide Ergebnisse erreicht werden. Ein weiterer Kritikpunkt sind die geringen Stichprobenumfänge, die sich ebenfalls aus verschiedenen Restriktionen ergaben. Gerade in der Persönlichkeitspsychologie sind Stichproben von mehreren hundert bzw. tausend Personen üblich und sinnvoll, um Effekte finden und repräsentativ nachweisen zu können, vor allem wenn komplexere statistische Analyseverfahren wie Strukturgleichungsmodelle oder Multi-Level-Analysen dabei zum Einsatz kommen bzw. diagnostische Verfahren entwickelt werden sollen.

Für weiterführende Untersuchungen wäre es interessant, die Kontaktformen in der Interaktion direkt zu beobachten und zu kodieren und mit experimentellen Untersuchungsdesigns, also mit gezielter Bedingungsvariation und Balancierung von Störgrößen zu arbeiten. Dies wäre vor allem zur Untersuchung der Interaktion der Kontaktformen von Interesse, da diese hier nur indirekt durch korrelative Zusammenhänge allgemein und nicht spezifisch auf individueller Ebene erfasst werden konnten.

Die Theorie des Kontakts trifft Aussagen über das Kontaktverhalten von autopoietischen Systemen. In der vorliegenden Arbeit wurde zunächst nur das Kontaktverhalten von psychischen Systemen, also das menschliche Kontaktverhalten in Kommunikationssituationen untersucht. Weiterführende Untersuchungen, welche Interaktion zwischen sozialen Systemen zum Gegenstand haben, wären zur Vertiefung und Weiterentwicklung der Theorie des Kontakts wichtig. Hier könnten Untersuchungen im Führungskontext, z. B. zwischen Führungskraft und Mitarbeiterteam, zwischen Management und Organisation, zwischen Gruppen oder zwischen Teams in Organisationen bzw. zwischen Organisationen vorstellbar sein.

Literatur

Agyris, C. (1996). Defensive Routinen. In G. Fatzer (Hrsg.), *Organisationsentwicklung für die Zukunft* (S. 179–226). Köln: EHP.
Amann, A. (2009). Der Prozess des Diagnostizierens – Wie untersuche ich eine Gruppe? In C. Edding und K. Schattenhofer (Hrsg.), *Alles über Gruppen* (S. 404–436). Weinheim: Beltz.
Antons, K. (2000). *Praxis der Gruppendynamik: Übungen und Techniken.* Göttingen: Hogrefe.
Asendorpf, J. B. (1996). *Psychologie der Persönlichkeit.* Berlin: Springer.
Bachmann, T. (1998). *Die Ähnlichkeit von Ereignisbegriffen bei der Analogiebildung.* Münster: Waxmann.
Bachmann, T. (1994). Creating analogies – On aspects of the mapping process between knowledge domains. In J. Brezezinski, B. Krause & T. Maruszewski (Hrsg.), *Idealization VIII: Modeling in psychology* (pp. 74–96). Amsterdam: Editions Rodopi.
Bachmann, T. (2015). Gruppendynamik und Coaching. In A. Schreyögg & C. Schmidt-Lellek (Hrsg.), *Die Professionalisierung von Coaching. Ein Lesebuch für den Coach* (S. 283–307). Wiesbaden: Springer VS.
Backhaus, K., Erichson, B. Plinke, W. & Weiber, R. (1994). *Multivariate Analysemethoden.* Berlin: Springer.
Bauer, J. (2008). *Lob der Schule – Sieben Perspektiven für Schüler, Lehrer und Eltern.* München: Heyne.
Bateson, G. (1985). *Die Ökologie des Geistes.* Frankfurt/M.: Suhrkamp.
Bays, P. M., Wolpert, D. M. & Flanagan, J.R. (2005). Perception of the consequences of self-action is temporally tuned and event driven. *Current Biology, 15*, 1125–1128.
Berne, E. (1991). *Transaktionsanalyse der Intuition.* Paderborn: Jungfermann.
Bertalanffy, L. (1969). *General system theory.* New York: George Braziller.
Bieri Buschor, C. & Schuler Braunschweig, P. (2011). Check-point Assessment Centre für angehende Lehramtsstudierende. Empirische Befunde zur prognostischen Validität und zur Übereinstimmung von Selbst- und Fremdeinschätzung eignungsrelevanter Merkmale. *Zeitschrift für Pädagogik, 57*, 695–710.
Blankertz, S. (2008). Gestalt therapeutic diagnosis in counseling, therapy and coaching with the new „Gestalt Types Indicator"(GTI). *International Gestalt Journal, 31*(2), 49–75.
Blankertz, S. & Doubrawa, G. (2005). *Lexikon der Gestalttherapie.* Köln: EHP.

Borkenau, P. (1992). Implicit personality theory and the five-factor model. *Journal of Personality, 60,* 295–327.
Borkenau, P. & Ostendorf, F. (2008). *NEO-FFI: NEO-Fünf-Faktoren-Inventar nach Costa und McCrae,* Manual. Göttingen: Hogrefe.
Bortz, J. (1989). *Statistik für Sozialwissenschaftler.* Berlin: Springer.
Bortz, J. & Döring, N. (1995). *Forschungsmethoden und Evaluation.* Berlin: Springer.
Brosius, K. (2009). Soziales Lernen in Gruppen. In C. Edding & K. Schattenhofer (Hrsg.), *Handbuch Alles über Gruppen. Theorie, Anwendung, Praxis* (S. 258–285). Weinheim: Beltz.
Brunell, A. B., Kernis, M. H., Goldman, B. M., Heppner, W., Davis, P., Cascio, E. V. et al. (2010). Dispositional authenticity and romantic relationship functioning. *Personality and Individual Differences, 48,* 900–905.
Buber, M. (1995). *Ich und Du.* Stuttgart: Reclam.
Carlson, E. N., Vazire, S. & Furr, R. M. (2011). Meta-insight: do people really know how others see them? *Journal of personality and social psychology, 101,* 831.
Cohen, J. (1988). *Statistical power analysis for the behavioral sciences.* New York: Erlbaum.
Ciompi, L. (1999). *Die emotionalen Grundlagen des Denkens. Entwurf einer fraktalen Affektlogik.* Göttingen: Vandenhoeck & Ruprecht.
Colvin, C. R., Block, J. & Funder, D. C. (1995). Overly positive self-evaluations and personality: negative implications for mental health. *Journal of personality and social psychology, 68,* 1152.
Connelly, B. S. & Ones, D. S. (2010). Another perspective on personality: meta-analytic integration of observers' accuracy and predictive validity. *Psychological Bulletin, 136,* 1092.
Costa, P. T. & McCrae, R. R. (1985). *The NEO personality inventory.* Odessa, FL: Psychological Assessment Ressources.
Cooper, A. (2004). *The inmates are running the asylum: Why high-tech products drive us crazy and how to restore the sanity.* Indianapolis, IN: Sams.
Csikszentmihalyi, M. (1997). *Finding flow – The psychology of engagement with every day life.* New York, NY: Basic Books.
Dell, C. (2002). *Prinzip Improvisation.* Köln: König.
Denison, D. R., Hooijberg, R. & Quinn, R. E. (1995). Paradox and Performance: A theory of behavioral complexity in managerial leadership. *Organization Science, 6,* 524–540.
Digman, J. M. (1997). Higher-order factors of the Big Five. *Journal of personality and social psychology,* 73(6), 1246.

Dreitzel, H. P. (2004). *Gestalt und Prozess. Eine psychotherapeutische Diagnostik oder: Der gesunde Mensch hat wenig Charakter.* Köln: EHP.
Dreitzel, H. P. (2015). *Reflexive Sinnlichkeit III. Lebenskunst und Lebenslust.* Köln: EHP.
Eccles, J. (1990. *Das Gehirn des Menschen.* München: Piper.
Erickson, M. H. & Rossi, E. L. (2004). *Hypnotherapie. Aufbau, Beispiele und Forschungen.* Stuttgart: Klett-Cotta.
Fehr, B. (2004). Intimacy expectations in same-sex friendships: A prototype interaction-pattern model. *Journal of personality and social psychology, 86,* 265.
Felfe, J., Six, B., Schmook, R., & Knorz, C. (2014). Commitment, Organisation, Beruf und Beschäftigungsform (COBB). Zusammenstellung sozialwissenschaftlicher Items und Skalen. doi: 10.6102/zis9
Ferrari, P. F., Gallese, V., Rizzolatti, G., & Fogassi, L. (2003). Mirror neurons responding to the observation of ingestive and communicative mouth actions in the monkey ventral premotor cortex. *European Journal of Neuroscience, 17,* 1703–1714.
Fleeson, W. (2001). Toward a structure- and process-integrated view of personality: Traits as density distributions of states. *Journal of personality and social psychology, 80),* 1011.
Fleeson, W. (2007). Situation-based contingencies underlying trait-content manifestation in behavior. *Journal of personality, 75,* 825–862.
Foerster, H. von (1985). *Sicht und Einsicht. Versuche zu einer operativen Erkenntnistheorie.* Wiesbaden: Springer.
Foerster, H. von & Pörksen, B. (2011). *Wahrheit ist die Erfindung eines Lügners. Gespräche für Skeptiker.* Heidelberg: Carl Auer.
Frambach, L. (1999). Spirituelle Aspekte der Gestalttherapie. In R. Fuhr, M. Gremmler-Fuhr & M. Sreckovic (Hrsg.), *Handbuch der Gestalttherapie* (S. 295–308). Göttingen: Hogrefe.
Freedman, M. D., Leary, T. F., Ossorio, A. G., & Coffey, H. S. (1951). The interpersonal dimension of personality. *Journal of Personality, 20,* 143–161.
Freud, A. (2006). *Das Ich und die Abwehrmechanismen.* Frankfurt am Main: Fischer.
Frew, J. E. (1986). The Functions and patterns of occurrence of individual contact styles during the development phases of the Gestalt group. *The Gestalt Journal, 9,* 55–70.
Fuchs, P. (1999). *Intervention und Erfahrung.* Frankfurt/M.: Suhrkamp.
Gagel, R. (2010). *Improvisieren als soziale Kunst.* Mainz: Schott.

Galantucci, B. & Garrod, S. (2011). Experimental semiotic: A review. *Frontiers in human neuroscience, 5.*
Gailliot M. T & Baumeister R. F. (2007). The physiology of willpower: Linking blood glucose to self-control. *Personality and Social Psychology Review. 11*, 303–327.
Gentner, D. (1983). Structure-mapping: A theoretical framework for analogy. *Cognitive Science, 7,* 155–170.
Goldberg, L. R. (1990). An alternative "description of personality": the big-five factor structure. *Journal of personality and social psychology, 59,* 1216.
Gremmler-Fuhr, M. (1999). Grundkonzepte und Modelle der Gestalttherapie. In R. Fuhr, M. Gremmler-Fuhr & M. Sreckovic (Hrsg.), *Handbuch der Gestalttherapie* (S. 345–392). Göttingen: Hogrefe.
Grinder, J. & Bandler, R. (1988). *Therapie in Trance.* Stuttgart: Klett Cotta.
Grinder, J., & Pucelik, F. (2012). *The origins of neuro linguistic programming.* Bancyfelin, Carmarthen, UK: Crown House Publishing.
Grieger, K. (2013). *Evaluating human needs in organizational coaching.* Unveröffentlichte Masterarbeit. University of East London, England
Grawe, K., Donati, R., Bernauer, F., & Donati, R. (1994). *Psychotherapie im Wandel: Von der Konfession zur Profession.* Göttingen: Hogrefe.
Hall, E., T. (1976) *Beyond culture.* New York: Anchor.
Haken, H. & Schiepek, G. (2006). *Synergetik in der Psychologie: Selbstorganisation verstehen und gestalten.* Göttingen: Hogrefe.
Heck, R. H., Thomas, S. L., & Tabata, L. N. (2013). *Multilevel and longitudinal modeling with IBM SPSS.* New York, NY: Routledge.
Herkner, W. (1991). *Lehrbuch Sozialpsychologie.* Bern: Hans Huber.
Hess, U, & Fischer, A. (2013). Emotional mimicry as social regulation. *Personality and Social Psychology Review, 17,* 142–157.
Hooijberg, R. (1996). A multidirectional approach toward leadership: An extension of the concept of behavioral complexity. *Human Relations, 49,* 917–946.
Houellebecq, M. (1994). *Die Ausweitung der Kampfzone.* Reinbek: Rowohlt.
Höhn, E. & Schick, C. P. (1974). *Das Soziogramm.* Göttingen: Hogrefe.
Hüther, G. (2014). *Biologie der Angst.* Göttingen: Vandenhoeck & Ruprecht.
Janis, I. L. (1982). *Groupthink.* Boston: Houghton Mifflin.
Jonason, P. K. & Webster, G. D. (2012). A protean approach to social influence: Dark triad personalities and social influence tactics. *Personality and Individual Differences, 52,* 521–526.
Jöreskog, K. & Sörbom, D. (2013). *LISREL 9.10.* Skokie, IL: Scientific Software International, Inc.

Kahler, T. (1975). Drivers: The key to the process of scripts. *Transactional Analysis Bulletin, 5*, 280–284.
Kahneman, D. (2011). *Thinking, fast and slow*. Penguin Random House UK.
Kantor, D. & Lehr, W. (1977). *Inside the family*. San Francisco, CA: Jossey-Bass.
Kernis, M. H., & Goldman, B. M. (2006). A multicomponent conceptualization of authenticity: Theory and research. *Advances in experimental social psychology, 38*, 283–357.
Kelley, H. H. & Thibaut, J. W. (1978). *Interpersonal relations. A theory of interdependence*. New York: Wiley.
Klix, F. (1992). *Die Natur des Verstandes*. Göttingen: Hogrefe.
Klix, F. & Bachmann, T. (1998). Analogy detection – analogy construction: An approach to similarity in higher order reasoning. *Zeitschrift für Psychologie, 206*, 125–143.
Königswieser, R., Wimmer, R., & Simon, F.B. (2013). Back to the roots – Die neue Aktualität der („systemischen") Gruppendynamik. *Organisationsentwicklung 1*, 65–73.
Kohonen, T. (1982). Self-organized formation of topologically correct feature maps. *Biological Cybernetics, 43*, 59–69.
Korzybski, A. (1994), *Science and sanity*. New York: Institute of General Semantics.
Krohn, W. & Cruse, H. (2005). Das Prinzip der Autopoiesis. In D. Baecker (Hrsg.), *Schlüsselwerke der Systemtheorie*. Wiesbaden: VS Verlag.
Kriz, J. (2004). Personenzentrierte Systemtheorie – Grundfragen und Kernaspekte. In A. von Schlippe & W. C. Kriz (Hrsg.), *Personenzentrierung und Systemtheorie – Perspektiven für psychotherapeutisches Handeln*. Göttingen: Vandenhoeck & Ruprecht.
Langer, W. (2009). *Mehrebenenanalyse*. Wiesbaden: VS Verlag.
Latour, B. (1985). *Verbvalenz – Eine Einführung in die dependentielle Satzanalyse des Deutschen*. München: Max Hueber.
Leite, W. L., & Cooper, L. A. (2010). Detecting social desirability bias using factor mixture models. *Multivariate Behavioral Research, 45*, 271–293.
Lellinger, S. (2016). *Das Kontaktverhalten – Theoretische Zugänge zum Verständnis eines Phänomens und Entwicklung eines Instruments zu seiner Selbst- und Fremdeinschätzung*. Unveröffentlichte Masterarbeit. Freie Universität Berlin.
Lellinger, S. & Bachmann, T. (2017). Wie Organisationen den Kontakt zu ihrer Umwelt gestalten. Gruppe. Interaktion. Organisation. *Zeitschrift für Angewandte Organisationspsychologie (48)*, 113–125.

Lenton, A. P., Bruder, M., Slabu, L. & Sedikides, C. (2013). How does „being real" feel? The experience of state authenticity. *Journal of Personality, 81*, 276–289.

Lewin, K. (1961). On valence. In T. Parsons, E. Shils, K. D. Naegele & J. Pitts (Hrsg.), *Theories of society. Volume II.* (S. 794–799). New York: Glencoe.

Lewin, K. (1982a). Kriegslandschaft. In K. Lewin & C.-F. Graumann (Hrsg.), *Werkausgabe. Bd. 4, Feldtheorie* (S. 315–325). Stuttgart: Klett-Cotta.

Lewin, K. (1982b). Formalisierung und Fortschritt in der Psychologie. In K. Lewin & C.-F. Graumann (Hrsg.), *Werkausgabe. Bd. 4, Feldtheorie* (S. 41–72). Stuttgart: Klett-Cotta.

Lettvin, J. Y., Maturana, H. R., McCulloch, W. S. & Pitts, W. H. (1959). What the frog's eye tells the frog's brain? *Proceedings of the IRE, 47*, 1940–1951.

Libet, B. (1985). Unconscious cerebral initiative and the role of conscious will in voluntary action. *Behavioral and brain sciences, 8*, 529–539.

Lorenz, K. (1977). *Die Rückseite des Spiegels. Versuch einer Naturgeschichte menschlichen Erkennens.* München: DTV.

Looss, W. (1999). Gestaltkonzepte in der Analyse von Organisationen. In R. Fuhr, M. Gremmler-Fuhr & M. Sreckovic (Hrsg.), *Handbuch der Gestalttherapie* (S. 1077–1090). Göttingen: Hogrefe.

Lau, F. (2012). *Die Form der Paradoxie.* Heidelberg. Carl Auer.

Luhmann, N. (2012). *Soziale Systeme.* Frankfurt/M.: Suhrkamp.

Luhmann, N. & Baecker, D. (2006). *Einführung in die Systemtheorie.* Heidelberg: Carl Auer.

Lutterer, W. (2009) *Gregory Bateson: Eine Einführung in sein Denken.* Heidelberg: Carl Auer.

Maslow, A. (1981). *Motivation und Persönlichkeit.* Reinbek: Rowohlt.

Maturana, H. (1982). *Erkennen: Die Organisation und Verkörperung von Wirklichkeit.* Braunschweig: Vieweg.

Maturana, H. & Varela, F. (1987). *Der Baum der Erkenntnis.* München: Goldmann.

Maturana, H. & Pörksen, B. (2008). *Vom Sein zum Tun.* Heidelberg: Carl Auer.

Max-Neef, M. A. (1989). *Human scale development.* London: Zed Books.

Mead, G. (1968). *Geist, Identität und Gesellschaft.* Frankfurt/M.: Suhrkamp.

Meade, A. W., Johnson, E. C. & Braddy, P. W. (2008). Power and sensitivity of alternative fit indices in tests of measurement invariance. *Journal of Applied Psychology, 93*, 568.

McAbee, S. T., Oswald, F. L. & Connelly, B. S. (2014). Bifactor models of personality and college student performance: A broad versus narrow view. *European Journal of Personality, 28*, 604–619.

McCrae, R. R. & Costa, P. T., (1997). Personality trait structure as a human universal. *American Psychologist, 52*, 509–516.

Meade, A. W., Johnson, E. C. & Braddy, P. W. (2008). Power and sensitivity of alternative fit indices in tests of measurement invariance. *Journal of Applied Psychology, 93*, 568.

Minsky, M. (1975). A framework for representing knowledge. In P. H. Winston (Hrsg.), *The psychology of computer vision* (S. 211–277). New York: McGraw-Hill.

Montessori, M. (2012). *Die Entdeckung des Kindes*. Freiburg: Herder.

Moreno, J. L. (1981). *Soziometrie als experimentelle Methode*. Paderborn: Junfermann.

Müller, B. (1999). Ein kategoriales Modell gestalttherapeutischer Diagnostik. In R. Fuhr, M. Gremmler-Fuhr & M. Sreckovic (Hrsg.), *Handbuch der Gestalttherapie* (S. 647–672). Göttingen: Hogrefe.

Norretranders, T. (2000). *Spüre die Welt. Die Wissenschaft des Bewusstseins*. Reinbeck: Rowohlt.

Nevis, E. (1998). *Organisationsberatung – Ein gestalttherapeutischer Ansatz*. Köln: EHP.

Ortmann, G. (2011). *Die Kunst des Entscheidens*. Weilerswist: Velbrück Wissenschaft.

Osgood, C. E., Suci, G. J. & Tannenbaum, P. H. (1957). *The measurement of meaning*. Urbana, IL: University of Illinois Press.

Parsons, T. (1951). *The social system*. New York, NY: Free Press.

Parsons, T. (1961). An outline of the social system. General introduction II. In T. Parsons, E. Shils, K. D. Naegele & J. Pitts (Hrsg.), *Theories of society* (S. 30–79). New York, NY/ London: Free Press.

Paulhus, D. L. (1998). Interpersonal and intrapsychic adaptiveness of trait self-enhancement: A mixed blessing? *Journal of personality and social psychology, 74*, 1197.

Perls, F. (1992) *Ego, Hunger and aggression – A revision of Freud's theory and method*. Gouldsboro: The Gestalt Journal Press.

Perls, F., Hefferline, R. & Goodman, P. (1962). *Gestalt therapy – Excitement and growth in human personality*. New York, NY: The Julian Press.

Portele, G. H. (1999). Gestaltpsychologische Wurzeln der Gestalttherapie. In R. Fuhr, M. Gremmler-Fuhr & M. Sreckovic (Hrsg.), *Handbuch der Gestalttherapie* (S. 263–278). Göttingen: Hogrefe.

Polster, E. und Polster, M. (1975). *Gestalttherapie*. München: Kindler.

Prigogine, I. (1977). *Time, structure and fluctuations*. Abgerufen am 10.07.2017 von http://www.nobelprize.org/ nobel_prizes/chemistry/laureates/1977/prigogine-lecture.html

Prinz, W. (1990). Wahrnehmung. In H. Spada (Hrsg.), *Lehrbuch allgemeine Psychologie* (S. 25–114). Bern: Huber.

Quinn, R. E. (1988). *Beyond rational management: Mastering the paradoxes and competing demands of high performance*. San Francisco: Jossey-Bass.

Raffling, M (2009). *Erfassung des gestalttherapeutischen Konstruktes Kontaktsicherheit: Entwicklung eines Messinstrumentes*. Saarbrücken: Südwestdeutscher Verlag für Hochschulschriften.

Ramachandran, V. S. (1988). Perceiving shape from shading. *Scientific American. (259)*, 76–83.

Rauthmann, J. F. (2012). You say the party is dull, I say it is lively – A componential approach to how situations are perceived to disentangle perceiver, situation, and perceiver situation variance. *Social Psychological and Personality Science, 3*, 519–528.

Rauthmann, J. F. (2013). Effects of supplementary and complementary personality-situation fit on personality processes. *Psychology of Everyday Activity, 6*, 41–63.

Rauthmann, J. F., Gallardo-Pujol, D., Guillaume, E. M., Todd, E., Nave, C. S., Sherman et al. (2014). The situational eight DIAMONDS: A taxonomy of major dimensions of situation characteristics. *Journal of Personality and Social Psychology, 107*, 677.

Reiss, S. (2004). Multifaceted nature of intrinsic motivation: The theory of 16 basic desires. *Review of General Psychology, 8*, 179–193.

Richter, H. E. (1993). *Lernziel Solidarität*. Hamburg: Rowohlt.

Riedel, R. (1976). *Die Strategie der Genesis*. München: Piper.

Rosch, E. (1977). Human categorization. In N. Warren (Hrsg.), *Studies in cross-cultural psychology* (S. 3–49). London: Academic Press.

Rumelhart, D. E. & Ortony, A. (1977). The representation of knowledge in memory. In R.C. Anderson, J.J. Spiro & W.E. Montague (Hrsg.) *Schooling and the acquisition of knowledge* (S. 99–135). Hillsdale, NJ: Erlbaum.

Sachse, R. & Elliott, R. (2002). Process-outcome research on humanistic therapy variables. In D. J. Cain & J. Semman (Hrsg.), *Humanistic psychotherapies: Handbook of research and practice* (S. 83–115). Washington, DC: American Psychological Association.

Sacks, O. (2009). *Der Mann, der seine Frau mit einem Hut verwechselte*. Hamburg: Rowohlt.

Satir, V. (1990). *Kommunikation – Selbstwert – Kongruenz*. Paderborn: Junfermann.
Schank, R. C. (1982). *Dynamic Memory*. Cambridge, MA: Cambridge University Press.
Scharmer, C. O. (2009). *Theory U*. Heidelberg: Carl Auer.
Schattenhofer, K. & König, O. (2014). *Gruppendynamik*. Heidelberg: Carl Auer.
Schein, E. H. (2010). *Organisationskultur*. Köln: EHP.
Schein, E. H. (2012). *Prozess und Philosophie des Helfens*. Köln: EHP.
Schiepek, G. (2012). Systemische Forschung – ein Methodenüberblick. In M. Ochs & J. Schweitzer (Hrsg.), *Handbuch Forschung für Systemiker* (S. 33–70). Göttingen: Vandenhoeck & Ruprecht.
Schindler, R. (1957). Grundprinzipien der Psychodynamik in der Gruppe. *Psyche, 11*, 308–314.
Schlippe, A. v. & Schweitzer, J. (2012). *Lehrbuch der systemischen Therapie und Beratung*. Göttingen: Vandenhoeck & Ruprecht.
Schmidt, B. (2004). *Systemisches Coaching*. Köln: EHP.
Schmidt-Lellek (2006). *Ressourcen der helfenden Beziehung*. Köln: EHP.
Scholl, W. (2013). The socio-emotional basis of human interaction and communication. How we construct our social world. *Social Science Information, 52*, 3–33.
Schönpflug, W. & Schönpflug, U. (1983). *Psychologie*. München: Urban & Schwarzenberg.
Schreyögg, G., Sydow, J. & Koch, J. (2003). Organisatorische Pfade – Von der Pfadabhängigkeit zur Pfadkreation? *Managementforschung, 13*, 257–293.
Schulz von Thun, F (1998). *Miteinander reden. (Band 1). Störungen und Klärungen*. Reinbeck: Rowohlt.
Seliger, R. (2010). *Dschungelbuch der Führung*. Heidelberg: Carl Auer.
Simon, F. (1991). *Meine Psychose, mein Fahrrad und ich*. Heidelberg: Carl Auer.
Simon, F. (2006). *Einführung in Systemtheorie und Konstruktivismus*. Heidelberg: Carl Auer.
Simon, F. (2012). *Einführung in die Systemtheorie des Konflikts*. Heidelberg: Carl Auer.
Shannon, C. E. (1951). Prediction and entropy of printed English. *Bell System Technical Journal, 30*, 50–54.
Spencer Brown, G. (2004). *Laws of Form*. Lübeck: Bohmeier.
Steiger, J. H. (1980). Testing pattern hypotheses on correlation matrices: Alternative statistics and some empirical results. *Multivariate Behavioral Research, 15*, 335–352.

Stemmer, P. (2008). *Normativität. Eine ontologische Untersuchung.* Berlin: de Gruyter.
Taylor, S. E., & Brown, J. D. (1988). Illusion and well-being: A social psychological perspective on mental health. *Psychological Bulletin, 103,* 193.
Topolinski, S. & Strack, F. (2009). The Architecture of intuition: Fluency and affect determine intuitive judgements of semantic and visual coherence and judgements of grammaticality in artificial grammar learning. *Journal of Experimental Psychology: General, 138,* 39–63.
Tuckman, B. W. (1965). Developmental sequence in small groups. *Psychological Bulletin, 63,* 384–399.
Uhlig, E. (1998). *Arbeitspsychologie.* Zürich: Schäffer-Poeschel.
Van der Linden, D., te Nijenhuis, J., & Bakker, A. B. (2010). The general factor of personality: A meta-analysis of Big Five intercorrelations and a criterion-related validity study. *Journal of research in personality, 44,* 315–327.
van Dick, R. & West, M. A. (2005). *Teamwork, Teamdiagnose, Teamentwicklung.* Göttingen: Hogrefe.
Watzlawick, P., Beavin J. H. & Jackson, D. D. (2000). *Menschliche Kommunikation.* Bern: Huber.
Webster, G. D. & Jonason, P. K. (2013). Putting the „IRT" in „Dirty": Item response theory analyses of the dark triad dirty dozen – An efficient measure of narcissism, psychopathy, and Machiavellianism. *Personality and Individual Differences, 54,* 302–306.
Wegner, D. M. (1986). Transactive memory: A contemporary analysis of the group mind. In B. Mullen & G. R. Goethals (Hrsg.), *Theories of group behavior* (S. 185–205). New York: Springer.
Weick, K. E. (1995). *Der Prozess des Organisierens.* Frankfurt/ M.: Suhrkamp.
Wertheimer, M. (1925). *Über Gestalttheorie.* Abgerufen am 03.04.2017 von http://www.gestalttheory.net/gta/dokumente/gestalttheorie.html
Wiesing, L. (2002). *Philosophie der Wahrnehmung: Modelle und Reflexionen.* Frankfurt/M.: Suhrkamp.
Wiggins, S., Elliott, R., & Cooper, M. (2012). The prevalence and characteristics of relational depth events in psychotherapy. *Psychotherapy Research, 22,* 139–158.
Wikipedia (2016). Egotismus. Abgerufen am 16.02.2016 von https://de.wikipedia.org/ wiki/Egotismus
Willke, H. (2006). *Systemtheorie I: Grundlagen.* Stuttgart: Lucius & Lucius.
Wheeler, G. (1993). *Kontakt und Widerstand – Ein neuer Zugang zur Gestalttherapie.* Köln: EHP.

Dilling, H., Mombour, W. & Schmidt, M.H. (2015). *ICD-10 – Internationale Klassifikation psychischer Störungen.* Göttingen: Hogrefe.

Young, J. E., Klosko, J. S. & Weishaar, M. E. (2008). *Schematherapie. Ein praxisorientiertes Handbuch.* Paderborn: Jungfermann.

Zeigarnik, B. G. (1927). *Das Behalten erledigter und unerledigter Handlungen.* Inaugural-Dissertation. Universität Berlin. Berlin: Springer.

Zander, R. &. Zander, B. (2002). *The art of possibility.* London: Penguin.

Ziegler, M., & Bühner, M. (2009). Modeling socially desirable responding and its effects. *Educational and Psychological Measurement, 69,* 548–565.

Ziegler, M., Bensch, D., Maaß, U., Schult, V., Vogel, M. & Bühner, M. (2014). Big Five facets as predictor of job training performance: The role of specific job demands. *Learning and Individual Differences, 29,* 1–7.

Ziegler, M. (2014a). *Manual Big Five Inventar zur Persönlichkeit in beruflichen Situationen.* Wien: Schuhfried.

Ziegler, M. (2014b). Stop and state your intentions! Let's not forget the ABC of test construction. *European Journal of Psychological Assessment, 30*(4), 239–242.

Anhang

Anhang A

artop – Institut an der Humboldt-Universität zu Berlin

Dr. Thomas Bachmann
Sandrina Lellinger

Fragebogen Nr.

Liebe Teilnehmerin, Lieber Teilnehmer,

herzlichen Dank für Ihre Bereitschaft an unserem Forschungsprojekt mitzuwirken. Bitte füllen Sie den folgenden Fragebogen zur Selbsteinschätzung aus und benennen Sie dann im Anschluss eine Person, die für Sie den Fragebogen zur Fremdeinschätzung ausfüllen kann. Am besten eignet sich dazu eine Person, die Sie seit mindestens einem Jahr gut kennt.

Selbstverständlich werden Ihre Angaben vertraulich behandelt. Bitte antworten Sie auf die Fragen spontan und ohne lange nachzudenken.

Vielen Dank!

Geschlecht

O weiblich

O männlich

Alter

O bis 30 Jahre

O 31 bis 40 Jahre

O 41 bis 50 Jahre

O 51 bis 60 Jahre

O über 60 Jahre

Höchster Abschluss

O Abitur

O Berufsausbildung

O Hochschule

O Promotion

O anderes

O ohne Abschluss

Fragebogen zur Selbsteinschätzung	trifft gar nicht zu	trifft überwiegend nicht zu	trifft eher nicht zu	trifft eher zu	trifft überwiegend zu	trifft voll zu
Gute Beziehungen zu anderen Personen sind mir das Wichtigste.	o	o	o	o	o	o
Ich habe meist klare Ziele und Vorstellungen.	o	o	o	o	o	o
Ich bin eher zurückhaltend.	o	o	o	o	o	o
Mir von anderen etwas erklären zu lassen, fällt mir manchmal schwer.	o	o	o	o	o	o
Andere nehmen mich als klar in meinen Ansichten wahr.	o	o	o	o	o	o
Ich bestätige andere gerne in dem, was sie sagen.	o	o	o	o	o	o
In meinen Einschätzungen anderer liege ich oft richtig.	o	o	o	o	o	o
Meine Gefühle unterdrücke ich oft.	o	o	o	o	o	o
Ich habe das Bedürfnis andere zu verbessern, wenn sie Fehler machen.	o	o	o	o	o	o
Ich kann gut für mich sorgen und tun, was für mich wichtig ist.	o	o	o	o	o	o
Wenn es mit anderen harmonisch zugeht, fühle ich mich wohl.	o	o	o	o	o	o
Ich weiß oft schon, was jemand sagen will, bevor er/sie zu Ende gesprochen hat.	o	o	o	o	o	o
Ich zeige anderen nicht so schnell, was mich bewegt.	o	o	o	o	o	o
Was andere über mich denken, überrascht mich meist nicht.	o	o	o	o	o	o
Ich kann andere gut akzeptieren, so wie sie sind.	o	o	o	o	o	o
Mir ist es wichtig, Grenzen aufzulösen und Nähe herzustellen.	o	o	o	o	o	o

Ich kann andere sehr für mich einnehmen.	O	O	O	O	O	O
Ich gehe nicht so schnell auf andere zu.	O	O	O	O	O	O
Ich gebe anderen gerne Hinweise, wie etwas funktioniert bzw. wie man etwas macht.	O	O	O	O	O	O
Im Kontakt mit anderen agiere ich meist gelassen.	O	O	O	O	O	O
Ich nehme mich selbst nicht so wichtig.	O	O	O	O	O	O
Ich kann gut einschätzen, aus welchen Beweggründen andere Menschen handeln.	O	O	O	O	O	O
Die Initiative überlasse ich meist anderen.	O	O	O	O	O	O
Es ist für mich nicht ganz leicht, mich auf unsichere Situationen einzulassen.	O	O	O	O	O	O
Ich kann meine Bedürfnisse gegenüber anderen ausdrücken.	O	O	O	O	O	O
In der Zusammenarbeit ordne ich meine eigenen Interessen unter.	O	O	O	O	O	O
In der Zusammenarbeit gebe ich gern die Richtung vor.	O	O	O	O	O	O
Ich denke viel über mich selbst nach.	O	O	O	O	O	O
Verbindlichkeit und Gewissenhaftigkeit sind für mich von großer Bedeutung.	O	O	O	O	O	O

artop – Institut an der Humboldt-Universität zu Berlin

Dr. Thomas Bachmann
Sandrina Lellinger

Fragebogen Nr.

Liebe Teilnehmerin, Lieber Teilnehmer,

herzlichen Dank für Ihre Bereitschaft an unserem Forschungsprojekt mitzuwirken. Sie wurden von der bei der Ausgabe des Fragebogens genannten Person ausgewählt, den folgenden Fragebogen zur Fremdeinschätzung auszufüllen. Die Angaben auf dieser Seite beziehen sich auf Sie.

Selbstverständlich werden Ihre Angaben vertraulich behandelt. Bitte antworten Sie auf die Fragen spontan und ohne lange nachzudenken.

Vielen Dank!

Geschlecht
O weiblich
O männlich

Alter
O bis 30 Jahre
O 31 bis 40 Jahre
O 41 bis 50 Jahre
O 51 bis 60 Jahre
O über 60 Jahre

Höchster Abschluss
O Abitur
O Berufsausbildung
O Hochschule
O Promotion
O anderes
O ohne Abschluss

Fragebogen zur Fremdeinschätzung Er/Sie ...	trifft gar nicht zu	trifft überwiegend nicht zu	trifft eher nicht zu	trifft eher zu	trifft überwiegend zu	trifft voll zu
... versucht eine gute Beziehung herzustellen.	O	O	O	O	O	O
... hat ausgeprägte Ziele und Vorstellungen.	O	O	O	O	O	O
... hält sich meistens zurück.	O	O	O	O	O	O
... kann nur bedingt zuhören bzw. sich etwas erklären lassen.	O	O	O	O	O	O
... wirkt klar in seinen/ihren Ansichten.	O	O	O	O	O	O
... gibt gern die Richtung vor.	O	O	O	O	O	O
... gibt viel Zustimmung.	O	O	O	O	O	O
... hat ausgeprägte Einschätzungen von anderen Personen.	O	O	O	O	O	O
... unterdrückt seine/ihre Gefühle.	O	O	O	O	O	O
... verbessert andere und weist sie auf Fehler hin.	O	O	O	O	O	O
... kann gut für sich sorgen und tun, was für ihn/sie wichtig ist.	O	O	O	O	O	O
... versucht Harmonie herzustellen.	O	O	O	O	O	O
... unterbricht andere und vervollständigt deren Sätze.	O	O	O	O	O	O
... zeigt wenig, was ihn/sie bewegt.	O	O	O	O	O	O
... gibt sich wissend und lässt sich kaum überraschen.	O	O	O	O	O	O
... akzeptiert andere so, wie sie sind.	O	O	O	O	O	O
... stellt Nähe her.	O	O	O	O	O	O
... wirkt einnehmend.	O	O	O	O	O	O
... geht nicht so schnell auf andere zu.	O	O	O	O	O	O
... gibt gerne Hinweise, wie etwas funktioniert bzw. wie man etwas macht.	O	O	O	O	O	O
... agiert gelassen.	O	O	O	O	O	O
... nimmt sich selbst nicht so wichtig.	O	O	O	O	O	O

... äußert Vermutungen über andere und deren Beweggründe.	O	O	O	O	O	O
... überlässt die Initiative dem Gegenüber.	O	O	O	O	O	O
... kann sich nur schwer auf unsichere Situationen einlassen.	O	O	O	O	O	O
... drückt seine/ihre Bedürfnisse gegenüber anderen angemessen aus.	O	O	O	O	O	O
... ordnet die eigenen Interessen unter.	O	O	O	O	O	O
... denkt viel über sich selbst nach.	O	O	O	O	O	O
... misst Verbindlichkeit und Gewissenhaftigkeit eine große Bedeutung bei.	O	O	O	O	O	O

Anhang B

Humboldt-Universität zu Berlin
Lehrstuhl für Psychologische Diagnostik
Prof. Dr. Matthias Ziegler

Fragebogen: ante situ

Codierung

....

artop GmbH, Dr. Thomas Bachmann
Forschungsprojekt: Kontaktmuster im Gruppendynamischen Raum

Liebe Teilnehmerin, lieber Teilnehmer,

herzlichen Dank für die Bereitschaft bei unserem Forschungsprojekt mitzuwirken. Bitte füllen Sie den folgenden Fragebogen bezogen auf Ihre allgemeinen Erfahrungen in Gruppen aus. Bitte antworten Sie spontan und ohne lange nachzudenken. Vielen Dank!

1) Wenn Sie an Ihre Erfahrungen in Gruppen bzw. in der Teamarbeit denken: Wie erleben Sie Ihre Rolle in solchen Gruppenprozessen?	trifft gar nicht zu	trifft überwiegend nicht zu	trifft eher nicht zu	trifft eher zu	trifft überwiegend zu	trifft voll zu
Meine Meinung wird beachtet.	o	o	o	o	o	o
Ich fühle mich unsicher gegenüber anderen in der Gruppe.	o	o	o	o	o	o
Die Gruppenmitglieder haben Vertrauen in mich.	o	o	o	o	o	o
Ich habe Einfluss auf den Gruppenprozess.	o	o	o	o	o	o
Ich kann mich nicht so leicht auf die Gruppe einlassen.	o	o	o	o	o	o
Andere aus der Gruppe öffnen sich mir gegenüber.	o	o	o	o	o	o
Ich kann mich gut durchsetzen.	o	o	o	o	o	o
Ich bin mir oft unsicher, ob ich so richtig zur Gruppe dazugehöre.	o	o	o	o	o	o
Ich kann Persönliches von mir preisgeben.	o	o	o	o	o	o
Meine Beiträge werden von anderen aufgegriffen.	o	o	o	o	o	o
Mir fällt es nicht so leicht, meinen Platz in der Gruppe zu finden.	o	o	o	o	o	o
Ich kann anderen meine Gefühle zeigen.	o	o	o	o	o	o
Ich kann dem Gruppenprozess Richtung geben.	o	o	o	o	o	o
Im Gruppenprozess fühle ich mich öfter missverstanden.	o	o	o	o	o	o
Ich kann zu den anderen Gruppenmitgliedern Nähe herstellen.	o	o	o	o	o	o

2) Wie würden Sie sich generell in der Zusammenarbeit mit anderen Menschen einschätzen?	trifft gar nicht zu	trifft überwiegend nicht zu	trifft eher nicht zu	trifft eher zu	trifft überwiegend zu	trifft voll zu
Gute Beziehungen mit anderen sind mir das Wichtigste.	O	O	O	O	O	O
Ich habe meist klare Ziele und Vorstellungen.	O	O	O	O	O	O
Ich bin eher zurückhaltend.	O	O	O	O	O	O
Mir von anderen etwas erklären zu lassen, fällt mir manchmal schwer.	O	O	O	O	O	O
Andere nehmen mich als klar in meinen Ansichten wahr.	O	O	O	O	O	O
Ich bestätige andere gerne in dem, was sie sagen.	O	O	O	O	O	O
In meinen Einschätzungen anderer liege ich oft richtig.	O	O	O	O	O	O
Meine Gefühle unterdrücke ich oft.	O	O	O	O	O	O
Ich kann oft nicht an mich halten und muss andere verbessern, wenn sie Fehler machen.	O	O	O	O	O	O
Ich kann gut für mich sorgen und tun, was für mich wichtig ist.	O	O	O	O	O	O
Wenn es mit anderen harmonisch zugeht, fühle ich mich wohl.	O	O	O	O	O	O
Ich weiß oft schon, was jemand sagen will, bevor er/sie zu Ende gesprochen hat.	O	O	O	O	O	O
Ich zeige anderen nicht so schnell, was mich bewegt.	O	O	O	O	O	O
Was andere über mich denken, überrascht mich meist nicht.	O	O	O	O	O	O
Ich kann andere gut akzeptieren, so wie sie sind.	O	O	O	O	O	O
Mir ist es wichtig, Grenzen aufzulösen und Nähe herzustellen.	O	O	O	O	O	O
Ich kann andere sehr für mich einnehmen.	O	O	O	O	O	O
Ich gehe nicht so schnell auf andere zu.	O	O	O	O	O	O
Ich gebe anderen gerne Hinweise, wie etwas funktioniert bzw. wie man etwas macht.	O	O	O	O	O	O
Im Kontakt mit anderen agiere ich meist gelassen.	O	O	O	O	O	O
Ich nehme mich selbst nicht so wichtig.	O	O	O	O	O	O
Ich kann gut einschätzen, aus welchen Beweggründen andere Menschen handeln.	O	O	O	O	O	O
Initiativen überlasse ich meist anderen.	O	O	O	O	O	O
Es ist für mich nicht ganz leicht, mich auf unsichere Situationen einzulassen.	O	O	O	O	O	O
Ich kann meine Bedürfnisse in der Zusammenarbeit mit anderen ausdrücken.	O	O	O	O	O	O

Humboldt-Universität zu Berlin
Lehrstuhl für Psychologische Diagnostik
Prof. Dr. Matthias Ziegler

....

artop GmbH, Dr. Thomas Bachmann

Fragebogen: in situ

Codierung

Forschungsprojekt: Kontaktmuster im Gruppendynamischen Raum

Liebe Teilnehmerin, lieber Teilnehmer,

herzlichen Dank für die Bereitschaft bei unserem Forschungsprojekt mitzuwirken. Bitte füllen Sie den folgenden Fragenbogen bezogen auf den heutigen Tag in der Gruppe aus. Bitte antworten Sie spontan und ohne lange nachzudenken.

Vielen Dank!

3) Wie haben Sie die heutige Gruppensituation erlebt?	trifft gar nicht zu	trifft überwiegend nicht zu	trifft eher nicht zu	trifft eher zu	trifft überwiegend zu	trifft voll zu
Herausfordernd	O	O	O	O	O	O
Geistig anregend	O	O	O	O	O	O
Anspruchsvoll	O	O	O	O	O	O
Nüchtern	O	O	O	O	O	O
Einengend	O	O	O	O	O	O
Farblos	O	O	O	O	O	O
Strapaziös	O	O	O	O	O	O
Mühsam	O	O	O	O	O	O
Körperlich anstrengend	O	O	O	O	O	O
Erfolg versprechend	O	O	O	O	O	O
Chancenreich	O	O	O	O	O	O
Professionell	O	O	O	O	O	O
Lebendig	O	O	O	O	O	O
Natürlich	O	O	O	O	O	O
Belebt	O	O	O	O	O	O

4) Wie erleben Sie sich am heutigen Tag in Ihrer Trainingsgruppe?	trifft gar nicht zu	trifft überwiegend nicht zu	trifft eher nicht zu	trifft eher zu	trifft überwiegend zu	trifft voll zu
Meine Meinung wird beachtet.	o	o	o	o	o	o
Ich fühle ich mich unsicher gegenüber anderen in der Gruppe.	o	o	o	o	o	o
Die Gruppenmitglieder haben Vertrauen in mich.	o	o	o	o	o	o
Ich habe Einfluss auf den Gruppenprozess.	o	o	o	o	o	o
Ich kann mich nicht so leicht auf die Gruppe einlassen.	o	o	o	o	o	o
Andere aus der Gruppe öffnen sich mir gegenüber.	o	o	o	o	o	o
Ich kann mich gut durchsetzen.	o	o	o	o	o	o
Ich bin mir unsicher, ob ich so richtig zur Gruppe dazugehöre.	o	o	o	o	o	o
Ich kann Persönliches von mir preisgeben.	o	o	o	o	o	o
Meine Beiträge werden von anderen aufgegriffen.	o	o	o	o	o	o
Mir fällt es nicht so leicht, meinen Platz in der Gruppe zu finden.	o	o	o	o	o	o
Ich kann anderen meine Gefühle zeigen.	o	o	o	o	o	o
Ich kann dem Gruppenprozess Richtung geben.	o	o	o	o	o	o
Im Gruppenprozess fühle ich mich öfter missverstanden.	o	o	o	o	o	o
Ich kann zu den anderen Gruppenmitgliedern Nähe herstellen.	o	o	o	o	o	o

5) Wie würden Sie heute Ihre Zusammenarbeit mit den anderen in der Gruppe einschätzen?	trifft gar nicht zu	trifft überwiegend nicht zu	trifft eher nicht zu	trifft eher zu	trifft überwiegend zu	trifft voll zu
Gute Beziehungen mit den anderen sind mir das Wichtigste.	O	O	O	O	O	O
Ich habe meist klare Ziele und Vorstellungen.	O	O	O	O	O	O
Ich bin eher zurückhaltend.	O	O	O	O	O	O
Mir von den anderen etwas erklären zu lassen, fällt mir manchmal schwer.	O	O	O	O	O	O
Die anderen nehmen mich als klar in meinen Ansichten wahr.	O	O	O	O	O	O
Ich bestätige die anderen gerne in dem, was sie sagen.	O	O	O	O	O	O
In meinen Einschätzungen der anderen liege ich oft richtig.	O	O	O	O	O	O
Meine Gefühle unterdrücke ich oft.	O	O	O	O	O	O
Ich kann oft nicht an mich halten und muss andere verbessern, wenn sie Fehler machen.	O	O	O	O	O	O
Ich kann gut für mich sorgen und tun, was für mich wichtig ist.	O	O	O	O	O	O
Wenn es mit den anderen harmonisch zugeht, fühle ich mich wohl.	O	O	O	O	O	O
Ich weiß oft schon, was jemand sagen will, bevor er/sie zu Ende gesprochen hat.	O	O	O	O	O	O
Ich zeige anderen nicht so schnell, was mich bewegt.	O	O	O	O	O	O
Was die anderen über mich denken, überrascht mich meist nicht.	O	O	O	O	O	O
Ich kann die anderen gut akzeptieren, so wie sie sind.	O	O	O	O	O	O
Mir ist es wichtig, Grenzen aufzulösen und Nähe herzustellen.	O	O	O	O	O	O
Ich kann die anderen sehr für mich einnehmen.	O	O	O	O	O	O
Ich gehe nicht so schnell auf die anderen zu.	O	O	O	O	O	O
Ich gebe den anderen gerne Hinweise, wie etwas funktioniert bzw. wie man etwas macht.	O	O	O	O	O	O
Im Kontakt mit den anderen agiere ich meist gelassen.	O	O	O	O	O	O

	trifft gar nicht zu	trifft überwiegend nicht zu	trifft eher nicht zu	trifft eher zu	trifft überwiegend zu	trifft voll zu
Ich nehme mich selbst nicht so wichtig.	O	O	O	O	O	O
Ich kann gut einschätzen, aus welchen Beweggründen andere Menschen handeln.	O	O	O	O	O	O
Initiativen überlasse ich meist den anderen.	O	O	O	O	O	O
Es ist für mich nicht ganz leicht, mich auf unsichere Situationen einzulassen.	O	O	O	O	O	O
Ich kann meine Bedürfnisse in der Zusammenarbeit mit den anderen ausdrücken.	O	O	O	O	O	O

Forschungsprojekt: Kontaktmuster im Gruppendynamischen Raum
Beobachterbogen

Codierung ....

	trifft gar nicht zu	trifft überwiegend nicht zu	trifft eher nicht zu	trifft eher zu	trifft überwiegend zu	trifft voll zu
... versucht gute Beziehungen zu anderen herzustellen.	O	O	O	O	O	O
... hat ausgeprägte Ziele und Vorstellungen.	O	O	O	O	O	O
... hält sich zurück.	O	O	O	O	O	O
... kann anderen nur bedingt zuhören bzw. sich etwas erklären lassen.	O	O	O	O	O	O
... wirkt klar seinen/ihren in den Ansichten.	O	O	O	O	O	O
... bestätigt andere in dem, was sie sagen.	O	O	O	O	O	O
... hat ausgeprägte Einschätzungen von anderen Personen.	O	O	O	O	O	O
... unterdrückt Gefühle.	O	O	O	O	O	O
... verbessert andere bzw. weist auf Fehler hin.	O	O	O	O	O	O
... kann gut für sich sorgen und tun, was für ihn/sie wichtig ist.	O	O	O	O	O	O
... versucht Harmonie herzustellen.	O	O	O	O	O	O
... unterbricht andere oder vervollständigt deren Sätze.	O	O	O	O	O	O
... zeigt wenig, was ihn/sie bewegt.	O	O	O	O	O	O
... gibt sich wissend, lässt sich kaum überraschen.	O	O	O	O	O	O
... akzeptiert andere so wie sie sind.	O	O	O	O	O	O
... stellt Nähe her zu anderen in der Gruppe.	O	O	O	O	O	O
... wirkt anderen gegenüber vereinnahmend.	O	O	O	O	O	O
... geht nicht so schnell auf andere zu.	O	O	O	O	O	O
... gibt anderen Hinweise, wie etwas funktioniert bzw. wie man etwas macht.	O	O	O	O	O	O
... agiert gelassen.	O	O	O	O	O	O

	trifft gar nicht zu	trifft über-wie-gend nicht zu	trifft eher nicht zu	trifft eher zu	trifft über-wie-gend zu	trifft voll zu
... nimmt sich selbst nicht so wichtig.	O	O	O	O	O	O
... äußert Vermutungen über andere und deren Beweggründe.	O	O	O	O	O	O
... bringt kaum Impulse in die Gruppe ein.	O	O	O	O	O	O
... kann sich nur schwer auf unsichere Situationen einlassen.	O	O	O	O	O	O
... drückt eigene Bedürfnisse in der Zusammenarbeit mit anderen angemessen aus.	O	O	O	O	O	O

Faktorenanalyse Gruppendynamischer Raum (ante situ)

Erklärte Gesamtvarianz

Komponente	Anfängliche Eigenwerte			Summen von quadrierten Faktorladungen für Extraktion			Rotierte Summe der quadrierten Ladungen		
	Gesamt	% der Varianz	Kumulierte %	Gesamt	% der Varianz	Kumulierte %	Gesamt	% der Varianz	Kumulierte %
1	7,149	47,658	47,658	7,149	47,658	47,658	3,627	24,179	24,179
2	1,782	11,881	59,539	1,782	11,881	59,539	3,364	22,424	46,603
3	1,210	8,065	67,603	1,210	8,065	67,603	3,150	21,000	67,603
4	,847	5,644	73,248						
5	,597	3,978	77,226						
6	,539	3,594	80,820						
7	,512	3,415	84,235						
8	,468	3,120	87,355						
9	,365	2,431	89,786						
10	,339	2,258	92,044						
11	,314	2,090	94,134						
12	,282	1,877	96,011						
13	,240	1,597	97,608						
14	,210	1,399	99,007						
15	,149	,993	100,000						

Extraktionsmethode: Hauptkomponentenanalyse.

Items und Faktorladungen (Hauptladungen nach Varimax-Rotation)	F1	F2	F3
Ich kann dem Gruppenprozess Richtung geben.	.83		
Ich habe Einfluss auf den Gruppenprozess.	.83		
Ich kann mich gut durchsetzen.	.81		
Meine Meinung wird beachtet.	.75		
Meine Beiträge werden von anderen aufgegriffen.	.59		
Die Gruppenmitglieder haben Vertrauen in mich.	.52		
Ich kann zu den anderen Gruppenmitgliedern Nähe herstellen.		.84	
Ich kann anderen meine Gefühle zeigen.		.76	
Ich kann Persönliches von mir preisgeben.		.76	
Andere aus der Gruppe öffnen sich mir gegenüber.		.75	
Ich fühle ich mich unsicher gegenüber anderen in der Gruppe.			.81
Ich kann mich nicht so leicht auf die Gruppe einlassen.			.81
Mir fällt es nicht so leicht, meinen Platz in der Gruppe zu finden.			.73
Ich bin mir unsicher, ob ich so richtig zur Gruppe dazugehöre.			.70
Im Gruppenprozess fühle ich mich öfter missverstanden.			.63

Zusätzliche Regressionsanalysen

Modellzusammenfassung: konfluente Form

Modell	R	R-Quadrat	Korrigiertes R-Quadrat	Standardfehler des Schätzers
19	,607(s)	,369	,352	,61806

Koeffizienten(a)

Modell		Nicht standardisierte Koeffizienten		Standardisierte Koeffizienten	T	Signifikanz
		B	Standardfehler	Beta		
19	(Konstante)	1,772	,547		3,238	,002
	Vertrauen in situ	,571	,120	,607	4,771	,000

a Abhängige Variable: Skala konfluent Selbsteinschätzung in situ

Modellzusammenfassung: intentionale Form

Modell	R	R-Quadrat	Korrigiertes R-Quadrat	Standardfehler des Schätzers
11	,853(k)	,727	,648	,34972

Koeffizienten(a)

Modell		Nicht standardisierte Koeffizienten		Standardisierte Koeffizienten	T	Signifikanz
		B	Standardfehler	Beta		
11	(Konstante)	2,095	,915		2,289	,029
	Irritation ante situ	-,231	,074	-,396	-3,109	,004
	Vertrauen in situ	,492	,107	,681	4,612	,000
	Teamorientierung	-,022	,006	-,427	-3,555	,001
	kognitiver Load in situ	,204	,081	,313	2,529	,017
	Monotonie in situ	,241	,100	,387	2,398	,023
	psych. & phys. Load in situ	-,195	,074	-,354	-2,641	,013
	Ergebniserwartung in situ	-,260	,105	-,363	-2,466	,019
	Belebtheit in situ	,280	,125	,317	2,231	,033
	Soziogramm Anzahl	1,037	,381	,283	2,719	,011

a Abhängige Variable: intentional Selbsteinschätzung in situ

Modellzusammenfassung: retroflexive Form

Modell	R	R-Quadrat	Korrigiertes R-Quadrat	Standardfehler des Schätzers
10	,911(j)	,830	,774	,45184

Koeffizienten(a)

Modell		Nicht standardisierte Koeffizienten		Standardisierte Koeffizienten	T	Signifikanz
		B	Standardfehler	Beta		
10	(Konstante)	5,287	1,388		3,810	,001
	Vertrauen ante situ	-,620	,159	-,398	-3,909	,000
	Vertrauen in situ	-,264	,120	-,227	-2,208	,035
	Flexibilität	,026	,012	,250	2,248	,032
	Gewissenhaftigkeit	-,021	,012	-,176	-1,803	,081
	Teamorientierung	-,040	,008	-,481	-4,750	,000
	Monotonie in situ	,293	,122	,292	2,402	,023
	Skala Belebtheit in situ	,612	,159	,430	3,859	,001
	Vertrauen Soziogramm	1,270	,421	,341	3,018	,005
	Irritation Soziogramm	1,532	,485	,479	3,159	,004
	Anzahl Soziogramm	-2,653	,704	-,449	-3,768	,001

a Abhängige Variable: retroflexiv Selbsteinschätzung in situ

Modellzusammenfassung: normative Form

Modell	R	R-Quadrat	Korrigiertes R-Quadrat	Standardfehler des Schätzers
17	,484(q)	,234	,172	,79060

Koeffizienten(a)

Modell		Nicht standardisierte Koeffizienten		Standardisierte Koeffizienten	T	Signifikanz
		B	Standardfehler	Beta		
17	(Konstante)	1,974	1,073		1,839	,074
	Irritation ante situ	,301	,132	,351	2,286	,028
	Einfluss in situ	,335	,183	,292	1,835	,075
	Ergebniserwartung in situ	-,332	,165	-,315	-2,011	,052

a Abhängige Variable: normativ Selbsteinschätzung in situ

Modellzusammenfassung: mittlere Form

Modell	R	R-Quadrat	Korrigiertes R-Quadrat	Standardfehler des Schätzers
17	,800(q)	,640	,610	,47387

Koeffizienten(a)

Modell			Nicht standardisierte Koeffizienten		Standardisierte Koeffizienten	T	Signifikanz
			B	Standardfehler	Beta		
	17	(Konstante)	2,837	,883		3,214	,003
		Irritation ante situ	-,368	,084	-,490	-4,366	,000
		Einfluss in situ	,403	,104	,401	3,860	,000
		Gewissenhaftigkeit	,018	,010	,189	1,764	,086

a Abhängige Variable: mittlere Form Selbsteinschätzung in situ

Clusteranalyse

```
* * * * H I E R A R C H I C A L   C L U S T E R   A N A L Y S I S * * *
*

    Dendrogram using Ward Method

                        Rescaled Distance Cluster Combine

      C A S E      0         5        10        15        20        25
    Label    Num  +---------+---------+---------+---------+---------+

      12       8   -+
      19      15   -+
       1       1   -+-+
      13       9   -+ +---+
      17      13   ---+    +---------+
      10       6   -------+          +-----+
       7       3   -+---------------+       |
      15      11   -+                       +------------------------+
      11       7   ---------+               |                        |
      16      12   -+       +-------------+                          |
      18      14   -----+---+                                        |
      20      16   -----+                                            |
       2       2   ---+---+                                          |
       8       4   ---+   +---------+                                |
      14      10   -+---+ |         |                                |
      22      18   -+   +-+         +---------------------------------+
       9       5   ------+          |
                        21        17 -----------------+
```

297

Anhang C

Beobachtungsbogen Kontaktmuster

Datum:	Beobachter:

Branche: ☐ Finanzen ☐ Logistik ☐ Verwaltung ☐ Versicherung ☐ andere

Verfahren: ☐ Auswahl ☐ Potenzial ☐ anderes

Gesprächsaufgabe: ☐ Einflussnahme ☐ Verhandeln ☐ Delegieren ☐ Ziele vereinbaren
☐ Feedback ☐ Präsentieren ☐ Klären ☐ anderes

Teilenehmer/in
Alter: _____ (geschätzt)
Geschlecht: ☐ männlich ☐ weiblich

Rolle in der Übung: ☐ Mitarbeiter ☐ Führungskraft ☐ Kollege ☐ übergeordnete Führungskraft ☐ anderes (Kunde etc.)

Rollenspieler/in
Alter: _____ (geschätzt)
Geschlecht: ☐ männlich ☐ weiblich

Rolle in der Übung: ☐ Mitarbeiter ☐ Führungskraft ☐ Kollege ☐ übergeordnete Führungskraft ☐ anderes (Kunde etc.)

Kontaktverhalten in der Situation
(bitte nur auf in der Situation beobachtbares Verhalten beziehen, falls das nicht möglich, bitte jeweils die Skalenmitte (0) ankreuzen)

1-12	Teilnehmer/in		13-24	1-12	Rollenspieler/in		13-24
a 1	zugewandt	③②①⓪①②③ distanziert	n 13	a 1	zugewandt	③②①⓪①②③ distanziert	n 13
a 2	unterstützend	③②①⓪①②③ konfrontierend	n 14	a 2	unterstützend	③②①⓪①②③ konfrontierend	n 14
i 3	emotional	③②①⓪①②③ sachlich	n 15	i 3	emotional	③②①⓪①②③ sachlich	n 15
n 4	dominant	③②①⓪①②③ passiv	k 16	n 4	dominant	③②①⓪①②③ passiv	k 16
a 5	bestätigend	③②①⓪①②③ ausweichend	k 17	a 5	bestätigend	③②①⓪①②③ ausweichend	k 17
i 6	fordernd	③②①⓪①②③ nachgebend	a 18	i 6	fordernd	③②①⓪①②③ nachgebend	a 18
i 7	zielorientiert	③②①⓪①②③ selbstorientiert	n 19	i 7	zielorientiert	③②①⓪①②③ selbstorientiert	n 19
a 8	offen	③②①⓪①②③ verschlossen	k 20	a 8	offen	③②①⓪①②③ verschlossen	k 20
n 9	kritisch	③②①⓪①②③ sich einlassend	a 21	n 9	kritisch	③②①⓪①②③ sich einlassend	a 21
i 10	zuschreibend	③②①⓪①②③ ablenkend	k 22	i 10	zuschreibend	③②①⓪①②③ ablenkend	k 22
i 11	wortreich	③②①⓪①②③ einsilbig	k 23	i 11	wortreich	③②①⓪①②③ einsilbig	k 23
i 12	vereinnahmend	③②①⓪①②③ zurückhaltend	k 24	i 12	vereinnahmend	③②①⓪①②③ zurückhaltend	k 24

Anhang D

Introjekte (Antreibertest)

Sei perfekt!	v_30	Wenn ich eine Arbeit mache, dann mache ich sie gründlich.
	v_35	Beim Erklären eines Sachverhalts verwende ich gerne die klare Aufzählung: „Erstens..., zweitens..., drittens...".
	v_40	Ich versuche, die an mich gestellten Erwartungen zu übertreffen.
	v_321	Ich habe Mühe, Personen zu akzeptieren, die nicht genau sind.
	v_326	Ich sage oft „genau", „exakt", „logisch", „klar" und ähnliches.
	v_331	Mein Gesichtsausdruck ist eher ernst.
Mach schnell!	v_31	Ich schätze es, wenn andere meine Fragen rasch und bündig beantworten.
	v_36	Menschen, die herumtrödeln, regen mich auf.
	v_41	Ich sage oft: „Tempo, tempo! Das muss rascher gehen."
	v_322	Ich bin ungeduldig.
	v_327	Aufgaben erledige ich möglichst rasch.
	v_332	Bei Diskussionen unterbreche ich die anderen oft.
Streng Dich an!	v_32	Meine Devise ist: „Nur nicht locker lassen."
	v_37	Menschen, die unbekümmert in den Tag hinein leben, kann ich nur schwer verstehen.
	v_42	Ich strenge mich an, um meine Ziele zu erreichen.
	v_323	Wenn ich eine Aufgabe einmal begonnen habe, führe ich sie auch zu Ende.
	v_228	Erfolge fallen nicht vom Himmel. Man muss sie hart erarbeiten.
	v_333	Wenn ich raste, roste ich.
Mach es allen recht!	v_33	Ich fühle mich verantwortlich, dass diejenigen, die mit mir zu tun haben, sich wohlfühlen.
	v_38	Es ist mir wichtig, von anderen zu erfahren, ob ich meine Sache gut gemacht habe.
	v_43	Es ist mir unangenehm, andere zu kritisieren.
	v_324	Ich stelle meine Bedürfnisse zugunsten der Bedürfnisse anderer Personen zurück.
	v_329	Ich versuche oft herauszufinden, was andere von mir erwarten, um mich danach zu richten.
	v_334	Es ist für mich wichtig, von anderen akzeptiert zu werden.

Fortsetzung Antreiber

Sei stark!	v_34	Anderen gegenüber zeige ich meine Schwächen nicht gerne.
	v_39	Meine Probleme gehen die anderen nichts an.
	v_44	Ich habe eine harte Schale, aber einen weichen Kern.
	v_325	Ich bin anderen gegenüber oft hart, um von ihnen nicht verletzt zu werden.
	v_330	Im Umgang mit anderen bin ich auf Distanz bedacht.
	v_335	Es fällt mir schwer, Gefühle zu zeigen.

Situationswahrnehmung

Ergebnis-erwartung	v_6	Erfolg versprechend
	v_11	chancenreich
	V_16	professionell
Belebtheit	v_7	lebendig
	v_12	natürlich
	v_17	belebt
psych. & physischer Load	v_8	strapaziös
	v_13	mühsam
	v_18	körperlich anstrengend
Monotonie	v_9	nüchtern
	v_14	einengend
	v_19	farblos
kognitiver Load	v_10	herausfordernd
	v_15	geistig anregend
	v_20	anspruchsvoll

Bedürfnisse

v_288	**Selbsterhaltung** - gesund sein - für den eigenen Lebensunterhalt sorgen - die Grundbedürfnisse erfüllen
v_289	**Sicherheit und Schutz** - sozial und finanziell abgesichert sein - bei Bedarf Unterstützung erhalten - sozial eingebunden sein
v_290	**Liebe und Emotionalität** - Freundschaften pflegen - gute Beziehungen führen - sich mit anderen Menschen verbunden fühlen
v_291	**Verstehen und Erkennen** - lernen und sich Wissen aneignen - neugierig sein und etwas herausfinden - sich informieren
v_292	**Teilhabe und Mitgestaltung** - Verantwortung übernehmen - motiviert sein - zusammenarbeiten und kooperieren
v_293	**Muße und Entspannung** - über freie Zeit verfügen - spontan handeln - Freude erleben
v_294	**Kreativität** - die eigene Phantasie spielen lassen - Ideen entwickeln - Gestaltungsspielräume nutzen
v_295	**Identität** - der eigenen Persönlichkeit Ausdruck verleihen - sich mit sich selbst auseinandersetzen - zu sich und seiner Herkunft stehen
v_296	**Freiheit und Unabhängigkeit** - Entscheidungen treffen können - die eigene Meinung offen vertreten können - selbstbestimmt handeln

Identifikation mit dem sozialen Kontext

affektiv	v_224	Ich empfinde ein starkes Gefühl der Zugehörigkeit. (OCA11)
	v_227	Ich bin stolz darauf, dieser Gruppe anzugehören. (OC4)
	v_230	Ich fühle mich emotional stark mit dieser Gruppe verbunden. (OCA3)
kalkulatorisch	v_225	Zu vieles in meinem Leben würde sich verändern, wenn ich diese Gruppe verlassen würde. (OCC5)
	v_228	Ich glaube, dass ich momentan zu wenige Chancen habe, um einen Wechsel ernsthaft in Erwägung zu ziehen. (OCC6)
	v_231	Es wäre mit zu vielen Nachteilen verbunden, wenn ich diese Gruppe verlassen würde. (OCC2)
normativ	v_226	Ich würde mich irgendwie schuldig fühlen, wenn ich diese Gruppe verlassen würde. (OCN10)
	v_229	Ich fühle mich einigen Personen dort verpflichtet. (OCN14)
	v_232	Selbst wenn es für mich vorteilhaft wäre, fände ich es nicht richtig, diese Gruppe zu verlassen. (OCN9)

Kontaktformen Selbsteinschätzung (Ego)

	v_70	Gute Beziehungen zu anderen Personen sind mir das Wichtigste.
SE konfluent	v_75	Wenn es mit anderen harmonisch zugeht, fühle ich mich wohl.
	v_80	Mir ist es wichtig, Grenzen aufzulösen und Nähe herzustellen.
	v_71	In meiner Einschätzung anderer liege ich oft richtig.
SE intentional	v_76	Ich kann andere sehr für mich einnehmen.
	v_81	In der Zusammenarbeit mit anderen gebe ich gern die Richtung vor.
	v_72	Ich bin eher zurückhaltend.
SE retroflexiv	v_77	Meine Gefühle unterdrücke ich oft.
	v_82	Die Initiative überlasse ich meist anderen.
	v_73	Ich habe das Bedürfnis, andere zu verbessern, wenn sie Fehler machen.
SE normativ	v_78	Was andere über mich denken, überrascht mich meist nicht.
	v_83	Ich gebe anderen gerne Hinweise, wie etwas funktioniert bzw. wie man etwas macht.
	v_74	Andere nehmen mich als klar in meinen Ansichten wahr.
SE Kontakt	v_79	Ich kann gut für mich sorgen und tun, was für mich wichtig ist.
	v_84	Ich kann meine Bedürfnisse gegenüber anderen ausdrücken.

Kontaktformen Fremdeinschätzung (Alter)

FE konfluent	v_55	Er/Sie versucht eine gute Beziehung herzustellen.
	v_60	Er/Sie versucht Harmonie herzustellen.
	v_65	Er/Sie stellt Nähe her.
FE intentional	v_56	Er/Sie hat ausgeprägte Einschätzungen von anderen Personen.
	v_61	Er/Sie wirkt einnehmend.
	v_66	Er/Sie gibt gern die Richtung vor.
FE retroflexiv	v_57	Er/Sie hält sich meistens zurück.
	v_62	Er/Sie unterdrückt seine/ihre Gefühle.
	v_67	Er/Sie überlässt die Initiative dem Gegenüber.
FE normativ	v_58	Er/Sie verbessert andere und weist sie auf Fehler hin.
	v_63	Er/Sie gibt sich wissend und lässt sich kaum überraschen.
	v_68	Er/Sie gibt gern Hinweise, wie etwas funktioniert bzw. wie man etwas macht.
FE Kontakt	v_59	Er/Sie wirkt klar in seinen/ihren Ansichten.
	v_64	Er/Sie kann gut für sich sorgen und tun, was für ihn/sie wichtig ist.
	v_69	Er/Sie drückt seine/ihre Bedürfnisse gegenüber anderen angemessen aus.

Anhang E

Faktorenanalyse B5PS Studie 2

KMO- und Bartlett-Test

Maß der Stichprobeneignung nach Kaiser-Meyer-Olkin.		,794
Bartlett-Test auf Sphärizität	Ungefähres Chi-Quadrat	358,389
	df	10
	Signifikanz nach Bartlett	,000

Erklärte Gesamtvarianz

Komponente	Anfängliche Eigenwerte			Summen von quadrierten Faktorladungen für Extraktion		
	Gesamt	% der Varianz	Kumulierte %	Gesamt	% der Varianz	Kumulierte %
1	3,393	67,860	67,860	3,393	67,860	67,860
2	,681	13,622	81,482			
3	,512	10,244	91,726			
4	,249	4,970	96,697			
5	,165	3,303	100,000			

Extraktionsmethode: Hauptkomponentenanalyse.

Komponentenmatrix(a)

	Komponente
	1
O Flexibilität	,896
E Extraversion	,880
N Belastbarkeit	,858
C Gewissenhaftigkeit	,739
A Teamorientierung	,730

Extraktionsmethode: Hauptkomponentenanalyse.
a 1 Komponenten extrahiert

Faktorenanalyse B5PS Studie 4

KMO- und Bartlett-Test

Maß der Stichprobeneignung nach Kaiser-Meyer-Olkin.		,738
Bartlett-Test auf Sphärizität	Ungefähres Chi-Quadrat	83,005
	df	10
	Signifikanz nach Bartlett	,000

Erklärte Gesamtvarianz

Komponente	Anfängliche Eigenwerte			Summen von quadrierten Faktorladungen für Extraktion		
	Gesamt	% der Varianz	Kumulierte %	Gesamt	% der Varianz	Kumulierte %
1	2,817	56,330	56,330	2,817	56,330	56,330
2	1,080	21,591	77,922			
3	,464	9,282	87,203			
4	,363	7,255	94,458			
5	,277	5,542	100,000			

Extraktionsmethode: Hauptkomponentenanalyse.

Komponentenmatrix(a)

	Komponente
	1
P_EX_T Extraversion	,878
P_FL_T Flexibilität	,804
P_BE_T Belastbarkeit	,778
P_TE_T Teamorientierung	,730
P_GE_T Gewissenhaftigkeit	,510

Extraktionsmethode: Hauptkomponentenanalyse.
a 1 Komponenten extrahiert

Anhang F

Korrelationen der Kontaktformen mit den Facetten des B5PS (signifikante Koeffizienten sind fett gedruckt, p < ,05), Ergebnisse aus Studie 4, Kontaktformen sind Selbsteinschätzungen aus Kontext 1

B5PS Facetten	Kontaktformen				
	konfluent	intentional	retroflexiv	normativ	mittlere Form
A1 Wertschätzung	**,53**	,17	-,19	,12	**,29**
A2 Integrität	**,34**	,05	-,24	-,25	**,21**
A3 Geringe Wettbewerbsorientierung	,16	-,04	-,14	,06	,19
A4 Feedbackbereitschaft	,08	**-,34**	**,31**	**-,32**	**-,31**
A5 Unterstützungssuche	,25	,25	-,05	,24	,23
A6 Gutgläubigkeit	**,42**	**,29**	**-,45**	,13	**,42**
A7 Aufrichtigkeit	-,06	,02	-,14	,21	,06
A8 Altruismus	**,30**	-,02	-,14	,03	,21
C1 Dominanz	**,27**	-,04	,14	-,04	,10
C2 Beharrlichkeit	**,33**	**,43**	**-,56**	**,31**	**,51**
C3 Selbstdisziplin	,01	-,10	,12	-,05	-,08
C4 Aufgabenplanung	,10	,15	-,06	,05	,18
C5 Zielorientierung	,25	**,41**	-,24	,15	**,41**
C6 Sorgfalt	,19	,13	-,05	,20	,21
C7 Ordnungssinn	-,08	-,03	,00	-,17	**-,29**
C8 Wunsch nach Auslastung	,13	-,03	,09	-,07	-,15
C9 Produktivität	,15	**,41**	**-,32**	,23	**,41**
E1 Kontaktfreude	**,47**	**,50**	**-,61**	,09	**,48**
E2 Risikobereitschaft	**,33**	,16	**-,32**	,11	**,41**
E3 Wunsch nach Anschluss	**,37**	,19	-,18	,07	,10
E4 Positive Grundeinstellung	**,31**	**,39**	**-,43**	,19	**,59**
E5 Durchsetzungswille	,21	**,68**	**-,52**	**,43**	**,43**
E6 Kommunikationsfreude	**,53**	,18	**-,35**	,05	**,29**
E7 Humor	**,44**	**,49**	**-,47**	,15	**,38**
E8 Geselligkeit	**,55**	**,45**	**-,52**	,25	**,42**
E9 Energie	**,29**	**,32**	**-,38**	**,38**	**,47**
N1 Gelassenheit	,23	,21	**-,33**	,21	**,39**
N2 Zuversicht	,19	**,40**	**-,48**	**,30**	**,51**
N3 Sorgenfreiheit	,07	**,42**	**-,52**	,21	**,44**
N4 Ausgeglichenheit	,18	**,49**	**-,52**	**,37**	**,58**
N5 Antrieb	,14	**,42**	**-,52**	**,37**	**,52**
N6 Emotionale Robustheit	-,12	-,03	-,23	,02	,21
N7 Selbstaufmerksamkeit	**,30**	,07	,08	-,17	,07
O1 Einfallsreichtum	,15	**,60**	**-,38**	**,37**	**,37**
O2 Wunsch nach Abwechslung	,23	**,41**	**-,41**	,25	**,42**
O3 Aufgeschlossenheit	**,46**	**,28**	**-,29**	**,31**	**,45**
O4 Leseinteresse	,01	**,35**	**-,29**	,23	**,41**
O5 Künstlerisches Interesse	,16	**,32**	**-,31**	,14	**,35**
O6 Wunsch zu analysieren	**,41**	**,27**	-,12	**,28**	**,34**
O7 Lernbereitschaft	,21	,09	-,20	,14	**,39**
O8 Sensibilität	**,33**	**,26**	**-,29**	,07	,21
O9 Intellekt	**,31**	**,56**	**-,47**	**,44**	**,54**